Politikwissenschaft

Nichtregierungsorganisationen als Herz der Zivilgesellschaft und Säule der Demokratie in Zentralafrika?

Staaten und freiwillige Organisationen am Beispiel der Demokratischen Republik Kongo

Inaugural-Dissertation
zur Erlangung des Doktorgrades
der
Philosophischen Fakultät
der
Westfälischen Wilhelms-Universität
zu
Münster (Westf.)

vorgelegt von

Médard Mpiana Kabanda

aus der DR Kongo/Deutschland

2006

Tag der mündlichen Prüfung: 15. Februar 2007

Dekan:	Prof. Dr. Dr. h. c. Wichard Woyke
Referent:	Prof. Dr. Dr. h. c. Reinhard Meyers
Korreferenten:	Prof. Dr. Paul Kevenhörster, Prof. Dr. Rolf Eickelpasch

Médard Mpiana Kabanda

Nichtregierungsorganisationen als Herz der Zivilgesellschaft und Säule der Demokratie in Zentralafrika?

Staaten und freiwillige Organisationen am Beispiel der Demokratischen Republik Kongo

Verlag Dirk Koentopp

Kabanda, Médard Mpiana:
Nichtregierungsorganisationen als Herz der Zivilgesellschaft und Säule der Demokratie in Zentralafrika?
Staaten und freiwillige Organisationen am Beispiel der Demokratischen Republik Kongo
Osnabrück: Verlag Dirk Koentopp, 2008
ISBN 978-3-938342-13-8

Inaugural-Dissertation zur Erlangung des Doktorgrades der Philosophischen Fakultät der Westfälischen Wilhelms-Universität zu Münster (Westf.), 2006

ISBN 978-3-938342-13-8

Herstellung: Books on Demand GmbH

Printed in Germany

Inhaltsverzeichnis

Verzeichnis der Abbildungen und Tabellen

Anhang A

Verzeichnis der Abkürzungen

ACP	Groupe des Etats d'Afrique, des Caraïbes et du Pacifique
AEC	African Economic Community
AIC	Association Internationale du Congo
ANEP	Agence nationale des entreprises privées
ANEZA	Nationale Vereinigung der Unternehmen in Zaïre
AZADHO	Association zaïroise de défense des droits de l'homme
BAD	Banque africaine de développement
BALUBAKAT	Allgemeine Vereinigung der Baluba von Katanga
CIAT	Comité International d'Assistance à la Transition/internationale Komité zur Unterstützung des Übergangs
Cdce	Cadre de concertation de la société civile pour l'observation des élections
CEPGL	Communauté économique des pays des Grands Lacs
CEEAC	Communauté économique des Etats d'Afrique centrale
CDT	Confédération démocratique du Travail
CGSIC	Confédération générale des syndicats Indépendantes du Congo
COMESA	Marché commun de l'Afrique orientale et australe
CNS	Conférence Nationale Souveraine/ Nationalkonferenz (NK)
CNONG	Le Conseil National des Organisations Non Gouvernementales de Développement/ Die Nationale Ratsversammlung der kongolesischen NGOs für Entwicklung
CONADER	La Commission Nationale de Désarmement, Démobilisation et Réinsertion
CONADHO	La Convention nationale des droits de l'homme
CONAKAT	Confédération des Associations tribales du Katanga
CSC	Confédération syndicale du Congo
DR Kongo	Die Demokratische Republik Kongo
DDRRR	Désarmement, Démobilisation, Rapatriement, Réintégration et Réinsertion
EEF	Europäischer Entwicklungsfonds
EZ	Entwicklungszusammenarbeit
FEC	Fédération des Entreprises du Congo / Die Unternehmervereinigung des Kongo
FGTB	Fédération Générale du Travail de Belgique, du Congo et du Ruanda-Urundi
FGTC	Fédération générale des travailleurs du Congo
FZ	Finanzielle Zusammenarbeit
GECAMIN	La Générale des Carrières et des Mines
GEAPO	Groupe d'Etudes et d'Actions Politique
IA	Internationale Association

ICG	Initiative congolaise pour le sauvetage des populations de Goma
HCR	Haut Conseil de la République - Parlement de Transition
JMPR	Jeunesse du Mouvement Populaire de la Révolution
KMU	Kleine und mittlere Unternehmen in den Bereichen Handwerk, Handel, Industrie und Dienstleistungen.
MIBA	Société Minière de Bakwanga
MDG	The Millennium Development Goals
MLC	Mouvement de libération du Congo/Kongolesische Befreiungsbewegung
MPR	Mouvement Populaire de la Révolution Volksbewegung der Révolution
MNC	Mouvement National Congolaise
MONUC	Mission der Vereinten Nationen in der DR Kongo
OTUC	Organisation des travailleurs unifiés du Congo
PALU	Lumumbistische Vereinigte Partei
PPRD	Le Parti dur peuple pour la reconstruction et la démocratie
PRSP	Poverty Reduction Strategy Papers /Nationale Armutsbekämpfungsstrategie
PSA	Parti Solidaire Africain
SADC	Southern African Development Community
TZ	Technische Zusammenarbeit
RIFIDEC	Regroupement des Institutions du système de Financement Décentralisé du Congo
u.a.	unter anderem
UDEAC	Union douanière des Etats de l'Afrique centrale
UMAC	Union monétaire de l'Afrique centrale
UDPS	Union pour la Démocratie et le Progrès Sociale
UMHK	Union-Minière du Haut Katanga
UNDP	Entwicklungsprogramm der UNO
UNTC	Union Nationale des Travailleurs Congolais
UNTZA	Union Nationale des Travailleurs du Zaïre
v.a.	vor allem

Vorwort

Trotz des niedrigen Entwicklungsstandes, der Knappheit der Mittel, der immer bestehenden Tendenz zur Blockierung der partizipativen Demokratie durch die alten politischen Eliten, der aktiven Konflikte und potentiellen Bürgerkriege etc. findet ein Transformationsprozess in vielen Ländern Afrikas südlich der Sahara statt, der zwar langsam ist, der jedoch auf die Veränderung der politischen und gesellschaftlichen Strukturen der Afrikaner allmählich zielt. Diese Arbeitsforschung ist zum richtigen Zeitpunkt angefangen worden, das heißt, zu dem Zeitpunkt als in der DR Kongo endlich nach dem Friedensabkommen eine Übergangsregierung und einige Übergangsinstitutionen mit der Beteiligung fast aller Parteien und der Zivilgesellschaft (am 4.4.2003 trat die Übergangsverfassung in Kraft) gegründet worden waren, um den seit der 1990er Jahren angefangenen Transformationsprozess bis hin zu den freien Wahlen zu sichern. Der Verlauf dieses Prozess ist trotz der externen Förderung mit internen Schwierigkeiten bei der Umsetzung der Strategiemaßnahmen verbunden. Die Hauptprobleme und Hoffnungen in der DR Kongo sind die gleichen wie die des gesamten Kontinents. Die Lösungen der Probleme in diesen Ländern unterscheiden sich jedoch hinsichtlich des jeweiligen wirtschaftlichen Entwicklungsstadiums, der jeweils vorhandenen natürlichen Ressourcen und Reichtümer sowie der wirtschaftlichen Interessen der Geberländer.

Bei der vorliegenden Arbeit handelt es sich um eine Dissertation an der Westfälischen Wilhelms Universität Münster, die mit Unterstützung von vielen Institutionen, Personen und von meiner Familie Zustand gekommen ist. Der Hans-Böckler-Stiftung danke ich sehr für die materielle und ideelle Förderung, die mir ermöglicht hat, eine konzentrierte und produktive Arbeitsweise durchzuführen. Bedanken möchte ich mich an dieser Stelle bei meinem Doktorvater Prof. R. Meyers (Universität-Münster) und bei meinem Vertrauensdozenten Prof. G. Széll (Universität Osnabrück) für ihre Betreuung und wertvolle inhaltliche Anregung. Ich bin sehr zufrieden mit meiner Betreuungssituation und meiner Einbindung in das Forschungskolloquium meines Vertrauensdozenten an der Universität Osnabrück. Für Hilfe von den verschiedenen Vertretern der kongolesischen Zivilgesellschaft und NGOs, von den Professoren Sylvain Schomba und Gilbert Mukengeschayi (Universitäten von Kinshasa und Lubumbashi: Faculté des Sciences Sociales et

Administratives) während meiner Feldforschung in der DR Kongo bin ich sehr dankbar. Den Mitarbeitern und Mitarbeiterinnen der EU-Kommission der DG12 danke ich für ihre freundliche Hilfsbereitschaft bei der Materialsuche. Besonders danke ich Frau Julie Godin von der Entwicklungsabteilung der EU-Kommission und Desk Officer für die DR Kongo. Weiterhin bedanke ich mich bei vielen Freunden, vor allem bei Sven Werner und Katharina Walther für ihre konstruktiven Gesprächen, Hinweise, Korrekturen und Kritiken.

Schließlich geht meine Dankbarkeit an alle Mitglieder meiner Familie für ihre Geduld und moralische Unterstützung und ich widme zugleich diese Arbeit meinem Sohn Fabrice und meiner Tochter Céline.

1. Einführung

1.1 Problembereich des Forschungs- und Arbeitsthemas

Imperialismus, Kolonialismus, Diktatur, Staatszentralismus, Bürgerkrieg, Massenarmut, Umweltzerstörung[1] und Entwicklungshilfe haben auf dem afrikanischen Kontinent ein Abhängigkeitssyndrom hervorgebracht, das tief in die Gesellschaft eingedrungen ist. Angesichts des Versagens und des Vertrauensverlustes staatlicher Institutionen, des ökonomischen Niedergangs, der sozialen Desintegration, der gescheiterten wirtschaftspolitischen und entwicklungspolitischen Theorieansätze sowie Strategien[2] ist es wichtig Fäden aufzunehmen und miteinander zu verknüpfen, die geeignet sind, das Netz der wirtschaftlichen, politischen und gesellschaftlichen Rahmenbedingungen für einen nachhaltigen sowie an den Bedürfnissen der Afrikaner orientierten Entwicklungs- und Transformationsprozess zu bilden und langfristig zu unterstützen bzw. zu fördern.

„In der aktuellen wissenschaftlichen Diskussion werden Veränderungen in Wirkungs- und Verwirklichungsmöglichkeiten von Demokratie vorrangig im Kontext von Problemen und neuen Optionen politischer Steuerung thematisiert, bei

---

[1] Zu den Ursachen der Umweltzerstörung in Afrika zählen u.a. die Armut und die häufige Unkenntnis über angepasste und geeignete Bewirtschaftungsmethoden sowie Raubbau an der Natur durch nationale und internationale Unternehmen in den Bereichen Bergbau und in der Erdölproduktion. In einigen Ländern Afrikas steht der eher negativen Gesamtbilanz für die Umwelt eine sich langsam formierende Umweltschutzbewegung gegenüber und es kam auch im Zuge der Liberalisierung allmählich zur Gründung und zur Förderung ökologisch orientierter Parteien und zivilgesellschaftlicher Organisationen. Die Heinrich-Böll-Stiftung unterstützt und vernetzt in Afrika zivilgesellschaftliche Strukturen bei ihrem Eintreten für eine gesunde Umwelt und eine nachhaltige Entwicklung. Vgl. Weltweit Afrika: Umwelt, ein Dokument von der Heinrich-Böll-Stiftung, vgl. www.boell.de/14.06.2005. Bei der Umsetzung der nationalen Aktionsprogramme zur Bekämpfung der Wüstenbildung empfiehl das UNCCD u.a. die stärkere Einbeziehung der Zivilgesellschaft. Vgl. Horstmann, Bettina: Die Umsetzung der UN-Konvention zur Bekämpfung der Wüstenbildung in Afrika. Vortrag im Internationalen Zentrum die Brücke-Münster, am 16. Juni 2004. Die Welt hat anerkannt, was wir auf der Graswurzelebene geleistet haben, sagt Wangari Maathäi (Mutter der Bäume). Vgl. Ehlert, Stefan: Wangari Maathai: Die erste afrikanische Mutter der Bäume, Friedensnobelpreisträgerin. Freiburg im Breisgrau 2004, S. 9f.

[2] Diese bringen bis heute nur eine Entwicklung der Unterentwicklung. Die besten und offiziellen Statistiken schweigen sich sogar mit diplomatischer Rücksichtnahme über die genaueren internen Ursachen und die wachsende Kluft innerhalb der afrikanischen Länder aus.

denen sowohl auf die Begrenztheit (national-) staatlicher Politik im Zeichen der Globalisierung als auch auf eine Enthierarchisierung des Verhältnisses von Staat und Gesellschaft Bezug genommen wird."[3]

Das offensichtliche Versagen und Defizit der afrikanischen Staaten lenkt die Aufmerksamkeit auf die möglichen Steuerungsalternativen in der gesellschaftlichen Selbstorganisation. Das heißt, viele gesellschaftliche Probleme in Afrika können nicht mehr ohne die Einbeziehung der nichtstaatlichen Akteure gelöst werden, weil NGOs und Zivilgesellschaft in Gesellschafts- und Politikfeldern an Bedeutung gewinnen, in denen die Kapazitäten zur Erkennung von Problemen, zur Erarbeitung von Lösungsmöglichkeiten, verteilt sind. Dadurch wird ihr breites und plurales Tätigkeitsspektrum erkennbar. Daher haben alle zivilgesellschaftlichen Akteure und Organisationen im Sinne der gemeinsamen Grundnormen, wie u.a. Frieden, Gerechtigkeit, Menschenrechte, Demokratie, Rechtsstaatlichkeit klare gesellschaftliche Ziele zu erfüllen.

Die Untersuchung des Systemwechsels von diktatorischen Regimes zu demokratischen Systemen, wie sie die Transformationsforschung[4] unternommen hat, verdeutlicht für die afrikanischen Staaten, dass die dynamische Konzeption von Zivilgesellschaft ein historisches Phänomen darstellt, welches sich in einem ständigen Form- und Funktionswandel befindet und daher kontextabhängig begriffen werden muss. Zivilgesellschaft, ein dem Staat benachbarter Begriff, aber doch von ihm getrennte Sphäre (18. Jahrhundert), erwuchs u.a. aus dem immer lauter werdenden Verlangen nach Freiheit (Französische Revolution), kam nach dem Zweiten Weltkrieg und besonders in den 1980er Jahren in Europa wieder in Mode, nachdem der Begriff in der Mitte des 19. Jahrhunderts außer Gebrauch war. So hat zum Beispiel Antonio Gramsci in der Diskussion der italienischen Kommunisten sehr früh den Zivilgesellschaftsbegriff geprägt und ihn stark staatskritisch gewendet. In allen Diskurstheorien reden Sozialwissenschaftler, wie Habermas, von Zivilgesellschaft als einer Sphäre, in der sich die Lebenswelt gegen

---

[3] Heinelt, Hubert: Zivilgesellschaftliche Perspektiven einer demokratischen Transformation der Europäischen Union, in: Zeitschrift für Internationale Beziehungen. 5. Jg. (1998) Heft 1, S. 80.

[4] Vgl. Schmidt, Siegmar: Die Rolle von Zivilgesellschaft in afrikanischen Systemwechseln. in: Merkel, Wolfgang (Hrsg.): Systemwechsel 5, Zivilgesellschaft und Transformation. Opladen 2000, S. 295.

Übergriffe des Systems wehren kann.[5] Der weltweite Trend zu mehr Demokratie öffnet der Zivilgesellschaft in den Entwicklungsländern einen neuen Spielraum: im angloamerikanischen Raum wird Zivilgesellschaft als korrigierendes Bindeglied zwischen überhand nehmender Marktlogik und Staat verstanden; im europäischen Raum wird sie u.a. als Instrument begriffen, die Autonomie des Subjektes zu stärken und zugleich dem aufblühenden Neoliberalismus entgegenzusteuern. Die sozialen Bewegungen und NGOs (1980er Jahren) haben besonders die Diskussion (der Zivilgesellschaft) bestimmt. In der deutschen Diskussion hat insbesondere die Enquete-Kommission „Zukunft des bürgerschaftlichen Engagements“ die reformpolitischen Potenziale der Zivilgesellschaft ausgeleuchtet und den engen Zusammenhang von Engagement- und Demokratiepolitik herausgearbeitet.[6] In Osteuropa[7] sollte die Zivilgesellschaft, die Mitte der 1970er Jahre neu entdeckt wurde, vor dem Terror der Staatsmacht schützen, gegen die kommunistische Diktatur kämpfen und Foren für repressionsfreie Dialoge, für politische, wirtschaftliche, soziale und kulturelle und zivile Freiheit sowie für Engagement anbieten.

In Afrika geben der Transformationsprozess und die Reformen in der Weltpolitik und –wirtschaft der Zivilgesellschaft die Chance, als aktive und organisierte Form der Gesellschaft einzuspringen. Dabei bilden die NGOs ihren Kern. Das heißt, die Begeisterung, die der Zivilgesellschaftsbegriff in Afrika auslöst, erwächst zum großen Teil aus dem begeisterten Interesse an NGOs, vor allem an solchen, die sich als Menschenrechtsorganisationen und Anwalt der öffentlichen Interessen verstehen und während des diktatorischen Regimes zum Teil für den Staat, wie z.B. im ehemaligen Zaire, gearbeitet haben. NGOs als wichtige Akteure der

[5] Dass dies überhaupt geschah, ist teils Jürgen Habermas und teils der Gramsci-Konzeption seit den sechziger Jahren zu verdanken. Vgl. Habermas, Jürgen: Diskursive Politik und Zivilgesellschaft, in: Entwicklung und Zusammenarbeit Nr. 12, Dezember 2001, S. 356f. Zitiert hier nach Zusammenfassung, in: Zeitungsartikel und Materialien zur Zivilgesellschaft. www.dse.de/zeitschr/ez 12015. htm./ -14.7.2004. Bukow, Wolf-Dietrich und Markus Ottersbach: Die Zivilgesellschaft in der Zerreißprobe, in ders., Opladen 1999, S. 11.

[6] Vgl. Zivilgesellschaft: Ein Begriff macht Karriere (Konzept und Koordination: Willi Dosek; Manfred Füllsack). Bericht 2000 vom Institut für Wissenschaft und Kunst www.univie.-ac.at/iwk/iwk-bericht00.html/25.7.2003. Klein, Ansgar und Markus Rohde (Hrsg.): Konturen der Zivilgesellschaft: Zur Profilierung eines Begriffs, in: Forschungsjournal, Neue Soziale Bewegungen, (Editorial) Heft 2/Juni 2003, S. 2.

[7] Vgl. Rosenzweig, Beate und Ulrich Eith (Hrsg.): Bürgerschaftliches Engagement und Zivilgesellschaft. Ein Gesellschaftsmodell der Zukunft?, Schwalbach 2004 S. 12.

Zivilgesellschaft in Afrika intervenieren heute in fast allen gesellschaftlichen Bereichen. Sie nehmen ihre Rolle vor allem dort wahr, wo staatliches Handeln fehlt oder ergänzungsbedürftig ist. Heute leisten zahlreiche NGOs aus den Industrienationen erhebliche Anstrengungen den Demokratisierungsprozess und die Entwicklungszusammenarbeit in Afrika zu fördern. Die Förderarbeit und Förderanstrengungen der europäischen NGOs sowie ihre Zusammenarbeit mit den sog. euroafrikanischen NGOs haben auch das Ziel, die Zivilgesellschaft in Afrika bei ihrer Entwicklung und ihren Aktionen[8] zu stärken und finanziell zu unterstützen. Unter den vielen zivilgesellschaftlichen Organisationen in Afrika sind die NGOs die Hoffnungsträger par excellence, die zur Lösung der Entwicklungsprobleme und zur Mobilisierung der Bevölkerung als aktive Bürger beitragen wollen. [9]

“Le Débat sur la société civile en Afrique est resté pendant longtemps en sommeil. Les inquiétudes concernant ses États prédateurs, patrimoniaux et incompétents ont débloquées ce débat (…) pour l’analyse du concept de la société civile, qui selon Gordon White n’a pas le même sens pour tout le monde (…). Dans le domaine politique, le débat est lié à la pensée néo-libérale. Les donateurs cherchent à renforcer la société civile, soutenir les processus qui créent les conditions favorisant une structure étatique moins importante, mais plus responsable et renforcer la gouvernace locale (…).”[10]

Wenn es daher seit den 1990er Jahren um Entstehung, Aufbau und Stärkung der Zivilgesellschaft in Afrika, das sein Bürgertum verloren oder dies nie so recht entwickelt hat, geht, sind es die NGOs, die das mit ihrer finanziellen und ideellen Unterstützung unter dem Motto „Global denken, Lokal handeln“[11] ermöglicht

---

[8] Es geht u.a. darum, dass die zivilgesellschaftlichen Organisationen auch Beiträge zur Überwindung der Unterentwicklung leisten und sich zur tragenden Säule der partizipativen Demokratie entwickeln sollen. Vgl. Schmidt, Siegmar (2000), S. 295.

[9] Vgl. Hauck, Gerhard: Staat, Markt und Zivilgesellschaft, in: Bukow, Wolf-Dietrich und Markus Ottersbach: Die Zivilgesellschaft in der Zerreißprobe, Opladen 1999, S. 102.

[10] Vgl. Marcussen, Secher Henrik: Les ONG et la construction de la société civile dans les pays en développement, in : J.-P. Deler, Y.-A. Fauré, A. Piveteau, P.-J. Roca : ONG et développement, Paris 1998, S. 578 ff.

[11] Vgl. Spiegel Special: Die Macht der Mutigen. Nr.10/1995, S.3.

haben.[12] Eine der Schwächen dieser NGOs ist, dass sich hinter wohltönenden Organisationsnamen häufig nur Einmannbetriebe verbergen. Legt man die Maßstäbe Ernsthaftigkeit, Professionalität, erzielte Wirkung der Arbeit an, so reicht die Bandbreite der NGOs vom Scheindasein zum Abschöpfen von Finanzierungen auf vielen Ebenen über Wirkungslosigkeit bis zu engagierter, professioneller Arbeit im Interesse von Zielgruppen und Mitgliedern.

Ohne eine klare Definition und Abgrenzung bleibt der Zivilgesellschaftsbegriff allerdings für die afrikanische Öffentlichkeit schwammig, denn hinter dem Begriff Zivilgesellschaft verbirgt sich eine Vielfalt von nationalen und internationalen, religiösen und nichtreligiösen Organisationen, Verbänden und Interessengruppen, kulturellen Vereinigungen, Bildungs- und Informationseinrichtungen, die zur besseren Unterrichtung der Öffentlichkeit beitragen sowie Entwicklungsorganisationen, Bürgerinitiativen und Bürgerrechtsgruppen (Anti-Korruptionskomitees), die ihre speziellen materiellen und normativen Interessen artikulieren und autonom organisieren.[13] Um den Begriff dennoch wissenschaftlich verwenden zu können, muss man sich seine Geschichte vergegenwärtigen und die Konstellationen nachzeichnen, die ihm zu seiner Vieldeutigkeit und Attraktivität verhalfen.[14]Der Staat und die Zivilgesellschaft sind zwei unterschiedliche Einrichtungen, die entgegengesetzte Ziele verfolgen. Der Staat verfolgt sein hegemoniales Projekt und versucht abstrakte Probleme und Konflikte zwischen den besonderen Interessen und dem allgemeinen Interesse zu lösen. Die Institutionen der Zivilgesellschaft vertreten eine Vielzahl von gesellschaftlichen Interessen gegenüber dem Staat. Aufgrund dieser Überlegung definiert Bayard die Zivilgesellschaft

„(...) als eine Gesellschaft in Verbindung mit dem Staat (…), soweit sie sich kritisch mit dem Staat konfrontiert oder, genauer, als ein Prozess, durch den die

---

[12] Für die NGOs gilt ein Motto, das schon im 12. Jahrhundert geprägt worden sein soll: Wir sind wie Zwerge auf den Schultern von Riesen, die weiter blicken können als die Riesen selbst. Vgl. Spiegel Special (1995), S. 125.

[13] Lauth, Hans-Joachim, Wolfgang Merkel: Zivilgesellschaft im Transformationsprozess: Länderstudien zu Mittelost- und Südeuropa, Asien Afrika, Lateinamerika und Nahost. Band 3, Mainz 1997, S.21f.

[14] Vgl. Kocka von, Jürgen: Zivilgesellschaft in historischer Perspektive, in: Forschungsjournal, Neue Soziale Bewegungen, Heft 2-Juni 2003, S. 29.

Gesellschaft versucht eine Bresche zu öffnen, um den totalisierenden Willen des Staates zu neutralisieren.“ [15]

Gerhard Hauch zufolge:
„Zivilgesellschaftliche Assoziationen sind also solche, die weder am staatlichen Gewaltmonopol teilhaben noch primär auf Gewinnung dieser Teilhabe ausgerichtet sind, (...) sondern auf Realisierung von Werten wie Reziprozität, Loyalität oder Gemeinnutz abzielen, und die durch Freiwilligkeit des Zusammenschlusses und Öffentlichkeit des Wirkens charakterisiert sind.“[16]

In Anlehnung an Franz-Xavier Kaufmanns drei grundlegende Modelle sozialer Ordnung, nämlich Markt, Hierarchie und Solidarität, ordnet Gerhard Hauch die Zivilgesellschaft dem Bereich der Solidarität[17] zu und grenzt den Zivilgesellschaftsbegriff wie folgt gegenüber staatlichen Institutionen, dem Markt[18] und den sozialen Bewegungen[19] ab: gegenüber den staatlichen Institutionen liegt das Abgrenzungskriterium in dem Monopol der auf legitime physische Gewaltanwendung gegründeten Herrschaft, gegenüber dem Markt muss die Abgrenzung auf die dominierende Handlungsorientierung abheben: Gewinnmaximierung, Orientierung an Werten der Solidarität, d.h. an Reziprozität, Loyalität oder Altruismus bzw. Gemeinnützigkeit auf der anderen und gegenüber den sozialen Bewegungen liegt die entscheidende Trennlinie im normativen Grundpotential. Denn um Mitglied einer sozialen Bewegung zu sein, ist es nicht notwendig, gewaltfrei oder tolerant zu sein. Um aber zur Zivilgesellschaft gezählt zu werden, ist die normative Implikation der Gewaltfreiheit und Toleranz von konstitutiver Bedeutung.

---

[15] Bayart, Jean Francois: Civil Society in Africa, in: Chabal, Patrick (Hg.): Political Domination in Africa. Reflections on the Limits of Power, Cambridge: Cambridge University Press 1986, S. 111.

[16] Hauck, Gerhard: Staat, (1999), S. 101f.

[17] Allerdings deckt Zivilgesellschaft nicht das gesamte Spektrum der auf Solidarität ausgerichteten Vergesellschaftungsformen ab. ebd.

[18] Zitiert nach Gerhard Hauck, ebd.

[19] Soziale Bewegungen können Organisationen der Zivilgesellschaft sein, sie sind es jedoch nicht automatisch. Verbände und Interessengruppen können Teil der Zivilgesellschaft sein, so lange sie die genannten Voraussetzungen erfüllen. Vgl. Lauth, H-.J. und W. Merkel (1997), S. 21f.

Die in den afrikanischen Staaten existierenden Elemente zivilgesellschaftlicher Strukturen sind vor allem die von der Entwicklungspolitik wahrgenommenen freiwilligen Vereinigungen wie NGOs, Gewerkschaften, Selbsthilfeorganisationen, Religionsgemeinschaften und Vereinigungen mit regionalen, ethnischen und politischen Hintergründen. Allerdings ist der Zivilgesellschaftsbegriff vage und unbestimmt, denn seine unterschiedlichen regionalen und politischen Kontexte lassen seine Konturen auch in Afrika nicht immer klar genug erkennen. Außerdem weist das Konzept immer auch dunkle und Schattenseiten auf.

„Wenn von Schattenseiten der Zivilgesellschaft die Rede ist, werden vor allem die sichtbaren negativen Effekte, von der Mafia bis zur politischen Korruption, von internationalen Terrornetzwerken bis zur Steuerflucht, vom Ellenbogenliberalismus der Wirtschaftseliten bis zu den fremdenfeindlichen Attacken Jugendlicher, thematisiert, die sich aus endogenen wie aus exogenen Quellen speisen können. Dieser hässliche Sektor der Zivilgesellschaft sozialisiert seine Mitglieder in Richtung bad civil society (...). Welche demokratisierende Wirkung zivilgesellschaftliche Organisationen entfalten können und wie es um ihre innere Verfassung bestellt ist, hängt nicht zuletzt von den Einflüssen ab, die von den nicht-zivilen Sphären auf die Zivilgesellschaft einwirken.“[20]

Die Verständigung auf eine solche Zivilgesellschaft in Afrika ist, angesichts der schwierigen sozialen und ökonomischen Lage, der politischen Instabilität, der immer latenten Bürgerkriege, der noch verwurzelten Korruptionsmentalität, der bestehenden finanziellen Abhängigkeitsverhältnisse, des Mangels an Finanzierungsmöglichkeiten aus ihrer eigenen Basis, nicht ganz unumstritten. Ein Teil der Bevölkerung und der zivilgesellschaftlichen Akteure findet Zuflucht im informellen Sektor und religiösen Sekten. Andere Akteure suchen enge klientelistische Beziehungen zu politischen und korrupten Führern. Daher tauchen in der afrikanischen zivilgesellschaftlichen Sphäre immer neue Erscheinungsformen der nichtstaatlichen Akteure auf, die in Widerspruch zu demokratischen Idealen der Zivilgesellschaft stehen und die diese Organisationen in Richtung bad civil society beeinflussen. In Bezug auf die dunkle Seite der Zivilgesellschaft im

[20] Roth, Roland: Die dunklen Seiten der Zivilgesellschaft: Grenzen einer zivilgesellschaftlichen Fundierung von Demokratie, in: Forschungsjournal, Neue Soziale Bewegungen, Heft 2/Juni 2003, S. 61ff.

Zusammenhang mit afrikanischen Ländern ist auch zu fragen, ob dort die Zivilgesellschaft wirklich das Potenzial hat, sich zu einem gesellschaftlich einflussreichen, Demokratisierung vorantreibenden Netzwerk kleptokratenunabhängiger[21] Akteure zu etablieren oder ob sie in ihren Verästelungen eher als Versorgungsanstalt der Verwandtschaft und der Klientel der jeweils herrschenden Eliten dient.

Sicherlich kann die Beschäftigung mit Werken, Ideen und Konzepten der Zivilgesellschaft aus der europäischen Ideengeschichte und aus den Lehren der osteuropäischen Transformationsforschung, wie die Zivilgesellschaft u.a. Widerstand gegen Machtmonopole ihrer Staaten geleistet und eine potenzielle Rückkehr der diktatorischen Herrschaftsform verhindert hat, nur Anregungen für die aktuelle afro-kongolesische politische Praxis geben. Die komplexen politischen und gesellschaftlichen Situationen in Schwarzafrika haben nicht nur zu Fragen nach dem Nutzen und der Möglichkeit der Umsetzung theoretischer Konzepte in politische Programme geführt. Es sind auch Fragen nach der Trennschärfe eines höchst diffusen politischen Begriffs und insbesondere nach seiner Übertragbarkeit aufgetaucht. Trotzdem gelten die antiken und modernen Prämissen und Kerne der Zivilgesellschaftskonzepte in den heutigen Demokratisierungsprozessen und Partizipationschancen der zivilgesellschaftlichen Organisationen in Afrika noch als Maßstab, um die afrikanische Machtentstehung und –ausübung, Rechtsstaatlichkeit sowie demokratischen Werte zu hinterfragen.

Die verschiedenen Konnotationsstränge und die semantische Umwandlung der beiden Begriffe NGO und Zivilgesellschaft führen in dieser Forschung zur Erfassung und Gewinnung einer eigenen afrikanischen Definition und Erkenntnissen, die allerdings auch durch Auskünfte aus anderen Quellen, Gedanken der Ideengeschichte und Theorieansätze zu ergänzen sind. Für die Zivilgesellschaft in Afrika ist es wichtig, die in dieser Arbeit genannten Definitionen und Abgrenzungen zwischen staatlichem Bereich und zivilgesellschaftlichem Bereich klar darzustellen und zu verfolgen sowie die Zivilgesellschaft als einen

---

[21] Kleptokratie ist die Herrschaftsform der Korrupten, sich selbst bereichernden Staatsklasse, die u.a. über die Kontrolle des Staates ihre Reproduktion durch private Aneignung öffentlicher Revenue (Devisen) sowie Nationalisierung ausländischer Unternehmen erweitert. Vgl. Körner, Peter: Zaire: Verschuldungskrise und IWF-Intervention in einer afrikanischen Kleptokratie. Hamburg 1988, S. 3.

komplementären Bereich zum Staat und nicht als ein Ersatz für den Staat zu analysieren. Der afro-kongolesische historische Rückblick betont die Bedeutung des Zivilgesellschaftsbegriffs besonders in einer gesellschaftlichen Sphäre. In diesem Sinne betrachtet man die Familie und die ethnischen Gruppen in Afrika als konstitutiv für die Zivilgesellschaft, weil es ohne Sozialisationsleistungen und Solidarität der Familie keinen richtigen gesellschaftlichen Zusammenhalt gibt. Damit steht die Zivilgesellschaft in Afrika konzeptionell als eigene Sphäre jenseits von Staat und Gesellschaft, in der die Familie eine große Rolle spielt. Um sich besser zu entfalten und gegen den Staat zu stärken, braucht die Zivilgesellschaft in Afrika besonders die ruralen und urbanen Räume als Basis der Gesellschaft. Umgekehrt brauchen diese Räume organisierte und stabile zivilgesellschaftliche Organisationen, um damit ihre gesellschaftlichen Interessen gegenüber dem mächtigen aber desolaten und unfähigen Staat besser zu vertreten.

Allerdings sind die wesentlichen Leistungen der Zivilgesellschaft in den afrikanischen Ländern keineswegs nur auf die Familie und die ländlichen Räume beschränkt, sondern auf die gesamte Sphäre der Gesellschaft in Bezug auf die menschliche und gesellschaftliche Entwicklung sowie auf die Demokratie. Den tiefgreifenden gesellschaftlichen Transformationsprozessen des politischen Systems Afrikas liegen einige komplexe theoretische Fragestellungen in Bezug auf partizipative Demokratie[22], Akteur- und Komplementaritätsansätze zugrunde, die den Aufstieg und die Prominenz dieser sehr heterogenen und nichtstaatlichen Akteure beschreiben, welche unter die Sammelbegriffe Nichtregierungsorganisationen[23] und Zivilgesellschaft gefasst werden. Mit dem sich zur Zeit vollziehenden Demokratisierungsprozess Afrikas wird der Komplementaritätsansatz zu Recht in dieser Untersuchung herangezogen, weil die

[22] Zivilgesellschaft steht in diesem Zusammenhang für eine Konzeption des Politischen, die sich nicht auf staatliche Verfasstheit der Politik reduziert. Vgl. Klein, Ansgar und Markus Rohde (2003), S. 2.

[23] Bei einer minimalen Definition, die die NGOs als nicht gewinnorientierte Organisationen abstempelt, denen eine gesellschaftliche Repräsentanz zukommt, ergeben sich zahlreiche begriffliche Grenzformen, wie z.B. Die sog. Quasi-Non-Governmental Organisationen (QUANGOs); Governmental Organized NGOs (GONGOs, z.B. staatlich administrierte Selbsthilfe- und Genosseschaftsbewegungen) und Government Run/Inspired NGOs (GRINGOs). GRINGOs sind individuelle Initiativen von öffentlichen Mandatsträgern in Entwicklungsländern zur Wahrnehmung ihrer politischen und wirtschaftlichen Interessen, die auf eine enge Zusammenarbeit mit staatlichen Institutionen ausgerichtet sind.

Beziehungsgeflechte zwischen dem Staat und den neuen nichtstaatlichen Akteuren sowie ihre Bindung zur Basisbevölkerung recht selten betrachtet worden sind und das mögliche Komplementaritätsprinzip in Afrika sowohl im Zeitalter des Imperialismus, Kolonialismus, der Entkolonialisierung, als auch in der Zeit der diktatorischen Regime sowie in der Zeit seit dem Beginn der Liberalisierungsphase, noch nicht dokumentiert ist. Bei der Analyse der nichtstaatlichen Organisationen in Afrika sehen sich diese Theorieansätze zumindest theoretisch darin bestätigt, dass die Überwindung des Demokratiedefizits und der Unterentwicklung ihre Erklärung in diesem Ansatz gefunden hat, allerdings muss in der Praxis auch die Realität eines jeweiligen Landes herangezogen werden, so dass die Zivilgesellschaften und die Staaten in Zentralafrika, am Beispiel der DR Kongo, sich in einem Verhältnis von Komplementarität und Zusammenarbeit orientieren, um den Aufbau der demokratischen Strukturen und die effiziente Entwicklung von unten zu ermöglichen.

Afrikanische Forschungsstudien sind meistens mit erschwerten Forschungsbedingungen konfrontiert. Selbst einfachste Voraussetzungen für empirische Studien sind in vielen Ländern Afrikas entweder unzureichend aufgearbeitet oder nicht vorhanden. Diese Defizite machen sich nicht nur durch lückenhafte empirische Daten, sondern auch durch Schwächen im allgemeinen Forschungsstand der Afrikaner bemerkbar. Dies gilt auch für das Konzept der Zivilgesellschaft, das erst vor wenigen Jahren in der Transformationsforschung schwarzafrikanischer Länder thematisiert wurde. Heute ist das Thema zu einem selbstverständlichen Bestandteil des gesellschaftlichen Diskurses und der wissenschaftlichen Analyse geworden. Die vorliegende Arbeit versteht sich in diesem Sinne als ein konstruktiver Beitrag zum laufend schwierigen Transformationsprozess und zur Entwicklungsforschung in Afrika, um einen Teil der eklatanten Mängel an empirisch fundierter kritischer Betrachtung dieses Organisationstypus darzustellen und die bestehenden Forschungslücken innerhalb der Forschung über die Entwicklung und die Funktionen der zivilgesellschaftlichen Organisationen in Afrika am Beispiel der DR Kongo aufzudecken. Damit stellt sie auch die Diskussion über das Verhältnis zwischen dem Staat und der Zivilgesellschaft dar und eröffnet eine neue Perspektive für die weitere Erforschung der afrikanischen gesellschaftlichen und privaten Sektoren. Im Hinblick auf das Verhältnis zwischen zivilgesellschaftlichen Organisationen und Staaten in Afrika plädiert die vorliegende Forschung für Realismus bezüglich der Erwartungen an zivilgesellschaftliche Funktionen, die die Aufgaben des Staates nur ergänzen können.

Zur Bearbeitung und Analyse dieser Forschung stößt die Arbeit u.a. auf folgende Fragestellungen, die empirisch und kritisch überprüft werden müssen. Nimmt die westliche Theoriediskussion der Ideengeschichte der Zivilgesellschaft unbedingt Einfluss auf afrikanische Staaten? Ist das Konzept der Zivilgesellschaft, das so eindeutig westliche Wurzeln hat, auf Schwarzafrika überhaupt übertragbar? Unter welchen Voraussetzungen ist dieser Organisationstypus in Afrika entstanden? Welches sind die internen und externen Einflussfaktoren bzw. Ursprünge der Zivilgesellschaft in Afrika und wie ist sie von klassischen Akteuren des NGO-Bereichs zu unterscheiden? Wie ist in dieser Region Zentralafrikas wieder Staat zu machen? Was sind die charakteristischen Elemente der Zivilgesellschaften in Schwarzafrika und wodurch unterscheiden sie sich von den westlichen Zivilgesellschaften? Kann die afro-kongolesische Zivilgesellschaft sich ohne den Rechtsstaat entfalten bzw. bleibt der Rechtsstaat der Zivilgesellschaft nur ein Versprechen? Wie groß sind die Spielräume der Zivilgesellschaft in der Gesellschaft und gegenüber der Politik einzuschätzen? Bedeutet der Aufstieg der Zivilgesellschaft in Afrika den Niedergang des Staates? Wie reagieren die afrikanischen Regierungen auf die Aktivitäten der Zivilgesellschaft: Kooptation, Spaltung, Verbot, Zwang und Unterdrückung der zivilgesellschaftlichen Akteure? Komplementarität oder Konkurrenz? Mittels welcher Strategien sollen zivilgesellschaftliche Organisationen in Afrika gefördert werden? Wie ist überhaupt die Förderung der afro-kongolesischen zivilgesellschaftlichen Organisationen aus der Sicht der EU, im Rahmen der Partnerschaftsabkommen, die Bundesrepublik Deutschland, im Rahmen der BMZ-Länderprogramme sowie der UNO im Rahmen des UNO-Entwicklungsprogramms (UNDP) zu bewerten?

1.2 Aufgabenstellung und Ziel der Forschung

Die freiwilligen Organisationen der Zivilgesellschaft sind die Schule der Demokratie. Zumindest als Zielperspektive wird dies auch für Afrika südlich der Sahara gelten müssen. Zivilgesellschaft ist einer der zentralen Begriffe der gegenwärtigen öffentlichen Diskussion um partizipative Demokratie in Afrika und die Schaffung einer Zivilgesellschaft ist eine der erklärten Zielsetzungen der afrikanischen Demokratisierung. Das heißt, jenen Bedeutungswandel zurückzuverfolgen und eine afro-kongolesisch moderne Interpretation der Zivilgesellschaft als Beitrag zur nachhaltigen Entwicklung und Demokratiekonsolidierung erkennen zu können, ist eines der wichtigsten Ziele dieser Untersuchung. Die Fragestellungen und Zielsetzungen der Arbeit beziehen sich auf höchst unterschiedliche Problembereiche, die von den praktischen und reellen Funktionen der zivilgesellschaftlichen Organisationen in Afrika, bis zu deren Einbindung in das politische und gesellschaftliche Umfeld sowie in das bilaterale und multilaterale Entwicklungshilfesystem reichen. Außerdem analysiert die Arbeit die Chancen und Grenzen der kongolesischen zivilgesellschaftlichen Organisationen und ihre mögliche Komplementarität zum Staat. Dabei hat die Untersuchung auch das Ziel, die Voraussetzungen zur effizienten Förderung dieses Organisationstypus durch die verschiedenen internationalen Geber im Rahmen der Entwicklungszusammenarbeit zu formulieren und die Gründe der Misserfolge vergangener multilateraler und bilateraler Entwicklungszusammenarbeit kritisch zu betrachten und zu erläutern. Daher besteht ein großer Bedarf an spezifischen Untersuchungen und Forschungen über das vorliegende Arbeitsthema.

1.3 Formale Abgrenzung des Untersuchungsfeldes, Methodendiskussion, Literatur- und Quellenlage

In dieser Arbeit soll der Versuch unternommen werden, einen konzeptionellen Bogen zwischen Ideengeschichte, kritischen Theorieansätzen und reeller Praxis dieser Begriffe zu spannen und im afrikanischen Kontext zu analysieren und zu interpretieren. Die Notwendigkeit, die Komplexität des Themas auf eine rationalisierbare Fragestellung und realisierbare Aufgabe zu reduzieren, führt zurück zum Beginn der 1990er Jahre. Es gab damals in Afrika eine Demokratisierungswelle, die durch Nationalkonferenzen, Mehrparteienverfassung bzw. Wahlversprechen und Entwicklungsprozesse der zivilgesellschaftlichen Organisationen gekennzeichnet war. Außerdem waren Afrikaoptimismus oder afrikanische Renaissance die Schlagwörter dieser Jahre. Um den Ausgangsfragen des vorliegenden Arbeitsthemas wirklich gerecht zu werden, müssten sämtliche afrikanische Länder südlich der Sahara analysiert werden. Der Gegenstand der Untersuchung und seine empirische Grundlage werden nur auf die Besonderheit in der DR Kongo[24] begrenzt und dabei an einigen Beispielen aus dem schwarzafrikanischen Raum erläutert. Daher ist diese Untersuchung, wegen der schon bestehenden Komplexität (interne Konkurrenzstruktur verschiedener Ethnien und disparater historischer Erfahrung), keine systematisch vergleichende Analyse dieser Länder. Ein zentrales Thema der vorliegenden Untersuchung ist das Verhältnis zwischen Staat, Zivilgesellschaft und afro-kongolesischer Basisbürgerschaft. Dazu zählen insbesondere: die bedauerliche Machtkonzentration, Korruption und das Versagen der Cliquenwirtschaft des diktatorischen Regimes, die hemmungslose Selbstbereicherung des Präsidenten, die Massenarmut, Bürgerkrieg, Passivität der afro-kongolesischen Bürger und ihrer zivilgesellschaftlichen Organisationen und der Zusammenbruch des traditionellen Herrschaftssystems als unersetzliche Basis der Zivilgesellschaft.

Es wird in dieser Forschung, die sich auf NGOs, zivilgesellschaftliche Organisationen und Demokratieförderung begrenzt, keine detaillierte Analyse des komplexen Konflikts in dieser Region geben. Für die NGOs und die anderen kongolesischen freiwilligen Vereinigungen, deren Geschichte durch einen langen Kampf gegen Menschenrechtsverletzungen während der autoritären Macht gekennzeichnet ist, bedeutet die Umwälzung der internationalen Politik Anfang der 1990er Jahre auch den Auf- und Ausbau einer demokratischen Gesellschaft und eine Stärkung der Zivilgesellschaft. Dieser Rollenwandel erfordert von Seiten der NGOs eine neue Funktion und Definition ihrer Identität als Herz der kongolesischen Zivilgesellschaft und Säule der Demokratie und daher eine Revision ihres Verhältnisses zum Staat. Diesem auf die DR Kongo begrenzten Untersuchungsansatz entspricht auch der Aufbau der Arbeit, die den Komplementaritätsansatz besonders behandelt, die bisherigen wissenschaftlichen

---

[24] Das Land in Zentralafrika befindet sich, trotz der Wahlen, in einem schweren postkolonialen und –diktatorischen Transformationsprozess. Damit besteht die Notwendigkeit das Land zu dem vorliegenden Thema empirisch zu untersuchen. Die DR Kongo ist das zentrale Fallbeispiel in der Arbeit. Der Verfasser behandelt außerdem exemplarisch andere Länder mit unterschiedlicher kolonialer Vergangenheit, um die Existenz und die Entwicklung der Zivilgesellschaftsstrukturen sowie ihre Besonderheit für die Demokratie zu charakterisieren. Außerdem fühlt sich der Verfasser durch seine Herkunft verpflichtet, die Besonderheiten der afrikanischen Staaten bezüglich ihrer Wirtschaftsprobleme, politisch-ökologischen und gesellschaftlichen Schwierigkeiten in dieser Zeit der Globalisierung zu untersuchen und zu versuche Lösungsvorschläge zu erarbeiten.

Forschungsergebnisse und die noch nicht beantworteten Fragen zu diesem Thema erfasst, erörtert und erklärt. Für das vorliegende Thema ist außerdem wichtig, die bisher zusammengetragenen Informationen in der Primär- und Sekundärliteratur, Forschungsberichte, Diskussionsbeiträge verschiedener nichtstaatlicher Organisationen bzw. Akteure und Denkanstöße von Wirtschaftswissenschaftlern sowie Politikern aufzuarbeiten. Sodann werden die offiziell vorhandenen und zugänglichen Quellen der afrikanischen Staaten und der EU herangezogen. Zur weiteren Materialsammlung waren Forschungsaufenthalte bei der EU-Kommission (DG DEV A/B), in der zentralen Bibliothek der EU, bei verschiedenen NGOs und Forschungsseminaren und besonders die empirische Feldforschung in der DR Kongo[25] notwendig. Die Ergebnisse der Feldforschung sind in die gesamte Textbearbeitung integriert worden. Die eigentliche empirische Feldforschung fand vom 27.05 bis 27.07.2003 in der DR Kongo (Kinshasa und Lubumbashi) statt: Als Erstes wurde die Analyse von NGOs und zivilgesellschaftlichen Organisationsverzeichnissen, ihr Aufbau und ihre quantitative Analyse überprüft und dargestellt. Als Zweites wurde die zentrale Feldstudie mit unterschiedlichen Teiluntersuchungen begleitet: das heißt, Beobachtung und Befragung der Vertreter beider Organisationsformen, Durchführung von Fachdiskussionen mit Vertretern der Plattformen kongolesischer Zivilgesellschaft und Betrachtung der Innenperspektive der Organisation aus dem Blickwinkel der Mitarbeiter und Experten-Interviews mit den kongolesischen staatlichen Akteuren, Vertretern der Gewerkschaften, EU-Delegationen im Land, Vertretern der GTZ, der NGOs, Konrad-Adenauer-Stiftung etc. Drittens wurde eine Podiumsdiskussion mit Studierenden der Universität in Kinshasa und Lubumbashi zum Thema „Universitäten zwischen Staat und Zivilgesellschaft: Quo vadis kongolesische Intellektuelle?“ durchgeführt. Viertens: Auswertung und Ausarbeitung der Ergebnisse. Fünftens: Überprüfung der schriftlichen Ausarbeitung und Festlegung der Feldforschungsschlussfolgerung.

---

[25] Dabei konnten u.a. zahlreiche existierende Dokumente erschlossen, Interviews und Umfragen bei den lokalen nichtstaatlichen Organisationen gemacht werden, Kontakte mit Ansprechpartnern der zivilgesellschaftlichen Organisationen hergestellt und die Zielgruppen und Organisationen der Zivilgesellschaft vor Ort beobachtet und analysiert werden.

1.4 Hypothese

Demokratie und Demokratieförderung gründen sich auf die aktive Zusammenarbeit und Teilnahme von Menschen aller Kategorien an diesem Prozess. Freiheit und Gleichheit bleiben die unveräußerlichen Werte, die alle Menschen miteinander verbinden. Ist es möglich, dass die afrikanischen Länder die Zukunft des Kontinents selbst bestimmen können? Der Erfolg von Rechtsstaatlichkeit, Nachhaltigkeit der Demokratieförderung, des produktiven Wirtschaftswachstums und der aktiven zivilgesellschaftlichen Organisationen in Afrika ist u.a. abhängig von der Befreiung von der Neokolonialherrschaft, dem Kampf gegen die Massenarmut, Fortschritten auf dem Weg zu guter Regierungsführung, von der Frage der Gerechtigkeit, Menschenrechten sowie der Gesellschaftserneuerung. Weil in der Demokratie diese Werte eingeschrieben sind und sie in ihr realisiert werden können, ist sie die beste Form der Selbstregierung.

Afrika steht vor enormen Aufgaben, von denen viele das Ergebnis einer Wirtschaftspolitik sind, die weltweit zu dem geführt hat, was als Globalisierung bezeichnet wird. Die dadurch entstandene Drucksituation bedeutet, dass Staat, Zivilgesellschaft und Privatsektor gemeinsam gegen sozioökonomische und politische Missstände ankämpfen müssen, die sich aus der Schuldenkrise, strukturellen Anpassungsprogrammen und in manchen Fällen sogar Korruption und Ressourcenmissbrauch ergeben. Die afrikanischen Staaten mit ihren Amtsinhabern müssen lernen, dass die Organisationen der Zivilgesellschaft legitim und für eine partizipative Demokratie unverzichtbar sind. Allerdings müssen diese zivilgesellschaftlichen Organisationen auch lernen, ihre Kräfte zu bündeln und ihre Rolle auszufüllen. Das heißt, die Staaten in Afrika brauchen politische demokratische Institutionen, verfassungsrechtliche Struktur- und Organisationsprinzipien und eine starke aktive und lebendige Zivilgesellschaft, weil das Demokratie-, Rechtsstaats- und Sozialstaatsprinzip davon abhängig ist.

1.5 Gliederung

Neben der Einführung und der Schlussfolgerung gliedert sich die vorliegende Arbeit in drei Teile: Der Zivilgesellschaftsbegriff, die Ideengeschichte, theoretischen Ansätze, die Funktionen der Zivilgesellschaft in dem

Transformationsprozess (Liberalisierungs-, Demokratisierungs- und Konsolidierungsphase) und die Diskussion über die Frage nach der Übertragbarkeit des Konzeptes in afrikanische Kontexte werden im Teil I betrachtet, und zwar durch einen genaueren Blick auf Demokratie-, Komplementaritäts- und Akteuransätze, in dem Versuch eine praktische Weiterentwicklung dieser Begriffe in Bezug auf Schwarzafrika zu unternehmen, um die NGOs und Zivilgesellschaft in der DR Kongo genauer zu bestimmen und klar abzugrenzen. Parallel zu diesen theoretischen Hintergründen werden in dieser Arbeit die Grundkonzepte, die Genealogie, die Existenz der zivilgesellschaftlichen Strukturen, die internen und die externen Einflussfaktoren und Ursprünge sowie die jetzige Entwicklung der Zivilgesellschaft in Afrika grundsätzlich erörtert. Der Teil II wendet sich somit dem Komplex NGOs und Zivilgesellschaft am Beispiel der DR Kongo zu und bietet dabei eine systematische Einführung in die Geschichte des Landes, das heißt Menschen, Ressourcenausstattung, Wirtschaftssystem, politische und gesellschaftliche Probleme. In diesem Zusammenhang wird die Entwicklung der Zivilgesellschaft im Zeitalter des Kolonialismus, des brutalen Mobutu-Regimes und die Entwicklung der Demokratisierungsprozesse untersucht sowie die Handlungsspielräume, die Erfolge aber auch die Misserfolge der kongolesischen zivilgesellschaftlichen Akteure in der Transformationsforschung erörtert. Mit Hilfe einiger ausgewählter Kriterien werden die Plattformen der NGOs und der kongolesischen Zivilgesellschaft analysiert und bewertet. Dann wird ein genauer Blick auf die aktuellen Chancen dieser kongolesischen Zivilgesellschaft geworfen. Dabei ist u.a. zu fragen, was ist jetzt machbar und was kann getan werden, um die Entwicklung zivilgesellschaftlicher Strukturen und Organisationen sowie ihre Komplementarität zu den Staaten zu fördern.

Wenn man die Hindernisse und die enormen Probleme der zivilgesellschaftlichen Organisationen in Afrika betrachtet, dann sind nicht die Formulierung der verbindlichen Konzepte für ganz Schwarzafrika gefragt, sondern Maßnahmen, tiefgreifende bzw. nachhaltige Reformen und Strategien für ein jeweiliges Land, die sowohl für die Stärkung und als auch für die ideelle und materielle Förderung der partizipativen Demokratie mit Zivilgesellschaft effizient sind, gefordert. Teil III beschäftigt sich näher mit der Förderung der afro-kongolesischen Zivilgesellschaft im Rahmen der Konvention von Cotonou, der BMZ-Länderprogramme und der UNO-Entwicklungsprogramme (UNDP). Dabei werden die Kernprobleme bilateraler Entwicklungszusammenarbeit unter der Fragestellung, was für die Zivilgesellschaftsakteure von außen getan werden kann, kritisch behandelt und analysiert. Im Kontext der BMZ- Entwicklungszusammenarbeit mit der DR Kongo wird noch diskutiert, ob die Konditionalität der 1990er Jahre (Ära Spranger) die Entstehung und Ausbreitung zivilgesellschaftlicher Organisationen tatsächlich befördert oder eher gehemmt hat?

Teil I: Theoretische Ideengeschichte und Erkenntnisschritte des Zivilgesellschaftsbegriffs in Afrika

Die gesellschaftlichen Machtverhältnisse und die wirtschaftliche Entwicklung sind zwar wichtige Kontexte politischen Handelns, determinieren aber nicht allein den Ausgang der Transformationsprozesse. Allerdings beeinflussen sie in erheblichem Maße die Strategien und Entscheidungen der staatlichen und nichtstaatlichen Akteure. Trotz des Liberalisierungswegs sind ein intakter Rechtsstaat[26] und Demokratie auf dem afrikanischen Kontinent noch sehr schwach ausgeprägt. Was lässt sich aus den afrikanischen Forschungserkenntnissen über erfolgreiches und weniger erfolgreiches Handeln im Übergang von der Diktatur zur Demokratie sagen? Welche Theorieansätze erweisen sich als besonders günstig für eine nachhaltige Entwicklung und Konsolidierung der Demokratie mit den Zivilgesellschaften in Afrika?

„Lesen wir Veröffentlichungen wichtiger Institutionen internationaler Entwicklungszusammenarbeit oder Forschungsarbeiten (...), so müssen diese sich zumeist dem Vorwurf des Ethno- bzw. Eurozentrismus aussetzen. Dies bedeutet vor allem, dass westliche Denkmodelle, die aus einer okzidentalen Sichtweise erarbeitet wurden, ohne große Modifikationen und weitere Diskussion mit einem universalistischen Anspruch versehen und auf die politischen, wirtschaftlichen, sozialen und gesellschaftlichen Zustände vor allem in den Ländern des Südens übertragen werden.“[27]

Ein Demokratisierungsprozess in Afrika ist ohne politische Stabilität, politische Parteien, Partizipation der Basisorganisationen und –akteure in einem komplementären Verhältnis kaum vorstellbar. Die Demokratie-, Akteur- und Komplementaritätsansätze und ihre Problematiken müssen sich allerdings mit der Tatsache konfrontiert sehen, dass afrikanischer Kontext und afrikanische Realität oft neue ausführlichere Interpretationen fordern als eine einfache plakative Umsetzung einiger importierter Denkmodelle. Vor dieser tief greifenden Theorie-

---

[26] Der Rechtsstaat ist sicherlich nicht alles, aber ohne den Rechtsstaat ist alles nichts. Vgl. Merkel, Wolfgang: Demokratie in Asien: Ein Kontinent zwischen Diktatur und Demokratie. Bonn 2003, S. 47.

[27] Van de Boom, Dirk: Regionale Kooperation in Westafrika. Politik und Probleme der ECOWAS. Hamburg 1996, S. 5.

Analyse ist es auch wichtig, über die wahre Geschichte des Begriffs und über die externen und die internen Ursprünge und Einflüsse des Begriffs und im afrikanischen Kontext zu sprechen, denn der Begriff ist von einer enormen Unklarheit, extremen Polyvalenz und eurozentrischen Sichtweise geprägt.

1. Zivilgesellschaft: Ein Begriffsimport für Afrika?

1.1 Externe Einflussfaktoren der Zivilgesellschaft in Afrika

Die externen Faktoren der Beeinflussung des Zivilgesellschaftskonzepts in der entwicklungspolitischen und demokratischen Diskussion in Afrika erklären sich u.a. aus:

... der Ideengeschichte, wie sie in den Industrienationen und im Denken der Neuzeit entwickelt worden ist:

Um das Zivilgesellschaftskonzept theoretisch zu verstehen, wie es heute für Afrika diskutiert wird, führt der Weg erst in die Entwicklungsgeschichte des Begriffes selbst. Das heißt, der Begriff Zivilgesellschaft geht auf unterschiedliche Ideengeschichten, Epochen und theoretische Ansätze zurück.[28] Als Zivilgesellschaft im Mittelalter und Spätmittelalter wurde die herrschende Gesellschaft „le bourgeois" bezeichnet. Im Absolutismus wurde die gesamte Gesellschaft des Attributs „zivil" beraubt[29] und der Staat war der einzige Herrscher und Machthaber. Die Französische Revolution (1789) war damit der Auslöser eines

[28] Aristoteles (384-322 v. Chr.) bezeichnete bürgerliche Gesellschaft als das Phänomen einer herrschaftsfreien Assoziation von Gleichgesinnten. Vgl. Kneer, George (1997): Zivilgesellschaft, in: Soziologische Gesellschaftsbegriffe: Konzepte moderner Zeitdiagnosen. München 1997, S. 230. Für Thomas Hobbes (1588-1679) gab es zwar einen Staat aber noch keine dritte Sphäre dazwischen. Vgl. Coreth, Emerich/ Schöndorf, Harald: Philosophie des 17. und 18. Jahrhunderts. Kohlhammer 1990, S. 57. Für das Mittelalter wird die Autonomie des Über-sich-selbst-Regierens zunächst nur für die Städte, d.h. deren Besitzbürger, angenommen, später aber das Bild der antiken Polis auf den Ständestaat übertragen. Für das Spätmittelalter ist z.B. Thomas von Aquin (1225-1274) zu nennen. J. Locke, Montesquieu gelten als neuzeitliche Denker. Vgl. Schade, Jeanette: Zivilgesellschaft eine vielschichtige Debatte. Heft 59/2002, S. 17.

[29] Das Herrschaftssystem des Ständestaates wird durch den Alleinherrschaftsanspruch des Monarchen abgelöst. Vgl. ebd., S. 17.

Politisierungsschubes der Öffentlichkeit. Erstmals entsteht der Dualismus zwischen dem politischen Staat und der Gesellschaft, die nicht politisch war.

Mit den Vertragstheoretikern begann sich die Sphäre des Staates zu verselbständigen:[30] John Locke (1632-1704) bezeichnet die „Civil Society" als eine freie unabhängige Sphäre der Gesellschaft, in der der Bürger vor staatlicher Willkür geschützt ist. Zivilgesellschaft bildet bei ihm eine neue gesellschaftliche Sphäre bzw. eine „dritte Sphäre" und ist der Schutzraum vor dem Staat.[31] Lockes theoretische Überlegung steht heute für ein modern politisches Verständnis und eine (neo-) liberale Interpretation des Zivilgesellschaftsbegriffs. Charles de Montesquieu (1689-1755) betrachtet die Zivilgesellschaft als „corps intermediaire". Er meint damit ein Netzwerk von rechtlich geschützten, aber von staatlichen Stellen unabhängigen Körperschaften. Das Netzwerk spielt eine wichtige Rolle in seinem Modell der Gewaltenteilung und Gewaltenverschränkung in einer Gesellschaft. Um die Freiheit zu sichern, muss die mächtige Zentralautorität mit einer großen Anzahl von Assoziationen verzahnt, begrenzt und kontrolliert werden.[32] Bei Alexis de Tocqueville[33] (1805-1859) bezeichnen Zivilgesellschaften besonders die Sphäre der politischen Freiheit der Bürger und sind die „Schulen der Demokratie", in denen demokratisches Denken und Verhalten durch alltägliche Praxis eingeübt und praktiziert werden. Aus seiner Diskussion des Öffentlichkeitsbegriffs und der Rolle freiwilliger Vereinigungen leitet er die Kompatibilität von Zivilgesellschaft und Demokratie her.

Antonio Gramsci[34] (1891-1937) bezeichnet mit Zivilgesellschaft sowohl eine Erweiterung des bürgerlichen Staates als auch die Basis des bürgerlichen Staates

---

[30] Vgl. Fein, Elke; Matzke, Sven: Zivilgesellschaft: Konzept und Bedeutung für die Transformation in Osteuropa, 1997, S. 12.

[31] Vgl. Merkel, Wolfgang; Hans-Joachim, Laut: Systemwechsel und Zivilgesellschaft: Welche Zivilgesellschaft braucht die Demokratie? In: Aus Politik und Zeitgeschichte, B 6-7/98, S. 4.

[32] Vgl. Merkel/Lauth: Systemwechsel und Zivilgesellschaft (1998), S. 5.

[33] Vgl. de Tocqueville, Alexis: De la Démocratie en Amérique, Tom I, Gallimard 1951.

[34] A. Gramsci ist der erste marxistische Theoretiker, der das Konzept der Zivilgesellschaft für seine Analyse verwendet. Von den italienischen Faschisten ins Gefängnis (1926) geworfen, ging es bei ihm darum, die Tiefe und Intensität der Herrschaft seiner politischen Gegner zu erklären. Zu diesem Zweck borgte er sich den Zivilgesellschaftsbegriff und der Hegemonie sowohl aus der marxistischen als auch aus der liberalen politisch-philosophischen Tradition

selbst und einen besonderen Ansatz für unabhängiges politisches Handeln und damit einen wichtigen Bereich im Kampf gegen die Tyrannei. Er unterscheidet bei seiner Interpretation des Zivilgesellschaftsbegriffs zwei Wirkungsweisen von Staat und Herrschaft:[35] *Die zivile Gesellschaft (società civile):* die Gesamtheit von nichtstaatlichen bzw. privaten Organisationen (Arbeitgeber, Gewerkschaften, Kirche, alle Arten von Verbänden und Vereinigungen, Presse usw.), die eine kulturelle und ideologische „hegemoniale Funktion“ haben. *Die politische Gesellschaft (società politica):* die direkte Herrschaft und die des Zwangs, wird durch den Staat und die Regierung ausgeübt und umfasst die politischen Institutionen und das Rechtswesen. Er setzt dabei der bürgerlichen Hegemonie die Möglichkeit, ja die Notwendigkeit der proletarischen Hegemonie entgegen.

„Für Gramsci stellte sich die Frage, inwiefern sich bürgerliche Hegemonie jenseits des staatlichen Gewaltapparats konstituiert, und er entdeckt dabei die Zivilgesellschaft, die keineswegs eine machtfreie Sphäre jenseits des Staates sei, die gestärkt werden müsse.“[36]

Obwohl sich Gramsci mit rechtsgerichteten Diktaturen befasst hatte, beeinflussten seine Ideen in den siebziger und achtziger Jahren Dissidenten und Bürgerrechtler ganz unterschiedlicher Kategorien in den osteuropäischen Ländern. Er hat in diesem Zusammenhang den Begriff des integralen Staates eingeführt, das heißt, „Staat im umfassenden, integralen Verständnis (…), ist die politische Gesellschaft plus die Zivilgesellschaft, das heißt, Hegemonie gepanzert mit Zwang.“[37]

... verschiedenen Konnotationssträngen des Zivilgesellschaftsbegriffs

Eine wissenschaftlich sinnvolle Beschäftigung mit dem Zivilgesellschaftskonzept und dessen Verwendung als Analyseebene setzt eine Klärung der unterschiedlichen in sich verwickelten Konnotationsstränge voraus. Bei der Untersuchung des

---

aus und kombinierte sie auf eine neue Weise. Vgl. Reinfeld, Sebastian: Zivilgesellschaft und Gewalt. Vgl. www.gewi.kfuni-graz.ac.at/ Jg. 11.1-99/27.06.05.

[35] Vgl. Kebir, Sabine: Gramsci´s Zivilgesellschaft; Hamburg; 1991; S.19.

[36] Parsdorfer, Christine: Die neue zivilgesellschaftliche Internationale. In: Sonderheft des Informationszentrums 3. Welt (Hrsg.): Nachhaltig zukunftsfähig? Freiburg 1998, S. 32.

[37] Gramsci, Antonio: Gefängnishefte. Bd. 4, Hrsg. Von Klaus Bochmann und Wolfgang Fritz Haug, , Hamburg 1991, S. 783.

Zivilgesellschaftsbegriffs lässt sich zum einen eine materialistische Bedeutung finden, die die bürgerliche Gesellschaft als eine von Bedürfnissen und wirtschaftlichen Interessen charakterisierte Gesellschaft des Bürgertums bezeichnet, zum anderen gibt es eine normative Interpretation, welche von dem Ideal eines aufgeklärten, engagierten, aktiven und kommunikationsfähigen Bürgers ausgeht.[38]

„Zivilgesellschaft meint in normativer Hinsicht die freie, assoziative, öffentliche und politische Selbstorganisation und Selbstbestimmung der Mitglieder der Gesellschaft in Angelegenheiten, die alle betreffen."[39]

Edward Shils verwendet den Begriff Zivilgesellschaft als Bezeichnung für einen bestimmten Typus von Gesellschaft mit einem kollektiven Selbstbewusstsein, das ebenso kognitiv wie normativ ist und von einem relativ großen Teil der Bevölkerung geteilt wird. Die Gesellschaft ist zivil, insofern sie eine normative Regulierungsfunktion gegenüber Wirtschaft und Staat ausübt.[40] Michael Walzer bezeichnet zivile Gesellschaft als „den Raum zwischen menschlichen Vereinigungen, (...) die um der Familie, des Glaubens willen (...) diesen Raum ausfüllen."[41] Für Ralf Dahrendorf aus den liberalen Kreisen ist der gesellschaftspolitisch qualifizierte und emanzipatorische Charakter der Zivilgesellschaft mit dem liberalen Rechtsstaat und der Verfassungsdemokratie verzahnt. [42] Moderne Autoren wie Michael Walzer, John Rawls und Jürgen Habermas, welche die Zivilgesellschaft normativ wiederbelebt haben, konstatieren

---

[38] Vgl. Fein, Elke, Sven Matze (1997): S. 17.

[39] Schnabel, Christa: Gemeinschaften in der Zivilgesellschaft: Konzepte, Aufgaben und Verortung, in: Appel, Margit/ Luise Gubitzer, Birgit Sauer (Hrsg.): Zivilgesellschaft ein Konzept für Frauen? Frankfurt a. M. 2003, S. 89.

[40] Vgl. Shils, Edward: Was ist eine Civil Society? In: Michalski, Krzysztof (Hrsg.): Europa und die Civil Society. Stuttgart 1991, S. 14.

[41] Walzer, Michael: Was heißt Zivilgesellschaft? In: Van den Brink und van Reijen: Bürgergesellschaft, Recht und Demokratie. Frankfurt/M. 1995, S. 65.

[42] Er spricht vielmehr von Bürgergesellschaft als von Zivilgesellschaft. Im Hintergrund dieser beiden Begriffe steht allerdings das Individuum bzw. der Bürger im Sinne des Staatsbürgers und nicht im Sinne von bourgeois. Schnabel, Christa (2003), S. 94.Vgl. Dahrendorf, Ralf: Die gefährdete Civil Society, in: Michalski, Krzysztof: Europa und die Civil Society. Stuttgart 1991, S. 247-263. Er spricht vielmehr von Bürgergesellschaft als von Zivilgesellschaft. Im Hintergrund dieser beiden Begriffe steht allerdings das Individuum bzw. der Bürger im Sinne des Staatsbürgers und nicht im Sinne von ‚bourgeois'. Schnabel, Christa (2003), S. 94.

die Notwendigkeit eines staatsunabhängigen Bereiches, in dem sich gesellschaftliche Interessen frei organisieren und artikulieren können. Zum Beispiel, bei Jürgen Habermas ist die Zivilgesellschaft Bestandteil seiner kritischen Theorie über die Demokratie und die Öffentlichkeit. Die Zivilgesellschaft, als Teil der Öffentlichkeit, hat ihre wichtige Funktion darin, auf entsprechende Probleme hinzuweisen. Die Grenze zivilgesellschaftlichen Engagements sieht er darin, dass die Akteure in der Öffentlichkeit nur Einfluss erwerben können, jedoch keine politische Macht.[43] Zivilgesellschaft versteht sich als eine Sphäre, die sich auf nichtstaatliche, nicht-ökonomische Zusammenschlüsse auf freiwilliger Basis stützt.[44] Der wesentliche Unterschied zu diesen älteren Konzepten liegt jedoch darin, dass die Zivilgesellschaft jetzt als Schlüsselakteur anerkannt wird.

„(...) Was heute Zivilgesellschaft heißt, schließt nämlich die privatrechtlich konstituierte, über Arbeits-, Kapital- und Gütermärkte gesteuerte Ökonomie nicht mehr, wie noch bei Marx und im Marxismus, ein."[45]

... dem Konzept der Zivilgesellschaft in den Transformationsländern und in dem Reformprozess der Perestroika

Der osteuropäische Transformationsprozess[46] und das Konzept der Perestroika sind in Bezug auf den Zivilgesellschaftsbegriff als kontinentale und regionale Phänomene anzusehen, die allerdings globale Tendenzen verkörpern und sich weltweit in sozio-politischen und gesellschaftlichen Bereichen bemerkbar gemacht haben. Die Aktivitäten der westlichen und östlichen zivilgesellschaftlichen Organisationen sind daher besonders in Afrika ein direkter bzw. indirekter Ausdruck dieser Bemühung, eine Globalisierung von unten in Bewegung zu setzen.

---

[43] Vgl. Habermas, Jürgen: Faktizität und Geltung. Frankfurt a. Mains, 1992, S. 450.

[44] Vgl. Wetschanow, Karin: Zivilgesellschaft, Talkshows und Frauenbewegung, in: Appel, Margit (2000), S. 40.

[45] Habermas, Jürgen (2001): S. 357.

[46] Ein von Andrew Arato veröffentlichter Aufsatz, der die Entstehung der Solidarnosc analytisch darstellte, leitet mit seinem Schlüsselbegriff civil society eine Renaissance des Terminus Zivilgesellschaft ein, machte aber mit dem Titel Gesellschaft versus Staat zugleich auch die Besonderheit der polnischen Variante von Zivilgesellschaft deutlich, nämlich die Auseinandersetzung dieser Gesellschaft mit dem kommunistischen Staat. Ziemer, Klaus: Die Konsolidierung der polnischen Demokratie in den neunziger Jahren, in: Aus Politik und Zeitgeschichte. B6-7/98, S. 29.

Das Konzept der Perestroika[47] setzt auf die Etablierung von zivilgesellschaftlicher Öffentlichkeit, wodurch alle gesellschaftlichen Schichten motiviert, mobilisiert und aktiviert werden sollen. Es zielt auch darauf ab, das Versäumte einer politischen und gesellschaftlichen Öffentlichkeit nachzuholen sowie einen demokratischen Pluralismus durchzusetzen. Die Politik der Perestroika ist heute einflussreich für den Reformbeginn in den Entwicklungsländern, da sie vorwiegend auf Demokratie und Rechtsstaatlichkeit abzielt, und sie ist auch als ein komplexes Reformprojekt anzusehen, in dem es ganz grundsätzlich um die Herausbildung zivilgesellschaftlicher Strukturen in den Ländern geht, in denen solche Strukturen nicht vorhanden bzw. im Aufbau sind.

... dem Einfluss des westlichen und einigermaßen liberalen Gesellschaftsmodells, da die Zivilgesellschaft in Afrika als ein Produkt der Globalisierung verstanden wird.

„Dies ist die Zivilgesellschaft im originären Sinne des Wortes, die in peripheren Ländern in Beziehung zum gleichermaßen repressiven und leistungsschwachen Staat tritt, um bürgerliche Freiheit und eine Transformation des politischen Systems zu erreichen. Die afrikanische Demokratiebewegung zu Beginn der 1990er Jahre hat sich bei ihrer Selbstbegründung zum Teil an osteuropäische Ideen von Zivilgesellschaft angelehnt, zum einen als Mittel zur politischen Mobilisierung der eigenen Bevölkerung, zum anderen aber auch, um finanzielle Unterstützung von westlichen Gebern zu erhalten.“[48]

---

[47] Der Reformprozess von Gorbatschow, der als Perestroika bezeichnet wird, betonte das notwendige und unverzichtbare Erfordernis der Ausbildung einer Zivilgesellschaft in der damaligen Sowjetunion und hat eine große Bedeutung in vielen Weltsprachen gefunden. Das strategisch formulierte Ziel diente nach ‚Glasnost', das heißt, nach Offenheit, Transparenz und Diskursivität, dazu, in allen gesellschaftspolitischen Angelegenheiten Zivilgesellschaft zu schaffen, die dem posttotalitären Sowjet- und Parteistaat als kritisches und öffentlich wirksames Korrektiv entgegen treten konnte. Jedoch beruht das Scheitern der Perestroika wesentlich darauf, dass sie von oben ohne das Vorhandensein einer Zivilgesellschaft versucht wurde.

[48] Global Governance und multilaterale Friedenssicherung: Konzeptionelle Überlegungen mit Bezug auf Subsahara-Afrika. S. 56/ www.ub.uni-duisburg.de/ETD-db/theses/ 14.06.2005. S. 17f

Das gewachsene Interesse der Afrikaner an dem Konzept der Zivilgesellschaft wird besonders durch die veränderten Bedingungen innerhalb der verschiedenen Regionen der Welt beeinflußt. Globalisierung ist ein Phänomen mit weit reichenden Wirkungen auf Staaten und Gesellschaften in Afrika, auch wenn Afrika als einer der Verlierer der Globalisierung gilt. Seine Chance auf ein Überleben besteht nur im Rahmen tiefgreifendender Demokratisierungsprozesse und Good Governance mit Beteiligung von organisierten nichtstaatlichen Akteuren. Die Folgen von Globalisierung, Neoliberalisierung und der einflussreichen Institution der Vereinten Nationen haben auch im Demokratisierungsprozess Afrikas das Bedürfnis nach neuen Partizipationsformen und -chancen der nichtstaatlichen Organisationen geweckt. Zum Beispiel, die in der UN-Charta verankerte Idee der NGOs und Zivilgesellschaften erweitert den afrikanischen Horizont, um sich globalen Problemstellungen und neuen Allianzen gesellschaftlicher und staatlicher Institutionen zu öffnen. Insgesamt gesehen trägt der wachsende Einfluss der Zivilgesellschaft zur Ausweitung der internationalen Zusammenarbeit bei und treibt das System der Vereinten Nationen und andere zwischenstaatliche Einrichtungen zu mehr gesellschaftlicher Verantwortlichkeit an, um unzivile Elemente wie Drogenhandel, Kriminalität und Terrorismus energisch zu bekämpfen.[49]

1.2 Bemerkungen und Auswertung im afrikanischen Kontext

Trotz der unterschiedlichen Interpretationen besteht weitgehende Einigkeit über die theoretischen Wurzeln des Begriffs in den meisten Ideen und Arbeiten von Gesellschaftstheoretikern, dass die Zivilgesellschaft eine Dimension der Gesellschaft schafft, die sich vom Staat unterscheidet und manchmal sogar gegensätzlich zu ihm ist. Zum Beispiel bei J. Locke und Montesquieu prägten die Dichotomie von Staat und Gesellschaft den Zivilgesellschaftsbegriff der Aufklärung deutlich. Die Gewaltenteilung und die „corps intermediaires“[50] spielen dabei eine zentrale Rolle.

---

[49] UNO: Vorstellung und Wirklichkeit: Fragen und Antworten über die Vereinten Nationen. Herausgegeben vom Informationszentrum der Vereinten Nationen (Bonn) und der Deutschen Gesellschaft für die VN e.V. 1997, S. 17.

[50] Im intermediären Herrschaftsverständnis steht alles Handeln unter dem Primat, die Zusammenarbeit mit dem nationalen Zentrum zu sichern, die eigene Bevölkerung vor den Ansprüchen der nationalen Herrschaftszentrale zu schützen und die Rolle der Zivilgesellschaft als Mittler zwischen dem Außen und dem Innen in einer Weise zu sichern.

Ein Rückgriff auf die geschichtliche Bürgerform der Organisation und Partizipation, welche ja unter völlig anderen weltanschaulichen Voraussetzungen sowie sozial-politischen und gesellschaftlichen Bedingungen existiert, mag zwar als nostalgisch-intellektuelle Flucht, aber dennoch hilfreich und einflussreich in der gegenwärtigen Gesellschaft des tief historischen Afrikas erscheinen, in dem solche historischen und ideengeschichtlichen Hintergründe nicht zu finden sind. Das heißt, wenn man die Zivilgesellschaft in der heutigen Gesellschaft in Afrika untersucht, so stößt man weiterhin auf einen Mangel richtiger Ideengeschichte des Konzeptes und Voraussetzungen, die in den Industrienationen zur Entstehung und Entwicklung der Zivilgesellschaft beigetragen haben. Dies ist in der Tat eine Mahnung, die oftmals von westlichem Denken und westlicher Ideengeschichte geprägten Konzepte der Zivilgesellschaft mit Vorsicht zu betrachten und kritisch in diesen Ländern zu reflektieren und zu übertragen. Dies verdeutlicht jedoch, dass die Merkmalsausprägungen der Zivilgesellschaft einem geschichtlichen Kontext entwachsen sind, der bis heute zum Aufleben und zur Beeinflussung des Zivilgesellschaftsdiskurses in Afrika geführt hat. In den Grundlinien der verschiedenen Epochen und Konnotationsstränge bestehen eine ganze Reihe Konzepte, Synthesen und Elemente verschiedener Denker und Epochen, aus denen die real existierenden Zivilgesellschaften in Afrika sich heute noch bewusst speisen können. Sie spiegeln zumeist die aktuelle Problemlage der afrikanischen Staaten wider, trotz unterschiedlicher historischer Nährgründe und Interpretationen des Verhältnisses zwischen Staaten und zivilgesellschaftlichen Organisationen. Zum Beispiel in Bezug auf die Begründung von Zivilgesellschaft als einem vorpolitischen Zusammenschluss durch Locke und die Kompatibilität von Zivilgesellschaft in der Demokratie von de Tocqueville, obwohl diese verschiedenen Konzeptionen im politischen Alltag dieser afrikanischen Länder oft in Verwirrung geraten sind. De Tocqueville sah das beste Heilmittel gegen den staatlichen Despotismus und die Diktatur, das auch für das neue Afrika gelten muss, in einem wachsamen Auge der Gesellschaft mit aktiven Akteuren und in Form von organisiert liberalen Bürgervereinigungen. Damit ist das allgemeine Ziel, das mit der beabsichtigten Stärkung der Zivilgesellschaft immer postuliert wird, den angeblich passiven Bürger in Afrika, in einen aktiven engagierten Demokraten zu

---

Trutz von Trotha: Vom Zerfall des Staates, von der Vorherrschaft der konzentrischen Ordnung und vom Aufstieg der Parastaatlichkeit. In: Maecenata Aktuell Nr. 29, August 2001, S. 8.

verwandeln. Die westlichen Konnotationsstränge, wie sie in dieser Arbeit analysiert wurden, erweisen sich als modern und innovativ, um den afrikanischen traditionellen und ethnischen Bürgerorganisationen neue Akzente und Kompetenzen in Bezug auf ihre neuen Funktionen in dem Transformationsprozess zu geben und beeinflussen seit Anfang der 1990er Jahren in Afrika die Entwicklung des Demokratisierungsprozesses mit den Zivilgesellschaften. [51]

„Grundsätzlich kann es aber nicht das Ziel sein, westliche Modelle als Leitbilder zu formulieren, wenn man sich nicht einmal die Mühe macht, sich mit afrikanischen Denkmustern und Einstellungsweisen zu befassen (...). Es wäre nun Ausdruck westlicher Überheblichkeit, wollte man Afrikanern vorschreiben, welche Art von Veränderungen und Innovationsstrukturen zu akzeptieren und welche zu verwerfen seien."[52]

Dieser Gedanken führt vor allem dazu, dass die Herausbildung der Zivilgesellschaft in Afrika u.a. durch die geistigen Traditionslinien moderner Industriegesellschaften von den afrikanisch eigenen endogenen Problemlagen unbeeinflusst bleibt und der Schlüssel zu einem neuen Verständnis der reell gesellschaftlichen Afrikapolitik seit mehreren Jahrzehnten verloren gegangen ist. Die afrikanischen Bürger sind dabei zu lernen, dass in diesem globalen Konzept der Zivilgesellschaft ihr Schicksal in die eigenen Hände zu nehmen ist und dass das Konzept in Bezug auf seine empirische theoretische Tradition, für eine neue, freie, selbstregulierte Gesellschaft, Mitbestimmung und Partizipation steht. Mit solchen gesellschaftlichen Vorstellungen, die globale Tendenzen verkörpern, wollte man auch in Afrika eine neue und bessere Gesellschaft errichten. Diese Ideale werden von Afrikanern bis heute angestrebt. Was in den Industrienationen in einer längeren historischen Abfolge entstanden und in Mittel- und Osteuropa[53] verfolgt wurde, muss darüber hinaus in Schwarzafrika heute in einer gewissen Gleichzeitigkeit geschehen. Die

---

[51] Während der theoretischen Diskussion in der DR Kongo war immer von Teilnehmern zu hören, man wolle Afrikanern alles vorschreiben. Teilnehmer sind hier die Studierenden der Universität von Kinshasa während meines Kolloquiums am 14.06.2003 ebenfalls in Kinshasa zum Thema: L'Université entre l'Etat et la société civile.

[52] Van de Boom, D. (1996), S. 7.

[53] Wegmarshaus, Gert Rüdiger: Komplementarität: Zivilgesellschaft und demokratischer Staat: zivilgesellschaftliche Öffentlichkeit im spätsowjetischen Kernkraftdiskurs. Berlin 2002, S. 57.

Menschen dieser Region haben genügend mit den strukturellen und mentalen Hypotheken totalitärer Regime zu tun gehabt. In der Organisationsschwäche der NGOs kommt die Unterentwicklung der Zivilgesellschaft zum Ausdruck. Daher ist es in diesem Zusammenhang sehr wichtig, dass der Begriff in der Praxis in Afrika in einer Sphäre verwendet wird, die zwar gegenüber dem Staat und dem Wirtschaftssystem abgegrenzt ist, allerdings komplementär bleibt. Dies heißt für die Afrikaner autonome Selbstorganisation und eine gesellschaftliche Kraft, die nicht (unbedingt) nach der politischen Macht strebt, eine Struktur, die das Ensemble der Bürgerinteressen unter der Achtung von Pluralität vertritt, die bestrebt ist, die Fragmentierung der afrikanischen Gesellschaft in Kriegen, Bürgerkriegen, ethnischen Säuberungen entgegenzuwirken und die nicht auf eine Versammlung von privaten Enklaven und Elitegruppierungen begrenzt ist. Das Zivilgesellschaftskonzept erscheint gerade in Afrika als Antipode zur Diktatur und ihrer Militärjunta sowie als Emanzipationsinstrument, weil in diesem Begriff das Nicht-Gewaltsame, das Nicht-Militärische und das Postulat der guten Regierung sehr stark vorhanden sind, damit die Begriffe wie u.a. Unterentwicklung und autoritäre Regime in dem heutigen Transformationsprozess nicht revitalisiert werden.

Daher geht es um eine Implementierung des Begriffs, seine Durchsetzbarkeit und besonders um seine Wirkung im Verlauf des Systemwechsels bis hin zur Konsolidierung der Demokratie. Allerdings sind die Fragen des kritischen Engagements und kritischer Selbstorganisation mit dem Zivilgesellschaftskonzept unter dem Blickwinkel des Systemwechsels in Afrika aktuell, komplex und vielschichtig. Deshalb sind die Erfahrungen von nichtstaatlichen Akteuren in den osteuropäischen Transformationsgesellschaften in die Staaten Afrikas eingebracht worden, weil sie einigermaßen als mögliches exemplarisches Erfolgsmodell nahe liegen und in der Tat lehr- und einflussreich gewesen sind. In diesem Zusammenhang blieb keiner der afrikanischen Diktatoren von dem Wind der Perestroika unberührt, wenn es ihnen auch hauptsächlich um die Angst vor ihrem Machtverlust ging. Es wäre jedoch ein Fehler, den osteuropäischen Transformationsprozess in seinen Auswirkungen auf die afrikanische Zivilgesellschaft insgesamt zu überschätzen. Festzuhalten ist, dass die Einschätzung der Bedeutung und Relevanz der zivilgesellschaftlichen Organisationen und Akteure in Afrika an ihre eigene Realität und ihre Kontexte angepasst werden müssen. Die Frage, die sich im Anschluss an die dargestellten unterschiedlichen Konzepte und Konnotationen des Zivilgesellschaftsbegriffs stellt, ist nicht die nach der Gemeinsamkeit der Definitionen, sondern ob im afrikanischen gesellschaftlichen Kontext dieses Konzept der Zivilgesellschaft mit seiner spezifischen Realität demokratischer Gesellschaft überhaupt anwendbar und übertragbar ist.

Historisch betrachtet, wird mit dem Zivilgesellschaftskonzept im Hinblick auf seine westlich verfassungsrechtlichen Bezüge eine politische Relation der Trennung zwischen Staat und Gesellschaft angesprochen, die außereuropäischen Ländern gebracht werden. Daher ist auch nach den Grenzen des Transfers europäischer Verfassungskonzepte in den ehemaligen europäischen Kolonien zu fragen.[54] Die Elemente der Kolonialherrschaft wurden zum Beispiel in die afrikanisch ethnisch organisierten lokalen Machtstrukturen eingebettet. In Verbindung mit der Kolonialherrschaft entstand in diesen Ländern dann eine Art so genannter multikultureller Staat, geprägt durch die ethnisch lokale Herrschaft definierten nativen Autorität einerseits und einer eingefärbten Supervisionsgewalt des Zentrums andererseits. Für die Afrikaner war die nationalstaatliche Souveränität die Ablehnung von kolonialherrschaftlicher Fremdherrschaft und zugleich der Versuch sich von allen Fremdkonzepten zu distanzieren. Nach der Unabhängigkeit haben sie jedoch die eurozentrischen Grundstrukturen des Nationalstaates und des Verwaltungsmusters übernommen und die Europäer als Berater in die neuen unabhängigen Strukturen eingebunden. Sie konnten sich dabei auf die Förderung und Beratungstätigkeit der damaligen Kolonialherren verlassen. Gleichzeitig lehnten sie alle Formen der gesellschaftlichen Selbstorganisation ab und schwächten die Bürgerorganisationen auf der afrikanischen urbanen und ruralen Ebene wie in der kolonialen Zeit, weil die Bürgerorganisationen monopole Herrschaft überflüssig machen konnten. Unter der diktatorischen Herrschaft blieben sie aber in ihrer Heterogenität, wenn auch verdeckt, bestehen.[55]

---

[54] Mündliche Verfassung in Afrika: von der Regelung der Herrschaft und Überlieferung der Ordnung an die Bevölkerung sind die mündlichen Verfassungen überall in Afrika zur geschriebenen Verfassung geworden und viele Elemente dieser Verfassung wurden aus westlichen Verfassungstraditionen durch den Kolonialismus übernommen bzw. übertragen.

[55] Bayart, Jean François: Civil Society in Africa, in: Chabal, Patrick (Hg.): Political Domination in Africa. Reflections on the Limits of Power. Cambridge 1986, S. 109-125.

Aus diesem Grund fielen die einheimischen Bürgerorganisationen bzw. die frühe Form der Zivilgesellschaft in die politische Gesellschaft. Sie konnten mit der Welle der Liberalisierung und unter dem Druck der westlichen Länder nur charakterisiert werden und sich in den Demokratisierungsprozess einmischen, wenn sie die Form der europäischen Zivilgesellschaft übernahmen, damit sie nach den europäischen Kriterien identifiziert und gefördert werden könnten. Daher entwickeln sich die Zivilgesellschaften in Afrika in Richtung der europäischen Transformationsforschung und versuchen ihre Funktionen in den vorgeschrieben Phasen (Liberalisierung, Demokratisierung und Konsolidierung) einzuleiten. Im Vergleich zu den damaligen Funktionen der afrikanischen Bürgerorganisationen der vor- und nachkolonialen Zeit, sind diese Funktionen nicht rein afrikanische Denkmuster, sondern durch europäische und globale Strategien festgelegt, an die die Afrikaner für die Entwicklung ihre lokale Zivilgesellschaft anpassen müssen. Natürlich haben die Zivilgesellschaften in Afrika ihre Wurzeln[56] in der traditionellen Gesellschaft, aber diese Form der Bürgerorganisation in Afrika, die noch heute existiert, reicht in der modernen Interpretation und in den vorgeschriebenen Funktionen der Zivilgesellschaft in der Transformationsforschung nicht aus.

Jean François Bayarts These zufolge ist die Idee von Demokratie eine Entwicklung der Geschichte Westeuropas. Sie stellt klar das Individuum in den Mittelpunkt, eine Kategorisierung, die, so Bayart, die prekolonialen Gesellschaften nicht geteilt haben. Nichtsdestotrotz heißt dies nicht, dass diese Konzepte nicht im afrikanischen Kontext Fuß fassen können. Außerdem unterstreicht er u.a. den Punkt, dass afrikanische Staaten in ihrem Ringen um Demokratie nicht westlichen Vorbildern folgen müssen und sieht die afrikanische Demokratie eher in kleinen Gemeinschaften, die durch ländliche und städtische Gruppen gegründet und kontrolliert werden, als in Parlamenten, Parteien und Instrumentarien des Staates. Er betont, dass das Konzept der Zivilgesellschaft grundsätzlich nicht außerhalb der westeuropäischen Geschichte anwendbar ist.[57]

---

[56] Die traditionellen Strukturen der Zivilgesellschaft in Afrika sind in der jeweiligen Tradition eines Landes zu finden. Die Welle der Liberalisierung war für die Afrikaner u.a. mit der Ablehnung der diktatorischen Regime und des Einparteiensystems, dem Transformationsprozess mit Zivilgesellschaft und der Einführung des Mehrheitssystems verbunden.

[57] Vgl. Bayart, Jean François (1986), 109ff.

Die Übertragung bzw. die Übernahme eines Großteil des Verfassungskonzeptes und des Konzeptes der Zivilgesellschaft im Zuge der Dekolonisierung und besonders der Liberalisierung in Schwarzafrika geschah auch im Glauben an den Erfolg des Modernisierungs-, Globalisierungs-, Transformations-, Demokratisierungs- und nachhaltigen Entwicklungsprozesses, gemäß welcher die Entwicklungsländer notwendigerweise dem Grundmuster und Vorbild westlicher Staaten folgen müssen. Daher werden die eurozentrischen Konzepte immer die weitere Entwicklung dieser Länder in allen Facetten ihrer Entwicklung nachhaltig prägen bzw. beeinflussen. In diesem Sinne kann die Rede von der dritten Kolonialisierung[58] sein, da die westlichen Konzepte der Staaten und Gesellschaften bzw. der Zivilgesellschaft, trotz aller Kritiken der Übertragung, in die Symboliken und Vorstellungswelten der Afrikaner eingesunken sind. Diese westlichen Vorstellungen sind reale Erscheinungen, die zu dem Gedanken der Bestätigung der Übertragung aller eurozentrischen Ideologien und Konzepte an Afrikaner im neokolonialen Stil führen. Wichtig ist nur zu wissen, dass das westliche Konzept keine neue Zivilgesellschaft in Afrika schafft, sondern in den schon existierenden Bürgerorganisationen übernommen wird und die Denkweise ihrer Akteure beeinflusst. Dies zeigt, dass die Afrikaner an das eurozentrische Konzept der Zivilgesellschaft angeknüpften und von diesem lernen können, allerdings gehen ihre traditionellen Wurzeln nicht verloren, sondern lassen sich wiederfinden und verkörpern die modernisierten afrikanischen Bürgerorganisationen auf wichtigen Ebenen eines Landes. Ihre Strukturen in Afrika sind jedoch anders als in Industrieländern und sie bleiben, wie die staatlichen Strukturen, finanziell und ideologisch von Industrieländern abhängig. Wenn man überhaupt von Übertragung redet, so ist leider festzustellen, dass diese nicht eins zu eins geschieht, weil sie stattgefunden hat, ohne das gesellschaftliche Konzept und die Entwicklung der Afrikaner zu betrachten und ohne sie an die Realität und das Grundkonzept des jeweiligen Landes anzupassen. Daher müssen die Afrikaner ihre Eigendynamik und Ressourcen zur Verfügung stellen, um dieses Konzept der Zivilgesellschaft in ihren

[58] Die dritte Kolonialisierung ist dadurch gekennzeichnet, dass die politisch wie wirtschaftlich Verantwortlichen in den afrikanischen Staaten die Entscheidungsvoraussetzungen bereits so weit verinnerlicht haben, dass es ihnen nur möglich ist, sich für genau jene Maßnahmen und Prozesse zu entscheiden, die gemeinsam mit den fremden bzw. den (globalen) Realisierungsbedingungen vorgegeben sind. Vgl. Schicho, Walter: Mythos Zivilgesellschaft: Die dritte Kolonisierung Afrikas, in: François Kolland, Erich Pilz, Andres Schedler, Walter Schicho (Hrsg.): Staat und Zivilgesellschaft, 1996, S. 94f.

eigenen Realitäten erfolgreich umzusetzen. Die hohe Anpassungsfähigkeit, Bereitschaft und Sensibilität der Afrikaner die Wünsche der Geldgeber ihrer Konzepte zu übernehmen und ihre Einflüsse zu akzeptieren, hängen unmittelbar davon ab, welche Vorstellungen die Geldgeber von Zivilgesellschaft in Afrika haben. Lassen die Afrikaner ihre Strukturen und Satzungen mit eurozentrischen Prägungen erkennen bzw. formulieren, so sind sie als modern und demokratisch zu charakterisieren und können gefördert werden. Erkennen die Geldgeber dies nicht, so werden sie als unstrukturiert, ethnisch, korrupt, undemokratisch abgestempelt. Damit sind diese nicht zu fördern und können folglich nicht mehr überleben. Das Konzept der europäischen Zivilgesellschaft muss für die Afrikaner nicht allein im Sinne eines bloßen Ursache Wirkungsprinzips verstanden werden. Die Afrikaner müssen das Konzept sehr innovativ in ihren eigenen Rahmen einfügen und an ihre Realität anpassen und dieses nicht einfach kopieren bzw. plagiieren.

Die Industrieländer müssen auch die afrikanischen Vorstellungen und Konzepte wahrnehmen. Diese Wahrnehmung ist eine Notwendigkeit für das Verständnis der real existierenden Gesellschaften und Zivilgesellschaften in Afrika, um die Indigenisierung[59] der afrikanischen Realität im neokolonialen Stil zu vermeiden, auch wenn die moderne Interpretation der Zivilgesellschaft in Afrika in das europäische Konzept eingebettet ist. Dies produziert eine komplexe Mischung bzw. eine Mischform des zivilgesellschaftlichen Konzepts in Afrika. Das heißt, sowohl die Berufung auf eurozentrische Konzepte spielt in Afrika eine große Rolle als auch die Wiederbelebung der afrikanisch eigenen traditionellen Wurzeln. Diese Mischung unterschiedlicher Logiken und Konzepte, die in den afrikanischen Staaten[60], Religionen und Lebensstilen zu finden sind, prägen heute auch das Konzept der Zivilgesellschaft in Afrika. Von dieser Art Hybridcharakter sind im

---

[59] Man muss daher das Konzept der Zivilgesellschaft nicht aus dem Blickwinkel globaler Modernisierung betrachten und die real existierenden Zivilgesellschaften besonders in den ländlichen Räumen der afrikanischen Staaten indigenisieren, weil sie dem westeuropäischen Konzept nicht entsprechen. Das Konzept der Zivilgesellschaft in Afrika fordert eine umfassende Partizipation, die von der gesellschaftlichen Basis ausgeht und getragen wird. Eine echte Partizipation des Volkes bedeutet auch die Anerkennung der indigenen Strukturen in den nationalen Verfassungen.

[60] La colonisation a introduit en Afrique une forme d'Etat rationnel légitime approximatif (en fait, une forme mixte). Un État imposé de l'extérieur sur des structures et des institutions entraîne une confusion entre le traditionalisme et le modernisme, entre le public et le privé. Vgl. Marcussen, Secher Henrik (1998), S. 575.

Zuge der Globalisierung vor allem die postdiktatorischen Länder noch stark geprägt. Sie wollen vor allem modern sein und die Modernität vorantreiben, dadurch greifen sie mal bewusst und mal unbewusst auf westliche Konzepte zurück.

„In der Auseinandersetzung mit Fukuyamas Diktum vom Ende der Geschichte, verstanden als Siegeszug westlicher Werte und als Beweis für ihre Überlegenheit, fragt Ngoenha, ob das Ende der Geschichte bedeutet, dass nichts Neues mehr erfunden werden kann, ob es nur noch darum geht, Modelle zu übernehmen, sich den Modellen anzupassen und nicht so sehr die Modelle den Realitäten und den Menschen anzupassen. Gefordert wird von ihm eine Auseinandersetzung mit der eigenen Vergangenheit, mit Herrschaft und den Herrschenden in kolonialer, vorkolonialer und postkolonialer Zeit als Voraussetzung für die Gestaltung einer demokratischen Zukunft. Gerade der Begriff Zivilgesellschaft wird in diesem Zusammenhang problematisiert und vor dem Hintergrund afrikanischer Geschichte nicht als etwas ausgedeutet, das gänzlich neu wäre."[61]

Siegmar Schmidt zufolge haben einige Afrikanisten aus dem franko-anglophonen Raum[62] enorme Kritik am Konzept der Zivilgesellschaft und seiner Bedeutung für die Analyse afrikanisches Transitionsprozesses geübt. Es geht besonders um folgende Kritikpunkte: Zivilgesellschaft in Afrika ist ein ideologisches Projekt der Geldgeber. Der Begriff ist als Analysekategorie für Afrika zu unpräzise.[63] Allerdings entwerten diese Kritiken nicht die Spezifika der Zivilgesellschaft in Afrika als Instrument zur Analyse von Systemwechseln. In dieser gesamten Diskussion ist es wichtig festzuhalten, dass diese Übertragung des Konzeptes in Afrika schon stattgefunden hat. Deshalb soll man sie nicht einfach minimieren, sondern bewahren, was an diesem Konzept für die Afrikaner gut ist, um die Kapazitäten der lokalen Zivilgesellschaften, ihre Institutionen und ihre Funktionen zu stärken. Ihre Professionalität muss entwickelt und verbessert werden, um neue Kriterien zu formulieren und sich die Erfahrungen und die neuen Kompetenzen in den Bereichen der Information und der Vernetzung für die Entwicklung der

[61]Vgl. Boetius, Birgit: Zivilgesellschaft aus dem Baukasten? Die Rolle der mosambikanischen Bildungselite im geförderten Demokratisierungsprozess (Diss.).Hamburg 2001. S. 55 f.

[62] J-F. Bayart, René Lemarchand, Larry Diamond, Michael Bratton, Naomi Chazan, M. Mamdani

[63] Schmidt, Siegmar (2000): S. 298f.

partizipativen Demokratie zunutze zu machen. Dies sind unter anderem die praktischen Trends, die man von den Zivilgesellschaften in Afrika erwartet, um die lokalen Probleme zu bewältigen. Die Diskussion über die Übertragung des Konzeptes soll natürlich weitergeführt werden, aber im Rahmen der wissenschaftlichen Analyse.

Solche Kritiken und Bemerkungen führen in der vorliegenden Arbeit zur Überlegung und Suche der begriffsgeschichtlichen, gesellschaftlichen und entwicklungspolitischen Motive des Zivilgesellschaftsbegriffs, seiner Ursprünge und seines Wandels, sowie seiner Bedeutung für die Demokratisierungsprozesse in Afrika. Auf der Grundlage verschiedener Regierungstypen und politischen Systemen[64], die auf Afrika angewandt werden, sowie eines „Most Dissimilar Systems Design (MDSD)-Verfahrens“[65], das möglichst verschiedene Transformationspfade afrikanischer Staaten erfasst, können die Entwicklungen der Zivilgesellschaften in Schwarzafrika auch systematisch verglichen und analysiert werden. Allerdings ist die Diskussion um die Probleme und Grundlagen vergleichender Analysen der Zivilgesellschaft in verschiedenen Ländern Afrikas nicht das Anliegen dieser Arbeit. Trotzdem werden einige grundlegende Elemente zur Differenzierung der Diversität von Zivilgesellschaften in Afrika exemplarisch eingeführt.

---

[64] Zum Beispiel autoritär-diktatorische Regime: Traditionell (konservativ), Befreiungsbewegungen an der Macht, populistisch-charismatisch, Militärregime, demokratische Regime bzw. polyarchische Regime; fragile Staaten etc. Vgl. Tetzlaff, Rainer, Jakobeit, Cord, 2005: Staat und politische Herrschaft in Afrika: Einparteien- und Mehrparteienregime, Militärjunta und Staatszerfall, in: Des.: Das nachkoloniale Afrika. Politik– Wirtschaft – Gesellschaft, Wiesbaden, S. 117ff. Berg-Schlosser, Dirk: African Political Systems, in: Comparative Political Studies 17/ 1, Beverly Hills, London, New-Delhi: 1984, S. 121ff.

[65] MDSD (Konkordanzmethode): Auswahl möglichst verschiedenartiger Einheiten. Versus Most-Similar-Systems Design (MSSD/Differenzmethode): Auswahl möglichst ähnlicher Einheiten. Vgl. Przeworski/Teune: The Logic of Comparative Social Inquiry 1970.

2. Historische Entstehung und Entwicklung der Zivilgesellschaften in Afrika

Afrika ist zu einem Experimentierraum für neue Formen politischer und gesellschaftlicher Herrschaft geworden.[66] Zum Beispiel, wenn für die Demokratisierung der bisher einigermaßen friedliche Übergang von der Apartheid zur Demokratie in Südafrika gelungen ist, so stehen viele andere afrikanische Länder mit ihren unterschiedlichen Typen interner politischer Ordnung und ihren allmählich formierten zivilgesellschaftlichen Organisationen[67] vor dem Staatszerfall und kämpfen mit allen Mitteln, um das Scheitern des Nationbuildings zu verhindern. Dadurch wurde die Herausbildung zivilgesellschaftlicher Strukturen erheblich erschwert, weil jede unabhängige Organisation mit allen Mitteln an diktatorische Regime gebunden wurde. Erst in der Phase der Liberalisierung, in der diese anfingen, sich aus den Herrschaftssystemen zu lösen, wurden zivilgesellschaftliche Organisationen allmählich sichtbar. Die Gründe, die zum rasanten und außerordentlichen Wandlungsprozess geführt haben, sind u.a.: das sozio-politische und ökonomische Defizit an Vergesellschaftung sowie die Unfähigkeit der afrikanischen Staaten, ihre internen und externen Probleme zu kontrollieren. In diesem afrikanischen staatlichen Defizit, in dem der Versuch des Aufbaus der Rechtsstaatlichkeit und einer liberalen Gesellschaft von unten nach oben gescheitert ist, taucht das Phänomen der NGOs[68] (Nord und Süd-NGOs[69]) in

---

[66] Diese reichen u.a. von einer Demokratisierung nach den Grundzügen des westlichen Vorbildes, über die Konstitutionalisierung von Erbmonarchien, das Beharren auf nachkolonialen Beuteregimen neopatrimonialen Typs und der Herrschaft quasi theokratischer Bewegungen bis hin zum Staatszerfall.

[67] Obwohl die Situation der Zivilgesellschaftsorganisationen in Afrika sehr prekär und die rechtliche Grundlage juristisch unklar und undurchsichtig ist, gibt es immer wieder Bemühungen, die zivilgesellschaftlichen Strukturen zu organisieren und sich zu vernetzen. Das heißt, es existieren in Schwarzafrika funktionierende zivilgesellschaftliche Strukturen.

[68] Die Dritte Sektor-Forschung nimmt NGOs zur Kenntnis und subsumiert sie unter dem, was nicht Markt und nicht Staat ist und schließt die Bedeutung von NGOs als politische Akteure jedoch von vornherein aus. Die Bewegungsforschung untersucht nur bestimmte NGOs, nämlich jene, welche dem Typus der Bewegungsorganisation unterzuordnen sind. NGOs werden als Erben oder zeitweise Platzhalter sozialer Bewegungen verstanden. Die Korporatismusforschung konzentriert sich auf Großverbände und nimmt NGOs großteils gar nicht zur Kenntnis. Policy-Forschung und Netzwerkanalyse thematisieren das NGO Phänomen nur am Rande. Trotzdem haben deren Annahmen und Konzepte – genauso wie jene der Regimetheorie – zunehmenden Einfluss auf die NGO-Forschung. Vgl. Bandat, Sabine, Nina Abedin-Zadeh, Brigitte Dworak u.a.: Netzwerke parastaatlicher Akteure:

ihren entwicklungspolitischen Funktionen und in der Diskussion um den Demokratisierungsprozess als wichtiger Bestandteil der Zivilgesellschaft und als Architekt dieser wichtigen intermediären Akteure auf. Die eigentlichen Wurzeln und Prototypen der Zivilgesellschaft in Afrika entstanden aus traditionellen Gesellschaftsformationen und ethnisch definierten Strukturen. Ihre interne Entwicklung und die Verhältnisse zwischen den unterschiedlichen Organisationen sind durch exogene und endogene Faktoren enorm beeinflusst worden.

Nach Mahmoud Mamdanis[70] Vorstellung ist die Zivilgesellschaft an zivilisierte Gesellschaft gekoppelt und wird durch die schriftlich fixierten Gesetzen, Vorschriften und Verträge des gesellschaftlichen Miteinanders bestimmt. Diese Zivilgesellschaft, das Produkt jahrhundertelanger gesellschaftlicher Differenzierung, haben die Kolonialherren nach Afrika gebracht. Der Zutritt zu dieser Sphäre war jedoch zunächst nur den Kolonialherren vorbehalten gewesen und der Zugang zur Zivilgesellschaft war an die Übernahme europäischer Lebensweisen gebunden. Mamdani versteht daher den antikolonialen Kampf retrospektiv als Kampf einer embryonischen Mittel- und Arbeiterklasse um Eintritt in die Zivilgesellschaft. Deshalb sieht er, dass die Ursprünge der Zivilgesellschaft in Afrika eng mit dem Rassismus verknüpft sind, weil die Zivilgesellschaft in Afrika zu allererst die Gesellschaft der Kolonialherren war.[71]

„The history of civil society in Africa is laced with racism. That is, as it were, its historical sin, for civil society was first and foremost the society of colons. Also it was primarily a creation of the colonial state. The right of free publicity, and eventually of political representation were the right of citizens. "[72]

Transnationale Unternehmen und NGOs. www.evakreisky.at/2003-2004/staatkrieg-/referat05/11.07.2005.

[69] Vor allem Entwicklungs- und Menschenrechts-NGOs waren schon aktiv als die Herausbildung der Zivilgesellschaft in Afrika mit der Liberalisierungsphase und dem Transformationsprozess der 1990er Jahre des 20. Jahrhunderts anfing.

[70] Mamdani, Mahmoud: Indirect rule, civil society and ethnicity. The African dilemma, in: From Post-Traditional to Post-Modern? Interpreting the meaning of modernity in Third World urban societies. Preben Kaarsholm, Roskilde: International Development Studie1995, S. 220-227.

[71] Vgl. Schicho, Walter (1996), S. 101

[72] Zit. nach Boetius, Birgit (2001), S. 57. Vgl. Mamdani, Mahmood: Conclusion: Linking the Urban and the Rural, in: Ders. Citizen and Subject. Contemporary Africa and the Legacy of Late Colonialism, Princeton, 1997, p. 45-51.

Mit den antikolonialen Kämpfen begann für ihn die Geschichte der afrikanischen Zivilgesellschaften. Allerdings ignoriert er jene Bürgerorganisationen in Afrika, die vor dem ersten Weltkrieg und nach dem Zweiten Weltkrieg existiert haben. Zum Beispiel, in vielen englischen Kolonien bildeten sich in der Zwischenkriegszeit Taxpayers Associations oder Civil Sevants Associations. Daneben organisierten sich andere Gruppen u.a. nach ethnischer Zugehörigkeit und Berufsorganisationen. In Togo zum Beispiel gründeten die ehemalig deutschen Verwaltungsangestellten und Angehörigen der Elite des Südens in den 1920er Jahren den „Bund der deutschen Togoländer". Als Antwort darauf stellten die Franzosen 1936 den „Cercle des Amitiés Françaises" auf die Beine aus dem 1941 französischer Förderung die erste politische Partei „Comité d'Unité Togolais" entstand.[73] Zur Problematik der traditionellen Struktur der ethnischen Kongo-Gruppen und dem Staat in der heutigen DR Kongo hat António Custódio Gonçalves folgendes herausgearbeitet und festgestellt:

„Dans la mesure où cette société traditionnelle demeure vivante aujourd'hui, elle présente un intérêt certain pour comprendre les grands bouleversements que l'histoire moderne lui imposa lors du traite de Berlin, à la fin du XIXème siècle, et la période coloniale qui s'en suivit (...). Les traditionnelles groupes Kongo ont toujours joués et jouent encore de cette tension ou même de cette contradiction pour élaborer leurs politiques à tous niveaux. Mais ce qui devient plus intéressant encore, c'était finalement leur refus des structures politiques (...). En suite l'analysé de l'apparition des essais d'autonomisation du politique par rapport au social nous a permis de déceler les distorsions opérées dans la société Kongo par l'introduction d'un système politique formel tout à fait étranger aux conceptions et aux pratiques traditionnelles. L'Etat et son idéologie réduisaient les réalités collectives de la société traditionnelle aux seuls système, structures et codes qu'ils instauraient pour organiser le seul pouvoir."[74]

Diese verschieden gesellschaftlichen Strukturen existierten in allen Entwicklungsphasen der afrikanischen Staaten, nur waren die afrikanischen Bürger

[73] Schicho, Walter (1996), S. 102ff

[74] Vgl. Gonçalves, António Custódio: Kongo, Le Lignage contre l'Etat: Dynamique politique Kongo du XVIème au XVIIIème siècle. Universidade de Évora 1985. pp. 10-11, 13, 20, 145, 224.

nicht aktiv, weil sie durch die unüberwindbare Mauer des Kolonialismus und des diktatorischen Regimes behindert und eingeschränkt wurden. Aufgrund der Heterogenität der afrikanischen Gesellschaft, der ethnischen Zusammensetzung in einem jeweiligen Land, haben sich einige dieser traditionellen Strukturen u.a. zu politischen Parteien und zu staatlichen Strukturen formiert. Andere Vereinigungen bildeten sich zu den anti-kolonialen Bewegungen[75] heraus, die auch die politische Unabhängigkeit gefordert haben.

„In den ersten beiden Dekaden nach dem Erreichen der Unabhängigkeit afrikanischer Staaten spielte die Zivilgesellschaft (...) keine wesentliche Rolle. Zum einen war das Fehlen einer bürgerlichen Mittelklasse verantwortlich, die historisch betrachtet das Rückgrat der Zivilgesellschaft in Europa stellte. Ein zweiter wesentlicher Grund für die marginale Rolle der Zivilgesellschaft bestand in der Herrschaftspraxis der sich formierenden autoritären Systeme, die nur zu oft den kolonialen Autoritarismus fortsetzen."[76]

Einige Gruppen haben während des diktatorischen Regimes, die Ideologie des Einparteiensystems vertreten, andere haben sich als kleine Oppositionsparteien oder -gruppierungen versteckt. In der Liberalisierungsphase haben sie keine Chance gesehen, sich als Partei zu präsentieren und nennen sich deshalb zivilgesellschaftliche Organisationen. Ein besonderer Teil der traditionellen ethnisch definierten Strukturen tritt als Referenzstruktur der heutigen afrikanischen Basisorganisation der Zivilgesellschaft in den ländlichen Gebieten und als zivilgesellschaftliche Struktur von unten auf, die zur Entwicklung des Gemeinwohls der Nationalstaaten in Richtung partizipative Demokratie beitragen wollen. Es handelt sich um die Wiederbelebung von Gruppen, die auf eine lange Tradition zurückblicken konnten und um Neugründungen in Form von Kirche bzw. kirchennahen Vereinigungen, ethnischen und nicht ethnisch Verbänden, von

---

[75] Dazu zählten auch die afrikanischen politischen Ideen der Unabhängigkeit, die diese Vereinigungen in Richtung verschiedener Ideologien der Dekolonisation beeinflusst haben. Es handelt sich u.a. um die Philosophie der Négritude (L.S. Senghor/Sénégal), den Panafrikanismus (Kwame Nkrumah/Ghana), den Sozialismus (Julius Nyerere/Tansania), den Sambischen Humanismus (Kenneth Kaunda/Sambia). Vgl. Kopfmüller, Simone: Politische Ideen der Unabhängigkeitsbewegung, in: Informationen zur politischen Bildung Nr. 264/1999, S. 35-37.

[76] Schmidt, Siegmar (2000): S. 300.

Gewerkschaften, Anwalts- und Menschenrechtsgruppen und von traditionellen Vereinen etc.

Die Unterstützung der eigenen ethnischen Gruppierung[77] wird in dieser Arbeit als ein wesentliches Element der Legitimation afrikanischer Demokratie von der Basis her angesehen. Deshalb gehen die gesellschaftliche Verteufelung der Ethnien in der kolonialen Politik[78] und während des diktatorischen Regimes aus der afrikanisch eigenen Beobachtung an der Realität vorbei. Klar ist, dass alle politischen und Bürgerorganisationen, aus denen ein potentielles Bewusstsein der Afrikaner hätte erwachsen können, nicht zugelassen und willkürlich an den Rand der Gesellschaft geschoben wurden. Der Kolonialismus und die diktatorischen Regime bedeuten die absolute Negierung der Bürgerorganisationen, die allmählich zur Stabilisierung der zivilgesellschaftlichen Organisationen hätten führen können. Seit Anfang des Transformationsprozesses ist deutlich festzustellen, dass je totalitärer das Regime im jeweiligen Land war/ist, desto dramatischer die Folgen für die neu formierten zivilgesellschaftlichen Organisationen sind. [79] Aus dieser Perspektive stellt sich sowohl das Scheitern des Nationbuildings in Afrika dar, als auch das Scheitern der importierten Konzepte und der traditionellen Basisbürger sich bewusst zu organisieren und aktiv an ihrer Entwicklung und gesellschaftlichen Transformation zu beteiligen. Allerdings, wer heute in Afrika auf den Zivilgesellschaftsbegriff setzt, trotz des konjunkturellen Hochs und Tiefs des Begriffs, steht auf der richtigen Seite. Ein wichtiger Schritt ist dabei eine Differenzierung des Konzeptes und der politischen Parteien aus der afrikanischen Perspektive vorzunehmen, ihre

---

[77] Im Zentrum dieser ethnischen Gruppierung stehen die (Groß-) Familien als Basis der Gesellschaft. Die Stämme und Großfamilien waren da, allerdings waren sie nur mit ihren engen Kulturen, Magie und Hexerei beschäftigt.

[78] Die Kolonialisierung Afrikas stand somit vor der Frage, die traditionellen Gewalten zu stören oder zumindest zu neutralisieren, oder sich ihrer zu bedienen. Vgl. Bleckmann, Albert, Kurt Madlener, Hans-H. Münkner, Heinrich Scholler: Demokratie in Afrika, Hannover 1982, S. 31.

[79] Gerade dort, wo die Auswirkung des Staatsapparates die Bildung ökonomischer Interessengruppen und Macht nahe legte, kam es zur Kristallisierung solcher Gruppen entlang der älteren oder erst rezent formierten ethnischen Grenzen. Die Bildung von auf ethnischer Basis organisierten klientelistischen Gruppen wurde durch den Rückgriff auf ethnische Solidarität untermauert. Vgl. Elwert, Georg: Ethnizität und Nationalismus. Über die Bildung von Wir-Gruppen. Berlin 1989, S. 17f.

Funktionen in der jeweiligen Verfassung zu verankern und ihre Existenzchancen in diesen Staaten zu fördern.[80]

2.1 Zivilgesellschaft und der afrikanische Paradigmenwechsel

Die Debatte über die Zivilgesellschaft in Afrika ist lange Zeit vernachlässigt worden. Die Sorgen um die unfähigen und patrimonialen Raubstaaten haben diese Debatte ausgelöst und Platz für die Analyse des Zivilgesellschaftskonzepts gemacht. Im politischen Bereich steht die Debatte in Zusammenhang mit dem neoliberalen Gedanken. Der so genannte Paradigmenwechsel und bemerkenswerte Wandel, der das afrikanische Selbstverständnis erfasst hat, führte allmählich zur Entwicklung des Selbstbewusstseins der Afrikaner und zu neu formierten zivilgesellschaftlichen Organisationen. Es geht nicht mehr um die Wiederherstellung alter Königreiche, nicht um Reaktivierung des afrikanischen Sozialismus, des „Ujamaa" in Tansania, der „Négritude" im Senegal[81] oder der „Authenticité" in der DR Kongo (Zaire 1973), sondern um die Aktivierung der Afrikaner als aktiv liberale, moderne und gesellschaftliche Akteure, die ihre heutigen zivilgesellschaftlichen Strukturen, mit allen Formen und Kräften der traditionellen Gruppierung als Basis der Gesellschaft, allmählich entwickeln.

Die heutigen Strukturen der Zivilgesellschaft bilden ein riesiges Spektrum in Zahl und Heterogenität, die alle den Anspruch erheben, als nichtstaatliche Organisation anerkannt zu werden. Sie reichen von der lokalen Vereinigung, die etwas zu der Entwicklung ihres Dorfes beitragen möchte, über kleine und mittelgroße einheimische Organisationen bis hin zu großen, landesweit agierenden Gewerkschaften und NGOs, die wie in der DR Kongo, an nationale und regionale Plattformen der NGOs und Zivilgesellschaft gebunden sind. Diese sind die Zivilgesellschaften von „oben", die heute in Plattformen in vielen afrikanischen Hauptstädten organisiert sind und die mit unterschiedlichen Schwerpunkten die Einbindung anderer zivilgesellschaftlicher Organisationen in Netzwerken und Basisorganisationen in den ländlichen Bereichen erreichen wollen. Fraglich erscheint bislang, ob es den großstädtisch geprägten Organisationen auch gelingt, eine entsprechende Wirkung in allen Gebieten zu erzielen. Der Versuch und die

[80] Vgl. Mukengeschayi, Malemba (2003), Interview
[81] Vgl. Kopfmülle, Simone (1999), S. 35-37.

Bemühung der afrikanischen Länder zivilgesellschaftliche dezentrale Strukturen aufzubauen, Kontakte zu den Organisationen in den ländlichen Gebieten, insbesondere zu den Jugendorganisationen zu knüpfen und anzubieten, damit der bisherigen mangelnden Verwurzelung entgegenzuwirken, verdeutlicht zumindest das Problembewusstsein dieser zivilgesellschaftlichen Akteure.

In vielen afrikanischen Ländern gelten die zivilgesellschaftlichen Organisationen als wichtige Akteure des Transformationsprozesses. Dabei sehen sie sich zum einen als Verlängerung und Ergänzung zum Staat, zum anderen aber auch als wichtiges Gegengewicht. Jedoch zielen ihre Funktionen nicht darauf die Exekutive zu kontrollieren, um das politische System in Schranken zu halten, obwohl es für die Afrikaner, die die politische Opposition und ein demokratisches und funktionierendes Parlament nicht gekannt hatten, in der Anfangsphase des Transformationsprosses schwierig war, die Rollen eines Parlamentes, der Zivilgesellschaften und der anderen Organisationen richtig zu unterscheiden. Alle Akteure des Übergangs organisierten sich in der öffentlichen Verwaltung, widerriefe die exekutive Macht und wollten sie sogar ersetzen. Für die zivilgesellschaftlichen Akteure orientiert sich ein großer Teil ihrer Aktivitäten besonders im Bereich der Armutsbekämpfung, Gleichberechtigung, Korruptionsbekämpfung, Gender, Sensibilisierungs- und Informationsveranstaltungen zur Förderung partizipativer Demokratie bis hin zur Umsetzung der Elementarbildung durch die Initiative in den Dörfern. Ein anderer Teil kümmert sich um fast alle anstehenden Belange mit dem Argument: „Es gibt keinen Bereich des täglichen Lebens, der zufrieden stellend von staatlichen Institutionen abgedeckt wird."[82] Jedoch sind ihre Kapazitäten, Zielsetzungen, Arbeitsschwerpunkte von Land zu Land sehr unterschiedlich.

Zum Beispiel, die Basisvereinigungen gab es bereits im frankophonen Kongo-Brazzaville, aber nur auf der Basis der ursprünglichen Gemeinschaft in der Region und zur Selbsthilfe. Alle diese Vereinigungen vermisst man heute, denn sie sind verschwunden wegen des neuen sozio-politischen Kontextes, der durch die enorme Gewalt und die brutal kriegerischen Auseinandersetzung gekennzeichnet war. Nach der Zeit der Krise hat die Bevölkerung auf diesem Zerfall der politischen und gesellschaftlichen Landschaft geantwortet, durch die Schaffung von freiwilligen

---

[82] Malemba Mukengeschayi (2003): Interview

Vereinigungen für Solidarität, die in der Lage sind, den institutionellen Rahmen der Dezentralisierung zu nutzen.[83] Anlässlich der Nationalkonferenz 1991 erfuhren die Aktivitäten und die Gründung der zivilgesellschaftlichen Organisationen einen enormen Zuwachs an Bedeutung, die in der sozialistischen, zentralistischen, autoritären Zeit praktisch keine Rolle gespielt hatten. [84] Nach den kriegerischen Konflikten gewannen sie im Jahre 2000, besonders durch das Cotonou-Abkommen für ihre Beteiligung am Entwicklungsprozess, neue Bedeutung. Allerdings fristen diese Organisationen immer noch ein schwieriges Dasein zwischen Kooperation und Kooptation. In der Rep. Kongo engagieren sich z.B. Printmedien, einige Anwälte, konfessionelle und nicht konfessionelle sowie entwicklungspolitische NGOs (z.B. das Forum des Jeunes Entreprises de Comafrique, Association Terre et Village und Association pour le Développement des Communauté Rurales) und Menschenrechtsorganisationen für Meinungsfreiheit und Demokratie, für kritische Beobachtung, für partizipative sowie für projektorientierte Zusammenarbeit mit Bewohnern in ländlichen Gebieten.[85] Die wichtigsten Dachverbände sind die Féderation Congolaise des Associations ONG et Fondations du Congo, Conseil de Concertation des Organisation de Développement, Conseil National de Concertation des Organisations Féminines und Comité de Liaison des ONG. Einige zivilgesellschaftliche Organisationen stehen in engem Kontakt mit Menschenrechtsorganisationen in der DR Kongo. Ihre oft weit reichenden Kontakte im internationalen Bereich bieten ihnen und ihrem Umfeld einen gewissen Schutz vor staatlicher Willkür. Damit entsteht eine gewisse Schutzfunktion für zivilgesellschaftliche Kritiker der Regierung. Diese internationale Zusammenarbeit leistet den Bestrebungen Vorschub, die gesetzlichen Grundlagen[86] und die Zusammenarbeit mit den zivilgesellschaftlichen Organisationen weiter auszubauen.

---

[83] Vgl. Dorier-Apprill, Élisabeth: Église et ONG caritatives à Brazzaville: activisme sociopolitique ou religieux? Dans: J-P. Deler, Y. A. Fauré, A. Piveteau, P. J. Roca: ONG et développement: société, économie, politique. Paris 1998, p. 559-571.

[84] Vgl. Kuhn, Berthold: Entwicklungspolitik zwischen Markt und Staat. Möglichkeiten und Grenzen zivilgesellschaftlicher Organisationen. Frankfurt a. M. 2005, (S. 222-231).

[85] Vgl. Ebd. S. 225.

[86] Die rechtlichen Grundlagen basieren zum Teil auf alten (kolonialen) Vereinsgesetzen wie dem auf französisches Recht zurückgehenden >Loi sur la Liberté d'Association vom 1.07.1901 und dem Acte Fondamental du Droit d'Association vom 24.10.1997<. Vgl. Kuhn, Berthold (2005), S. 223.

Historisch gesehen kann das zivilgesellschaftliche Engagement im anglophonen Sambia[87] bis in die frühe Kolonialzeit zurückverfolgt werden. Nach der Unabhängigkeit (1964) tolerierte die Regierung unter der „United National Independence Party“ (UNIP) nur für acht Jahre politische Gegenstimmen. Im Jahr 1972 wurde der Einparteienstaat etabliert und Organisationen hatten sich der herrschenden Partei unterzuordnen. Aufgrund einer fehlenden politischen Opposition spielte die Gewerkschaft die Rolle einer effektiven Gegenbewegung und war so für die Mobilisierung der demokratischen Bewegung in der Vorreiterrolle. 1990 konstituierte sich die Bewegung als „Movement for Multiparty Democracy“ (MMD), durch die Präsident Kaunda in den Mehrparteien-Wahlen 1991 geschlagen werden konnte. Trotz seiner zivilgesellschaftlichen Wurzeln entfremdete sich das MMD von den ursprünglichen Zielen der demokratischen Opposition und errichtete ein korruptes Patronage-System. [88] Demokratische Legitimierung erfolgte durch die Präsidentschafts- und Parlamentswahlen am 27.12.2001. Seither wurden viele nichtstaatliche Organisationen besonders in der Hauptstadt Lusaka gegründet, die bis heute Aufklärungs- und Sensibilisierungskampagnen durchführen, um die Bevölkerung auf ihre Rechte zur politischen Partizipation[89] aufmerksam zu machen und sich besonders für die Förderung der Demokratie einsetzen. In ihren Funktionen gelten die sambischen zivilgesellschaftlichen Organisationen u.a. als wichtige Akteure politischer und gesellschaftlicher Entwicklung. Sie sind maßgeblich am Prozess zur Erarbeitung des Poverty Reduction Strategy Paper (PRSP) beteiligt. Im Laufe des Jahres 2000 gründete sie, angestoßen durch das Jesuit Centre for Theological Reflections, die Civil Society for Poverty Reduction (CSPR). Diese hat mittlerweile 90 Organisationen unter dem CSPR-Dach zur

---

[87] Vgl. Grottenthaler, Margret, Sibylle Hochheim, Maren Voges, Rike Wolz, Steffi Leopold, in: DED-Bericht 2003: Sambia S. 71ff; Grottenthaler, Margret, Hochheim, Schuster Sibylle Anne, Ulrike Wolz, Steffi Leopold: Sambia. In: DED-Bericht 2004: (S. 79-84).

[88] Schmidt, Siegmar (2000): S. 319.

[89] Das Gesetz sieht u.a. die Registrierung jeder zivilgesellschaftlichen Organisation ab 10 Mitglieder vor die jährliche Prüfung des Finanzberichts, Steuerpflicht, Inspektion der Räumlichkeiten der Organisation, die Formulierung einer Satzung und eine Gebühr ist zu entrichten. Allerdings können die NGOs die Mehrwertsteuerbefreiung zum Beispiel durch Nachweis ihrer Gemeinnützigkeit und einer ordnungsgemäßen Buchführung erlangen. Die NGOs müssen sich entweder als Gemeinschaften unter dem „Society Act“, als Gesellschaften mit beschränkter Haftung unter dem „Company Act“ oder als Kooperativen unter dem „Cooperative Societies Act“ registrieren lassen. Es genügen jedoch formale Kriterien für die Registrierung und es reicht aus, eine Satzung abzuliefern und eine Gebühr zu entrichten. Vgl. Grottenthaler, Margret u.a. (2004), S. 79.

Mitarbeit im PRSP-Prozess veranlasst.[90] Zu verschiedenen Themen und in vielen Sektoren gibt es mit steigender Tendenz informelle Zusammenschlüsse nationaler und lokaler zivilgesellschaftlicher Organisationen. Eines der einflussreichsten Netzwerke ist das regierungskritische „Oasis Forum“, ein Verbund dreier Kirchen, eines Berufsverbandes für Anwälte und einer Dachorganisation von Frauenorganisationen. In diesem Zusammenhang ist die Beziehung zwischen den nichtstaatlichen Organisationen und der sambischen Regierung immer gespannt. Aufgrund des gespannten Verhältnisses wurde das Gesetzesvorhaben, das als Entwurf einer „Government Policy on NGOs“ seit 1997 vorgeschlagen wurde, bislang nicht verabschiedet. Solche Gesetze zur Kontrolle von nichtstaatlichen Organisationen beschneiden u.a. die ausländische Finanzierung von Aktivitäten in nicht unerheblichem Maße. Außerdem werden diese Organisationen immer beschuldigt, dass ihre Hauptmotivation sei, Oppositionsparteien eine Plattform zu bieten.

2.2 Zusammenfassungen

Die Erwartungen an die aus einer sehr heterogenen Gruppe von Akteuren bestehende Zivilgesellschaft in Bezug auf eine nachhaltige Entwicklung und besonders ihre Beiträge zur Konsolidierung der Demokratie sind überall in Afrika sehr hoch. Die angeführten Beispiele reflektieren die Existenz der Zivilgesellschaften in Schwarzafrika, trotz ihrer Herkunft, ihrer starken Kontextabhängigkeit der Qualität demokratischer Herrschaftsformen und ethnischer Diversitäten. Die Entwicklung der Zivilgesellschaft in Schwarzafrika, ihre rechtliche Grundlage[91], Funktion und Vernetzung unterliegen der Gefahr des nicht-demokratischen Systems. Damit sind zivilgesellschaftliche Organisationen in ihrer Funktion nur begrenzt und trotz ihrer erwarteten größeren Legitimationsbasis verzeichnen sie noch schwere Defizite und Hindernisse bei der Erfüllung ihrer

---

[90] Vgl. Grottenthaler, Margret; Sibylle Hochheim, u.a., in: DED-Bericht (2003), S. 72.

[91] Seit der Liberalisierungsphase wurden diskutierte Dekrete verabschiedet, die sich an die aktuelle afrikanische Realität einigermaßen anpassen. Diese Dekrete sind allerdings noch zu reformieren, um die Funktionen der Zivilgesellschaft zu stärken. In diesem Zusammenhang will der Staat die Kapazitäten der Organisationen und ihre Finanzierungsquellen kennen, um sie bei möglichen Kritiken gegenüber den Staatsinstitutionen zu verbieten und ihnen sogar ihre Führungskräfte zu entziehen. Vgl. Interview mit Kibisswa Naupess, ein Vertreter von Société Civile Force Vive Congolaise, am 16.08.2003 in Kinshasa.

Funktion als kritische Beobachter und bei der Vertiefung von partizipativer Demokratie.

Trotz der Liberalisierungsphase versuchen viele afrikanische Regierungen die existierenden Organisationen an sich zu binden oder neue und unkritisch bzw. regierungsfreundlich agierende nichtstaatliche Organisationen zu fördern, um die bestehenden zivilgesellschaftlichen Strukturen zu destabilisieren. Außerdem sind die Regierungen darum besorgt, dass einerseits die Arbeit der zivilgesellschaftlichen Organisationen die Aktivitäten und Programme von Regierungsstellen als ineffizient erscheinen lassen, andererseits wird befürchtet, dass das Anwachsen der zivilgesellschaftlichen Akteure-Szene und der damit verbundene wachsende Finanzbedarf die Finanzquellen für Regierungsstellen und Regierungsprogramme versickern lässt. So werden die Zivilgesellschaften nicht unbedingt als Partner gesehen, sondern als mögliche Konkurrenz um die Aufteilung von Macht und Geldern. Auf Seite der Zivilgesellschaft sind ihre Zusammenschlüsse und Vernetzung noch nicht erfolgreich und dynamisch genug. Durch immer wieder aufkommende Konkurrenzkämpfe verscherzen sie sich den Kontakt zur Gebergemeinschaft und destabilisieren dadurch die ohnehin schon instabilen Strukturen. Weiterhin besteht auch die Gefahr der parteipolitischen Ausrichtung bzw. Instrumentalisierung der zivilgesellschaftlichen Organisationen, wobei vielen dieser Organisationen in Richtung kommerzielle Aktivitäten ausweichen.

Eine der wesentlichen Probleme für die Zivilgesellschaft in Afrika ist der Mangel an finanziellen Mitteln. Er regt die Organisationen zu vermehrten Fundraising- oder Scheinaktivitäten an, da sie damit die Hoffnung verbinden, die Unterstützung ihrer Projekte durch einen bzw. mehrere externe Geldgeber zu finden. Auf der Basis längerfristiger Kooperationen mit externen Geldgebern gelingt es nur einigen wenigen lokalen zivilgesellschaftlichen Organisationen, die Leistungen für ihre Zielgruppen zu verbessern und ihr Management zu professionalisieren. Außerdem gibt es, in Bezug auf die Finanzierung des zivilgesellschaftlichen Organisationsspektrums, eine gewisse Polarisierung: auf der einen Seite unterscheidet man einige wenige große Organisationen mit gesicherter Finanzbasis und einigermaßen qualifiziertem Personal, die bereits über viel Erfahrung auf dem internationalen Parkett verfügen. Auf der anderen Seite gibt es die breite Masse der relativ jungen und kleinen Organisationen, die u.a. im harten Wettstreit um Hilfsgelder und um Zielgruppen weitgehend untereinander konkurrieren. Insgesamt sind sie lautstark, aber immer noch schwach und ihre Arbeits- und Entwicklungsrahmenbedingungen sind in einigen Ländern durch mehrjährige Bürgerkriege, politische Unruhen und Machtkalkül der Regierenden geprägt.

Für die Geberländer sind u.a. Good Governance sowie Demokratiehilfe durch zivilgesellschaftliche Organisationen zu wichtigen Schwerpunktthemen und -bereichen der internationalen Zusammenarbeit geworden. Daher ist die heutige Existenz der Zivilgesellschaft in Afrika besonders auch durch externe Faktoren enorm beeinflusst und ein Teil des heutigen zivilgesellschaftlichen Konzeptes in Afrika stammt aus eurozentrischen Ideologien, weil die Geldgeber durch ihre konditionierte Hilfe und Förderung der Zivilgesellschaft ihre Ideologie direkt oder indirekt übertragen haben. Allerdings sind Zivilgesellschaften des Nordens und des Südens keine homogenen Akteure, weil die Staatbevölkerung der einzelnen Staaten in Afrika dem westlichen Begriff der Bevölkerung trotz des Kolonialismus nicht entspricht. Die Zivilgesellschaften in Europa sind das Ergebnis eines Bottom-up-Gesellschaftsprozesses mit genossenschaftlich anti-etatischen Wurzeln und sind Teil einer Reichtumsgesellschaft, die die Reichtumsökonomie zur Vorraussetzung hat. Das heißt, es engagieren und organisieren sich großenteils Menschen, die den freien Bildungszugang nutzen können, die von materiellen Sorgen relativ befreit sind, die sich informieren und für sich selbst und für andere eintreten, und damit Anwaltschaft übernehmen.[92] Anhand folgender Elemente aus der afrikanischen Geschichte können einige Differenzen zwischen Zivilgesellschaften in Afrika und anderen Zivilgesellschaften genannten werden: die primitive und gallertartige Zivilgesellschaft während des Sklavenhandels und des Kolonialismus, die kolonialen Traditionen, die spezifische Zusammensetzung[93], Mangel an Zivilität[94], die Elitenlastigkeit, das Fehlen einer verantwortlich bürgerlichen Mittelklasse[95], die

[92] Vgl. Gubitzer, Luise: Zur Ökonomie der Zivilgesellschaft, in: Appel, M. / Gubitzer, L. /Sauer, B. (2000): S. 138.

[93] Vgl. Monga, Célestine: Elements for an anthropology of anger: civil society and democracy in Sub-Saharan Africa, in: Betz, Joachim u.a. (Hrsg.): Africa and Europe: Relations of two continents in transition, Münster/Hamburg 1994, S. 205-223.

[94] Vgl. Lemarchand, René: Uncivil states and civil societies: how illusion became reality, In: Journal of Modern African Studies (30)2, 1992, p. 171-191.

[95] Diese stellte das Rückgrad der Zivilgesellschaften in Europa dar.

Heterogenität durch ethnische Vielfältigkeit, die traditionellen ethnischen Strukturen als Basis der Zivilgesellschaft, Gefahr der Kooptation, Plattformen der Zivilgesellschaft besonders in den afrikanischen Hauptstädten, die Existenz der ruralen und urbanen Zivilgesellschaft, die noch unterentwickelt sind, strukturelle Unzulänglichkeiten, klientele Netzwerke, mangelnde Kooperation mit politischen Parteien, ein Teil der Zivilgesellschaft ist an eine radikale Opposition gebunden, ein anderer Teil an die Regierung sowie eine neutrale Zivilgesellschaft mit hoher Abhängigkeit von externen Gebern etc.

In Bezug auf einige Kriterien, wie zum Beispiel die traditionellen Wurzeln oder die Entwicklung je nachdem, ob ein Land frankophone oder anglophone Geschichte hat, sind die Elemente und Segmente der Zivilgesellschaften in Schwarzafrika sehr unterschiedlich. Das heißt die Zivilgesellschaften in Südafrika, Sénégal, Ghana, Benin, DR Kongo, Tansania etc. sind nicht alle gleich. Patrick Chabal[96] unterscheidet die Politik der traditionellen Gesellschaft, der modernen Zivilgesellschaft und die explizit nationalistische Politik. Als traditionell bezeichnet er die Zivilgesellschaft, die sich organisch und direkt aus der vor-kolonialen Gesellschaft entwickelt habe und von ihr durchdrungen sei, als modern jene, die erst unter Kolonialherrschaft entstand und europäisch geprägt sei. Das Recht, freie Vereinigungen zu gründen und sich frei zu äußern, war das Recht von Bürgern unter direkter Verwaltung (direkt rule) in den anglophonen Ländern, in denen die Kolonialherren einer Mehrheit der afrikanischen Bürger sogar in den Siedlerstaaten dieses Recht und die Möglichkeit in jener Gesellschaftssphäre garantieren und massiv förderten und nicht von Subjekten unter einer indirekten Verwaltung (indirekt rule) in den frankophonen Ländern. Zum Beispiel, nach langer Zeit Apartheid und der Beginn der Demokratisierung (1994) besitzt Süd-Afrika im Gegensatz zu anderen schwarzafrikanischen Staaten eine sehr ausdifferenzierte und qualitative Hinsicht eine stark ausgeprägte Zivilgesellschaft sowohl auf Seite der weißen als auch der schwarzen Gesellschaftssegmente. Die einzelnen Gruppen verfügen über größtenteils effektive Organisationsstrukturen und verhältnismäßig umfangreiche finanzielle Mittel. Gründe hierfür sind die industrielle Entwicklung Südafrikas, sowie die Entwicklung von Selbsthilfeorganisationen unter dem Apartheid Regime. Die Kategorisierung der Zivilgesellschaften in Süd-Afrika nach

---

[96] Vgl. Chabal, Patrick: Power in Africa. An Essay in Political interpretation. New York: St. Martin's Press, 1998.

den neo-traditionellen, klassischen, nichtstaatlichen und religiösen Strukturen ist auch in anderen Ländern Afrikas zu finden, nur ihre Entwicklung in dem jeweiligen Land ist sehr unterschiedlich. Zum Bespiel die chiefs in Südafrika[97] gehören nicht der Zivilgesellschaft an, weil sie unter und nach der Apartheid Teil der Verwaltung waren und staatliche Gehälter beziehen. Im Vergleich mit anderen Ländern Schwarzafrikas ist Sambia ein Musterbeispiel, wo die Gewerkschaften[98], Aufgrund ihrer langen Tradition, hoher Grad an Legitimität und wegen ihrer breiten Mitgliederbasis einen wichtigen Bestandteil der Zivilgesellschaften sind und ein hohes gesellschaftlichen und politischen Gewichts spielen. Dagegen haben die Bruderschaften[99] im Senegal[100], in dem es keine Trennung zwischen Religion und Staat gibt, einen enormen Einfluss auf der politischen und gesellschaftlichen Ebene.

Eine andere Differenzierung der Zivilgesellschaften in frankophonem und anglophonem Afrika besteht durch ihre Funktionen und ihre Einbindung an den Konferenznationalen in der Liberalisierungsphase. Das heißt, zwischen 1991 und 1994 gab es sieben Nationalkonferenzen mit Beteiligung der Zivilgesellschaft nur in den frankophonen afrikanischen Ländern (Benin, Gabun, DR Kongo, Kongo, Mali, Niger etc.), weil die Ereignisse in einem Land der Region mit gleicher Sprache immer mit großer Aufmerksamkeit verfolgt wurden. Diese Länder sind von der französischen Kultur geprägt und zwar sowohl in Bezug auf die historische Analogie der französischen Revolution (1789) als auch den belgisch-kongolesischen Runden Tisch (1960), der zur Unabhängigkeit der heutigen DR

---

[97] Schmidt, Siegmar: Die Rolle der Zivilgesellschaft im Demokratisierungsprozess Südafrika, in: Lauth, Hans-Joachim/Merkel,W. (Hg.): Zivilgesellschaft im Transformationsprozess, (Bd. 3), Mainz 1997, S. 325.

[98] Das heißt, Gewerkschaften in Afrika verstehen sich nicht nur als Tarifpartei wie in den Industrienationen.

[99] Eine Bruderschaft oder Brüderschaft ist allgemein eine Körperschaft und Gemeinschaft von meist nur Männern, die sich unter einander als Brüder benennen und gemeinsame Interessen verfolgen. Einige Brüderschaften haben sich im Laufe der Jahre auch Frauen geöffnet. Es gibt auch Schwesternschaften als weibliches Gegenüber. Ansonsten sind diese Gemeinschaften sehr unterschiedlich gestaltet.

[100] Das Land erlangte 1960 seine Unabhängigkeit und gilt seiher als ein Stabilitätsfaktor im Westafrika. Die Hypothese von demokratischen Modellfall wurde bereits unter den ersten beiden Präsidenten und jeweiligen Vorsitzenden der Parti Socialiste (PS), Léopold S. Senghor (1960-1980) und Abdou Diouf (1981-2000), propagiert. Sie wurde durch den demokratischen Regierungswechsel durch die Parti Démokratique Sénégalaise (PDS) unter Abdoulaye Wade im Jahre 2000 und am 25.2.2007 bestätigt.

Kongo führte. Außerdem ist das Konzept der Zivilgesellschaft bei den westlichen Afrikanisten mit unterschiedlichen Positionen vertreten. Tendenziell positive Reaktionen zur Zivilgesellschaft zeigen sich bei den Afrikanisten aus dem anglo-amerikanischen Raum[101] in Afrika und dagegen kamen pessimistische Grundtöne von den französischen Afrikanisten.[102]

Neben dem Einfluss der externen Faktoren, die zur Diskussion über die unmittelbare Übertragung des eurozentrischen Konzeptes auf die vielfältige afrikanische Gesellschaft geführt haben, wird die Komplexität der real existierenden Zivilgesellschaft in Schwarzafrika auch stark durch die internen Faktoren, traditionelle Wurzeln und Ereignisse eines jeweiligen Landes enorm beeinflusst und geprägt.

3. Interne Einflussfaktoren der Zivilgesellschaft in Afrika

Die internen Einflussfaktoren zur Entstehung und zu möglichen Steuerungsalternativen der Zivilgesellschaft in Schwarzafrika, zur Verstärkung ihrer Einwirkung und Funktionen in dem Transformationsprozess sowie ihrer demokratie- und entwicklungspolitiktheoretischen Diskussion erklären sich u.a. aus dem Wirtschaftsbankrott im postkolonialen Afrika[103], der Erschöpfung der diktatorischen Regime, der Unwirksamkeit des Einparteiensystems, dem Scheitern des Nationbuildings, den neuen Funktionen der NGOs in der Entwicklungszusammenarbeit und aus der gesellschaftlichen und politischen Wirksamkeit des zivilgesellschaftlichen Konzeptes u.a. bei den afrikanischen Intellektuellen, Bürgern, Vereinigungen und Kirchen, die eine Veränderung der Verhältnisse in Richtung offener, pluralistischer und partizipativer Gesellschaft massiv gefordert haben. Die lange Zeit des autoritären Regimes und Spannungen

---

[101] Vgl. Bratton, Michael: Civil society and political transitions, in: Harbeson, John/ Rothchild, D. / Naomi Chazan (Hrsg.): Civil society and the state in Africa, Bulder/London 1994, S. 51-81. Bratton, Michael; Nicholas Walle, in: Democratic experiment in Africa, Cambridge 1997. Chazan, Naomi: Africa's Democratic Challenge-Strengthening Civil Society and the State. In: World Policy Journal (1992) 1, 1992.

[102] Vgl. u.a. Jean-F. Bayart, René Lemarchand.

[103] Der Widerstand breiter Bevölkerungskreise gegen die soziale Krise und die sozialen Folgen der SAP hat somit erst zur Mobilisierung und zur Wiederbelebung der Zivilgesellschaft geführt. Vgl. Schmidt, Siegmar (2000), S. 301f.

zwischen der zivilen Bevölkerung bzw. zivil formierten Organisationen und dem Militär im Dienst der Machtinhaber waren jedoch die größten Gefahren und Hindernisse für das nation-building, für die staatliche Stabilität und die Bürgerorganisationen. Das heißt, die verschiedenen Formen des militärischen Neo-Präsidentialismus[104] in anglophonen sowie in frankophonen Ländern Afrikas standen dem Nationbuilding, der Rechtsstaatlichkeit und den öffentlichen Kritiken der Bürger im Weg.

3.1. Das Scheitern des nation-buildings

Schon zur Kolonialzeit hatte sich bei den afrikanischen Eliten die Einsicht durchgesetzt, dass man nur dann eine Chance auf Erlangung der Unabhängigkeit hat, wenn man sich u.a. an die gesellschaftlichen, politischen Strukturen der westlichen Länder anpasst. Es ist auch in diesem Sinne bekannt, dass die afrikanischen Staaten nicht das Resultat einer eigenen autochthonen Dynamik sind. Zum Beispiel, die heutigen Staatsgrenzen sind völlig willkürlich gezogen worden und dadurch sind auch die Stammes- und Gesellschaftsstrukturen willkürlich zerschnitten worden.

In der Zeit zwischen 1960 und 1990 wurde vergeblich versucht, nationale Einheit durch ideologische Zwangsstaaten und durch Einheitsparteiensysteme zu erreichen. Immerhin waren es die neuen politischen Führer aus der kolonialen Zeit auch nicht gewohnt, dass politische Herrschaft geteilt werden muss. Ähnlich wie in der kolonialen Zeit, setzte das diktatorische Regime bestimmte Gewalt und Gewaltdrohung, besonders im Umgang mit politisch oppositionellen und gesellschaftlichen Kräften, unter neuen Etiketten fort. Das jetzige Problem Afrikas ist nach dem Zeitalter des Kolonialismus und diktatorischer Herrschaft die Rekonstruktion und die Modernisierung des Nationalstaates, der die Pluralität seiner Gesellschaften anerkennen muss, weil der Kolonialismus zur Formierung einer bestimmten Abart des modernen Staates nach dem europäischen Vorbild

---

[104] D.h. der eigene Machterhalt stand im Mittelpunkt ihrer Strategien und dagegen fielen die menschlichen und politischen Kosten der autoritären Regime sehr hoch aus, wie die bis jetzt bekannten Statistiken ergeben. Vgl. Wolff, Jürgen: Soziologie der Entwicklungsländer, in: Korte, Hermann/ Bernd Schärfres (Hrsg.): Einführungskurs Soziologie, Bd. IV. Einführung in Spezielle Soziologien. Opladen 1993, S. 229 (S. 213-243).

führte, aber ohne die gesellschaftlichen Grundlagen des metropolitanen Staates.[105] Außerdem entspricht die Staatsbevölkerung der einzelnen Staaten in Afrika dem westlichen Begriff des Staatsvolkes nicht. Abgesehen von dieser Bemerkung gibt es eine ganze Reihe von Elementen[106], die ganz besonders die Gegenwart und das Werden der afrikanischen Staatlichkeit und der Staatsvölker kennzeichnen. Die Entwicklung der afrikanischen modernen Staaten bedeutet auch die Stärkung der traditionell-afrikanischen Gesellschaft. Es kann nicht mehr sein, dass die regierende Elite in den Hauptstädten und großen Provinzen das Moderne repräsentieren, während die Mehrheit der Afrikaner als traditionelle Basis der Bevölkerung in den fernen Dörfern und Bürgerorganisationen isoliert und ohne große Bedeutung bliebt. Dies war das Fundament für die strukturelle Dysfunktion zwischen der ländlichen Gesellschaft und den städtischen Ballungszentren und eine strukturelle Deformation der afrikanischen Gesellschaft, die heute keine richtige zivilgesellschaftliche Basis bilden kann. Mit der neuen afrikanischen Elite[107] kommt es nicht zu einem grundlegend gesellschaftlichen Wandel, sondern nur zu einer weitgehenden Verlagerung der Herrschaftsinstanz nach innen und zur relativen Verselbständigung der damit verbundenen Appropriationsinteressen.[108] Patrick Dias findet bei der Charakterisierung des so genannten „Evaluierten“ des Belgisch-Kongo harte Worte:

„Er ist wie ein Marginaler, der sich zwischen zwei Welten befindet: die Welt, die er verlassen hat, lehnt er ab und verachtet sie, und lehnt sich gleichzeitig mit aller Kraft gegen die Welt auf, in die er sich langsam integriert, ohne jedoch völlig dazu zu gehören. In diesem Zusammenhang kann man daher mit Recht von einer psychisch neurotisierenden Auswirkung des soziogenen, vom Kolonialismus hervorgerufenen Regressionszustandes betreffend Kultur, Psyche und Gesellschaft sprechen.“[109]

---

[105] Vgl. Kößler, Reinhart, Melber, Hennig: Chancen internationaler Zivilgesellschaft. 1. Aufl. Frankfurt a. M. 1993, S. 141.

[106] Zum Beispiel das Nebeneinander traditioneller und eigenständiger sowie moderner, importierter Elemente.

[107] Bei den afrikanischen Eliten handelt es sich in erster Linie um eine vom kolonialen System geschaffene Elite, die sich durch ihre westliche Bildung von der übrigen Gesellschaft abhebt.

[108] Kößler, Reinhart: Postkoloniale Staaten. Elemente eines Bezugsrahmens. Schriften des Deutschen Übersee-Instituts Hamburg, Nr. 25. Hamburg 1994, S. 164.

[109] Dias, Patrick: Erziehung, Identitätsbildung und Reproduktion in Zaire. Beltz 1979. S. 47.

In den 1990er Jahren kippten die afrikanisch diktatorischen Regime wie Dominosteine. Der Blick fiel daher auf die wellenförmige Demokratisierung der Staaten und Gesellschaften mit der Betonung der Bürgerpartizipation, nämlich, dass der Aufbau moderner Staaten staatliche und nichtstaatliche Akteure braucht. Dies war jedoch nicht ein neuer Aufbau der Nation, sondern zum ersten Mal in der Geschichte wurde versucht, dass afrikanische Staaten ihre Bevölkerung demokratisch regieren. In einigen Konzepten der früheren Theoretiker herrschte der Wunsch vor, den Staat in eine politisierte, sich selbst verwaltende Gesellschaft zurückzuholen und ihn so absterben zu lassen. Dies ist mit den afrikanischen Staaten nicht unmöglich, bleibt aber immer noch sehr fraglich und umstritten. In dem afrikanischen Transformationskonzept geht es nicht um das Sterben des Staates, sondern um eine Bündelung und Stärkung jener emanzipatorischen und partizipativen Potenziale der nicht staatlichen Akteure in den Entwicklungs- und Demokratisierungsprozessen. Jedoch muss die Sphäre zwischen afrikanischen Staaten und Zivilgesellschaften noch klarer definiert werden. Die Staaten in Afrika müssen somit als eine Instanz jenseits der Gesellschaft gesehen werden, die unter allen Umständen die Kompetenzen und Funktionen der Zivilgesellschaft anerkennen muss. Wegen des Scheiterns des nation-buildings ist es festzustellen, dass einige afrikanisch zivilgesellschaftliche Organisationen[110] an eine oppositionelle oder staatstragende Funktion gebunden sind, allerdings hält die vorliegende Arbeit dies für falsch, weil eine funktionierende Zivilgesellschaft in einem gelungenen nation-building kritisch intermediäre Sphäre bleiben muss. [111]

3.2 Bemerkungen zum nation-building und zur partizipativen Demokratie

„Der Staat als Garant von Sicherheit und Ordnung ist immer zwiespältig, weil er selbst zur Gefahr für die Beherrschten werden kann. Das war die wichtigste Entdeckung, welche die politische Philosophie der Gewaltenteilung gemacht und zu recht als Einwand gegen den Absolutismus formuliert hat (...). In der Postkolonie

---

[110] Manche verwechseln den Zivilgesellschaftsbegriff mit den politischen Parteien oder sagen nur einfach, dass die zivilgesellschaftlichen Akteure wie Politiker der Opposition nicht existieren. Wenn sie existieren, dann sind sie von den lokalen Regierungen bedrängt, abgeschafft, koptiert und als Verräter der Nation etikettiert worden. Vgl. Malemba Mukengeschayi: Interview in der DR Kongo am 14.6.2003.

[111] Vgl. Hauck, Gerhard: Gesellschaft und Staat in Afrika. 1. Aufl. Frankfurt am Main 2001, S. 256.

zerbrach das staatliche Gewaltmonopol, das der Kolonialstaat durchgesetzt hatte.“[112]

Die postkolonialen Staaten in Afrika, die durch eine prekäre Mischung (kolonial überformter) traditioneller, moderner und postmoderner Strukturen geprägt sind, sind heute in ihrem Transformationsprozess immer noch in vielen Bereichen blockiert. Sie sind nicht zum Territorialstaat geworden, sondern zu einem zentralisierten Herrschaftsapparat über die Bevölkerung, über die Organisationen und über die Gemeinschaften, der sich durch seine klientelistischen Beziehungen auszeichnet. In diesen Beziehungen haben Freunde und Verwandte begehrte Ämter, die ihnen in kurzer Zeit ein wohl situiertes Leben versprechen. Bekanntermaßen ist zum Verständnis der politischen Loyalitäten und der Verteilung von politischer Macht und Reichtum in Afrika die Frage nach der Stammeszugehörigkeit des großen Patron bzw. der Eliten unverzichtbar.[113]

„Eine der Hauptaufgaben der afrikanischen Staaten in ihrer eigenen Sicht ist das nation-building, die Verankerung und Stärkung der Staatseinheit im Bewusstsein ihrer Bevölkerung.“[114]

Daher ist der Erfolg des nation-building ebenso wie der Erfolg der Rechtsstaatlichkeit und der partizipativen Demokratie aus heutiger Sicht unmittelbar an den Erfolg der zivilgesellschaftlichen Organisationen gebunden. Wenn die koloniale Herrschaft dies nicht zugelassen hat und die postkolonialen afrikanischen Staaten versagt haben, bleibt den Afrikanern letztlich nichts anderes übrig, als zu versuchen, Demokratie mit zivilgesellschaftlichen Organisationen zu reaktivieren. Diese Ziele werden heute noch angestrebt und können nur erreicht werden, wenn die afrikanischen Staaten das moderne Recht[115] und die Stammesrechte in ihren jeweiligen Verfassungen bewahren, um den Prozess des nation-buildings zu stärken. Die moderne Verfassungsordnung soll daher die traditionellen Ordnungen nicht in Frage stellen, sondern diese modernisieren, bzw. ergänzen, um die Regeln der traditionellen afrikanischen Gesellschaft nicht

---

[112] Trutz von Trotha (2001), S. 8.
[113] Vgl. ebd. S. 13f.
[114] Bleckmann, Albert u.a. (1982), S. 19.
[115] Versus Stammesrechte, die nicht ganz vernachlässigt werden müssen.

bedeutungslos zu machen. Damit ist hier auch die Stärkung der Rolle der Zivilgesellschaft in der politischen Bildung angesprochen.

In diesem Zusammenhang hängt eine erfolgreiche Demokratisierung mit Zivilgesellschaft in Schwarzafrika wesentlich auch davon ab, ob der Machtinhaber, trotz der schlechten Indikatoren zur Lage des nation-buildings, bereit ist, seine Macht tatsächlich zu teilen, die Rolle der ethnisch organisierten und aktiven Bürger in der Zivilgesellschaft zu akzeptieren. Das heißt, die ethnisch definierte Herkunft spielt für die Mehrzahl der Afrikaner immer noch eine wichtigere Rolle als die Zugehörigkeit zur politischen Gemeinschaft des Staates und die Pluralität der Ethnien ist das kulturelle Muster der Zivilgesellschaft, und nicht die Homogenisierung, die Indigenisierung und die ethnische Säuberung.[116] Deshalb ist es für die Afrikaner sehr wichtig, dass sie die Multiethnizität zur Grundlage der neuen demokratischen Staatsform machen, weil die Afrikaner nicht nur Bürger dieses oder jenes Staates sind, sondern sie fühlen sich besonders diesem oder jenem Stamm zugehörig. [117] Dieser Prozess ist aber erst möglich, wenn eine gewisse politische Stabilität hergestellt wird. Dass es sich nicht einfach um harmlose Vorlieben handelt, wird dann deutlich, wenn wieder einmal Nachrichten von ethnischen Konflikten und Bürgerkriegen in den Medien kursieren. Wie immer diese Konflikte tatsächlich begründet sein mögen, so zeigen sie doch, dass der Prozess des nation-building in den betroffenen Staaten bisher nicht von Erfolg gekrönt ist.

Wenn man sich nun der Frage zuwendet, welche Rolle die ethnische Bevölkerung bzw. die Gruppierungen als demokratische Kraft und Basis der Zivilgesellschaft in der Entwicklung und im Aufbau der Nation spielen sollen, so wird vor dem Hintergrund der bisherigen Überlegungen deutlich, dass das Leitbild des nation-

[116] Ethnische Säuberung ist ein euphemistischer Ausdruck für die gewaltsame Entfernung einer ethnischen Gruppe aus einer Region. Dies kann durch Vertreibung oder Völkermord erfolgen. Der Ausdruck entstammt der Propagandasprache der Führung des gegen 1990 zerfallenden jugoslawischen Staates und wird, obwohl Unwort des Jahres 1992, mittlerweile als übliche Bezeichnung für Vorgänge dieser Art verwendet. Zum Beispiel die ethnische Säuberung in Ruanda (Konflikt zwischen Hutu und Tutsi).

[117] Außerdem bezeichnen afrikanische Politiker ihre Gegner gern als Tribalisten und verlangen eine Überwindung des Stammesdenkens (Tribalismus), appellieren ihrerseits aber ebenfalls an Stammesgefühle. Vgl. Wirz, Albert: Kriege in Afrika. Die nachkolonialen Konflikte in Nigeria, Sudan, Tschad und Kongo. Band 23. Wiesbaden 1982, S. 9f.

building und der Demokratie nach westlichem Modell den Vorstellungen der traditionellen afrikanischen Ordnung[118] nicht entspricht. Wenn man das nation-building und die Demokratisierung in Afrika im weiteren Sinne versteht, nämlich als die Schaffung von Strukturen, mit deren Hilfe die Masse der Bevölkerung ihre Interessen gegenüber dem staatlichen Apparat und moderner Verfassung wirkungsvoll vertreten kann, dann zeigt sich im Voraus schon ein etwas anderes Bild Afrikas, als das was die Menschen in der vor-/kolonialen und diktatorischen Geschichte Afrikas gesehen haben.

In diesem Sinne haben sich die großen Erwartungen an die NGOs, die die Gruppen wachsamer Bürgerinnen vereinigt haben und dafür sorgen mussten, dass Öffentlichkeit, Partizipation und Einflussnahme auf nationalem Terrain im Demokratisierungsprozess hergestellt werden, trotz ihrer Attraktivität und Anerkennung in der Willensbildung, Interessenvermittlung und –artikulation der marginalisierten Basisbevölkerung noch nicht erfüllt, weil eine bloße Beteiligung von unten noch keine partizipative Demokratie ist.[119] Umstritten sind auch ihre Erfolge bei der bisherigen Demokratieförderung. So weisen zum Beispiel ihre konkreten Arbeiten in Afrika das immer von entwicklungspolitischen Experten beklagte Defizit auf, die Basis und Selbstorganisationen in Richtung partizipativer Demokratie zu orientieren, Good Governance und Entwicklung nachhaltig zu fördern, damit sie einen effizienten Beitrag zum Aufbau der Nation leisten können. Genau unter diesen Gesichtspunkten müssen die euroafrikanischen NGOs in ihren Funktionen gestärkt werden. In einer globalen Welt liegen in diesem Zusammenhang diese Kernfunktionen der NGOs nicht nur bei den Afrikanern und ihren NGOs, sondern auch bei den Nord-NGOs, d.h. diese NGOs in Afrika finanziell und ideal zu fördern, damit sie ihre strukturellen Rahmenbedingungen verbessern und verstärken können.

---

[118] Die traditionellen Herrschaften blieben auch nach der Unabhängigkeit fast überall einflussreich und konnten einer Modernisierung, die ihre Macht untergrub, allerdings wenig abgewinnen.

[119] Vgl. Brand, Ulrich (Hrsg.): Nichtregierungsorganisationen in der Transformation des Staates. 1. Aufl., Münster 2001, S. 143.

3.3 Konzept und Funktion der euroafrikanischen NGOs

Die Unterentwicklung[120] und das Demokratiedefizit bilden bis heute, trotz unterschiedlicher Entwicklungsstrategien, ein größeres Problem für die Gesellschaftsentwicklung auf dem schwarzen Kontinent. Zum Beispiel, in den 1980er Jahren sollten die Strukturanpassungsprogramme[121] wenigstens helfen, die Voraussetzungen für das Wirtschaftswachstum zu verbessern. Die Strukturanpassungsstrategie wurde durch Abfederungsmaßnahmen der UNICEF, die die negativen Effekte der Strukturanpassungsprogramme für die betroffene arme Bevölkerung Afrikas lindern sollte, ergänzt. Die NGOs als klassische Kritiker haben die Anpassungspolitik der internationalen Finanzinstitutionen für die Verschlechterung der Lebensbedingungen und die extreme Steigerung der Armut in den Entwicklungsländern verantwortlich gemacht.[122]

In den 1990er Jahren wurde die politische Konditionalität, vor allem gute Regierungsführung, thematisiert und die Beteiligung der nichtstaatlichen Akteure für die Nachhaltigkeit und Demokratiekonsolidierung in den Mittelpunkt gestellt. Dennoch erreicht die Unterentwicklung immer mehr Menschen. Die NGOs haben diese afrikanische Realität schon vor der Unabhängigkeit verstanden. Damals wurden sie von den kapitalistischen kolonialen Mächten missbilligt und wurden als Agenten der kommunistischen Regime betrachtet. Nach der Unabhängigkeit haben die afrikanisch diktatorischen Staaten entsprechend die NGOs als Agenten des

---

[120] Unterentwicklung ist nicht einfach wirtschaftliche Armut. Sie ist nicht einfach ein Rückstand im Reichtum gegenüber den Industrieländern. Unterentwicklung bedeutet vor allem eine interne Kluft in der so genannten Dritten Welt selber, und zwar zwischen den Entwicklungsländern und innerhalb eines Entwicklungslandes: eine Kluft zwischen den sozialen Klassen und zwischen den Zentren und Randgebieten. Vgl. Strahm, H. Rudolf: Warum sie so arm sind. 5. Auflage, Wuppertal 1988, S. 11.

[121] Strukturanpassungsprogramme (SAP) wurden von Weltbank und IWF konzipiert und mit den afrikanischen Ländern, die seit Ende der 1970er Jahre von der Schuldenkrise betroffen waren, durchgeführt. Komponenten der SAP waren die Politikkorrekturmaßnahmen: Institutionelle Reformen; makroökonomische Stabilisierung und marktkonforme Preisstrukturen. Allerdings wurden die SAP auf die wirtschaftlichen Prozesse als unangemessen für die speziellen Bedingungen in Afrika angesehen. Vgl. Kappel, Robert; W. Fengler: Entwicklungsstrategie für Wirtschaft und Gesellschaft, in: Informationen zur politischen Bildung Nr. 264/1999, S. 25 und 30 ff.

[122] Vgl. Fengler, Wolfgang: Strukturanpassung und Verschuldung, in: Informationen zur politischen Bildung Nr. 264/1999, S. 31.

Imperialismus bzw. des Kommunismus behandelt. Zur Situation der NGOs während der diktatorischen Régime in vielen Ländern Afrikas, sagt Malemba Mukengeschayi:

„Une sorte de consensus s'établit ensuite entre les ONG et les Etats africains avec la génération du parti unique : on s'intègre au parti unique et on fait ce qu'il prévoit ou on disparaît. "[123]

3.3.1 NGOs und ihre inhaltliche Bedeutung für die Afrikaner

Unter NGOs wurden vor allem die NGOs in den Industrienationen verstanden und gemeint. Das heißt, den NGOs in Schwarzafrika schrieb man längere Zeit kaum große Bedeutung zu und sie waren so gut wie nie eine eigene gesellschaftliche Instanz. Sie sind in der Tat ein Modell der europäischen NGOs, von denen sie heute noch abhängig sind. Außerdem wurde der NGO-Begriff von der afrikanischen Bevölkerung ignoriert, weil er nur in den engen Kreisen von Diplomaten, Politikern und Bürgern, die für Menschenrechte, gegen Armut und Unterentwicklung gekämpft haben, verwendet wurde. Erst im Zuge des Wandels entwicklungspolitischer Vorstellungen wurden Menschen aus den afrikanischen Ländern und deren Organisationen als "Partner", mit denen die NGOs der Industrienationen zusammenarbeiten könnten, wahrgenommen. Ein Höhepunkt für die NGOs war u.a. die Programmförderung und die Institutionsförderung anstelle der Einzelprojektförderung.[124] Die Steuerungsprobleme, die Legitimitäts-, Entwicklungs- und Herrschaftsdefizite in den Ländern Afrikas haben zu einem offensiven und verstärkten Auftreten von euroafrikanischen NGOs besonders für die liberalpartizipative Demokratie geführt. Als Süd-NGOs erhalten sie Unterstützung und Förderung der Nord-NGOs. Daher kann man niemals eine Studie der afrikanischen NGOs durchführen, ohne die europäischen NGOs zu erwähnen. Deshalb wird in dieser Arbeit öfter der Begriff „euro-afrikanisch" verwendet.

---

[123] Malemba Mukengeschaji (2003), Interview.

[124] Ziele waren u.a. die Selbstständigkeit und die Partizipation der afrikanischen NGOs an gesellschaftlichen Realitäten zu unterstützen und die Afrikaner zu befähigen, ihre entwicklungs-politischen Interessen national und international zu vertreten. Neubert, Dieter: Entwicklungspolitische Hoffnungen und gesellschaftliche Wirklichkeit: Eine vergleichende Länderfallstudie von NGOs in Kenia und Ruanda, Berlin 1995, S. 37f.

„Nous attendons par là des ONG nées en Afrique en période coloniale, puis devenues étrangères, des ONG établies en Europe, mais qui ont des sections en Afrique noire, des ONG européennes qui ont pour objectif de contribuer au développement du continent noir soit en y envoyant des opérateurs, des matériels, en finançant des projets ou en étant sur le terrain avec leurs équipes ; en somme ce sont des ONG européennes sans lesquelles il est difficile de parler d' ONG en Afrique noire."[125]

Die Problematiken der NGO-Definition wurden schon im Jahre 1908 von Paul Otlet erörtert. Er benutzte folgende Wörter als Kernelemente für die internationalen Assoziationen (IA), das heißt eine IA soll u.a.: international sein, ein allgemeines Ziel für verschiedene Nationen haben, gemeinnützige Ziele verfolgen und eine institutionelle Struktur haben.[126] Hiermit schließt er alle „sociétés commerciales" von den internationalen Assoziationen aus und seine Definition enthält ein neues Element, nämlich „le caractère privé", der anders als „l'initiative priveé" war. [127]

„ (...) sont considérées comme internationales (…) les associations de caractère privé qui sont accessibles, dans les conditions fixées par leurs statuts, aux sujets et aux collectivités de plusieurs pays et poursuivent sans esprit de lucre un but international."[128]

Zwischen den beiden Weltkriegen bis zur Gründung der Vereinten Nationen haben die internationalen Organisationen ihre Kapazität als internationale Leistungsträger nachgewiesen, was jedoch nach wie vor von der UNO nicht hinreichend anerkannt wird. Nach dem Zweiten Weltkrieg erlebten die NGOs eine neue Blütezeit. In dieser historischen Entwicklung wurden diese Organisationen auch mit neuem

---

[125] Koffi, E. Bruno: Le concepte et le rôle des ONG européennes et africaines, in: La revue de l'union des associations internationales. Année 40, Nr. 5/ 1988, p. 230.

[126] Vgl. Otlet, Paul: Annuaire de la vie internationale, 2ème série VI, pp. 1-10. Bruxelles 1908-1909.

[127] On entend par initiative privée des individus et on exclut les Etats et des organisations internationales. Caractère privé ne s'adresse pas forcément à des individus, puisque des Etats ou des organisations internationales peuvent donner un caractère privé à une action dont ils sont auteurs. Koffi, E.Bruno (1988), S. 233.

[128] Annuaire de l'Institut de Droit International. Vol. XXX, 1923, p. 139.

Namen versehen, von Internationaler Nichtregierungs- (INGOs) zu Nichtregierungsorganisationen (NGOs). [129]

„L' OECD ne fait aucune distinction entre ONG et OING (…). " [130]

Der Begriff NGO ist also trotz seiner Herkunft und seiner Etymologie, ein heterogener Begriff, der sich in der afrikanischen gesellschaftlichen Realität etabliert hat, der auch seine Abgrenzung[131] zu der staatlichen Realität gefunden hat und aufgrund seiner unterschiedlichen Definitionen im Kontext der afrikanischen Realität auch in dieser Arbeit schwer zu definieren ist. In vielen Definitionen der NGO, wie zum Beispiel: eine NGO ist als Idealtyp eine nichtstaatliche, nicht-profitorientierte Organisation, ist der Nicht Profit-Charakter bzw. der Nicht Gewinnorientierungscharakter der NGOs in Afrika sehr problematisch und sehr relativ zu interpretieren. Vor allem entfernen sich die NGOs in Afrika von der klassischen Definition, die sich nicht an wirtschaftlichem Gewinn und nicht an Eigeninteressen der Mitglieder[132] oder der Zielgruppe im Sinne von berufsständischen orientieren.

Diese engere Definition kann für die NGOs in Afrika mit unterschiedlichen Inhalten und Kriterien besetzt und gekennzeichnet werden. Daher sind NGOs in Afrika u.a.:

---

[129] Die Abkürzung INGOs hat sich in der Fachliteratur eingebürgert, um eine Unterscheidung gegenüber nationalen NGOs zu treffen, während im UN-System generell von NGOs die Rede ist. Wolfrum, Rüdiger (Hrsg.): Handbuch Vereinte Nationen, 2. Aufl., München, 1991, S. 624. (S. 624-630).

[130] Koffi, E.Bruno (1988): p. 421.

[131] Der Unterschied zu den klassischen NGOs besteht vor allem in der Tendenz dieser NGOs, weg von Strategien der klassischen NGOs-Generation zu handeln, auch wenn die praktische Umsetzung der Rhetorik oft hinterher hinkt, so dass auf der nationalen Ebene eine Erhöhung ihrer politischen Präsenz und Schlagkraft gerade in den letzten Jahren zu beobachten ist. Vgl. Lenzen, Marcus: Die Rolle der NGOs in der Entwicklungszusammenarbeit. Münsteraner Diskussionspapiere zum Nonprofit-Sektor Nr. 17 September 2001, S. 9.

[132] Die Mitarbeiter einiger zivilgesellschaftlicher Organisationen in Afrika, vor allem bei den NGOs werden für ihre Arbeit bezahlt. Ehrenamtlichkeit und ein Engagement sind eher selten zu finden. Dies ist in gewisser Weise auch verständlich in den Ländern, in denen es nur relativ wenige und schlecht bezahlte Arbeitsplätze gibt. In Benin zum Beispiel ist die Erwirtschaftung von Gewinnen für NGOs sogar offiziell zugelassen, soweit diese nicht gezielt zur Bereicherung der Angestellten oder Mitglieder dienen, sondern in NGOs investiert und somit zur Unabhängigkeit der NGOs von externen Gebern beitragen können. Vgl. Sauré, Susanne-Michel: Benin, in: Deutscher Entwicklungsdienst-Bericht 2003, S. 132.

freiwillige und heterogene Zusammenschlüsse, nicht parteipolitisch abhängig, nicht ethnisch, zum Teil auch künstlich geschaffen. Die Akteure sind auf der kommunalen Ebene u.a. Einzelne, Nachbarschafts- und Dorfgemeinschaften engagiert. Auf der regionalen und nationalen Ebene sind die Akteure in Form von Netzwerken oder Plattformen organisiert.[133] Diese Definitionselemente schließen in Afrika auch solche kleinen NGOs ein, die nicht im großen entwicklungspolitischen Spektrum aktiv sind. Es handelt sich vor allem um lokale Aktionen und Selbsthilfe der NGOs, die es den armen Bevölkerungsgruppen ermöglichen, ihre physischen Elementarbedürfnisse (Beerdigung, Müllentsorgung, Versorgung von Witwen und alten Leuten, hungernde Straßenkinder, Mikrokredite etc.) zu befriedigen. Allerdings gibt es für diese Organisationen in Afrika keine Selbstfinanzierung aus Mitgliedsbeiträgen, sie erhalten keine staatlichen Zuschüsse[134] und sind nur auf Spenden angewiesen. Wie in den Industrienationen sind NGO-Vertreter nicht durch eine öffentliche Wahl legitimiert. Es ist aber nicht bekannt, in welchem Ausmaß die Öffentlichkeit hinter ihnen steht. Wer keine Staatsgewalt ausübt, muss auch nicht ununterbrochen legitimiert werden und sich nicht einer periodischen Kontrolle durch den Volkswillen unterziehen. Ihre interne demokratische Struktur indiziert jedoch nicht ihre demokratische Legitimation.[135] In vielen Ländern Afrika ist

---

133 Diese Definitionselemente der NGOs stammen aus verschiedenen Ansätzen und wissenschaftlichen Arbeiten über die NGOs, um eine Kontur für die Definition der NGOs in Afrika zu bilden, da eine eigene reine Definition in Bezug auf den afrikanischen Kontinent nicht vorhanden ist. Nützlich sind diese Kriterien, um NGOs in Afrika von anderen Organisationen und den beiden Sektoren Staat und Markt abzugrenzen. Vgl. u.a.: Wegner, Rodger: Nichtregierungsorganisationen und Entwicklungshilfe: Einführung und systematische Bibliographie. Hamburg, 1993. Walk, Heike/ Achim Brunnengräber, Elmar (Altvater, 1997) Einleitung. In: Altvater, Elmar/Brunnengräber, Achim/ Haake, Markus/ Walk, Heike (Hrsg.) Vernetzt und Verstrickt. NGOs als gesellschaftliche Produktivkraft. Münster. 10-25. S. 13, Koffi, E.Bruno: (1988); Stoecker, Felix William: NGOs und die UNO. Die Einbindung von NGOs in die Strukturen der Vereinten Nationen. Frankfurt a. M. 2000, S. 103.

134 Dieser Vorgang wird in Afrika wegen der Gefahr der Bestechung und Kooptation sehr kritisch gesehen.

135 Aber die gesellschaftliche Unterstützung von NGOs durch Mitgliedschaft und durch Ausstattung mit Machtmitteln, sowie durch die ganze Bevölkerung, kann als der zentrale legitimierende Faktor bezeichnet werden. Obwohl sie im Vergleich zum Staat oder den Parteien meist nicht über einen internen demokratischen Aufbau verfügen, erhalten sie ihre Legitimität über öffentliche Anerkennung, was als kontextuelle Legitimität bezeichnet werden kann. Vgl. Brand, Ulrich: NGOs, Staat und ökologische Krise. Münster 2000, S. 235. Kettner, Matthias: Die Angst des Staates vorm Einspruch der Legitimität von NGOs und den Medien der öffentlichen Gesellschaft, in: Frankfurter Rundschau vom 17.10.1995. S. 12.

festzustellen, dass „Je undemokratischer der Staat, desto begrenzter regelmäßig auch die demokratischen Elemente in der Satzung der NGOs sind.“[136] Sie bemühen sich weiterhin der Basisbevölkerung Ressourcen, Wissen und Kontakte zur Verfügung zu stellen, um ihre Lebenssituation zu verbessern. Ihre Funktionen lassen sich mit den Wörtern Kritiker, Träger und Vertreter der öffentlichen Interessen und Aufklärung der Öffentlichkeit zusammenfassen. Aus diesem Grund wird schon die Hoffnung gehegt, dass die NGOs eine emanzipatorische Wirkung erreichen und dazu beitragen, bestehende Herrschaftsverhältnisse in Afrika in Frage zu stellen, den Demokratisierungsprozess auszulösen und zu fördern. Allerdings ist diese positive Bedeutung der NGOs in Afrika als neue Hoffnungsträger der Entwicklungspolitik und Demokratie einer nüchterneren Einschätzung gewichen. Die Unfähigkeit und der Mangel an Professionalität der afrikanischen NGO-Akteure sind die Haupthindernisse ihres effektiven Handelns.[137] Außerdem herrschen politische Naivität und unreflektiertes "wishful thinking" vor.[138] Trotzdem weisen sie eine lange historische Tradition mit ihren verschiedenen Funktionen auf und haben sich die Einbindung der Zivilgesellschaft in den verschieden Bereichen zum Prinzip gemacht.

3.3.2 NGOs: Von klassischen entwicklungspolitischen Aufgaben zum Herz der Zivilgesellschaft

NGOs weisen eine lange historische Tradition auf. Seit dem frühen 19. Jahrhundert stiegen ihre Anzahl und ihr Einfluss auf völkerrechtlichem sowie sozialem und humanitärem Gebiet. Für die heutige Form der NGOs, vor allem in den Industrieländern sind zwei kulturelle Grundmuster von besonderer Bedeutung: Der Rechtsgrundsatz der Vereinigungsfreiheit ist eines davon. Das andere, mehr spezifisch zu Auslandsaktivität hin orientierte Grundmodell wird, verkörpert in den katholischen und protestantischen Missionen und in der Arbeit, die sie namentlich ab dem 19. Jahrhundert im Erziehungs- und Gesundheitswesen vor allem in Afrika

---

136 Stoecker, Felix William: NGOs und die UNO. Die Einbindung von NGOs in die Strukturen der Vereinten Nationen. Frankfurt a. M. 2000, S. 103.

137 Neubert, Dieter: Entwicklungspolitische Hoffnungen und gesellschaftliche Wirklichkeit: Eine vergleichende Länderfallstudie von NGOs in Kenia und Ruanda, Berlin 1995.

138 Vgl. Brand, Ulrich (2000): Der Staat und die Zivilgesellschaft, in: Freitag Nr. 03 von 14. Januar 2000. S. 234.

und Asien geleistet haben.[139]Zu den ältesten NGOs zählen die christlichen Kirchen und Orden.

Herkunft der NGOs: [140]

1. Klassische Herkunft : NGOs mit konfessioneller Herkunft: katholische, protestantische und anglikanische NGOs sowie NGOs ohne konfessionelle Herkunft

2. Moderne Herkunft: [141] NGOs, die aus der Initiative der nationalen und internationalen Öffentlichkeit stammen; NGOs, die aus dem Antrieb von internationalen Organisationen gegründet wurden und NGOs, die von Vertretern bzw. Mitgliedern der internationalen Handelsgesellschaft (sociétés commerciales) gegründet wurden.

In Amerika zum Beispiel war der Ausgangspunkt der NGOs die Antrittsrede des US-Präsidenten Harry Truman im Jahr 1949[142] (1884-1972), der die Unterentwicklung vieler Länder als eine der Herausforderungen bezeichnete. Gegen die Unterentwicklung setzte er die Entwicklung, die die USA hervorgebracht hatte. Nach seiner Rede entstanden in den USA die ersten NGOs, deren Ziele u.a. humanitäre Hilfe und Bekämpfung der Hungersnöte in der Welt waren. Die

---

[139] Vgl. OECD: Partner der Entwicklung. Die Rolle der NGOs. Paris, 1989, S. 19. 1951 erhielten etwa 200 Organisationen diesen Status zugesprochen. In den 1950er und 1960er Jahren begann die vereinzelte Studie und Erforschung der NGOs in der Entwicklungspolitik und seit den 70er Jahren nehmen sie immer mehr zu. Vgl. Neubert, Dieter (1995), S. 33f.

[140] Vgl. Koffi, E. Bruno (1988), S. 240.

[141] Die ersten modernisierten NGOs sind u. a. die British and Foreign Anti-Sclavery Society (1823) und die World's Alliance (1846), ferner die World Alliance of YMCAs (1855), die International Worker's Association (1873), die Inter-Parliamentary Union (1888), die Zweite Internationale (1889), die Young Women's Christian Association (1894) und die Union of International Associations (1907). Vgl. Wolfrum, Rüdiger (1991), S. 625.

[142]Angesichts eines weltweiten deutlichen Rückgangs der Mittel für die öffentliche Entwicklungszusammenarbeit in den 1990er Jahren wurde dieses Jubiläum im Jahre 1999 stillschweigend übergangen. Zwischen Trumans Rede und dem Jahr 2000 ist die Bevölkerung um 3,5 Mrd. gewachsen. Der wachsenden Weltbevölkerung ein menschenwürdiges Leben zu ermöglichen, stellt eine gewaltige Herausforderung dar. Vgl. Klaus Peter; Rudolf Klein, u.a.: Entwicklungsfinanzierung: Jahresbericht über die Zusammenarbeit mit Entwicklungsländern 1999, S. 6. www.kfwentwicklungsbank. de/ 11.12.2004.

Entstehung der NGOs sowie die Entwicklungspolitik wurden allerdings bis 1990 durch den Ost-West-Konflikt geprägt.[143]

In Afrika führten das Ende des Kalten Krieges, die allmählich hinfällig gewordenen diktatorischen Regime und der Transformationsprozess zur Verstärkung kooperativer Elemente der NGOs in den privaten Sektoren und in der Entwicklungszusammenarbeit sowie zur Förderung der partizipativen Demokratie. Dieser Trend nahm in Afrika schnell zu und dabei verdient auch der Begriff Zivilgesellschaft mehr Aufmerksamkeit. Der Begriff Zivilgesellschaft wird oft „als Synonym zu NGOs verwendet, obwohl die Zivilgesellschaft eigentlich ein umfassenderes System ist, das alle nichtstaatliche Organisationen, ausgenommen der Wirtschaft, umfasst."[144] Als Konsequenz aus diesem NGO-Begriffsverwirrspiel[145] sollen in dieser Arbeit Überlegungen zur Entstehung der afrikanischen NGOs[146], zu ihren Entwicklungsbedingungen, zu ihrer besonderen Typologie und Rollenwandlung sowie zu ihren möglichen Einflüssen auf die Staaten und Gesellschaften angestellt werden.

3.3.3 Ein allgemeiner Weg zur Entstehung der afrikanischen NGOs?

Während der kolonialen Zeit hatten einige europäische NGOs bzw. INGOs lokale Vertretungen in Afrika. Nach der Unabhängigkeit sind die in Afrika gebliebenen europäischen lokalen Vertretungen zu nationalen Organisationen geworden, die an ihre zentrale Verwaltung in Europa gebunden und von dieser abhängig waren. Dieser Idee zufolge waren die ersten afrikanischen NGOs die lokalen Büros der

---

[143] Vgl. Arts, Bas: Nachhaltige Entwicklung, eine begriffliche Abgrenzung, in: Peripherie, 54, 1994, S. 6-27.

[144] Wolf, Klaus Dieter (2003): S. 421.

[145] In der Literatur bezeichnen die Begriffe Interessengruppen, Dritter Sektor, Initiativen, Netzwerke, Bewegungen, Non-Profit-Organisationen etc. So besitzt der Begriff NGO den Charakter eines großen Abfallkorbs, in dem alles Mögliche gesammelt wird. Vgl. Brand, U. (2000), S. 31.

[146] Stellt die Gründung einer NGO in Europa heute kein Problem dar, so ist dies nicht immer der Fall gewesen. In den totalitären Staaten ist die Gründung einer NGO in der Regel nur erschwert oder überhaupt nicht möglich, da Rechte, die zum Beispiel die Vereinigungsfreiheit garantieren, fehlen. Deshalb wird die Existenz von NGOs als Indiz für demokratische Strukturen eines Staates angesehen. Vgl. Stoecker, Felix William (2000), S. 102.

europäischen Hilfsorganisationen, wie zum Beispiel CARE, OXFAM[147] etc. Mit ihrer finanziellen Unterstützung trugen diese NGOs direkt dazu bei, dass die Afrikaner auf den lokalen Ebenen eigene NGOs gründen konnten. Deshalb denken viele Afrikaner heute noch, dass ihre NGOs von westlichen NGOs unbedingt finanziert werden müssen, weil sie keine eigenen finanziellen Ressourcen haben und wollen durch die externe Finanzierung ihre interne Legitimation verstärken, um der okkulten Finanzierung des Staates, die zu ihrer Kooptation führen kann, zu entgehen. Dass die meisten Nord-NGOs ihre finanziellen Zuwendungen mit inhaltlicher Einflussnahme und Konditionalität verbinden, ist schon bekannt. Allerdings müssen die Süd-NGOs lernen, langfristig keineswegs Marionetten ihrer Geldgeber zu bleiben, sondern sich eigene finanzielle Gestaltungsspielräume zu schaffen. Natürlich gab es in Afrika auch die sog. „autochthonen Erscheinungsformen" von Organisationen, aber sie sind nicht auf die Idee gekommen, sich NGOs zu nennen. Es kann sich bestimmt nur um kleine ethnische Organisationen handeln, die im sozialen bzw. karitativen Bereich aktiv waren.

„C'est le problème du sous-développement en Afrique noire qui a servi de révélateur des ONG (…). L'Afrique a connue des ONG comme l'Union des parlementaires africains, Union syndicale, l'Unité syndicale africain etc. Elles dépendent financièrement des ONG européennes. (…) En effet, nous assistons, depuis 1973, au développement extraordinaire de ce qu'on appelle les ONG en Afrique noire. " [148]

Anfang der 1970er Jahre führte die prekäre soziale Situation zur Entstehung zahlreicher Initiativen und Vereinigungen, die unter dem Sammelbegriff NGOs aufgetaucht sind. Seitdem haben sie immer versucht, gesellschaftliche Ziele zu

---

[147] Beispielsweise wurde eine der größten britischen Entwicklungs-NGOs, Oxfam GB, ursprünglich als humanitäre Hilfsorganisation im Zweiten Weltkrieg gegründet. Die Aktivitäten Oxfams reichen mittlerweile längst weit über humanitäre Nothilfe hinaus und umfassen vielmehr Programme der ersten, zweiten und dritten Generation. Anfang der 1990er Jahre schloss sich Oxfam GB mit einer Reihe von gleich gesinnten Organisationen zu einem internationalen Verbund zusammen, Oxfam International, dem unter anderen auch Oxfam Kanada, Oxfam Australia, Oxfam USA, Oxfam Germany, sowie die niederländische Organisation NO-VIB (Oxfam Netherlands) angehören. Die Evolution des internationalen Oxfam Verbundes ist kennzeichnend für den jüngsten Trend zur internationalen NGO-Netzwerkbildung. Vgl. Lenzen, Marcus: S.11.

[148] Koffi, E. Bruno (1988): S. 230ff.

verfolgen und mit Hilfe der Industrienationen die Unterentwicklung und Naturkatastrophen, wie zum Beispiel die erste große Dürreperiode in der Sahelzone, zu überwinden. Weiterhin führte der Mangel an Kompetenzen in der staatlichen Entwicklungszusammenarbeit zu einer größeren Finanzierung der lokalen NGOs durch westliche Geldgeber. Dadurch bekamen diese Organisationen Zugang zu einer Finanzierung von außen und verwandelten sich in „foreignfunded non-governmental organisations" (Ffu-NGOs). Um einen Teil des westlichen Geldstroms abzuzweigen, versuchten die afrikanischen Regierungen in vielen Ländern die so genannten Quasi-NGOs (QUANGO) zu gründen. So waren z.B. nationale Frauenorganisationen in Afrika zustande gekommen als „Massenorganisationen" des herrschenden Einparteisystems mit NGO-Status. Zum einem gelang es diesen afrikanischen Regierungen, durch Manipulation Entwicklungsgelder auf ihre privaten Konten zu lenken und zum anderen wurden sie immer misstrauischer gegenüber dem NGO-Sektor, als dieser sich zunehmend der staatlichen Kontrolle entzog und eigene Prioritäten setzte.

Trotz der Liberalisierungsphase führten der Niedergang der Wirtschaft und die negativen Auswirkungen der Strukturanpassungsprogramme zur Entstehung einer Zahl von zivilgesellschaftlichen Organisationen, die versuchen konnten, die gesellschaftlichen und politischen Interessen der Basisbevölkerung richtig zu steuern und zu organisieren. Gleichzeitig entstand eine Vielzahl von Pseudo-NGOs.[149] Dies führte aus Sicht der Geldgeber zu einer großen Enttäuschung über die afrikanischen NGOs. Trotzdem konzentrierten sie als Anwälter marginalisierte Bevölkerungsschichten, ihre Aktivitäten auf Entwicklungsaufgaben, weil sie kaum die Möglichkeit hatten, das politische Geschehen zu beeinflussen. Für diese NGOs galt der Grundsatz, dass der Mensch an der ersten Stelle steht.[150] Für die amtierenden afrikanischen Regierungsführer hat das Regieren eine andere Bedeutung als für die Bevölkerungsmehrheit, d.h. also vorrangig ist die Steigerung des eigenen Wohlstandes (zum Beispiel das Bankkonto in der Schweiz) und die Notwendigkeit, die eigene Herrschaft nach innen und außen zu legitimieren. Dazu sagt einer der CNONG-Vertreter:

---

[149] Vgl. Hillebrand, Ernst: Von Engagement und Trittbrett. An Afrikas NGOs stellen manche Partner überzogene Anforderungen, in: Der Überblick 3/2001, S. 42.

[150] Vgl. Tandon, Yasch: Afrika sucht die Demokratisierung der Entwicklung, in: Entwicklungspolitik 13/14/90 (Juli), S.12.

„Mais le sous-développement croissant depuis les indépendances a donné toujours raison aux ONG qui critiquaient les politiques de développement des régimes autoritaires et leurs ambitieux programmes démesurés élaborés pour répondre aux besoins des peuples.“ [151]

Mit der Konferenz „Teilnahme des Volkes am Prozess der wirtschaftlichen Erholung und Entwicklung Afrikas”[152] vom 12.-16. 02. 1990 in Arusha wurde die politische Rolle der afrikanischen NGOs, das heißt, die demokratische Beteiligung der Bevölkerungsmehrheit an der politischen Führung bestätigt. Alle Teilnehmer waren überzeugt, dass die Menschen zum Lenker ihres Schicksals werden müssen und dass nur eine Demokratisierung politischer Prozesse mit dezentraler Grundlage die Bedingungen für eine breite Partizipation der nichtstaatlichen Akteure herstellen würde. Heute reichen sie von modernen importierten, bodenständigen und informellen Organisationen, die durch internationale Geber geschaffen und unterstützt werden, bis zu solchen, die in abgelegenen Bereichen afrikanischer Gesellschaften existieren.[153] Sie sind in allen Bereichen zu finden und in den vergangenen Jahren leisteten sie allerdings eher einen minimalen Beitrag zur gesamten afrikanischen Entwicklungszusammenarbeit und gesellschaftlichen Realität. Wichtig ist nur, dass sie existieren und dass der Staatsapparat nicht mehr allein das Monopol hat. Dies ist eine der wichtigsten innenpolitischen Ursachen der Transformationsprozesse mit den NGOs in Afrika[154] und ihr Tätigkeitsfeld hat sich, wegen der Bürgerkriege und regionalen Konflikte auch in Bereich der Krisenprävention erweitert. Die Zahl der nichtstaatlichen Initiativen, die sich bis heute in Afrika gebildet haben, sind Zeichen eines sehr lebendigen Gesellschafts- und Vereinslebens, wie schon in der Ideengeschichte über die freiwilligen

---

[151] Masamba, Antoine: Le Conseil National des Organisations Non-Gouvernementales de Développement /Die Nationale Ratsversammlung der kongolesischen NGOs für Entwicklung. Interview in der DR Kongo/Kinshasa am 1.7.2003.

[152] Rund 500 Vertreter von Regierungen, internationalen Institutionen und Basisorganisationen nahmen an dieser Konferenz, mit ihrer Charta Demokratie und soziale Gerechtigkeit, teil. Tandon, Yasch (1990), S.12.

[153] Vgl. Anheier, Helmut: Zur Rolle von NRO in Afrika, in: Internationales Afrikaforum 2/1987, 23. Jahrgang 2. Quartal, S. 183.

[154] Daher erscheinen die afrikanischen NGOs als wesentliches Moment einer sich abzeichnenden korporatistischen Entwicklungsplanung auf dem Kontinent. Vgl. ebd. S. 184.

Vereinigungen erwähnt worden ist. Allerdings, „Eine Demokratisierung können sie kaum in Gang setzen, wohl aber die Demokratie festigen helfen“[155]

Der demokratietheoretische Spielraum bietet den euroafrikanischen NGOs ganz neue Entfaltungschancen für die Stärkung der Zivilgesellschaften in Afrika. Diese äußerlich theoretische und praktische Komplexität kann diesen NGOs in einem Land nur dann gerecht werden, wenn sie sich in ihren internen Organisationen und Strukturen widerspiegelt. Das heißt, wenn diese NGOs Breitenwirkung aus dem Demokratie- und Komplementaritätsprinzip gewinnen wollen, müssen sie gleichzeitig mit den Rationalitäten aller Akteure umgehen können. Wollen die euroafrikanischen NGOs in der Entwicklungszusammenarbeit und im Transformationsprozess erfolgreich arbeiten, ist deshalb nach einer ersten Betrachtung ihre typologische Einordnung anhand zweier Handlungslogiken erforderlich: Intern dominiert die Mitgliedschaftslogik, die auf die Rekrutierung und möglichst authentische Repräsentation der Mitgliederbasis zielt. Extern dominiert die auf die effiziente Verwirklichung der Zielsetzungen fokussierte Einflusslogik. Daraus entsteht eine multiple Akteuridentität, die gleichzeitig Mitgliederbindung nach innen und die Fähigkeit zur politischen und gesellschaftlichen Einflussnahme nach außen sicherstellen soll.[156]

3.3.4 Typologie und Aufbau der euroafrikanischen NGOs in der Entwicklungszusammenarbeit

Bei der folgenden Typologie unterscheidet man die Kategorie der NGOs als entwicklungspolitische Akteure an der Basis, die mit praktischen Zielen und Beteiligung der Bürgerassoziationen an der Entwicklungstätigkeit arbeiten und eine andere Kategorie, die sich an der Entwicklungspolitik mit unterschiedlichen Aufgaben (Aufbau und Festigung entwicklungsfördernder Strukturen und Netzwerke) und Zielen beteiligt. Diese Kategorisierung führt zur Entstehung der sog. afrikanischen NGOs für Entwicklung. Sie erlaubt damit, die episodischen NGOs und die anderen NGOs, die die „société commerciale“ vertreten, auszuschließen. Jede der beiden Kategorien besteht aus drei Untergruppen von

[155] Erdmann, Gero: NGOs: Mangelhaft, doch unverzichtbar, in: Der Überblick 3/2001, S. 32.
[156] Vgl. Take, Ingo: NGOs im Wandel: Von der Graswurzel auf das diplomatische Parkett. 1. Aufl. Wiesbaden 2002, S.20f.

NGOs, die ähnliche Entwicklungsziele vertreten. In einer anderen Kategorie findet man die europäischen NGOs, die die Gründung der afrikanischen NGOs durch ihre finanzielle und materielle Unterstützung beeinflusst haben.

Abb. 1: Typologie der euro-afrikanischen NGOs:[157]

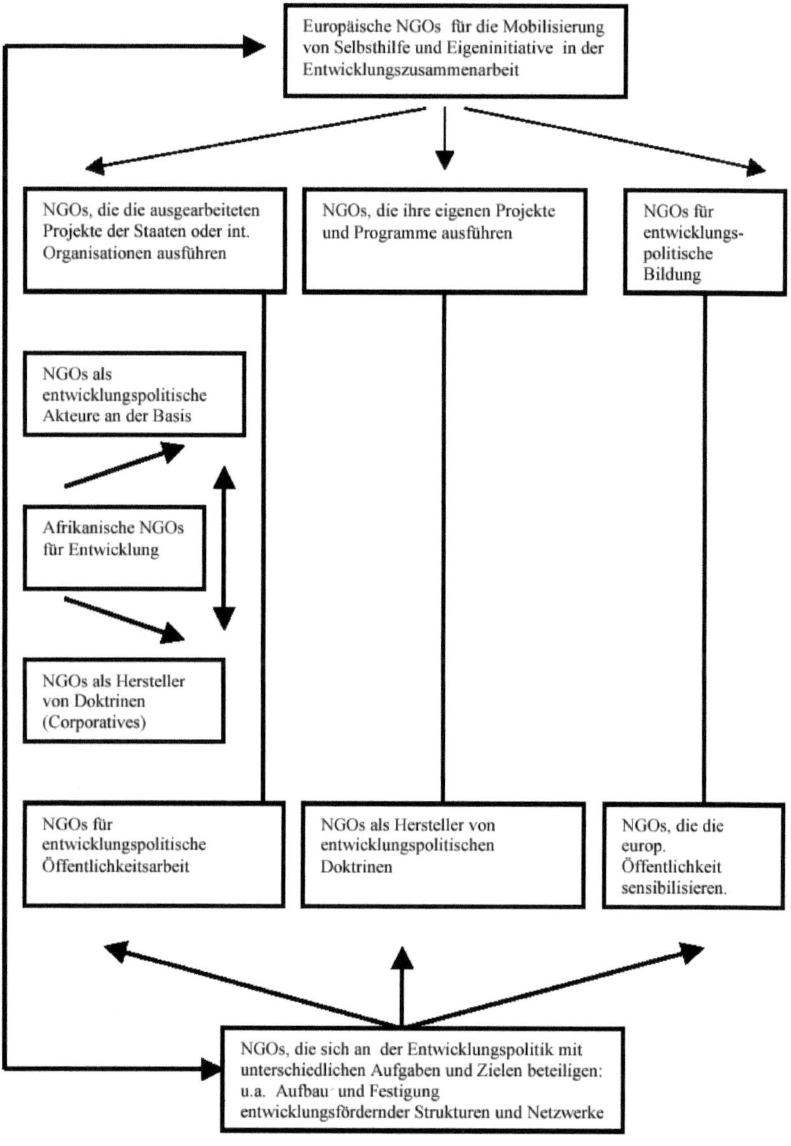

[157] L'ONG peut avoir les mêmes objectifs et des relations de travail, de collaboration pour des travaux précis. Vgl. Koffi, Ehui-Bruno (1988), S. 243 .

Es wird jedoch immer zu fragen sein, welcher NGO-Typ wo agiert oder welches Netzwerk sich aus NGOs und sozialen Bewegungen bzw. den zivilgesellschaftlichen Organisationen gebildet hat. Die pauschalisierte Bezeichnung der NGOs ohne eine solche Charakterisierung wirkt eher verschleiernd als erklärend. Ohne eine klare Typologie kann nicht davon ausgegangen werden, dass die von NGOs zu realisierenden Projekte und durchzuführenden Funktionen anderen als den bisher von etablierten Interessen und den Staaten in Nord und Süd angestrebten Zielen dienen werden. Eine strenge Typologie der euroafrikanischen NGOs ist allgemein sehr schwierig, da die meisten Organisationen, wenn auch mit unterschiedlichen Akzentuierungen, in mehreren Bereichen tätig sind. Je nach Begriffsbestimmung variieren die Zahl und die Typologie der NGOs sehr stark, da der NGO-Begriff sich international und national auf breiter Front durchgesetzt hat. In der Praxis finden sich allerdings sowohl „Einzweck-NGOs" wie „Mehrzweck-NGOs", die also in allen Tätigkeitsfeldern aktiv zu sein versuchen.[158] Daher sind diese NGOs als Zusammenschlüsse ganz unterschiedlicher Leistungsfähigkeit zu verstehen, die zumeist von sozial und politisch engagierten Personen gegründet wurden, oder Gruppierungen aus dem gebildeten und aufgeklärten Bürgertum und armen Leuten in ihren Ländern darstellen. Dabei handelt es sich um die NGOs, die nicht im Sinne der klassischen NGOs zu verstehen sind, die vielmehr als nationale Selbsthilfeorganisationen betrachtet werden und die mehr oder weniger dem westlichen Organisationsmodell folgen, allerdings nicht die gleichen Leistungen bringen. Deswegen müssen die afrikanischen NGOs, die als entwicklungspolitische Akteure an der Basis arbeiten, wirklich unterstützt werden, weil sie näher an den armen und unterprivilegierten Bevölkerungsgruppen sind. Eine Typologie intermediärer NGOs, die eine Abgrenzung von privaten, auf Gewinnerwirtschaftung abzielenden Unternehmungen ermöglicht, stellt zumindest auf der normativ idealistischen Ebene ihre Nicht-Profitorientierung dar.

In diesem Zusammenhang müssen noch folgende Faktoren einbezogen werden. Ein Faktor deutet auf die politische Bedeutung der afrikanischen NGOs innerhalb der Staaten und das oft widersprüchliche Verhältnis zwischen den nichtstaatlichen Akteuren und den Regierenden hin. Der andere Faktor betrifft die rein finanzielle

---

[158] Vgl. Hanisch, Ralf : Nichtregierungsorganisationen und Entwicklung, Hamburg 1994, S. 16.

Notwendigkeit der afrikanischen NGOs. Das heißt, die NGOs, die im Falle der Menschenrechte und politischen Bildung grandios arbeiten und aus der Nähe zu westlichen Geldgebern Vorteile ziehen, unterliegen einem inneren Auszehrungsprozess, Selbstausbeutung und politischem Druck. Außerdem ist die Weigerung vieler europäischer Geldgeber und Hilfsorganisationen, die personelle und materielle Infrastruktur ihrer afrikanischen Partnerorganisationen zu finanzieren, einer der negativen Faktoren für den Untergang einiger dieser Organisationstypen in Afrika. Deshalb kann nur die Autonomie den afrikanischen NGOs ermöglichen, ein eigenständiges Profil zu entwickeln, sie in ihrer selbst zugeschriebenen Rolle des unabhängigen Kritikers und in ihrem dauerhaften Beitrag zur Entwicklung ihrer Gesellschaft zu bestärken.

„(...) hier gilt allerdings der Grundsatz, dass Geldgeber Eigeninitiativen unterstützen und nicht selbst Initiativen ergreifen sollten."[159]

3.3.5 Abschließende Betrachtung zum Konzept der euroafrikanischen NGOs

Dass einige NGOs in den Industrienationen die eingespielten Routinen der Politik durch Proteste und Provokation stören, ist unumstritten.[160] Dadurch, dass sie u.a. humanitäre Hilfe leisten, und entwicklungspolitische Projekte durchführen, erfüllen sie ihre traditionellen Funktionen. Dass sie im Fall einer angeblich freien Wahl streng beobachten, ist bei vielen afrikanischen Amtsinhabern nicht immer selbstverständlich. Obwohl manche dieser euroafrikanischen NGOs fragwürdige Gebilde[161] sind und Schwächen haben, können sie Legitimation beanspruchen, wenn es ihnen gelingt, ihre Gesellschaft zu unterrichten und zu überzeugen, dass sie als Ergänzung sozio-politisch legitimer Institutionen zu verstehen sind. Sie haben eine wachsende Bedeutung erhalten, indem sie effektiver und basisnäher erschienen sind, daher kann niemand heute an endogene und sektorbezogene Funktionen der

[159] Bosshard, Peter: Afrikanische NGOs in den internationalen NGOs-Netzwerken. Erklärung von EvB, Zürich, in: Pfister, Roger (Hrsg.): Beziehungen Schweiz-Afrika. Beitrag zur Konferenz von 10/11 September 1999, Nr. 34/Dez. 2000, S. 48.

[160] Sie werden sowohl zu den Akteuren einer defensiven Anti-Globalisierungsbewegung gezählt, als auch zu den Kräften, die eine alternative Globalisierung anstreben.

[161] Vgl. Glagow, Manfred: Die NGOs in der internationalen Entwicklungszusammenarbeit, in: No-hlen, Dieter/Nuscheler, Franz (Hrsg.): Handbuch der Dritten Welt. Bd. 1, Bonn 1993, S. 311.

euro-afrikanischen NGOs, trotz ihrer wenigen Akzeptanz von Seiten der afrikanischen Regierungen und trotz ihrer externen Abhängigkeit zweifeln. Das heißt, sie können es sich ohne externe Hilfe oftmals gar nicht leisten, ihre lokalen Strukturen aufzubauen und an internationalen Konferenzen teilzunehmen. Deshalb entdecken sie, im Unterschied zu den Nord-NGOs, die internationalen Institutionen als Geldquelle.

Dazu sagt Malemba Mukengeschayi:
„Le malheur est que, tout ce qui est divisionniste (les guerres ethniques, tribales et claniques etc.), sous-développement et pauvreté est devenu le credo de l'Afrique. Ce qui fait que les ONG locales qui veulent se mettre au service du peuple, ne sont pas en mesure de se prendre elles-mêmes en charge. "[162]

Bei solchen Problemen müssen die NGOs in Afrika mit ihrem jeweiligen Staat gemeinsamen Konsens suchen und finden. Ein Konsens, der auch dazu führen kann, dass diese NGOs direkt staatlichen Zuschuss erhalten, ohne völlig abhängig vom Staat zu werden. [163] Um der Kooptationsgefahr entgegenzuwirken und ihre Legitimierung zu verbessern, ist es notwendig, dass sie mehr Professionalität, hohes Verantwortungsbewusstsein und Macht gewinnen, die sich nicht aus den privaten Finanztöpfen der Machinhaber nährt. Um möglichst effizient wirken zu können, müssen sie sich dauernd darum bemühen, in dem aus ihrer Basis, aus der Regierung und aus ihren Geldgebern bestehenden Kräftedreieck[164] im komplementären Gleichgewicht zu bleiben. Außerdem müssen ihre internen Strukturen demokratisch strukturiert und ihre Machtverteilung transparent organisiert werden.

---

[162] Malemba Mukengeschayi (2003), Interview.

[163] In vielen Industrienationen fördert der Staat die Arbeit der NGOs. Der direkte Zuschuss und die Steuerbefreiung ermöglichten den NGOs, ihre Tätigkeiten besonders in den Entwicklungsländern zu erweitern. Trotz dieser engen Verflechtung zwischen diesen Organisationen und dem Staat verfügen sie über eigene finanzielle Mittel und werden eine völlige Abhängigkeit vom Staat nicht akzeptieren. Diese Art von Konsens soll auch möglich für die Afrikaner sein, allerdings nur, wenn eine bestimmte politische Stabilität herrscht.

[164] Die Basis, soweit vorhanden, soll die Verantwortlichen der NGOs kontrollieren, damit diese ihre Macht nicht missbrauchen; die Regierung schafft einen geeigneten gesetzlichen Rahmen, in dem sich die NGOs entfalten können und die Geldgeber leisten finanzielle Hilfe, wobei sie darauf achten, dass sie die NGOs nicht abhängig machen.

„Dass NGOs Gutes wollen, wird nicht angezweifelt, dass sie tatsächlich Gutes tun, wird nicht mehr ohne Widerspruch akzeptiert. Und dass sie besser sind als staatliche Akteure, konnte bislang nicht schlüssig bewiesen werden; allenfalls wird konzediert, sie seien anders.“[165]

Sie sind mit anderen Akteuren der neuen sozialen Bewegung zu einer wichtigen Kraft geworden. Was zu wenig beachtet wird, ist die Tatsache, dass ihre Forderung in Afrika nur dann erfüllt werden kann, wenn sich NGOs so organisieren, dass sie ihre Ziele auch erreichen können, indem sie bei der gesellschaftlichen Interessenvermittlung als zivilgesellschaftliches Ferment einer Unterfütterung der Demokratie dienen. Ihr Demokratisierungspotential wird sowohl für einzelne Politikfelder gesehen, als auch in der Herausbildung umfassender Alternativen zum gegenwärtigen Globalisierungsprozess. So werden NGOs u.a. als wichtige Säule der partizipativen Demokratie, als „Nukleus einer internationalen Zivilgesellschaft, die Avantgarde der Weltbürger und Herz der Zivilgesellschaft“ gesehen.[166] Ihre Bemühungen sind in Afrika unübersehbar und sie wurden durch die Strukturveränderungen des internationalen Systems, durch die Rolle von Politik und Staaten sowie durch die Funktion der zivilgesellschaftlichen Akteure enorm beeinflussen. Jedoch gibt es in Afrika keine Machtverschiebung von den Staaten hin zu gesellschaftlichen Organisationen. In Afrika müssen sie heute noch und auch in der Zukunft mit ihren gewachsenen Funktionen eine wichtige Rolle in der Gesellschaft spielen. Sie sind jedoch kein adäquater Ersatz für die entwicklungspolitischen Tätigkeiten ihrer jeweiligen Staaten. Vor allem, wenn die Führer von diesen afrikanischen Organisationen ihre Position mitunter als Sprungbrett in die Politik nutzen. Dass sie von NGOs zu Quasi-Non-Governmental (QUANGOs), Government Organized Non-Governmental Organisations (GONGOs) werden und zu ihrer Funktionalisierung als Verlängerungsarm des Staates operieren, bleibt in vielen Fällen Afrikas unvermeidlich.[167] Im Kontext

---

[165] Kohnert, Dirk und Preuss, Hans-Joachim: NRO-Arbeit unter neuen Bedingungen, in: Entwicklung und Zusammenarbeit Jg. 44. 2003: 10, S. 380.

[166] Die aktive sich wandelnde Funktion der NGOs hat zur Diskussion über die NGOisierung innerhalb der Weltpolitik geführt. Altvater, Elmar; Brunnengräber, Achim (2002): S. 6-14. Vgl. Vorschau: Die Macht der Mutigen, in: Spiegel Special (1995), S. 3 und 146.

[167] Vor allem sind die Entwicklungs-NGOs hier angesprochen, weil sie zudem oftmals Erfüllungsgehilfen staatlicher Interessen oder einer Politik der Privatisierung von Entwicklungshilfe und humanitären Programmen sind. Dabei nutzen Staaten wie Wirtschaft Fachkompetenz, Flexibilität, Effektivität und das öffentliche Ansehen der NGOs. Vgl. Klein,

dieser Arbeit bezieht sich die Dimension des Rollenwandels und des Bedeutungszuwachses der NGOs auf der nationalen Ebene theoretisch auf die partizipative Demokratie und auf das Komplementaritätsprinzip. Dabei geht es besonders in Afrika, um die Ausprägung und den Wandel der Interaktionen der NGOs mit den neu formierten Akteuren der Zivilgesellschaft. John Clark zeigt die drei wichtigsten Arten von Beziehungen zwischen den NGOs und dem Staat:

„ (...) complémentaires, en comblant ses lacunes, en offrant des services etc. ; en s'opposant, soit directement, soit en exerçant sur lui des pression, avec les groupes locaux ou en les soutenant ; en le réformant, en travaillant avec la base, en se faisant son porte-parole auprès de l'État et en oeuvrant de concert avec les gouvernements en vue d'améliorer le politiques. "[168]

In Afrika sind die NGOs de facto und de jure nicht in einer uneingeschränkten liberalen Demokratie, die auch einigermaßen die Stabilität, Solidarität und Gemeinschaft dieser Organisationen garantiert. Diese rechtlichen Grundlagen sind dort noch im Aufbauprozess. Da der Transformationsprozess in zahlreichen Bereichen nur am Anfang steht, ist es nur eine Frage der Zeit, der politischen Stabilität sowie des politischen Willens, bis sich der in den Verfassungen dieser Länder widerspiegelnde Reformwille der NGOs in seiner inhaltlichen und praktischen Bedeutung für die Bevölkerung eines jeweiligen Landes durchsetzt. Die afrikanischen Staaten betrachten die euroafrikanischen NGOs mit Skepsis, wenn es um eine Einbeziehung und Einbindung dieser Organisationen in den Transformationsprozess geht und spüren ihren Druck, ihre starke Forderung nach partizipativer Demokratie. Jedoch können sie ihre Profilierung nicht mehr stoppen. Falls ein Staat dort die Arbeit der NGOs verhindert, so verliert er internationale Hilfsgelder und setzt sich auch internationaler Kritik und internationalem Druck aus. In diesem Sinne immunisiert der Umweg über NGOs auch die Geber gegen Vorwürfe der afrikanischen Regierungen einer Einmischung in ihre internen

---

Ansgar: Überschätzte Akteure? NGOs als Hoffnungsträger transnationaler Demokratisierung, in: APUZ (B6-7/2002) S. 4. Außerdem gilt es die Zusammenarbeit mit dem Staat zu intensivieren. In diesem Sinne können die NGOs ihr Druckpotential aber noch erheblich verbessern, indem sie vor allem untereinander kompromissfähiger werden und Bündnisse mit anderen zivilgesellschaftlichen Organisationen suchen und stärken. Vgl. Glagow, Manfred (1993), S. 314f.

[168] Marcussen, Henrik S. (1998), S. 589.

Angelegenheiten. Aber die Nord-NGOs müssen sehen, dass ihre Rolle allmählich zweitrangig gegenüber den NGOs des Südens sein sollte. Denn dies schafft immer eine anormal künstliche Situation unter der Leitung von außen und macht die Afrikaner nicht verantwortungsbewusst.

Untersucht man mit dem Analysewerkzeug des NGO- und Zivilgesellschaftsspektrums die gegenwärtige Situation in den afrikanischen Gesellschaften, so stößt man auf einen Mangel an theoretischen Voraussetzungen. Allerdings müssen historische und theoretische Defizite keine ewigen Fesseln der Analyse und der Erklärung der Nichtstaatlichen Organisationen in Afrika und ihrer Wandelfunktionen sein.

4. Theoretische Ansätze zur afrikanischen Zivilgesellschaft

„Aussagen über Problemursachen und Möglichkeitshorizonte (...) lassen sich niemals aus bloßen Ereignisabfolgen herleiten. Ohne Rückgriff auf theoretische Annahmen gibt es weder Erklärung noch Prognose noch wissenschaftlich begründbare Handlungsempfehlung.“[169]

Es gilt hierbei eine nähere Bestimmungsebene des Begriffes Zivilgesellschaft und der Staaten in Schwarzafrika im Zusammenhang mit den Interpretationen aus unterschiedlichen theoretischen Blickwinkeln zu finden. Hiermit wird in einem entsprechenden Spagat zwischen sozialwissenschaftlichen theoretischen Ansätzen und der real existierenden Zivilgesellschaft in Afrika der Versuch unternommen, ein solches Konzept theoretisch zu beschreiben zu interpretieren und zu erklären. Obwohl die Arbeit einen theoretischen Rahmen verwendet, der den westlichen Denkweisen entspricht, muss die wesentliche Differenzierung der Forschung, im Hinblick auf die Akteure, Denkstrukturen und –traditionen im afrikanischen Kontext berücksichtigt werden.

„Wer als Politikwissenschaftler auf der Suche nach einer Theorie ist, die die Fragestellungen der internationalen Politik schlüssig und erkenntnisorientiert strukturieren und eine Anleitung für politisches Handeln wie für den

[169] Hauck, Gerhard (2001), S. 9.

Forschungsprozess geben kann, wird lange und vergeblich suchen. Die Genese der Theorien von internationalen Beziehungen zeigt, dass diese im besten Fall Teilaspekte zu erklären in der Lage waren und zu keinem Zeitpunkt automatisch auf alle Probleme der internationalen Beziehungen übertragen werden konnten.“ [170]

Der Eintritt der afrikanischen Staaten ins Zeitalter der Zivilgesellschaft gegen diktatorische Regime und für den Pluralismus ist in der Verbindung mit Ideengeschichte und Theorieansätzen des Begriffs zum politisch denkbaren Ziel geworden. Das heißt, das Zivilgesellschaftskonzept steht für alles Erstrebenswerte als Vision und Realität der partizipativen Demokratie. Dementsprechend sind die Voraussetzungen von afro-kongolesischen Zivilgesellschaften zu untersuchen. Hier sind Faktoren, wie z.B. Kolonialismus, Dauer und Art der noch zu überwindenden Machtkonzentration, Einparteiensysteme, Bürgerkriege, Unterentwicklung und Armut maßgeblich. Die allgemeinen empirischen Erfahrungen in der Transformations- und Demokratieforschung unterscheiden, im Hinblick auf die jeweilige Rolle von Zivilgesellschaft, die Phase der Liberalisierung, Demokratisierung und Konsolidierung.[171] In der Liberalisierungsphase sollen die Akteure der Zivilgesellschaft als kollektiver Anwalt von Menschen- und Bürgerrechten gegenüber dem Staat agieren. Dabei soll die Überwindung des alten, autoritären Regimes gewaltfrei durchgeführt werden. Phillippe Schmitter zufolge haben die zivilgesellschaftlichen Akteure nur selten allein einen Regimewechsel verursacht. Hans-Joachim Lauth und Wolfgang Merkel nennen die Phase der Demokratisierung[172], d.h. die Phase zwischen dem Ende der alten autoritären Herrschaft und den ersten freien Wahlen als die „eigentliche Hochzeit der Zivilgesellschaft.“[173] Die Konsolidierungsphase gilt zumeist als Bewährungsprobe

---

[170] Van de Boom, D. (1996), S. 8.

[171] Die Phasen der Demokratisierung und Konsolidierung überlappen sich freilich in der Praxis. Vgl. Beyme von, Klaus: Ansätze zu einer Theorie der Transformation der ex-sozialistischen Länder Osteuropas, in: Michalski, Krzysztof (1991), S. 145f . Lauth, H-J und Merkel, W.: Zivilgesellschaft und Transformation, in: Bukow, Wolf-Dietrich und Ottersbach, Markus: Die Zivilgesellschaft in der Zerreißprobe. Opladen 1999, S. 18f.

[172] Als Demokratisierung wird im Verlauf eines Systemwechsels die Institutionalisierung der Demokratie bezeichnet. Sie beginnt in der Regel, wenn noch Residuen autoritärer Strukturen und Machtpositionen bestehen, aber neue demokratische Strukturen noch nicht etabliert sind. Sie erstreckt sich also von der Deinstitutionalisierung (bzw. Entdifferenzierung) des alten Systems bis zur Reinstitutionalisierung (erneuten strukturellen Differenzierung) der Demokratie. Zitiert nach: Lauth, H-J und Merkel, W. (1999), S. 17f.

[173] Lauth, H-J, Merkel, W. (1997), S. 24.

für die Zivilgesellschaft. Zum einen geht es um eine Verwurzelung der noch schwachen Institutionen und Strukturen der Zivilgesellschaft und gleichzeitig besteht die Gefahr ihres relativen Bedeutungsverlustes zugunsten des politischen Establishments. H-J. Lauth und W. Merkel sprechen weiterhin vom „Niedergang der Zivilgesellschaft als Konsequenz ihres eigenen Erfolgs“ und Michel Bernhard spricht von möglicher „Enthauptung durch Erfolg“.[174]

Die afrikanische Liberalisierungsphase, in der eine vorsichtige Öffnung des diktatorischen Regimes zu erkennen ist, verläuft nahezu parallel zum Zusammenbruch des autoritären Systems und zum Übergang in die Demokratie. Der große Zuwachs von zivilgesellschaftlichen Organisationen führt in dieser Phase zu Differenzierungen mit unterschiedlichem Akzent in der afrikanischen Gesellschaft. Dabei scheint sich die Zivilgesellschaft in diesem Sinne zu entwickeln, dass die Förderung demokratischer Werte und Verhaltensnormen, sowie die politische und gesellschaftliche Partizipation, Priorität bei der Nationalstaatsbildung besitzt. Damit versuchen die Zivilgesellschaften in Afrika, in ihrer passiven und versteckten Funktion während der defensiven Etappe, als unabhängige und selbstständige Gruppen gegen das zentralistische Machtmonopol deutlich und vor allem gewaltfrei zu aktivieren.

Jedoch sind die Transformationsgeschwindigkeit und das Tempo zum Regimeswechsel, kontinental gesehen, sehr unterschiedlich und langsam. Obwohl der Verlauf der afrikanischen Demokratisierungsphase schon sichtbar ist, sabotiert und stört das alte Regime die Transition, die zu freien Wahlen führen soll. Das Ziel der Zivilgesellschaft ihre erweitert öffentliche Sphäre zu propagieren, findet in dieser Phase immer noch wenige Anerkennung des politischen Establishments. Die etablierten Politiker versuchen die zivilgesellschaftlichen Organisationen zu destabilisieren und ihre Akteure zu kooptieren. Diese Gefahr retardiert und blockiert diese Organisationen ihre Funktionen während der Demokratisierungs- und Konsolidierungsphase wahrzunehmen und die neuen demokratisch gesellschaftlichen und intermediären Strukturen zu verwurzeln. Von diesem schwachen Aspekt aus, profitieren die afrikanischen Regierungen davon, dass der Erlass von Gesetzen oder Dekreten, die die Autonomie, die Tätigkeiten und Funktionen der zivilgesellschaftlichen Organisationen regeln und garantieren

---

[174] Ebd. S. 26.

können, nur eine marginale Rolle spielen. Jedoch hat die Phase der Konsolidierung mit den Zivilgesellschaften in Afrika noch nicht begonnen. Wohl können sie durch diese Strategien niedergehen, aber verschwinden werden sie nicht mehr. Natürlich sind sie nicht die einzigen Garanten für die Demokratiekonsolidierung. Allerdings kann die Demokratie von ihnen profitieren und umgekehrt auch sie von der stabilen Demokratie.

In der Demokratieforschung über Afrika wird die Funktion der afrikanischen Zivilgesellschaft u.a. in den Bereichen der nachhaltigen Entwicklung und partizipativen Demokratie, Armutsbekämpfung, politischen und gesellschaftlichen Kultur und des Friedensvermittlers betont. Außerdem schafft sie in ihren Funktionen „channels other than political parties for the articulation, aggregation, and representation of interests“[175] und Bürgernähe. Sie bildet die Bürger für ihre zukünftige gesellschaftliche oder politische Verantwortung aus und hat den weiteren Aufbau und die Konsolidierung von Demokratie als Ziel. Unstrittig ist dabei, dass der Staat die entscheidende Instanz bleiben und wichtige Scharnierfunktionen wahrnehmen muss.[176] Daher sollen die Zivilgesellschaften gemahnt werden, dass sie nur solche Aufgaben übernehmen sollen, die vom Staat nicht besser geleistet werden könnten. Jedoch hat der gleichzeitige Zwang zur politischen und gesellschaftlichen Öffnung die komplexe und monopole Machtbesetzung und Krise der afrikanischen Staaten keineswegs einfach beendet. Das heißt, der Weg zum Demokratisierungsprozess fällt einfach in eine Phase, in der es aufgrund der noch bestehend diktatorischen Brutalität und im Hinblick auf die Fragmentierung ihrer Gesellschaft für die Zivilgesellschaften immer noch schwer ist, sich richtig zu definieren und der Gefahr der rückwärtsgewandten Blockadehaltung ihrer jeweiligen Staaten zu entgehen. Diese hat in vielen Fällen zur Bildung zivil undemokratischer Gruppierungen geführt, die immer versucht

---

175 Schmitter, Philippe C.: Some Propositions about Civil Society and the Consolidation of Democracy, in: Institut für Höhere Studien Wien (Hg.), Reihe Politikwissenschaft, Nr. 10, Wien 1993. S. 10.

176 Der Staat bleibt (zwar) zur Wahrung des Gemeinwohlinteresses entscheidende Instanz. Er muss jedoch traditionelle Aufgaben abgeben, um seine Steuerungsfähigkeit zu stärken. Der Zivilgesellschaft und den NGOs wird eine Rolle als Korrekturinstanz zugeschrieben. Vgl. Raiser, Simon und Warkalla Björn: Die Globalisierungskritiker. Anatomie einer heterogenen Bewegung. Heft 44/ Berlin 2002, S. 29.

haben, einen Teil der Denkmuster[177] aus der Zeit des antagonistischen Kampfes gegen den autoritären und diktatorischen Staat auch unter den reformierten gesellschaftlichen Rahmenbedingungen beizubehalten. Die Sphäre der Zivilgesellschaft in Afrika ist zwar da, aber imminenter Weise auf einem ideologischen Kampffeld, um die partizipative Demokratie zu etablieren, denn dort wo sie fehlt ist eines der wichtigsten Kampffelder weg gebrochen.[178] Das Kampffeld bietet der Zivilgesellschaft jedoch gerade für Afrika tatsächlich besondere Chancen. Dafür gibt es in diesem Kontext keine Garantie, allerdings sichtbare Anzeichen seit Anfang des Transformationsprozesses. In diesem Sinne ist nur die Rede von einer entwickelten und stabilen Zivilgesellschaft, die auch einen positiven Beitrag für die Konsolidierung der Demokratie nach einer langen Zeit diktatorischer Regime leisten kann.

„Ein erster Schritt der Konsolidierung wäre die Erhaltung des Wettbewerbscharakters (...). Die schon existierenden zivilgesellschaftlichen Strukturen einer nationalen Öffentlichkeit können dazu beitragen, das Verhalten der Politiker öffentlicher Kritik zugänglich zu machen. (...) Gegenüber autoritären Systemen wäre dies ein nicht zu unterschätzender Gewinn an Basiskontrolle und damit ein wichtiger Schritt in Richtung Demokratie."[179]

4.1 Die demokratische Idee einer fähigen Zivilgesellschaft in Afrika

Das fundamentale Kriterium für die Beurteilung einer Demokratie ist zunächst die demokratische Wahl. Aber die freien Wahlen allein machen keine Demokratie und die Demokratie der Wahlen und der Parlamente ist für Afrika ein Import. Fasst man die Existenz von allgemeinen, freien, gleichen und fairen Wahlen in Afrika als ersten Demokratisierungserfolg auf, so sind sie zugleich das primäre Defizit der diktatorischen Regime. Im anderen Fall bestimmt die Regierung einen Demokratisierungsprozess für mehrere Jahre. Die Regierung will damit ihr

[177] Misstrauen gegenüber demokratisch legitimierten Staatsorganen, Frustration, Gewalt, Plünderung, und Politikverdrossenheit etc.

[178] Trotz ihrer allmählich wachsenden Positionierung ist ihr Bereich auch eine nicht zu unterschätzende Konfliktgesellschaft mit interner und starker Hierarchie und Machtkonkurrenz.

[179] Neubert, Dieter: Probleme der politischen Transition in Afrika. Zum Verhältnis von Patronage und Demokratie, in: Internationales Afrikaforum 35, Heft 1/1999, S. 80.

Machtvakuum, von dem die politischen Parteien und die Zivilgesellschaft profitiert haben, beseitigen, zugleich will sie schwächen, um ihre Handlungsspielräume wieder zu stärken.

Eigentlich gab es eine eigene afrikanische Form von Demokratie. Doch das war die Demokratie einer traditionellen Gesellschaft, in der Dorf- oder Stammeshäuptlinge gewählt wurden. In der vorkolonialen Geschichte bestand die afrikanische politische Organisation aus Monarchien und akephalen Gesellschaften[180], die man einigermaßen mit der Regel der „Demokratie“ identifizieren könnte. Es gab auch ein System von Checks and Balances, durch das man sicherstellen konnte, dass kein Herrscher und keine herrschende Gruppe zu mächtig wurden. Zum Beispiel, über Fragen von Kriegen, Frieden und Bündnissen mit einer benachbarten Dorfgesellschaft wurde kollektiv entschieden. Das Wesen der Gesellschaft bestand besonders darin, die Entscheidungen bzw. Entscheidungsfindung, die auch die Interessen der Ahnen und der künftigen Generationen mit eingeschlossen, nach dem Konsensprinzip zu treffen. Folglich wurde so lange beraten, bis Einstimmigkeit erreicht war. Es gab in den traditionellen und vorkolonialen afrikanischen Staaten einige Elemente eines Systems von „Contre pouvoir“, das eine authentische afrikanische Demokratie gesichert hat.

„Es ist für die modernen afrikanischen Staaten nicht allzu schwierig, Demokratie zu praktizieren. Sie sind von Haus aus demokratisch, da es in den afrikanischen Gesellschaften nicht die gleiche Klassendifferenzierung gibt, wie in den meisten westlichen Gesellschaften.“[181]

Wer glaubt, daraus lasse sich ein Demokratiemodell für einen modernen, großräumigen Staat mit einer arbeitsteiligen Gesellschaft ableiten, erliegt einer Illusion[182] und diese Form der Demokratie kann es im modernen Sinne, ohne

---

[180] Das entscheidende Abgrenzungsmerkmal für Akephalie ist demnach das Fehlen einer Zentralinstanz, welche definiert wird als eine Instanz, welche die Befugnis hat, physische Sanktionen zu verhängen und sie durch einen Erzwingungsstab vollziehen zu lassen. Akephalie: Herrschaftsfreie Gesellschaft. Hauck, Gerhard (2001), S. 34.

[181] Osuntokun, O. Akinjide: Afrikanische Demokratie nicht nach westlichem Modell, in: E+Z 33, 1992, 4, S. 13.

[182] Thiel, E. Reinhold: Welche Demokratie für Afrika? In: Entwicklung und Zusammenarbeit Jg. 37. 1996: 12, Editorial: S. 323.

entwickelte und stabile politische und gesellschaftliche Institutionen, Strukturen, Parteien, Zivilgesellschaften, Gewerkschaften, Verbände etc. nicht geben. Mit der Einführung demokratischer Verfassungen westlicher Prägung, wurde den afrikanischen Staaten ein grundlegend anderes Entscheidungsprinzip oktroyiert: Mehrheitsprinzip, politische Auseinandersetzung bestand nicht mehr so sehr aus Konsensfindung, sondern aus Wettstreit.[183] Der Demokratisierungsstand eines afrikanischen Landes im Transformationsprozess muss grundsätzlich viele Ebenen der Gesellschaft und des politischen Systems erfassen, die von der Verfassungsverabschiedung, über intermediäre Bereiche der traditionellen Strukturen als Basis der Zivilgesellschaften bis hin zur sozialen Gerechtigkeit, Wirtschaftsentwicklung und Rechtsstaatlichkeit reichen. Die afrikanische Demokratie bedarf außerdem eines organisierten Zusammenschlusses von Bürgern aller Ethnien und nicht einer fragmentarischen gesellschaftlichen Masse. Der Demokratiebegriff muss nicht als Ausdruck einer abstrakten ethnischen Idee und Stammesfreiheit für die Afrikaner verstanden werden. Das heißt, die afrikanische Demokratie mit zivilgesellschaftlichen Organisationen braucht die kleine/große Familie, Ethnie, Stammeshäuptlinge und Minderheitsvölker, wie zum Beispiel die Pygmäen in der DR Kongo, als Basis.[184]

Daher ist es klarzustellen, dass Demokratie als Regierungs- und Lebensform sowie als demokratische Kultur für die afrikanische Gesellschaftsbasis weit über ihr Verständnis und ihre Interpretation hinausgeht und gelehrt werden muss. Damit begründet sich die afrikanische Idee einer fähigen demokratischen Kultur als eine Ergänzung zwischen eigener Basiserfahrung und einem globalen importierten und angepassten Demokratiekonzept. Diese Idee muss durchgängig von unten, von der Basis bis nach oben in die staatliche und zivilgesellschaftliche Struktur verbreitet werden. Dabei ist die Notwendigkeit der Förderung und Etablierung von Demokratie schon in der Familie, im schulischen Erziehungsprozess bzw. im

---

[183] Absolute consensus was a link between the present and both the past and the future. Consensus was a guide to the true general will, to the truth. Vgl. Elaigwu, J. Isawa: Nation-building and changing political structures, in: Mazrui, Ali, A. /Wondji, C. (Hrsg.): UNESCO General History of Africa, Vol. VIII. Africa since 1935. Oxford 1993, S. 463f. Nach der Unabhängigkeit sah man Demokratie und wirtschaftliche Entwicklung als reale Chance für die Afrikaner. Mit beidem aber tat man sich sehr schwer: Militärputsche, Einparteienregimes etc.

[184] Die Afrikaner glauben an das Prinzip der Großfamilie. Vgl. Osuntokun, Akinjide (1992), S. 13.

Klassenzimmer, in Universitäten und in den verschiedenen Basisstrukturen sehr relevant. Die Erörterung der Möglichkeiten, der demokratischen Methode und der Kultur im afrikanischen Unterricht und in Vorlesungen zu aktivieren, Demokratie in den freiwilligen Vereinigungen zur Geltung zu verhelfen, um auf diese Weise die demokratischen Werten so früh wie möglich erlebbar zu machen, ermöglicht einen Aufbau eines zukünftig soliden Fundamentes für die afrikanischen zivilgesellschaftlichen Organisationen in dieser Gesellschaft. Politische Stabilität und eine entwickelte Zivilgesellschaft können es möglich machen, dass die demokratische Willensbildung einen richtig afrikanischen Inhalt bekommt. In den politischen Auseinandersetzungen und im Kampf um die Macht soll wieder das Konsensprinzip eingeführt werden. Neben dem Parteiensystem braucht Afrika selbstbewusste und verantwortliche Akteure, eine Weiterentwicklung und Verbesserung der traditionellen Idee, die auf dem Konsensprinzip beruht und zur eigenen afrikanischen Form des Regierens und der Demokratie, die in afrikanischer Tradition und politischer Geschichte solide verankert ist.[185] Vorausgesetzt, es wäre gelungen, die Begriffe Staat und Zivilgesellschaft aus ihrer Abstraktheit zu befreien, zu erklären, wie politische Macht entsteht, wie sie sich verfassungsmäßig gegenüber den nichtstaatlichen Akteuren verhalten soll. In diesem Sinne soll der demokratie-theoretische Ansatz im Kern darauf setzen, dass die afrikanische demokratische Staatsform wesentlich eine Lebensweise ihrer organisierten Bürger sein muss, die durch aktive, tätige und lernende Partizipation dieser Bürger begründet wird. Auf dieser Basis gedeiht die afrikanische Fähigkeit zu kooperativem, intelligentem Handeln, zu zielgerichteter aufbauender Aktion für die Gründung einer fähigen zivilgesellschaftlichen Organisation mit demokratischen Idealen.

In diesem Zusammenhang sind noch zwei folgende Gedanken zu ergänzen: dass nur ein afrikanischer demokratischer Staat demokratische zivilgesellschaftliche Organisationen schaffen kann und nur eine demokratische Zivilgesellschaft einen demokratischen Staat aufrechterhalten kann. Die Demokratiedefizite in Schwarzafrika werden nach dieser Überlegung durch das Fehlen solcher zivilgesellschaftlicher Strukturen erklärt. Außerdem zeichne sich der Block an der Macht in nahezu jedem afrikanischen Land dadurch aus, dass jeder sich nur sein eigenes Süppchen kocht. In diesem Sinne ist die „Politik des Bauches“ einer der

---

[185] Vgl. Hauck, Gerhard (2001), S. 13.

gemeinsamen Nenner[186], gegen die partizipative Demokratie. Partizipative Demokratie richtet sich gegen Machtkonzentration und Elitendemokratie, die von einer Kluft zwischen Herrschenden und Beherrschten ausgeht. Partizipative Demokratie soll in Afrika die Abschaffung dieser Kluft und die direkte Beteiligung aller Bürger bzw. organisierter Bürgervereinigungen an Transformations- und Entwicklungsprozessen fordern, auch wenn es nicht immer schnell zum erhofften Wandlungsprozess kommt. Demokratie als Staatsform und als politische Herrschaftsweise kann in Afrika nur unter der Bedingung existieren, dass zivilgesellschaftliche Organisationen durch das Verhalten aller Akteure in der Lage sind, die politisch prozeduralen und regierungstechnischen Momente der Demokratie mit Partizipation der Bevölkerung in einem komplementären Verhältnis zu begleiten, zu stützen und zu fundieren, weil Partizipation im Sinne der partizipativen Demokratie und Zivilgesellschaft in einem engen Wechselverhältnis stehen und sich gegenseitig bedingen.

4.2 Grundelemente der Komplementaritätstheorie

Ausgehend von den Konzepten der akteurorientierten Theorie, kann die Komplementaritätstheorie in Bezug auf Zivilgesellschaft ausgebaut werden. Die zivilgesellschaftlichen Organisationen bestehen aus Akteuren, die von unten und oben die Politik und Gesellschaft beeinflussen und erneuern wollen. Daher wird nach der konzeptionellen Stärke des Zivilgesellschaftsbegriffs in der Demokratietheorie und dem akteurorientierten Ansatz[187] in Afrika gefragt. Für die Analyse der afrikanischen Staaten gehen diese Theorieansätze nahezu von einer schon existierenden Dichotomie zu einem möglichen Aufbau der Komplementarität zwischen dem Staat und der Zivilgesellschaft aus. Es wird betrachtet, ob das Zivilgesellschaftskonzept in diesen Theorieansätzen auch als konstituierendes Element zu sehen ist, welches die politisch strategischen Absichten gesellschaftlicher Akteure verkörpert, und von einem eklatanten Widerspruch bzw.

---

[186] Vgl. Hauck, Gerhard (2001), S.14. Bayart, Jean François: L'État en Afrique. La politique du ventre. Paris, Fayard 1989.

[187] Die einflussreichsten Vertreter sind u.a. Adam Przeworski, Phillippe Schmitter, Guillermo O'Donnel: Vgl. Merkel, Wolfgang, in: Merkel, Wolfgang: Struktur oder Akteur, System oder Handlung: Gibt es einen Königsweg in der sozialwissenschaftlichen Transformationsforschung? In: Systemwechsel 1: Theorie, Ansätze und Konzeption, Opladen 1994, S. 315.

Widerstand gegen den Staat gekennzeichnet ist. In diesem Zusammenhang wird aus der afrikanisch demokratietheoretischen Perspektive ein klar komplementäres Verhältnis zwischen Staat und Zivilgesellschaft gesucht. Von dieser Komplementarität kann die Basisbevölkerung, die teilweise in die Politik, Wirtschaft und in die zivilgesellschaftlichen Organisationen aktiv involviert ist profitieren.

Bei dem Versuch, die Komplementarität zwischen Staat und Zivilgesellschaft mit der Funktion der afrikanischen Zivilgesellschaft zu verbinden, und die post-koloniale Diskussion um die Demokratisierungs- und Transformationsprozesse in Afrika systematisch zu analysieren, lässt sich ein imaginärer aber stabiler Kreislauf mit unterschiedlichen gesellschaftspolitischen Strategien, Prozessen und Strukturen initiieren, in dem sich alle Akteure in ihrer Unabhängigkeit aber komplementären Verhältnissen bewegen können.

Abb. 2: Ein imaginärer aber stabiler Kreislauf mit unterschiedlichen gesellschafts-politischen Strategien, Prozessen und Strukturen

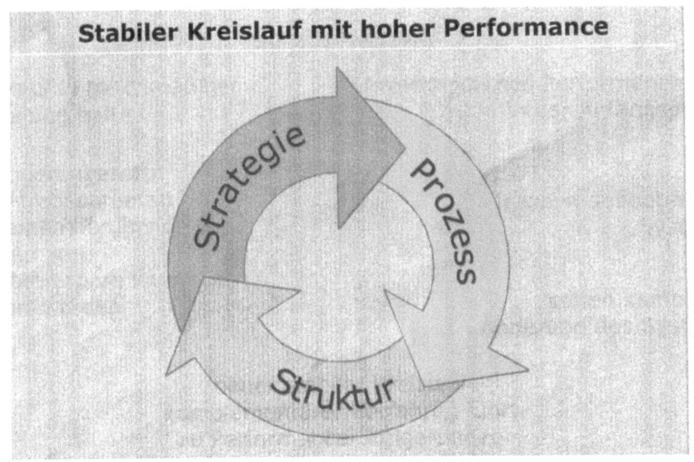

Denn wie die Analyse in dieser Arbeit zeigt, lohnt sich der Transformations-prozess Afrikas nur mit der komplementären Zusammenarbeit und Kooperation der Akteure im intermediären Bereich. So können Länder, die diese Dimensionen der Transformation erreicht haben, ihre Performance für eine nachhaltige Entwicklung und Demokratiekonsolidierung steigern. Zwischen den hier skizzierten Dimensionen der Komplementarität und ihren Zielen bestehen synergetische Verbindungen. Das heißt, diese Synergieeffekte können Vorteile für die Basisbevölkerung mit sich bringen, allerdings können auch Nachteile auftauchen. Zum einen kann das Zusammenwirken von Komplementen zur Entfaltung der Stärke eines Systems führen. Zum anderen kann das Fehlen eines Komplements negative Konsequenzen nach sich ziehen. In Bezug auf die politischen Akteure, die immer einen großen Einfluss auf die zivilgesellschaftlichen Organisationen haben wollen, um sie neutralisieren zu können, wird hier für eine Unabhängigkeit aller Akteure und ihrer noch schwachen Strukturen plädiert. Strategien sind in diesem Kreislaufsystem als wichtige Elemente komplementärer Bereiche zu sehen, um den Erfolg und die Performance der Basisbevölkerung zu steigern. Diese aus dem komplementären Zusammenwirken resultierenden Ergebnisse und Veränderungen müssen allerdings auf dem Transparenzprinzip beruhen, das den Kreislauf in gleichmäßiger Bewegung gehalten hat. Diese komplementären Verhältnisse können sich natürlich mit starken Performance-Rückgängen und Konflikten innerhalb des ganzen Systems verbinden, jedoch sind hier Geduld, Ausdauer und Durchhaltevermögen des ganzen komplementären Systems und aller Akteure gefragt.[188]

Die praktischen Diskussionen über diese Ansätze haben, trotz allgemeiner Schwierigkeiten, den besonderen Bezug zu afrikanischen Demokratisierungsproblemen herausgestellt. Sie können in Afrika Impulse durch die neuen Formen des gesellschaftlichen Handelns erhalten. Tendenziell gilt Zivilgesellschaft vielfach als modernes Attribut von partizipativer Demokratie. Ihre Weiterentwicklung ist auch als die Mitwirkung aller Akteure in einer Rechtsstaatlichkeit zu verstehen. In diesem Sinne braucht der Transformationsprozess in Afrika sowohl staatliche als auch nichtstaatliche Akteure, von deren gesellschaftlichen Handlungsstrategien, Erfolg oder Misserfolg der nachhaltigen Entwicklung und Rechtsstaatlichkeit abhängig sind. Im

---

[188] Als Vorbild dieser Kerngedanken dient die Komplementaritätstheorie der Wirtschaftswissenschaftler Paul Milgrom und John Roberts, die ich versucht habe, auf die politische und gesellschaftliche Transformation in Afrika zu beziehen. Denn der Erfolg der Komplementaritätstheorie in der Wirtschaft kann auch in gleichem Maße für den Erfolg des Staates und der Gesellschaft, sowie von ihren jeweiligen Akteuren interpretiert werden.

Mittelpunkt der Analyse steht deshalb das strategische und komplementäre Handeln der an den Prozessen beteiligten Akteure.

„Akteure, die wissen, dass sie während ihres Meinungsstreites, ihres Ringens um Einfluss, in das gemeinsame Unternehmen der Rekonstruktion und Erhaltung von Strukturen der Öffentlichkeit verwickelt sind, unterscheiden sich von Akteuren, die die bestehenden Foren bloß nutzen (...).“[189]

In diesem Zusammenhang sind nicht nur die politischen Akteure, die allein die Demokratie herstellen können, sondern auch die Akteure der zivilgesellschaftlichen Organisationen, die in den Demokratisierungsprozess, Entscheidungs- und Handlungsstrategien in den öffentlichen Räumen eingebunden werden müssen, zu untersuchen, weil die akteurorientierte Transitionsforschung gleichermaßen „normativ wie pragmatisch“ ausgerichtet ist.[190]

„Auch der akteurorientierte Ansatz hat seine Kritiker und seine Grenzen. Generell wird hier vor einer Überbewertung der Rolle politischer Akteure gewarnt. Akteure erscheinen nämlich bei diesem theoretischen Ansatz über die Gesellschaft erhaben, als würden sie in unbegrenzter Handlungsfreiheit schweben, als könnten sie die Ereignisse manipulieren, als wären sie in der Lage, den Wandel zu verhindern oder die Ergebnisse des politischen Prozesses vollkommen zu bestimmen.“[191]

An die lokalen politischen und zivilgesellschaftlichen Akteure in einem jeweiligen Land in Afrika wird hier appelliert, ihre Passivität der Vergangenheit zu verlassen, und sich intern am gesamten Transformationsprozess aktiv zu beteiligen.

---

[189] Habermas, Jürgen: Diskursive Politik und Zivilgesellschaft (2001), S. 352.

[190] Bos, Ellen: Die Rolle von Eliten und kollektiven Akteuren in Transitionsprozessen, in: Merkel, Wolfgang: Systemwechsel 1 (1994): S. 82f.

[191] Vgl. Koudissa, Jonas: Sind zentralafrikanische Staaten zur Demokratie unfähig? Eine Fallstudie zur Republik Kongo. Diss. Münster 1998, S. 75.

5. Schlussbemerkung

Dass das Zivilgesellschaftskonzept und seine Bedeutung einer Gesellschaft möglichst freier Bürger und freiwillige Organisationen in einer Pluralität von Bindungsoptionen den Weg weist und gesellschaftliche Tugenden befördert, ist nicht mehr unumstritten. Die Diskussion um das Konzept, seine eurozentrischen Wurzeln und seine mögliche Übertragbarkeit wird bei der Analyse des Begriffes im afrikanischen Kontext zu recht sehr eklatant und kritisch betrachtet, jedoch bremst diese unvermeidliche Diskussion nicht die Idee, dass das Konzept in Bezug auf partizipative Demokratie in Schwarzafrika auch als wichtige Säule gesehen wird, obwohl das mit unterschiedlichen gesellschaftlichen Akzenten, Interessen der ideologischen Übertragung und der staatlichen Macht verbunden ist. Dies macht die Definition des Begriffs schwierig und erhöht die Skepsis, dass der Begriff sich, auch im afrikanischen Kontext nur zu einer sympathischen Leerformel entwickelt und vermag auch dunkle Schatten zu werfen.[192] Weitgehend herrscht Übereinstimmung hinsichtlich der positiven Bedingungen für eine funktionierende Zivilgesellschaft, dass sie für die Welle der Demokratisierung in Schwarzafrika, die den Kontinent um 1990 angeblich überrollt hat und die zu Verhandlungen und Konsens in Form der Nationalkonferenzen geführt hat, verantwortlich ist. Allerdings hat die zivilgesellschaftliche Bedeutung nicht immer automatisch positive Wirkungen auf jede Form und Phase des Transformations- und Demokratisierungsprozesses, weil der schwarze Kontinent mit vielen maskierten Gesichtern[193] verdichtet ist, die die effiziente Umsetzung der politischen und gesellschaftlichen Inhalte des Transformationsprozesses und Umbruchsystems im Sinne der (nachholenden) Revolution[194], immer wieder verhindern.

In dieser ganzen Diskussion ist festzuhalten, dass das eurozentrische Konzept ein großes Echo in Afrika fand, jedoch waren es die überwiegend modern gebildeten

[192] Auch wenn sich Demokratie und Zivilgesellschaft in vielen Aspekten ergänzen und wechselseitig verstärken, bleiben mitunter Spannungen bestehen. Vgl. Merkel, Wolfgang/ Lauth, Hans-Joachim (1998), S. 12.

[193] Autochthoner Krisenkontinent, interne Konflikte, ethnische Spannungen, die Entstehung neuer partieller Demokratien, Probleme der Übertragbarkeit der westlichen Mehrparteiendemokratie, organisatorische Schwäche der Opposition und der anderen demokratischen Strukturen, etc.

[194] Vgl. Habermas, Jürgen: Die nachholende Revolution., Frankfurt/M. 1990.

Afrikaner, die sich selbst dieser Anregung bedient und nach Demokratie mit Völkerpartizipation zu rufen begonnen haben. Daher konnte man diese Organisationen von anderen Gruppen, die zu den Machtinhabern gehören, scheinbar differenzieren, weil sie sich an anderen Diskursen unter dem Deckmental der Zivilgesellschaft orientiert haben. Es war die Gelegenheit in diesem neuen Kontext des Wandels den Beitrag der NGOs zur Entwicklung der Zivilgesellschaft, zum Anstieg der Bürgerschaften und Anerkennung der Menschenrechte abzuwägen und auch zu wissen, in welchem Umfang Unterschiede zwischen diesen Organisationen und der staatlichen Politik bestehen. In diesem Sinne haben die Zivilgesellschaften in Afrika, trotz ihres europäischen Konturs, auch ihre eigenen typischen Charakteristiken, die ihre autochthonen und ethnischen Wurzeln verkörpern. Allerdings sind ihre Entwicklung, ihre inhaltlichen Elemente und ihre Funktionen in den jeweiligen afrikanischen Ländern sowie in den Industrieländern sehr unterschiedlich.

In der Diskussion über die eigentliche Demokratie in Afrika ist festzustellen, dass die Afrikaner, die ein spezifisch afrikanisches Demokratie-Modell postulieren, allerdings nie genau sagen, wie dies aussehen könnte. Es reicht auch nicht auszusprechen, dass es Demokratie in Afrika schon vor dem Einbruch des Kolonialismus gab, oder dass jedes Land seinen eigenen Weg zur Demokratie basteln und finden muss. Was eine Demokratie in Afrika leisten muss, ist die Partizipation, das heißt, nicht eine bloße Beteiligung der Minderheit und nicht die Sicherung der Herrschaft. In diesem Sinne fehlt in den Afrikas besonders die Pluralität und nicht die Opposition, die nur die Macht anstrebt. Die Pluralität versagte, weil ein fundamentales Prinzip der traditionellen Demokratie außer Acht gelassen wurde.[195] Dies wurde während der kolonialen und der diktatorischen Zeit versäumt und hat dazu geführt, dass der demokratische Umbruch in Afrika nicht richtig von Basisbewegungen ausgegangen ist, sondern als Top-Down-Prozess betrachtet wurde. Daraus ergibt sich die Tatsache, dass die Fehlentwicklung und Fehldemokratisierung Afrikas sowohl den Afrikanern, als auch den europäischen kolonialen Mächten und ihren Einflüssen zugeschrieben werden müssen.

„Der internationale Kontext sendet lediglich günstige oder ungünstige Impulse an endogen ablaufende Demokratisierungsprozesse aus. (...) Aus empirischen

---

[195] Thiel, E. Reinhold (1996), S. 322.

Untersuchungen wissen wir, dass junge Demokratien in Asien, Afrika und Lateinamerika im Verlaufe des Demokratisierungsprozesses zwar formal demokratische Institutionen etablieren, diesen aber häufig die soziale und zivile Fundierung fehlt. Deshalb muss von außen vor allem der Zivilgesellschaft in ihrer Selbstorganisation gefördert werden, damit diese wiederum die noch fragilen politischen Strukturen der Demokratie stärken kann. Die Unterstützung (...) darf nicht substituierend oder paternalistisch auf die einheimischen zivilgesellschaftlichen Assoziationen wirken."[196]

Schließlich reicht allein die Forderung nach politischem Wettbewerb und nach einer stärkeren Zivilgesellschaft (die nur in den afrikanischen Hauptstädten zu finden sind) nicht aus, um die Zielsetzung einer liberalen und partizipativen Demokratie zu erreichen. Es muss den Ländern Afrikas bei der Implementierung der demokratischen Kulturen an der Basis unbedingt geholfen werden, die wichtigen politischen und zivilgesellschaftlichen Institutionen sowie Strukturen aufzubauen, damit die tiefgreifende demokratische Veränderung nicht zu einer Zersetzung des Staatsgefüges und zu einer Fassadendemokratie wird. Daher sind die Zivilgesellschaft und der Staat aufeinander, d.h. auf eine enge Zusammenarbeit im Sinne des Komplementaritätsprinzips, angewiesen, trotz ihrer bestehenden Spannungen. Diese Spannungen müssen im Rahmen eines konstruktiven und kritischen Elementes funktionierender Demokratie[197] betrachtet werden und müssen nicht zum Schweigen der zivilgesellschaftlichen Akteure und zur starken Isolierung der Basisstrukturen führen.

Um die oben genannten internen und externen Faktoren zur Entstehung der Zivilgesellschaft in Afrika, das typische an ihnen zu charakterisieren, die Theorieansätze und Funktionen der zivilgesellschaftlichen Organisationen für die Praxis nutzbar und verständlich zu machen, wird sich die vorliegende Forschung

---

[196] Merkel, Wolfgang (2003), S. 153f.

[197] Die Stärkung der Fähigkeiten zu ziviler Konfliktbearbeitung und die Unterstützung von Friedensprozessen ist in Afrika u.a. eines der wichtigsten Felder der Zivilgesellschaft, gleichzeitig ist dieses eine wesentliche Voraussetzung für eine sinnvolle und nachhaltige Tätigkeit eines langjährigen vertrauensvollen Weges der Zusammenarbeit zwischen dem Staat und den nichtstaatlichen Organisationen. Wo aber zivil organisierte Öffentlichkeit nicht gewollt, oder vom Staat unterbunden wird, kann von Zivilgesellschaft bzw. zivilgesellschaftlichen Funktionen nicht mehr die Rede sein.

auf die Besonderheiten in der DR Kongo begrenzt. Leider leidet die Aussagekraft der theoretischen Ansätze an ihrer Detailgenauigkeit, weil sie nicht geeignet sind, um die sehr speziellen Probleme eines Land wie der DR Kongo zu analysieren, sondern allgemein Maßstabe für den ganzen Kontinent darstellen. Das Land lässt sich nicht geschichtslos darstellen. Vor der Zeit des Kolonialismus liegt aber eine immer noch in ihren Grundzügen bedeutsame eigene nationale Geschichte mit vielfältigen Gesellschaftsformen und traditionellen Strukturen, die für das Verständnis und die gesellschaftliche Entwicklung des heutigen postkolonialen und postdiktatorischen Kongos mit NGOs und Zivilgesellschaft von enormer Bedeutung ist.

Teil II: Staat, organisierte NGOs und Zivilgesellschaft in der DR Kongo

Die Problematik des Transformationsprozesses umfasst mehrere gesellschaftliche Problemfelder gleichzeitig. Daher erstreckt sich der Arbeitsbereich der NGOs in der DR Kongo auch auf die Förderung der partizipativen Demokratie mit Hilfe der zivilgesellschaftlichen Organisationen. Dort sind die NGOs, trotz ihrer Schwäche, die wichtigsten Bestandteile der kongolesischen Zivilgesellschaft. Sie versuchen, die Freiräume und die Entscheidungsfreiheiten zu erobern und alltäglich die Chancen innergesellschaftlicher Souveränität nach langer Zeit der kolonialen und diktatorischen Herrschaft zu bewahren. In diesem Zusammenhang ist der Bedeutungszuwachs der kongolesischen Zivilgesellschaft u.a. auch das Ergebnis der legitimatorischen Schwächen des Staats und der gewachsenen Rolle der NGOs. Das Konzept der Zivilgesellschaft ist bereits in den Wortschatz der Kongolesen ganz aktuell eingegangen. Man kann in der Geschichte des Landes zwei wichtige Momente erkennen, in denen die zivilgesellschaftlichen Organisationen in Erscheinung getreten sind. Es handelt sich um die Periode unmittelbar vor der Unabhängigkeit und die der Liberalisierungsphase der 1990er Jahre.

Von ihrer Natur her ist die kongolesische Zivilgesellschaft so vielschichtig, dass es mitunter schwierig ist, sie als solche wahrzunehmen.[198] Ihre Mitglieder finden ihre Inspiration in den traditionellen Organisationen, in den religiösen, moralischen und gesellschaftlichen Quellen. Der Kongolese engagiert sich bewusst in diesen neuen Strukturen, lehnt Ungleichheit und Gewalt ab. Um eine effiziente Beteiligung nichtstaatlicher Akteure zu erreichen, müssen diese nicht nur über den Inhalt und die Risiken des Instruments (der Demokratie) informiert werden, sondern es muss ihnen vor allem auch geholfen werden, sich zu organisieren, so dass sie eine repräsentative, zusammenhängende und beteiligte Gruppe bilden können. Gegenwärtig müssen noch wesentliche Verbesserungen erzielt werden, weil es keine Patentrezepte für den Aufbau eines demokratischen Staates mit einer organisierten Zivilgesellschaft gibt. Aber ohne eine echte Demokratie gibt es weder dauerhafte Entwicklung und noch einen Rechtsstaat mit der Teilnahme der Zivilgesellschaft und umgekehrt.[199]

---

[198] Vgl. Kibisua, Naupess (2003), Interview.
[199] Vgl. Malemba, Mukengeschayi (2003), Interview.

Im Folgenden wird zunächst eine systematische Einführung in die Geschichte der DR Kongo, in Bezug auf die politische Struktur, Ressourcenausstattung, Wirtschaftssystem und Probleme sowie auf die Bürger und ihre Gesellschaftsentwicklung vorgelegt. Diese historischen Grundlagen dienen als Hintergründe, um zu verstehen, in welcher staatlichen Struktur und gesellschaftlichen Formation des Landes die heutigen Transformations- und Demokratisierungsprozesse mit der Beteiligung der zivilgesellschaftlichen Organisationen stattfinden. Dabei werden die Entstehung und die Entwicklungsmöglichkeiten sowie Fakten und Probleme dieser neuen Organisations- und Akteurstypen in den verschiedenen Entwicklungsepochen des Landes verknüpft, betrachtet und analysiert.

1. Geoökonomische, politische und gesellschaftliche Gründzüge der DR Kongo

Die politische und gesellschaftliche Bedeutung des Landes ergibt sich aus seiner geographischen Lage.[200] Wegen seiner natürlichen Ressourcenausstattung, Fauna[201] und Flora, agrarischen Produkte, hydroelektrischen Reserven und potentiellen wirtschaftlichen Bedeutung sowie seiner ethnischen Vielfalt hätte das Land zu den wichtigsten Ländern Afrikas gezählt und eine Vorreiterrolle spielen müssen. Allerdings macht der geschichtliche Zeitraum seit der kolonialen Zeit deutlich, vor welchen politischen und wirtschaftlichen Entwicklungsproblematiken das Land steht und in welcher geplünderten Gesellschaft die Kongolesische Bürger heute leben und sich organisieren.

---

[200] DR Kongo (2. 345. 095 km² mit circa 60.000 Millionen Einwohnern) umfasst als drittgrößter Staat Afrikas (Der Sudan: 506 813 km² und Algerien: 2 466 833 km²) eine Gesamtfläche die ungefähr 6,6 mal so groß ist wie Deutschland und 76,9 mal so groß wie ihre ehemalige koloniale Macht Belgien. Anhang A: Abb. 1: Flächenvergleich DR Kongo-Europa. Wiese, Bernd: Zaire: Landesnatur, Bevölkerung, Wirtschaft. Darmstadt 1980, S. 1.

[201] Albert-Nationalpark (1929, 4.500.000 ha), Virunga, Garamba (1938, 492.000 ha), Upemba (1939, 1.170.000 ha), Maiko (600.000 ha), Kundelungu (1970, 120.000 ha), Park von Salonga (1970, 3,5 Millionen ha), Reservat von Kahozi-Bienga (1970).

Die vorkoloniale Struktur des Kongos bestand aus unterschiedlichen Königreichen[202], die unter Einflüssen von Stämmen geherrscht haben. Die größten Bevölkerungsgruppen bilden die Kongo (15%), Mongo (17%), Luba (18%) Asande (10%), Lunda, Mangbetu etc. Sie gehören den Bantuvölkern an, die etwa 80 Prozent der Bevölkerung bilden. 18 Prozent stammen von Sudangruppen ab. Die Minderheiten sind die Niloten im Nordosten sowie die Pygmäen[203] und Hamiten im Osten. Die Situation der Bevölkerung in diesem Land ist u.a. durch den früheren Sklavenhandel (16. und 19. Jahrhundert), anhaltende Wanderungsbewegungen[204], das Eindringen der Europäer, die Gründung christlicher Missionen im Hinterland und ethnische Heterogenität gekennzeichnet. Dann kamen die belgischen Handelsgesellschaften, die im Wettlauf des Kolonialismus riesige Gewinne[205] durch die Verwendung der Zwangsarbeit davon trugen. Die Bevölkerung diente dabei als Reservoir billiger Arbeitskräfte. Dieser wiederum wurde ihre gesellschaftlich gute Organisation und wirtschaftliche Tätigkeit verboten. Die Stämme, die Bevölkerungsstrukturen und das gesellschaftliche Leben wurden nicht nur streng kontrolliert und zerstört, sondern auch dezimiert. Außerdem sollte der Bildungsstand eines Kongolesen nicht über das Mittelstufenniveau hinausgehen,

---

[202] Kongo, Kuba, Luba, Lunda, Königreich von M' Sri und Königreich von Uèle. Das Land setzt sich heute aus 10 Provinzen und der Hauptstadt zusammen: Bandundu, Bas-Congo, Equateur, Orientale, Kasai-Occidentale, Kasai-Orientale, Katanga, Maniema, Nord-Kivu, Süd-Kivu, 12 ethnischen Hauptgruppen und über 240 weiteren ethnischen Gruppen. Nach der neuen Verfassung soll das Land künftig statt in 11 Provinzen in 25 Provinzen und die Stadt Kinshasa gegliedert werden. Vgl. Anhang A: Abb. 2: Die alten und die neuen 25 Provinzen. Vgl. Projet de Constitution de la RD du Congo, Article 2, Kinshasa 19.05.2005, S. 7.

[203] Die Pygmäen in der DR Kongo erleben seit mehreren Jahrzehnten große Veränderungen. 1970/72 hat die damalige Mobutu-Regierung Maßnahmen einer Politik der Sesshaftmachung und des zwangsweisen Ackerbaus eingeleitet wodurch der hohe Mobilitätsgrad der Pygmäen stark gebremst wurde. Pygmäen sind Mitglieder der autochthonen Organisationen, die sich in Genf treffen, haben einen Posten von Experten im Wirtschafts- und Sozialrat (ECOSOC). Sie haben eine Plattform Batwa, die nationale Vereinigung des autochthonen Volkes und Minderheit Pygmäen in der DR Kongo heißt. Vgl. Wiese, Bern: Zaire: Landesnatur, Bevölkerung, Wirtschaft. Darmstadt 1980, S. 135f. Seke, Jean-Pierre: Les Pygmées dénoncent l'usurpation du poste d'expert congolais à l'ONU, dans: L'Observateur du 17.05.05.

[204] So konnte ein Teil der Bevölkerung aus Sudan, Ruanda, Burundi, Angola und Sambia eine neue Heimat in diesem Land finden.

[205] Bei der Gewinnung folgender Produkte: Kautschuk, Palmöl und Kaffee, Gold, Kupfer und Diamanten etc.

damit er das Selbstbewusstsein eines kongolesischen Kritikers gar nicht erst entwickeln konnte.

Die Gliederung der Bevölkerung nach linguistischen Kriterien[206] ergibt einen stark überwiegenden Anteil von bantusprachigen Ethnien gegenüber den nilotischen und sudansprachigen Gruppen. Die koloniale Macht stellte fest, dass die ungeheure Vielfalt der Sprachen und der über 200 unterschiedlichen Dialekte die Kommunikation sehr erschwerten. Aus dieser Notwendigkeit heraus ergab sich die von der Kolonialverwaltung geförderte Begrenzung der Sprache auf vier Nationalsprachen, nämlich Kikongo, Lingala, Tschiluba, Swahili und Französisch als Amtssprache. Die vier Nationalsprachen konkurrieren untereinander und die Dominanz einer von ihnen ist im Laufe der Zeit mit der Bedeutung der politischen Herrschaft und der militärischen Macht in Verbindung gebracht worden. Lingala zum Beispiel breitete sich schon seit der präkolonialen Zeit und dem Ende des 19. Jahrhunderts als Folge der Verkehrs- und Handelsbeziehungen, als Verkehrssprache des Kongoflusses aus. Während der Mobutu-Herrschaftszeit wurde Lingala als Sprache der Armee und Prestigesprache in anderen Provinzen sehr expansiv verwendet. Diese Sprache wurde als eine Art der Zugehörigkeit zu der herrschenden Clique, Clan und Klasse bewertet. Vor der internationalen Presse sprach Mobutu oft zu seinen Ministern in Lingala, damit sie bei falschen Aussagen zu einigen bestimmten Fragen (wie Demokratie, Menschenrechtsverletzungen etc.) argumentieren könnten, z.B.: "Buka bango lukuta!"[207]

Swahili war immer eine wichtige Konkurrenz zur Sprache des Lingala gewesen. Allerdings war sie bei den belgischen Kolonialherren und Missionaren umstritten und wurde als antinationalistische und unchristlich-muslimische Sprache bewertet. Mit dem Ende der Mobutu-Herrschaft im Jahre 1997 wurde Lingala als Armeesprache zugleich durch Swahili ersetzt, weil die neuen Machtinhaber gebürtige Baluba aus Katanga sind. Durch die „Swahilisierung“ der Armee wird jetzt fast überall im Land Swahili gesprochen. Kritische Stimmen sehen davon eine Destabilisierung anderer Sprachen und eine Dominanz der politischen Macht durch die Bewohner von Katanga. Die gesellschaftlichen Strukturen sind auch dadurch

---

[206] Anhang A: Abb. 3: Karte der wichtigen Sprachen und Ethnien, Vgl. Wiese, Bernd (1980), S. 133.

[207] Dies bedeutet: Jetzt erzählen sie die Unwahrheit.

verändert worden, dass in den neu formierten zivilgesellschaftlichen Organisationen eine große ethnische Vielfalt zu finden ist, um u.a. den Geist des Tribalismus und der Sprachendominanz zu beseitigen.

2. Staat und Politik

Der heutige Staat, die DR Kongo ist der Nachfolgestaat des Unabhängigen Staats Kongo (1884-1908)[208], des Belgisch-Kongo (1908-1960), des Kongo-Leopold-ville (1960-1965), des Kongo-Kinshasa (1965-1971) und der Republik Zaire (1971-1997) unter der Diktatur Mobutus. Das Land hat eine sozio-politische und gesellschaftliche Entwicklungsgeschichte, die verschiedene Königreiche, von der Entstehung bis zum Kontakt mit Portugal (Alfoso I. und das Regiment Manuels) bis hin zum Zerfall und zur Zerschlagung des Königreichs durchlaufen hat. Die vom 15. November 1884 bis 26. Februar 1885 initiierten Berliner Kongo-Konferenz[209] stellte den Anfang des eigentlichen Kolonialismus dar. Die Afrikaner wurden mit Absicht von der Teilnehme ausgeschlossen.

„(...) Es begann die Unterwerfung der Afrikaner, die Ausdehnung und Festlegung der Kolonialgrenzen."[210]

2.1 Epochen des Kongo Freistaates

Die Unterdrückung der Bevölkerung und die wirtschaftliche Ausbeutung des Landes begannen mit der Fertigstellung der Bahnlinie Matadi-Kinshasa, einer Verbindung des Binnenbeckens mit dem Überseehafen (1898): Elfenbein und Kautschuk wurden Staatsmonopole, Zwangsarbeit wurde die Regel und

---

[208] Der belgische König, der 1878 die Association Internationale du Congo (AIC) gründete und auf die Ressourcen des Kongos mit großer Aufmerksamkeit bedachte, schickte H. M. Stanley in diese Gebiete des Kongobeckens und schloss mit eingeborenen Herrschern entlang des Kongoflusses Stützpunktverträge ab. Am 29.05.1885 proklamierte Leopold II. den Unabhängigen Kongo-Staat, der vom belgischen Staat getrennt war. Er betrieb eine professionell organisierte Öffentlichkeitsarbeit aus kommerziellen Motiven anstatt sich für die Abschaffung des Sklavenhandels zu engagieren.

[209] Ohne hier auf Details einzugehen, diese Konferenz hatte die heutige willkürliche Aufteilung des afrikanischen Kontinents zur Folge.

[210] Wiese, Bernd (1980), S. 12.

Konzessionsgesellschaften begannen einen Raubbau an den natürlichen Ressourcen und in die Entwicklung des Gebietes wurde kaum investiert. Wer Elfenbein und Kautschuk nicht an die Krone ablieferte, dem wurden die Hände abgehackt. [211] Der König war davon überzeugt, dass „Neger“ wie kleine Kinder seien und daher entsprechend zu behandeln seien. Zwischen 1884 und 1911 ging die Zahl der Bevölkerung um mehr als 10 Mio. Menschen zurück. Im Kongo fand eine der größten Menschenrechtsverletzungen, die es nach dem Sklavenhandel überhaupt gab, statt. Darüber wird es heute leider nur am Rande der Geschichte gesprochen. 1908 musste Leopold II. seine Kolonie an den belgischen Staat übertragen, da die internationalen Proteste gegen die Übergriffe auf die kongolesische Bevölkerung immer mehr zunahmen und die Verhältnisse untragbar schienen. Die von den britischen und amerikanischen Missionaren und Journalisten gegründeten „Congo Reform Association“, eine Art frühe NGO, prangerte weltweit die Missstände an und forderte eine verantwortungsvolle Verwaltung für den Kongo. Leopold II. wurde enorm in die Defensive gedrängt und übergab 1908 den Kongostaat an Belgien.

2.2 Belgisch-Kongo und die kolonialeTrinität

Diese Namenänderung des belgischen Kongos blieb hinsichtlich der Gleichstellung der so genannten autochthonen Kongolesen gegenüber den Belgiern ohne große Wirkung. Durch die so genannte koloniale Charta von 1908 sah die belgische Regierung u.a. Folgendes vor: die Einrichtung von Verwaltungssektoren, die sich bewusst nicht mit den traditionellen Einflusssphären einheimischer Herrscher deckten; das Verbot der Zwangsarbeit, jedoch waren der Kongolesen weiterhin von jeglicher politischer Betätigung und höhere Positionen in Wirtschaft[212] und Verwaltung ausgeschlossen. Sie hatten kein Wahlrecht und durften keine Parteien, keinen Verein und keine Gewerkschaft (bis 1945) gründen. Die Politik ist sogar die

[211] Vgl. Anhang A: Abb. 4 zur Kolonialherrschaft in Belgisch-Bongo. Vgl. Mair, Stefan: Ausbreitung des Kolonialismus, in: Information zur politischen Bildung Nr. 264/1999, S. 14. Zaire: Volksaufstand oder Aggression? Herausgeber: Liga gegen den Imperialismus. 1. Auflage. Köln 1977, S. 24ff.

[212] Mit der Bildung der Kolonie Belgisch-Kongo (1908-1960) geriet das Land in die Hand belgischer Monopole. Eine außerordentliche Vormachstellung errang dabei die Montanunion von Oberkatanga, die sich vor allem auf Abbau von Kupfer- und anderen Erzen konzentrierte. Vgl. Brehme, Gerhard, Kramer, Hans: Afrika, Kleines Nachschlagewerk, Berlin 1985, S. 442.

„classe gardée“ der Kolonialherren geblieben. Außerdem stützte sich die Kolonialverwaltung auf die Eckpfeiler: Staat, Wirtschaft bzw. Wirtschaftsunternehmen und katholische Kirche. Durch die sog. „koloniale Trinität“ wurden das Land und die Kongolesen enorm und tief ausgebeutet.

Abb. 3: Die Trinität im kolonialen Kongo[213]

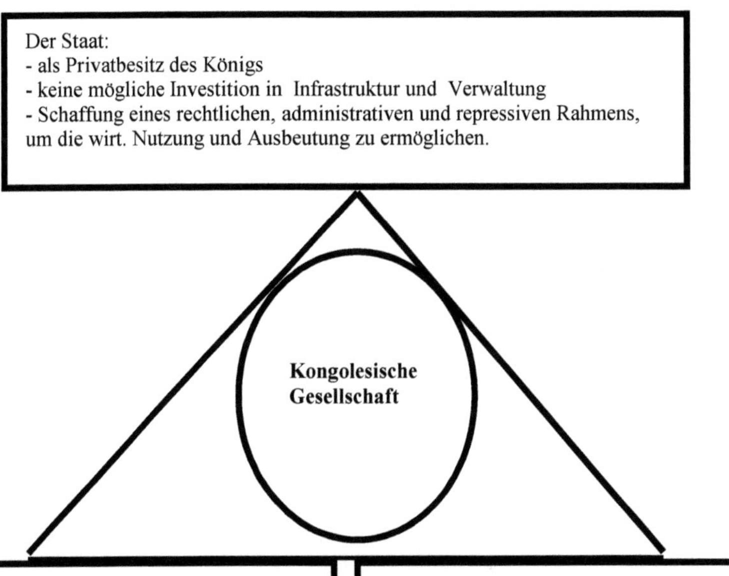

In enger Kooperation mit der katholischen Kirche entstanden Schulen und soziale Einrichtungen für die Kongolesen. Wenngleich die zivilisatorische Mission Belgiens nun propagandistisch in den Vordergrund gerückt wurde, blieb die Ausbeutung der Rohstoffe weiterhin vorrangiges Ziel. Die paternalistische Kolonialpolitik sorgte zwar für die Deckung der sozialen und wirtschaftlichen Grundbedürfnisse, doch eine aktive Förderung der Kongolesen und ein Recht auf

[213] Eigene Darstellung

Selbstbestimmung und Selbstorganisation gab es nicht. Die indigenen Kongolesen standen den übermächtigen kolonialen Apparaten und Strukturen machtlos gegenüber, hatten keine Chance, ihr Selbstbewusstsein zu entwickeln und agierten passiv in ihrer eigenen Gesellschaft. Infolge von Hinrichtungen, Erschießungen und Exzessen kam es zu zahllosen Aufständen und kontinuierlichem Widerstand besonders der Arbeiter.

2.3 Kongolesische Akteure und Organisationen von der ersten Kampfphase bis zur Unabhängigkeit

2.3.1 Illegale Gewerkschaftsorganisationen und die Welle der Proteste

Vom Beginn der Kolonialisierung bis 1946[214] war es den Bewohnern des belgischen Kongo untersagt, Vereinigungen zu gründen. Aber in den 40er Jahren bis Ende der 50er Jahre erlebte man in den Städten, besonders nach der Aufhebung des Verbots am 10. Mai 1946, eine starke Zunahme kongolesischer Organisationen mit ethno-kulturellem Charakter, die mit den Arbeiterbewegungen angefangen hatten. Schon Anfang der 40er Jahre überflutete eine Welle von Streiks und Demonstrationen[215] das Land. Die Bevölkerung wollte gleichen Lohn für gleiche Arbeit und forderte freie Verfügung über ihren Lohn, eine Verbesserung ihrer Lebensverhältnisse und Arbeitsbedingungen. Hintergründe der Arbeitsstreiks waren u.a. die Hungerlöhne, die Lohn-, Gehalts- und Ausbildungsunterschiede[216] sowie die indirekte Budgetverwaltung in Belgisch-Kongo. Das heißt, die Löhne wurden zum großen Teil in Form von Verpflegungsrationen, Unterkunft und Bekleidung

---

[214] Vgl. L'article 2 du décret du 23 mars 1921.

[215] Zum Beispiel wurde in den Gruben der Union Miniere in Katanga (1941) die Arbeit stillgelegt, in Luluaburg (Kananga/1944) wurden die Kasernen besetzt. Rücksichtslos schossen die Kolonial-soldaten in die Menge der Demonstranten. In Matadi (1945) errichteten die Arbeiter, die Landbevölkerung und Anhänger des Propheten Simon Kimbangu Barrikaden und wehrten sich chancenlos gegen die Maschinengewehre der Kolonialherren.

[216] Das Durchschnittseinkommen des europäischen Personals war bei gleicher Arbeit oft 30-mal höher als der Durchschnittslohn eines Kongolesen. Ein ausgebildeter kongolesischer Medizin-assistent erhielt jährlich ein Gehalt von 37 500 Franken. Ein europäischer Sanitätsgehilfe erhielt nach nur einigen Monaten Vorbereitung 137 000 Franken jährlich. Vgl. Loth, Heinrich: Kongo heißes Herz Afrikas, Berlin 1965, S 217.

bezahlt. Die Kolonialherren zogen daraus zusätzliche Profite und stellten lakonisch fest, wenn sie einem „Neger“ Geld in die Hand gäben, versaufe er es nur. Die Massenaktionen nahmen die Form eines nationalen Protestes an und spielten bis in die Phase der Unabhängigkeitsbewegungen eine gewichtige Rolle. Allmählich gewann das Proletariat die Überzeugung, dass nur die Beseitigung der Kolonialherrschaft die Lebensverhältnisse von Grund auf ändern könne. So entstanden in der Zeit um 1945 die ersten Keimformen kongolesischer Gewerkschaften[217], die jedoch als illegale Geheimorganisationen galten. Die Kolonialherren gingen mit brutaler Gewalt gegen sie vor. Die Gefangenen wurden entweder verbannt, verurteilt oder erschossen. Die Begnadigten wurden zur Zwangsarbeit und zur Deportation gezwungen.

Trotz aller repressiven Maßnahmen verbreitete sich der Kampf der Arbeiter in den geheimen Gewerkschaftsorganisationen. Die kämpfenden Arbeiter fanden allmählich Unterstützung durch die Kommunistische Partei Belgiens. Sie mobilisierte ihre Presse und die demokratischen Kräfte Belgiens gegen die koloniale Unterdrückung der Arbeiter. Die Kolonialverwaltung wurde dadurch gezwungen, die kongolesischen Organisationen der Arbeiterklasse nicht mehr zu ersticken. So wurden 1946 die kongolesischen Gewerkschaften und die Koalitionsfreiheit offiziell zugelassen und anerkannt. Für die Arbeiter war es der erste große Freiheitssieg gegen die Kolonialherren. Aber die Kolonialherren fesselten die Anerkennung und Tätigkeitsbereiche der Gewerkschaften mit strengen Maßnahmen: Erlaubt war u.a. nur der gewerkschaftliche Zusammenschluss in Berufsgewerkschaften, die Beantragung eines Schiedsverfahrens bei Lohnstreitigkeiten und die Einreichung von Bittschriften und die Mitgliedschaft ab 25 Jahren mit 5 (später 3) Jahren Berufserfahrung ohne 6 Monate Zwangsarbeit, verpflichtend war die Registrierung[218] jeder Gewerkschaft beim Generalgouverneur

[217] Die schon ab 1920 entstanden Gewerkschaften im Kongo waren nur für belgische Angestellte. Es handelte sich um die Association des Fonctionnaires et Agent de la Colonie (18. 01.1920) ; Union Générale des Ouvriers du Congo; Union Civique Belge; Association des Agents de l'Union Minière et des Filiales (1941); Union Générale des Associations Professionnelles du Congo (1942), Confédération Générale des Syndicats du Congo. Vgl. Geiss, Imanuel: Gewerkschaften in Afrika, Hannover 1965. S. 167f. Muyemba, ChicoKalen: Die Entwicklung der Gewerkschaftsbewegung in Schwarzafrika. Hamburg 1991, S. 74f.

[218] Die Erlaubnis konnte jederzeit wieder entzogen werden. Durch das Registrierungssystem konnte die Kolonialverwaltung eine permanente Kontrolle über die Gewerkschaften ausüben und die wachsenden Streikbewegungen ausbremsen. Vgl. Loth, Heinrich (1965), S 217.

der Kolonie. Kategorisch abgelehnt wurde die Bildung von Einheitsgewerkschaften, der die Arbeiter und Angestellten eines ganzen Wirtschaftszweiges angehörten. Verboten waren die Vorbereitung und die Durchführung von Streiks.

Nach dem Zweiten Weltkrieg erreichten die Protest- und Streikbewegungen einen Höhepunkt und eine anschwellende revolutionäre Bewegung entstand. Die christlichen Gewerkschaften und die Arbeiterbewegung der Missionare versuchten Einfluss auf die kongolesische Arbeitklasse zu nehmen und mit einem demagogisch sozialen Programm die Unabhängigkeitsbewegung in ihre Gewalt zu bekommen, um die Gefahr einer marxistischen Arbeiterbewegung sowie die antikoloniale Ideologie zu bekämpfen. Sie verstärkten ihre Präsenz durch Masseninformationen in der Bevölkerung und gründeten u.a. die christliche Arbeiterjugend und die christlichen Gewerkschaften. Organisatoren und Leiter waren fast die europäischen Ratgeber: fünf Europäer als ständige Sekretäre und nur ein Kongolese.[219] Im Mittelpunkt stand ein Programm zur Erziehung im religiösen Geist, das allerdings von den kongolesischen Arbeitern als Mittel zur Einschläferung des Klassenbewusstseins begriffen wurde. Außerdem sahen einige Missionare und Kolonialherren das Programm als schädlich für den Bestand der Kolonialherrschaft.

In der Zeit vor der Unabhängigkeit hing immer noch eine Art Damoklesschwert[220] über der kongolesischen Arbeiterklasse. Doch die kongolesischen Arbeiter streikten weiter und forderten zusätzlich die Koalitionsfreiheit der kongolesischen Werktätigen. Durch einige winzige Maßnahmen versuchten die Kolonialherren, den Wünschen der Arbeiter entgegenzukommen, nur um Ruhe in die Arbeiterschaft zu bringen. Allerdings scheiterte diese koloniale Taktik. Zu dieser Zeit bemühte sich die belgische reformistische Gewerkschaftsorganisation[221], die sich 1951 Fédération

---

[219] Der Kongolese hatte ein theologisches Studium absolviert und war als Gegenleistung für seine Anhänglichkeit an das Kolonialsystem als Mitglied in den Gouverneurrat berufen worden.

[220] Zum einen das Dekret von 3. Juni 1906, das im Interesse der Ordnung und der öffentlichen Sicherheit die Einkerkerung für die Dauer von einem Monat ohne Gerichtsurteil zuließ und zum anderen das Dekret vom 5. Juli 1910, das dem Generalgouverneur der Kolonie das unbeschränkte Recht gab, alle Kongolesen zu verbannen, die die öffentliche Ruhe störten.

[221] Der Weltgewerkschaftsbund (1945) als internationale Gewerkschaftsorganisation hatte niemals seine grundsätzliche Ablehnung jeder kolonialen und nationalen Unterdrückung erklärt. Stattdessen kam es durch den Einfluss der reformistischen Gewerkschaften 1949 zur

Générale du Travail de Belgique, du Congo et du Ruanda-Urundi (FGTB) nannte, die Kontrolle über die Gewerkschaftsbewegung in diesen Ländern auszuüben. So entstanden 1952 in Leopoldville (Kinshasa), Stanleyville (Kisangani) und Elisabethville (Lubumbashi) die ersten reformistischen Gewerkschaftsschulen. Mit ihrem Kampfeswillen forderten die kongolesischen Arbeiter die Aufhebung der diskriminierenden Gewerkschaftsgesetze und die Verkündung der Gewerkschaftsfreiheit.

2.3.2 Der Türspalt zur Freiheit der Gewerkschaften im Kongo

Um noch zu retten, was zu retten war, öffneten die Kolonialherren die Tür zur Freiheit der Gewerkschaften einen Spaltbreit weiter. Nach der Ausarbeitung neuer Gesetze zur Einführung der Gewerkschaftsfreiheit wurde am 25. Januar 1957 die Gewerkschaftsfreiheit für den Kongo verkündet. Dadurch wurde im größeren Maße eine Arbeitsmöglichkeit für legale Gewerkschaftsorganisationen geschaffen und die Koalitionsfreiheit der kongolesischen Werktätigen auf solche Art geregelt, dass viele Arbeiter auch Richtung politischer Freiheit drängten. Allerdings blieben viele Rechte in den Händen der Kolonialherren und auch die Zustimmungen zur Gründung der kongolesischen Gewerkschaften blieben ihnen vorbehalten.

„Der Türspalt, den die Kolonialherren gezwungenermaßen öffneten, war für den kongolesischen Arbeiter groß genug, seinen Fuß dazwischen zuschieben und die Tür in zähem Ringen ein Stück weiter zu öffnen (…).“[222]

Die kongolesischen reformistischen und legalen christlichen Gewerkschaften[223] waren jedoch Ableger belgischer Gewerkschaften. Sie leiteten, unterstützten und finanzierten die Gewerkschaften im Kongo. Für die kongolesischen Arbeiter war es wichtig, zu erkennen, dass die Mitarbeit in den legalen Gewerkschaftsorganisationen für die Verwirklichung ihrer Forderungen nützlich war. Mit steigender Mitgliederzahl waren die christlichen und reformistischen Gewerkschaftsführer einer wachsenden Kritik der Mitglieder ausgesetzt. Die

---

Gründung des Interna-tionalen Bundes Freier Gewerkschaften, dessen Afrikapolitik darin bestand, den traditionellen Kolonial-mächten aktive Schutzhilfe zu leisten. Ebd. S. 221

[222] Ebd. S.224

[223] Confédération des Syndicats Chrétiens du Congo et Fédération Générale du Travail de Belgique, du Congo et du Ruanda-Urundi.

Unzufriedenheit der kongolesischen Mitgliedermassen war auf den Gewerkschaftskongressen nicht mehr einzudämmen. Sie wehrten sich gegen die ständige Bevormundung und verlangten besonders die Übernahme der Gewerkschaftsführung durch Kongolesen. Am Ende ihres Kampfes erhielten sie das Recht, frei darüber zu entscheiden, ob und in welchem Umfang sie mit den belgischen Gewerkschaften Kontakt pflegen wollten. Im April 1959 kam es zur Gründung des Nationalen Bundes der kongolesischen Arbeiter (L'Union nationale des travailleurs du Congo[224]/ UNTC).

„Der Januaraufstand der Arbeiter in Léopoldville, die 1959 ihren Höhepunkt erlebende Streikbewegung und die Gründung der Nationalunion der Kongolesischen Werktätigen (UNTC) als Gewerkschaftszentrale im April 1959 unterstützten das immer mehr zum Führer der nationalen Befreiungsbewegung werdende Mouvement National Congolaise (MNC) in ihrer Forderung nach sofortiger Unabhängigkeit und der Schaffung eines Einheitsstaates."[225]

Die Unabhängigkeit war ein wichtiger Moment, in dem sich im Kongo ein Gewerkschaftssystem gebildet hat, das jedoch in vielen Aspekten die Fortführung des belgischen Systems war.[226] UNTC (UNTZA/Zaire) wurde später zu einem spezialisierten Arm der einzigen Partei, der „Mouvement populaire de la Révolution" (MPR). Das Mobutu-Regime hat den Gewerkschaftspluralismus durch eine einzige Gewerkschaft ersetzt. Jeglicher Streik und jede Art von Mobilisierung wurden als Aufstand gegen die etablierten Institutionen angesehen. Ihre Anführer hatten schwere Sanktionen und Strafen zu erwarten. Seit 1990 gibt es in der DR Kongo wieder einen Gewerkschaftspluralismus.[227] Von den ungefähr hundert existierenden Arbeiterverbänden, die die Vielseitigkeit der Einzelinteressen

---

[224] Sie wurde am 23.06.1967 gegründet und am 29.10.1971 in Union nationale des travailleurs du Zaire umbenannt.

[225] Brehme, Gerhard, Kramer, Hans (1985), S. 442.

[226] L'Union des travailleurs du Congo (UTC), la Fédération générale des travailleurs du Congo (FGTC) et la Confédération générale des travailleurs du Congo (CGTC).

[227] Le syndicat national des enseignants du Congo (SYNECO), le syndicat national de profes-sionnel de santé et agent des services santé (SYNCASS), le syndicat national des agents et fonctionnaires de l'Etat (SYNAFET); la confédération des mandataires, des agents et fonctionnaires de l' Etat (CONAMAFET), le conseil des syndicats des services publics (COSSEP), la coopération syndicale des entreprises publiques du Congo (COOSEP).

widerspiegeln, gibt es nur ungefähr zehn, die wirklich Bedeutung haben.[228] Mehrere Aspekte schwächen die jetzigen Gewerkschaften, nämlich: die steigenden Arbeitslosenzahlen und die Zerstörung von Produktionswerkzeug; die Tatsache, dass viele Beamte ihren Beruf wegen ausbleibenden Gehalts nicht mehr ausüben; die Schließung vieler Unternehmen sowie das Misstrauen vieler Arbeiter den Gewerkschaften gegenüber, die ihnen oft wenig oder gar nicht helfen können. Das Verhandlungspotential der Unternehmen gegenüber den staatlichen Entscheidungsträgern bestimmt sich eher durch die persönlichen Kontakte und die Reputation einzelner Unternehmer als durch deren Mitgliedschaft in Verbänden.

Mit der allmählich zunehmenden Etablierung der zivilgesellschaftlichen Organisationen haben sich auch die Funktionen der Gewerkschaften enorm geändert. Die meisten Gewerkschaften haben allmählich verstanden, dass sie sich gemeinsam mit anderen Gruppen der Zivilgesellschaft für die sozio-poliitische Entwicklung und Demokratie stark machen müssen. Außerdem erkannten sie die Notwendigkeit, die Bevölkerung so zu informieren, dass sie lernt, kritisch zu hinterfragen und ihre Arbeitsrechte und Freiheiten stärker einzufordern. Trotz dieser Bemühungen erfüllen einige Gewerkschafter noch nicht die Erwartungen der Kongolesen. Sie treten zwar mit dem Anspruch auf, auch die Interessen informell Beschäftigter mit zu vertreten, real wird diese Aufgabe aber häufig von darauf spezialisierten NGOs wahrgenommen. Dies gilt insbesondere auch für die zahlreichen NGOs, die sich effizient und teilweise auch erfolgreich für die Arbeiter des informellen Sektors einsetzen.

Mobutu und Kabila, die genau wussten, wie eine gute und organisierte Gewerkschaft und Arbeitsgeberverbande[229] ein autoritäres Regime in Frage stellen

---

[228] Es handelt sich unter anderem um das UNTC, den Gewerkschaftsverband des Kongos (CSC), den demokratischen Bund der Arbeit (CDT), die allgemeine Föderation der Arbeiter aus dem Kongo (FGTC), der Organisation der vereinten Arbeiter aus dem Kongo (OTUC), den allgemeinen Bund der Gewerkschaften unabhängig vom Kongo (CGSIC) und die nationale Gewerkschaft usw..

[229] Während des Mobutu-Regimes wurden Arbeitgeberverbände Nationale Vereinigung der Unternehmen in Zaire (ANEZA) genannt. Ihr oblag es vor allem, die Wirtschaftunternehmen zur Einhaltung der Regierungsvorgaben und –programme anzuhalten. Als 1990 der Demokratisierungsprozess begann, hat sich die ANEZA allmählich als einflussreiche Interessengemeinschaft etabliert, indem sie zu einer vom Staat unabhängiger Organisation wurde. Mit der Machtübernahme durch L.-D. Kabila wurde aus ihr die Féderation des

kann, haben ihre Rechte und Aktivität mit Füßen getreten. Die Kolonialherren haben auch diese Strategie praktiziert, aber das Bewusstsein der Kongolesen Richtung Emanzipation und gegen alle kolonialen Tendenzen und Blockaden konnten sie Ende der 1950er Jahren nicht mehr bremsen. Das heißt, die koloniale Charta von 1908 hat den Kongolesen jegliche politische Aktivität untersagt; doch dieses Recht musste Belgien Ende der 1950er Jahre einräumen.

2.3.3 Antikoloniale Tendenzen und Emanzipationsbewegungen

Anders als in anderen afrikanischen Ländern, in denen eine einzige Partei Ausdruck des neuen antikolonialen Nationalbewusstseins war, entstanden im Kongo unzählige politische Parteien mit unterschiedlichsten Interessen.[230] Zu der Zeit konnten einige Kongolesen nach bestandenem Sprachen- und Kulturtest zu "évolués" (Assimilierten) aufsteigen, allerdings blieben ihnen die höheren Positionen in der Verwaltung und Gesellschaft unerreichbar. Kongolesische "évolués"[231] bemerkten die Aufstiegsschranken und setzten sich an die Spitze der Emanzipationsbewegung. Die Folge davon war das allmähliche politische Erwachen und die Steigerung des Bewusstseins der Kongolesen. Zum Beispiel wurde die 1921 von Simon Kimbangu als antikolonial religiöse Bauernbewegung des Kimbanguismus gegründete protestantische Kirche rasch zur Volksbewegung. Ähnlichen Einfluss gewannen auch die Kitawala-Sekten, die ebenfalls unterdrückt wurden.[232]

Entreprises du Congo. Ihre Funktionen wurden von Kabila immer wieder falsch gedeutet, weil man diesen Verband für eine Gruppe von Leuten hielt, die sich unter dem Diktator bereichert haben und nun darauf waren, die Aktionen der neuen Regierung zu behindern. Außerdem hat die Regierung von Kabila sämtliche staatliche Unternehmen in einem ausschließlich staatlichen Verband zusammengeschlossen. Seitdem hat der Verband noch mehr an Einfluss, Mitglieder und vierzig Prozent seines Budgets verloren.

[230] Die MNC von Patrice Lumumba war die einzige, die sich politisch auf das ganze Staatsgebiet ausrichtete und einen kongolesischen Nationalismus vertrat. Ende der 1950er Jahren entwickelte sich auf dem Kontinent jedoch rascher die Idee der Entkolonisierung. Im September 1959 gab es 31 Parteien und Ende Mai 1960 schon 120. Vgl. Kongo: Eine nicht endende Kolonialgeschichte. In: Proletarische Rundschau Nr. 12, Sept. 2003. www.geocite.com/21.11.05.

[231] So gab es bei der Unabhängigkeit (1960) erst nur ein Dutzend afrikanische Akademiker. Der Evolué war derjenige, der immerhin eine mittlere Ausbildung nachweisen konnte, wie u.a. der damalige Erzbischof Joseph Malula und der Leiter der katholischen Gesellschaft conscience afri-caine (Afrikanisches Bewusstsein) Joseph Ileo.

[232] Vgl. Brehme, Gerhard, Hans Kramer (1985), S. 442.

Die hauptsächlichsten Forderungen der kongolesischen legalen Gewerkschaften nach politischer Freiheit und Unabhängigkeit spiegelten besonders den zunehmenden Druck von unten wider. Die kongolesische Arbeiterschaft, die sich von illegalen zu legalen Gewerkschaften, von illegalen zu antikolonialen Befreiungskämpfen entwickelt haben und die Entstehung der freiwilligen Vereinigungen, der kulturellen Vereinigungen mit ethnischem Hintergrund und Unabhängigkeitsbewegungen sowie der politischen Parteien beeinflusst haben, gehörten zu den wichtigsten Gewerkschaften der ersten Phase der Liberalisierung, die zur Unabhängigkeit führte. Im Vergleich mit der zweiten Phase der Liberalisierung (1990) standen hinter jedem Schritt in Richtung Befreiung und Unabhängigkeit des Landes die proletarischen kongolesischen Arbeiter, die Kirchengemeinschaften und die ethnischen Bürgerorganisationen, die sich vor den Augen der Kolonialherren mühevoll organisierten und handelten. Die Kolonialherren verspürten in den legalen Gewerkschaften etwas von dem Hauch der revolutionären Glut, die im Kongo immer mehr um sich griff. Für die Belgier wurde es immer schwieriger die kongolesischen Bürger von dem mobilisierenden Einfluss des mächtigen Freiheitssturmes, der sowohl in ganz Afrika[233] als auch im Kongo brauste, fernzuhalten.

2.3.4 Dekolonisierungsprozess und die Krise der Unabhängigkeit

Die emanzipatorischen Ideen werden von P. Otlet und J. Nicaise diskutiert, die an der Autonomie des Kongostaates festhielten und forderten, dass Belgien die Vorbereitung der Emanzipation des Landes in Betracht ziehen musste. Jef van Bilsen gehörte zu den enflussreichen Personen, die die emanzipatorischen Bewegungen mehrere Jahre zuvor im Kongo angekündigt und stark beeinflusst haben.[234] In Anlehnung an den Dekolonisierungsprozess und besonders an Jef van Bilsens Plan[235] verfassten die Kongolesischen "évolués" ein „Manifeste de la

---

[233] In den 1950er Jahren gab es in Afrika nur wenig unabhängige afrikanische Staaten u.a.: Liberia, Ägypten, Guinea etc.

[234] Vgl. Kasongo, Benoit: Jef Van Bilsen avait-il raison? In: La Référence Magazine/NRO du 29. 08. 2005.

[235] Dieser Plan sollte u.a. das Selbstbewusstsein und das Vertrauen der Eingeborenen kanalisieren und die internationalen Kritiken und Meinung gegen die Langsamkeit der belgischen kolonialen Politik beseitigen. Aber dieser Plan löste eine allgemeine Abneigung bei den Belgiern aus, weil sie der Kongolese sich davon diente, um ihre Meinung über die

conscience africaine“[236], in dem sie die sofortige Unabhängigkeit Kongos forderten. Dies war der Anfang einer politischen Diskussion, einer weiteren Entwicklung des Selbstbewusstseins der Kongolesen sowie eines neuen Weges zur Entstehung der ethnischen Parteieinlandschaft[237] und die zum Ende der kolonialen Vormundschaft geführt haben.[238] Die Gründung kultureller Vereinigungen mit ethnischem Hintergrund begann zu Beginn der 1950er Jahre in den städtischen Zentren. Sie wurden zunächst gegründet, um der kulturellen Identität Rechnung zu tragen und die Solidarität zwischen den Mitgliedern derselben Ethnie zu stärken. Mit dem Anstieg ihrer Anzahl wurden die Vereinigungen sich mehr und mehr ihres wirtschaftlichen und politischen Einflusses bewusst. Die Forderung nach der Unabhängigkeit verbreitete sich weiterhin in den kongolesischen Kreisen und der ethnischen Parteienlandschaft.

Die Entwicklung des politischen Bewusstseins der kongolesischen Bürger hat die koloniale Politik außerordentlich erschwert. Die Kolonialmächte haben deshalb mit allen Mitteln versucht, ihre schnelle Entwicklung zu bremsen. Durch diese Verzögerungstaktik haben sie dem Freiheitskampf der kongolesischen Bürger erheblichen Schaden zugefügt, wie die späteren Ereignisse des durch die belgischen Kolonialbehörden organisierten Chaos nach der Unabhängigkeit gezeigt haben. Der Kolonialherren war schuldig, dass die Parteienlandschaft im Kongo als tribalistisch abgestempelt wurde. Um sich schneller, besser und überzeugender mit seinen Mitbürgern in Freiwilligenvereinigungen zu organisieren, hat sich der Kon-golese

---

Unabhängigkeit auszudrücken. Vgl. Van Bilsen, Jeff: Congo 1945-1965. Bruxelles 1994, S. 125f. Mwanagombe, Willy, 2003, S.134.

[236] Le Manifeste de la Conscience Africaine du 30 Juin 1956 est sortie non pas de la société politique coloniale, mais des citoyens congolais. Il faut aussi citer la déclaration de l'Episcopat du Congo (29.06.1956) et le Manifeste de l'ABAKO.

[237] Die Allianz der Bakongo (ABAKO), die Kongolesische Nationalbewegung von Lumumba und Kalonji (MNC-Lumumba und MNC-Kalonji), der Bund der tribalistischen Vereinigung von Katanga (CONAKAT), die Allgemeine Vereinigung der Baluba von Katanga (BALUBAKAT), die Vereinigung der Mongo (U.N.I.M.O.) Parti Solidaire Africain (PSA) von Antione Gisenga etc. waren sehr stark von ethnischem Partikularismus beeinflusst.

[238] Als das Verbot einer Parteiveranstaltung im Januar 1959 zu mehrtägigen Unruhen mit 40 Toten und 116 Verletzten, darunter 15 Europäern, führte, reagierte die belgische Regierung mit Panik und stimmte einem raschen Unabhängigkeitsdatum (30.6.1960) zu. Um jeden Preis wollte man ein zweites Algerien vermeiden. Vgl. Pabst, Martin: Der Kongo: Eine Konfliktanalyse, www. weltpolitik.net/ 21.8.2005.

an traditionellen Strukturformen orientiert, weil die Kolonialherren nur begrenzte Freiräume für Kontakte und Bürgeraktivitäten in ethnischen Bereichen gelassen haben. So hat sich der Kongolese zunächst an seine Stammbürger gewendet. Damit haben die Kolonialherren die schon bestehenden traditionellen Loyalitäten enorme gestärkt, mitunter heizten sie sogar bewusst die ethnischen Spannungen an, um bestimmte Gruppen gegeneinander auszuspielen. Dadurch gab es zur Herausbildung der ethnischen Bürgerorganisationen bzw. Parteienlandschaft keine andere Möglichkeit, diese ethnische Barriere, die sich nach der Unabhängigkeit in separatistische und tribalistische Bewegungen entwickelte, zu überwinden. Das heißt, von der Entstehung der kongolesischen Parteienlandschaft bis zur Erlangung der Unabhängigkeit erwies sich diese Phase als zu kurz, um u.a. die Grundlagen, die Eigenschaft, die Funktionen und die Charakteristiken der Parteien zu entwickeln und die notwendigen politischen Klärungsprozesse dieser Akteure zu vollziehen.

Lumumba und seine MNC wollten durch die Entwicklung eines kongolesischen Nationalgefühls die Stammesgegensätze überbrücken, Tribalismus verhindern, Repräsentation, Partizipation, Unabhängigkeit und eine selbstbestimmte Entwicklung gewährleisten sowie das Land mit einer Zentralregierung zusammenhalten. Die ABAKO von Kasavubu und die MNC-Lumumbas vertraten die Linie einer nationalistischzentralistischen Regierung gegenüber einer föderalen, die von regionalen und ethnischen Parteien wie der CONAKAT Tschombes befürwortet wurde. Die politischen Blöcke Kalonji-PSA und CONAKAT- UNIMO plädierten für eine starke Eigenständigkeit der Provinzen. Allerdings waren die meisten Parteien opportunistisch. So kam es zur Entstehung mehrerer politischer Parteien und Gruppen, darunter auch Kompromissparteien, die bereit waren, mit den Kolonialherren zusammenzuarbeiten.[239] Die Kolonialherren hatten so ein Testverfahren gefunden, um die käuflichen Politiker aus der großen Masse der Patrioten herauszufinden. Sie beteiligten sich an der Bestechung ehrgeiziger kongolesischer Politiker. Außerdem war das Auftreten einiger Kompromissparteien der Ausdruck der Verständigungsbereitschaft eines Teils der kongolesischen "évolués" und des Einflusses, den die Kolonialverwaltung und der politische Katholizismus auf einen Teil der politischen Führer ausübten.

---

[239] Vgl. Loth, Heinrich (1965), S. 243.

Neben der internen Entwicklung erlebte der Kongo auf dem Weg zur Unabhängigkeit auch externe Einflussfaktoren. So bot die 1958 in Brüssel findende Weltausstellung den zahlreich eingeladenen neuen kongolesischen Eliten die Möglichkeit, sich untereinander und mit anderen Afrikanern über die politischen Probleme ihres Landes auszutauschen und über Lösungen zu diskutieren. Charles de Gaulle hielt in Brazzaville eine vielbeachtete Rede und stellte den französischen Kolonien die Unabhängigkeit in Aussicht.[240] Kurz darauf fand im bereits unabhängigen Ghana die All-Africa People's Conference statt, an der auch die wichtigsten kongolesischen Politiker, u.a. Lumumba, teilnahmen. Lumumba begegnete dort den panafrikanischen Ideen und dem schwarzen Nationalismus, die seine Denkweise und sein Selbstbewusstsein stark beeinflussten.

Im Kongo führten die Massenbewegungen und -kundgebungen im Herbst 1959 zurVerhaftung Lumumbas (6 Monaten Gefängnis). Vor dem belgisch-kongolesischen Runden-Tisch im Januar 1960 wurde eine kongolesische Einheitsfront als eine zivile und sozio-politische Vertretungskraft aller Kongolesen in Brüssel gegründet, um eine einheitliche Haltung gegenüber der Kolonialmacht einzunehmen. Zuerst gelang es den kongolesischen Vertretern[241] erst die Freilassung Lumumbas zu erzwingen, dann einigten sie sich darauf, dass die Unabhängigkeit im Rahmen eines vereinigten Kongos vollzogen werden sollte, um die brisante Explosion der ethnischen Vereinigungen bzw. der Parteienlandschaft sowie der Provinzen zu vermeiden. Als der Kongo am 30. Juni 1960 unabhängig wurde, brüskierte der neue Premierminister Lumumba die Belgier und alle Gäste mit folgender Rede:

„Wenn auch die Unabhängigkeit im Einvernehmen mit Belgien, einem Land, mit dem wir von nun an von gleich zu gleich verhandeln werden, proklamiert wird, so sollte kein Kongolese, der dieses Namens würdig ist, vergessen, dass sie durch einen Kampf erreicht wurde. Wir haben Ironien, Beleidigungen und Schläge erlebt, die wir morgens, mittags und abends erleiden mussten, nur weil wir Neger waren."[242]

---

[240] Conférence von Bandoeng in Indonesien, die den Kolonialismus im April 1955 verurteilte, wurde auch zu Recht als das Symbol der afroasiatisch Solidarität und der Befreiung der kolonisierten Völker angesehen. Vgl. Mwanagombe, W. (2003), S.133.

[241] 100 Kongolesen, 55 Belgier und 16 Berater.

[242] Mord im kolonialen Stil: Lumunba, ein Dokumentarfilm von Thomas Giefer, 2000.

Die Reden und die Feierlichkeiten zur Entlassung Kongos in die Unabhängigkeit waren nur von nomineller und kurzer Natur und die Einheit des Landes währte nur wenige Tage. Es gab u.a. einen Aufstand der Soldaten, sezessionistische Bewegungen, ein brüchiges Bündnis, Machtkampf und gegenseitige Entlassung zwischen Kasavubu und Lumumba sowie zwischen Kasavubu und Tschombé, kriegerische Spannungen zwischen Kongo und Belgien, den Einsatz von UNO-Soldaten,[243] die Verhaftung und Ermordung Lumumbas[244] und seiner Mitkämpfer Mpolo und Okito.[245] Diese Zeit war noch durch folgende Ereignisse gekennzeichnet: geringe Zahl ausgebildeter Kongolesen, übereilte Abreise zahlreicher Belgier, Kapitalabfluss, Auflösung der großen Komitees zur Überwachung der ethnischen separatistischen Bewegungen etc. Nach der Unabhängigkeit gelang es den neuen kongolesischen Eliten nicht, die Interessen der kongolesischen Bevölkerung miteinander in Einklang zu bringen. Die Hetzkampagne gegen die bevorstehende Unabhängigkeit wurde immer lauter und die Kolonialherren unterstellten dabei immer wieder, dass die Kongolesen zur Verwaltung des eigenen Landes unfähig sind, dass es einfach nicht ohne Hilfe, Ratgeber und ausländische und imperialistische Kredite gehe. Der belgische General Janssens schrieb:

„Nach der Unabhängigkeit ist das Gleiche, wie vor der Unabhängigkeit (...).“[246]

Die lange andauernde Eingliederung der Kongolesen in ein koloniales System bewirkte, dass der Staat selbstständige sozialökonomische Strukturen nur sehr langsam bilden konnte. Der koloniale Kongo war die Konsequenz belgo-imperialistischer Expansion und ein äußerst autoritärer Verwaltungsstaat, der den

---

[243] Dag Hammarskjöld, der damalige UN-Generalsekretär, dessen Rolle in den Kongowirren umstritten geblieben ist, kam 1961 auf dem Weg zu Vermittlungsgesprächen im Kongo bei einem Flugzeugabsturz in Ndola/Sambia ums Leben.

[244] Es war der westdeutsche Bundestagspräsident Gerstenmaier, der im Jahre 1960 nach einer mehrwöchigen Afrikareise öffentlich zur Liquidierung der kongolesischen Patrioten aufrief: Was die Bolschewisierung Chinas für Asien gewesen ist, droht Afrika jetzt im Kongo. Es ist deshalb höchste Zeit, die Verhältnisse im Kongo zu bereinigen. Loth, Heinrich (1965), S. 263.

[245] Vgl. Brassinne, Jacques, Kestergat ; Jean: Qui a tué Lumumba ? Louvain-la-Neuve 1991. De Witte, Ludo: Regierungsauftrag Mord. Der Tod Lumumbas und die Kongo-Krise. Leipzig 2001.

[246] Wirz, Albert: Krieg in Afrika (1982), S. 426.

kongolesischen Bürger nicht die Chance gegeben hat, sich auf eine solche enorme und komplexe Verantwortung vorzubereiten. Der nachkoloniale Staat, der durch den Kolonialismus und die neuen autochthonen kongolesischen Bewegungen und Vereinigungen entstand, führte zur Formierung des modernen Kongo-Staates nach dem westlichen Vorbild, jedoch ohne die gesellschaftlichen Grundlagen der industrialisierten Staaten. Das Scheitern der Regierungsbildung nach der Unabhängigkeit ging zum Teil auf eine fehlende Führungsschicht sowie auf eine starke organisierte Parteienlandschaft und Gesellschaft auf verschiedenen Ebenen zurück. Belgien hat die Emanzipation Kongos gebilligt, allerdings ohne die Kongolesen auf die daraus folgende Verantwortung vorzubereiten.

„Le pouvoir colonial avait mal initié l'intégration. Elle aurait dû commencer plutôt (…). Au 30 juin 2005, c'est à dire 50 ans après la publication du Plan Van Bilsen, la RD Congo paraît faire du surplace ou tourner en rond. Le trente années de Van Bilsen auraient peut-être servi à quelque chose, mais ce temps serait insuffisant pour roder la mentalité et gommer les velléités ethnocentristes. “ [247]

3. Das politische Machtvakuum und die Entstehung des diktatorischen Regimes

Anfang 1961 entließ Kasavubu das von Mobutu während des Putsches eingesetzte Kommissarskollegium und installierte eine neue Regierung. Mobutu zog sich auf seine militärische Funktion zurück. Nachdem im Dezember die Sezession Kasais endete und am 16. Januar 1962 Kongo- und UN-Truppen Kisangani eingenommen haben, beherrschte Kasavubu fast das ganze Land, bis auf das sezessionistische Katanga. Allerdings entzogen Belgien und die USA ihre Unterstützung für die staatliche Eigenständigkeit Katangas (1963) und andere Provinzen. Im Jahre 1964 wurde auch die UNO- Blauhelme- Mission beendet. Auf Druck europäischer Länder und der USA beauftragte Präsident Kasavubu Tshombe mit der Regierungsbildung. Unmittelbar darauf begannen Aufstände verbliebener lumumbistischer Anhänger mit dem Ziel, Belgier und Amerikaner aus dem Kongo zu vertreiben. Der Simba-Aufstand (1964) unter maßgeblicher Beteiligung L. Kabila konnte zwar mit der „Operation Dragon Rouge und Dragon Noir“ von

[247] Kasongo, Benoit (2005).

Belgiern, Amerikanern und lokaler Armee niedergeschlagen werden, jedoch währte der Bürgerkrieg weiter. Die Parlamentswahlen (im Mai 1965) fanden in einem vom Krieg traumatisierten und zerrissenen Kongo statt. Es gelang Tshombe, ein Parteienbündnis zu schmieden, das ihm tatsächlich an die Macht half. Aber Kasavubu weigerte sich, den Sieger Tshombe mit der Regierungsbildung zu beauftragen und berief (Oktober 1965) stattdessen Évariste Kimba. Dessen Wahl wurde jedoch vom Parlament abgelehnt. Der Staat war wie 1961 blockiert und handlungsunfähig geworden. Der Colonel Mobutu[248] nutzte das Machtvakuum aus, stürzte Kasavubu am 24. November 1965 und übernahm im Namen der Armee die Macht (1965-1997). Er verbot alle politischen Aktivitäten der verschieden politischen Parteien und ethnischen Vereinigungen zunächst für eine Dauer von 5 Jahren. Nach dem Sturz Kasavubu, sagt er im Radio:

„Wir, die Gesamtheit der Militärchefs, haben festgestellt, dass die Disziplin bei unseren Politikern nicht mehr gegeben ist. Während fünf Jahren werden wir die Disziplin in die politischen, wirtschaftlichen und finanziell Bereichen durchsetzen. Es handelt sich hiermit nicht um einen Militärstaatsstreich (...).“[249]

Mobutu verhängte den Ausnahmezustand über das Land und führte eine systematisch politische Erziehung zu Nationalbewusstsein ein, die den Gedanken der staatlichen Einheit betonte. Sechs Monate nach seinem Putsch verkündete er ein Pseudo-Komplott gegen ihn und seine Regierung, um seine politische Gegner zu beseitigen. Vier ehemaligen Minister[250], die als starke Gegner von Mobutu waren, wurden verhaftet und nach einer schnellen Gerichtsverhandlung zur Todesstraffe verurteilt. Am Pfingsttag 1966 wurden sie in der Öffentlichkeit aufgehängt. Nach der öffentlichen Erhängung stellte Frédérick François, ein belgischer Journalist, Mobutu Fragen über Menschenrechtsverletzungen und Demokratie: [251]
F. François: In der europäischen Demokratie darf man keinen Mensch bzw. keinen politischen Gegner einfach aufhängen lassen.

---

[248] Mit Hilfe der US-Amerikaner, Frankreich, Belgien und der kongolesischen Armee ernannt er sich 1965 zum Präsidenten und starb Ende 1997 im marokkanischen Exil.
[249] Mobutu Roi du Zaïre: Tragédie africaine: Ein Film von Thierry Michel. Belgique, 2000.
[250] Kimba, Anany, Bamba, Mahamba Vgl. Chomé, Jule: L'ascension de Mobutu. Paris 1979, S. 164.
[251] Mobutu Roi du Zaïre (2000).

Mobutu: Wir sind keine Europäer, sondern Bantuvolk. Wir sind zwar von Europäern kolonisiert worden, dadurch sind wir aber nicht Europäer geworden.
F. François: Das heißt, Demokratie, wie wir sie verstehen, ist nicht möglich in diesem Land oder was meinen Sie damit?
Mobutu: Natürlich, kann man auch hier Demokratie praktizieren, jedoch nicht so streng und wörtlich wie bei euch.
F. François: Welche Nuance soll Bantus Demokratie haben?
Mobutu: Die Nuance besteht darin, dass der Chef (Staatschef) mit großem Respekt und viel Rücksicht behandelt werden muss. Man darf einen Chef nicht beleidigen oder seinen Befehlen einfach nicht ausführen. Das heißt, die Entscheidung eines Chefs ist unwiderrufbar.

Durch solche schaurigen Taten beängstigte Mobutu alle Politiker, selbstbewussten und engagierten Bürger seiner Generation. Kongolesen, die u.a. freie Gewerkschaften, Basisvereinigungen und Bürgerorganisationen ohne ethnischen Charakter entwickeln wollten, gerieten dadurch enorm unter Druck und verschwanden einfach aus der Gesellschaft. Trotz vieler Berichterstattungen in der internationalen Presse konnte die internationale Gemeinschaft keine drastischen Maßnahmen gegen Mobutus Vorgehen ergreifen. Er nutzte den nationalen politischen und gesellschaftlichen Stillstand, um seine Macht mit allen Mitteln und Ideologien weiter auszubauen.

3.1 Gründung der Partei MPR, Militärdiktatur, Clique und Clan

Im Jahre 1967 verkündete Mobutu in dem «Manifest von N' Sele» die Gründung der Partei „Mouvement Populaire de la Révolution (MPR)", die alle separatistischen ethnischen Parteien und freiwilligen Organisationen auflöste. Zur Sicherung seiner Alleinherrschaft sollte der MPR auch die Gewerkschaften, Jugend, Frauen- und Studentenorganisationen, Vereinigungen und alle zairischen Staatsbürger von Geburt an angehören.[252] Nach einigen Jahren basierte sein System sogar auf dem Ausgleich der Eliten, die sich auf klientelistische und zum Teil geschaffene ethnische Loyalität stützten. Anstatt organisierte Bürgervereinigungen zu zulassen, wurde Clique, Clan und Organisationen im Namen des diktatorischen Regimes gegründet. Den Kern der zairischen Staatsklasse bildeten der Mobutu-Clan

---

[252] Brehme, Gerhard; Hans Kramer (1985), S. 443f.

und ein kleiner Kreis von Freunden und Beratern, zu denen auch die sich vornehmlich aus dem Heimatgebiet von Mobutu rekrutierende Armeespitze als militärischer Garant des Regimes zählte. Die „Cliquepresidentielle" bildete den innersten Zirkel (unbegrenzte Möglichkeiten der Korruption und Selbstbereicherung wie auch vollständige Sicherheit vor strafrechtlicher Verfolgung). Die „Confrèrie régnante", die im großen Maße aus dem Heimatgebiet Mobutus stammte, formte den zweiten Zirkel. Der dritte Zirkel setzte sich aus der „grande bourgoiesie potentielle" zusammen. Zu ihr zählten Personen, die nach Kompetenz, Ansehen und Funktion bewertet wurden und gleichzeitig waren sie Kandidaten für den Eintritt in den zweiten Zirkel. 1985 gründete Mobutu sogar eine geheime Gruppe, die „Prima Curia"[253] genannt wurde, um das Vertrauen seiner Clan-Mitglieder zu stärken.[254] Extern war diese Staatsklasse durch eine Patronat-Beziehung mit der metropolitanen Bourgeoisie in Form von Direktinvestitionen verbunden, um auf diese Weise die Ressourcen des Landes anzuzapfen und von den Transfers eines Teils des zairischen Mehrproduktes zu profitieren.

„Dans toutes ses amitiés avec l'extérieur Mobutu avait un esprit très diplomatique. Il avait trois as (cartes marquées par un symbole) : L'as de cœurs qui était la Belgique et ses relations personnelles avec le Roi. L'as de trèfle qui était les Etats Unies d'Amériques. L'as de carreau qui était la France. En plus encore une dernière carte qui était l'as de pique qui représentait l'Israël, les pays arabes, les pays de l'Europe de l'Est entre autre la Roumanie et la Yougoslavie."[255]

Intern setzte das Regime sein ganzes Repressionspotential ein, um seine Macht zu schützen. Mobutu festigte seine Macht, indem er die legislativen, exekutiven und judikadiven Funktionen in seiner Hand zentralisierte. Das Parlament war seine Kontrollfunktionen enthoben und die Trennung der staatlichen Gewalten war zur Kulisse degradiert.[256] Als Einheitspartei, die alle Macht monopolisiert hatte, stand die MPR immer wieder unter kritischer Beobachtung. Mobutu gab nicht auf und

---

[253] Diese Gruppe war eine Art okkultes Bündnis, das nach den Mustern und Sitten von Franc-maçon bzw. der Freimaurer Sekte funktionierte. Die Mitglieder dieser Gruppe schlossen mit ihm einen Vertrauenspakt, der mit Blut unterschrieben wurde. Une société occulte dont l'existence a été révélée par le Journal, Le Quotidien Umoja dans son N° du 3.12.1990.

[254] Vgl. Braeckman, Charlotte: Le Zaïre de Mobutu. Fayard 1992. S. 183.

[255] Vgl. Mobutu Roi du Zaïre (2000).

[256] Vgl. Chomé, Jules (1979), S. 198.

rechtfertigte in einem Interview mit F. François die Ideologie des Einparteiensystems mit folgenden Worten:

„Es gibt keine einzige politische Partei in Zaire. Wir sind eine nationale Volkspartei und nicht eine einzige Partei in einem Parteisystem. Eine einzige Partei bedeutet, dass es eine Opposition gibt. Aber wir haben keine Opposition (...). Wir brauchen keine oppositionellen Parteien. Wir sind Bantuvolk und nicht Menschen mit cartesianischer Logik wie bei Euch. Wir sind für die Juxtaposition. Wir setzen uns zusammen und arbeiten zusammen, um das Land aufzubauen.“ [257]

Dieser rhetorischen Aussage entsprach allerdings nicht die Realität in diesem Land. Der institutionelle Rahmen des zairischen Staates war nicht mehr gerecht, die Funktionen des Staates waren die einer Einkommensquelle, die in Routinen zur Aufrechterhaltung des luxuriösen Lebensstandards und des Klientelismus verkamen. Dies führte zu zahlreichen Versuchen, gescheiterten Invasionen und Protesten gegen das Regime. Mobutu präsentierte sich als Retter der Nation und glaubte immer, dass die sich politisch passiv verhaltende Bevölkerung hinter seiner Politik stand. Vor den Journalisten sagte er: „Ein Chef, der sich so beliebt fühlt (...), verstehen Sie, welche Freude hat er, beliebt zu sein.“[258]

Zu diesem Zeitpunkt hat Mobutu alle Kritiker neutralisiert, es war die Zeit seines großen Triumphs. Die passive Bevölkerung, die ihn durch Gesang und Tanz gelobt hat, war allerdings müde, ohne Arbeit, verhungert, und begann allmählich die Politik der MPR-Partei ernsthaft zu kritisieren und stark zu boykottieren. So organisierten die Studierenden der Universität von Kinshasa eine große Demonstration (1969), während derer sie die Person von Mobutu angriffen. Seine Armee intervenierte und schoss in die Menge der Demonstranten. Die Leichen wurden schnell abtransportiert, Vertreter der Studierenden und einige Professoren wurden verhaftet und lebenslang hinter Gitter gebracht. 1971 wurde die Universität für einige Zeit geschlossen. Die damaligen 2000 kongolesischen Studierenden wurden in die Armee einberufen. Weitweg von ihren Hörsälen haben sie u.a. gelernt, gehorsam zu sein und Mobutu in der Öffentlichkeit zu loben. Wegen der politischen Intoleranz des Regimes, seiner Vorgehensweise gegenüber der

[257] Mobutu Roi du Zaïre (2000).
[258] Ebd.

Bevölkerung und seines Mangels an gesellschaftlicher Freiheit kamen weitere unerträgliche Kritiken und Proteste aus den Reihen der katholischen Oberhäupter. Die von 13 Parlamentariern initiierte Aktion, das Einparteiensystem zu reformieren, scheiterte und führte zur Gründung der ersten zairischen Oppositionspartei, der UDPS, die bis heute ihre Ziele noch nicht erreicht hat.

„Pour faire prévaloir leurs droits, 13 Parlementaires sur 272 que compte le conseil législatif, adressent à Mobutu, une lettre ouverte (...). Ils réclament un changement profond et immédiat des structures du pays, la jouissance effective de toutes les libertés, d'association et de la liberté de presse et exigent aussi la mise en place des institutions démocratiques fondé sur le bien-être de la population. “ [259]

Obwohl das Regime diese sozialen Bewegungen kurze Zeit später unterband und deren Repräsentanten zum Teil blutig unterdrückte und in ihre Dorfheimaten verbannte, konnte es sie nie mehr ganz zum Verschwinden bringen. Außerdem hielten die von Mobutu[260] 1966 nur für fünf Jahre verbotenen parteipolitischen Aktivitäten und freiwilligen Vereinigungen bis 1994. In den 1990er Jahren relativierte er ihre Zulassung.[261] Aber seine Strategie zur Staatsformation beinhaltete im Hintergrund weiterhin die Anwendung staatlicher Zwangsgewalt gegen jegliche politische und gesellschaftliche Organisation, die Personalisierung der Macht, Selbstbereicherung, die Aufrechterhaltung der Illusion einer politischen Partizipation durch die Einheitspartei MPR und die Entpolitisierung der zairischen Bevölkerung. Diese Form zairischer Staatsklasse unter dem autokratischen Regime entwickelte sich als eine von fraktionierten, ethnischen und ökonomisch definierten Unterschieden und Gegensätzen bestimmte Klasse, die andere Formen der zairischen Bürgerorganisationen nicht tolerieren konnten. Es gelang dieser Staatsklasse, die Kontrolle über die Zentralbank, GECAMIN, MIBA etc. zu übernehmen, um die Revenues dieser Institutionen nahezu anzuzapfen und Devisen,

---

[259] Lettre ouverte des 13 Parlementaires au Président de la République, le 1er novembre 1980. Tschisekedi wa Mulumba : Notre idéologie est le solidarisme, dans: Kabungulu Ngoy, Kangoy: La transition démocratique au Zaïre: Avril 1990-Juillet 1994, Kinshasa 1995, S. 11.

[260] Im Jahre 1980 legte Mobutu sich den Titel President Fondateur, ab 1983 auch Maréchal zu und gab mit seiner Machtfülle und Entscheidungskompetenz das Erscheinungsbild einer Absolutistischen Herrschaft ab. Vgl. Jeune Afrique du 25.8.1982, S. 48f.

[261] Im April 1990 schaffte er das Einparteiensystem ab, doch Mobutu erwies sich einmal mehr als politischer Überlebenskünstler. Er finanzierte Dutzende neuer Parteien, um die Oppositions-bewegung zu schwächen.

die mit dem Verkauf von Rohstoffen im Ausland verdient wurden, direkt auf ausländische Privatkonten zu überweisen.

3.2 Ressourcenausstattung und Wirtschaftsprobleme

Die wirtschaftliche Basis der DR Kongo, die auf Bergbau, Landwirtschaft und Industrie basiert, entspricht, aufgrund der umfangreichen und vielfältigen Bodenschätze[262], über die das Land verfügt, nicht den normalen Entwicklungskapazitäten eines Entwicklungslandes und steht im Widerspruch zu der Armut der Bevölkerung.[263] Das Land hat bis heute die wirtschaftlichen Strukturen, die stark nach außen orientiert und mit einer dualen Produktionsmethode charakterisiert sind, wie in der Kolonialzeit aufrechterhalten. Das heißt, fast die gesamte Produktion ist quasi auf die Ausfuhr ausgerichtet. Dagegen ist das Kleingewerbe auf externe Hilfe angewiesen und abhängig. 75% aller Kongolesen leben von weniger als 1 US-$ pro Tag. Die Weltbank schätzt, dass die überwiegende Mehrheit der Bevölkerung sogar mit weniger als 0,20 US Cent pro Tag auskommen muss.[264] Die Sterblichkeitsraten sind außergewöhnlich hoch und die Lebenserwartung beträgt derzeit rund 45 Jahre.

Die Konsequenz aus mehreren Jahren verfehlter politischer und wirtschaftlicher Führung ist die heutige katastrophale humanitäre Situation und gesellschaftliche Entwicklung. Nach dem von Entwicklungsprogramm der Vereinten Nationen (UNDP) ermittelten Index der menschlichen Entwicklung nimmt die DR Kongo 2004 den 168. und 2005 den 167. Platz von insgesamt 177 Ländern ein. Daher dürfte ein Erreichen der Millenniumsentwicklungsziele (MDGs) für die DR Kongo bis zum Jahre 2015 unwahrscheinlich sein, da die zu bekämpfenden Hauptursachen der Unterentwicklung mit internen und externen Faktoren verbunden sind. Die Externe Faktoren sind u.a. die ungeeigneten Strukturanpassungsmaßnahmen, die Konditionalitätspolitik der 1990er Jahre, die Aussetzung der bilateralen und

[262] Zum Beispiel: Gold, Diamanten, Erdöl, Coltan. Der Coltan-Anbau in der DR Kongo dient zur Herstellung von Tantal, das unter anderem bei der Produktion von Handys, Computerchips und Videokameras verwendet wird.

[263] Vgl. Mémoire présenté par le Gouvernement de la RD Congo à la troisième conférence des Nations Unies sur les Pays moins avancés. Bruxelles, du 14-20 mai 2001, S. 1.

[264] Dieser Wert liegt erheblich unter dem klassischen Armutsindikator von einem ein Dollar pro Tag, der be-nutzt wird, um extreme Einkommensarmut zu messen.

multilateralen Entwicklungszusammenarbeit (1990-2002), die Unterstützung des diktatorischen Regimes über einen langen Zeitraum hinweg, die Globalisierung und ungerechte Weltwirtschaftsordnung, die mit ihren externen Schocks ein Entwicklungsland wie die DR Kongo der Möglichkeit beraubt hat, genug Devisen zu erwirtschaften, um Schuldendienst und Profittransfers zu finanzieren. Außerdem treffen Investitionen aus dem Ausland de facto auf ein ungünstiges Investitionsklima.

Intern leidet ein Teil der kongolesischen Wirtschaft besonders unter dem völlig heruntergekommenen Transportwegenetz und dem ungenügenden Landverkehrsnetz in weiten Landesteilen. Viele nationale Straßen und Eisenbahnen[265] sind entweder nicht mehr existent oder reparaturbedürftig. Die Inlandsverkehrsverbindung zwischen den Provinzen ist nur schnell mit den Fluglinien, die sehr teuer sind, praktikabel. Dies führt u.a. zur Isolierung zahlreicher Gemeinschaften im Binnenland, zu Versorgungsengpässen, zu Einnahmeausfällen, zum Angebotsüberhang in den Anbaugebieten und zur Verteuerung der landwirtschaftlichen Güter in den Städten. Die Konzentration des größten Teils der ausländischen Investitionen besonders in den beiden traditionellen Wirtschaftszentren (Kinshasa und das Bergbau- und Industriegebiet von Katanga) verstärkt bis heute die räumliche Disparität weiter und führt zu unterschiedlichem Gewicht und uneinheitlicher Entwicklung der einzelnen Provinzen des Landes. Deshalb ist die DR Kongo trotz ihres Reichtums bis heute ein Agrarland geblieben. Eine funktionierende Bank für Kreditwesen gibt es nicht. Banken sind auszahlungsunfähig und können keine Kredite vergeben, da selbst Hypotheken nicht als Sicherheiten taugen. Sie begnügen sich mit der Verwaltung und der Überführung von Fonds. Nur reiche Bürger haben ein Konto bei einer Bank, ein normaler Bürger bekommt seinen Lohn direkt vom Arbeitgeber in einem Umschlag in die Hand gedrückt. Der Ausbau des Kleinkreditwesens ist Ziel diverser Entwicklungsprojekte. Deutschland hat zugesagt, mit Mitteln der Finanziellen

---

[265] Auf einem nationalen Straßennetz von 145.100 km waren im Jahre 1990 nur 2.360 km asphaltiert. Wegen der Kriege zählt man heute nur noch 500 Kilometer davon. Das Land besitzt 5.254 Kilometer Bahngleise. Jedoch sind die Verbindungen von einer Provinz zur anderen sehr schwierig. Vgl. Spitzer, Sébastien: RD Congo : Les transports, in: Jeune Afrique N° 1948/du 12-18 mai 1998, S. 149 et 150.

Zusammenarbeit eine von einem Deutschen geleitete Bank zu unterstützen, die Bankleistungen für den Normalbürger anbietet.[266]

In diesem Land ist das so genannte „Cambisme", das ist ein informeller Sektor für den Geldaustausch, ein informelles System, das viele Kongolesen unter dem Motto Hilfe zur Selbsthilfe praktizieren, um Einkommen zu gewinnen. Dadurch hat die kongolesische Währung enorm an Wert verloren. Der erste kongolesische Franc hat sieben Jahre nach der Unabhängigkeit nur einen Viertel seines Wertes verloren. Aber Zaire monnaie, die am 23.06. 1967 gedruckt wurde, war 1993 auf dem internationalen Markt wertlos. Das heißt, als Zaire Monnaie (Z) den kongolesischen Franc ersetzte, entsprach ein 1 Zaire monnaie 1000 kongolesischen Francs. 1993 hieß die Währung nicht mehr Zaire monnaie, sondern Nouveau Zaire (NZ). Ein NZ wurde für drei Millionen Zaire Monnaie eingetauscht und 3 NZ entsprachen am Anfang 1US $. Aber bereits nach kurzer Zeit musste man für 1US $ 175.000 NZ zahlen. Unter der Regierung von D. Kabila wurden am 30. 06.1998 erneut kongolesische Francs eingeführt. Der neue kongolesische Franc (NFC oder FC) ersetzte den NZ. 1US $ entsprach 1998 140 NFC.[267] Der aktuelle Wechselkurs notiert sich wie folgend: 1 Euro = ca. 680 FC; 1 USD = ca. 520,- FC[268] Wegen der Dollarisierung der Preise führt der Kursverlust zu einer Inflation der kongolesischen Francs. Die Einführung des kongoleschen Franc hing zusammen mit der Währungsreform, um Bank System zu schaffen. Vor dieser Reform war festzustellen, dass sobald die Kongolesen Zaïres-Monnaies hatten, beeilten sie sich, diese in Devisen umzutauschen. Jetzt haben sie wieder Vertrauen in die Währung. Sie behalten sowohl ihre kongoleschen Francs als auch ihre Dollar. [269]

Weitere sich auswirkende interne Faktoren stehen in enger Verbindung mit dem korrupten und diktatorischen Mobutu-Regime (1965-1997), das eine hemmungs- und gewissenlose Wirtschaftspolitik des Missmanagements zuließ und eine überaus

---

[266] Vgl. Massou, Assou: RD Congo: La Monnaie, in : Jeune Afrique N° 1948/du 12-18 mai 1998, p. 133 (pp. 132-134). DR Kongo: Wirtschaftsentwicklung und Wirtschaftspolitik: Bundesagentur für Außenwirtschaft (Hrsg.) 15.09.2005: www.bfai.de/31.03.2006, S. 11.

[267] Vgl. Gharbi, Samir: RD Congo: Balises, in : Jeune Afrique N° 1948/du 12-18 mai 1998. p. 140.

[268] Vgl. DR Kongo: www.auswaertiges-amt.de/diplo/ de/Laender. April 2008.

[269] Vgl. DR Kongo: Wirtschaftsentwicklung und Wirtschaftspolitik (2004), S. 10. Massou, Assou (1998), S. 134

unproduktive Vergeudungswirtschaft inszenierte, die das Land zwangsläufig in den bis heute andauernden Ruin führte. Das Wirtschaftswachstum (1967-1972) wurde durch die politische Philosophie, die mit den Begriffen Authentizität[270], Zairisierung[271] und Mobutismus zusammenfassen lässt, enorm beschädigt und reduziert. Die Werbeschlagwörter für diese politische, wirtschaftliche und gesellschaftliche Philosophie lauteten: „Die Authentizität ist unsere Philosophie. Wir wollen sein, wie wir sind und nicht nach der Vorstellung von anderen! Der Mobutismus sind die Lehre, die Denkweise, die Handlungsweise des Staatespräsidenten. Diese politische Philosophie muss in unseren Seelen verankert werden.“ [272]

Mit solchen Slogans, demagogischen Visionen und solcher politischer Philosophie[273] gewann Mobutu großes Vertrauen in der politisch passiven Bevölkerung. Zugleich kritisierte er die koloniale Politik und Wirtschaftspolitik und lies die kolonialen Denkmale von der Bevölkerung abschrauben, zerstören und beseitigen. In einer Live Fernsehansprache sagte er:

„Pour perpétuer l’exploitation de l’homme noir par l’homme blanc, les colonisateurs se sont mis à liquider systématiquement les traditions africaines (...). Bref ils ont abroutis complètement le noir de façon à ce qu’il ne parle pas, ne mange et ne pense pas. “ [274]

Im Rahmen seiner gesamten politischen Philosophie wurden alle wirtschaftlichen Betriebe, Bauunternehmen, Handels- und Transportunternehmen, die von ausländischen Investoren geführt wurden, enteignet und an unerfahrene zairische

---

[270] Der Wille, zur eigenen Ursprünglichkeit zurückzufinden und die Werte der Vorfahren wieder zu entdecken. Es handelte sich um eine Konstruierung einer nationalistisch propagagandistischen Maxime, die Mobutu zur Legitimierung seiner politischen Macht diente.

[271] Sie sah u.a. die Übertragung der Leitung wichtiger Wirtschaftsunternehmen an favorisierte Kader des Regimes vor.

[272] Mobutu Roi du Zaïre (2000).

[273] Anhang A: Abb. 6 und 6: Beispiel einiger Slogans.

[274] Ebd.

Unternehmen und private Person[275] gegeben und schleckt bewirtschaftet. Der damalige Berater des Präsidenten, der Belgier Kolonel Mallants beschrieb die brutale Szene der Enteignung wie folgt:

„Sie sind ein Unternehmer, um 8.00 Uhr steht vor Ihnen ein General, ein Armee-Oberst oder jemand anders aus dem Präsidentenkreis und sagt: Mein Herr, Sie geben mir jetzt alle Büro- und Autoschlüssel, alle Bankverbindungen und Schecks, dann können Sie sich erhängen (...).“ [276]

3.3 Entwicklung der Wirtschaftslage

Wegen innenpolitischer Instabilität, großer Verwirrungen sowie Lügen im Finanzbereich ging die Euphorie der 1970er und 1980er Jahre in der Bergbauproduktion[277] schnell zu Ende, die ausländischen Kredite überholten die Brutto Inlandsprodukte, die Inflation stieg, das pro Kopfeinkommen sank und die Staatskassen waren leer. Zu Beginn der 1990er Jahre brach die Wirtschaft völlig zusammen und die Bergbauindustrie war vom drastischen Verfall des Weltmarktpreises für Kupfer schwer betroffen. Die meisten Rohstoffe konnten mangels moderner Technik nicht erschlossen oder wirtschaftlich verwertet werden. Das war die Zeit des Bankrotts, der Hyperinflation, der politischen und wirtschaftlichen Krise. Große Teile der Bergbaueinnahmen flossen am Fiskus vorbei in die Taschen der Führungscliquen, während der Staat nur unzureichende Mittel für Sozial- und Entwicklungsaufgaben hatte. [278]

„Wenn der Präsident Geld brauchte, hat er den Premierminister beauftragt, eine Million US $ bei der Zentralbank zu holen. Der Premierminister sagte zu dem Gouverneur der Bank, dass er zwei Millionen US $ für den Präsidenten zur Verfügung stellen musste. Er hat wiederum drei Millionen abgehoben. Sie sehen

---

[275] Son épouse était à la tête d’une trentaine des affaires commerciales. Des jeunes universitaires dirigeaient des entreprises radicaliser, épuisaient les stocks et s’obstinaient de réinvestir. Vgl. Chomé, J. (1979), S. 213.

[276] Mobutu Roi du Zaïre (2000).

[277] Die Ausfuhr war sogar gestiegen, von 20 Millionen US $ 1960 auf 799 (1970) und 2.229 (1980). Vgl. Gharbi, Samir (1998): p. 142. Die wichtigsten Handelspartner des Landes: Vgl. u.a.: DR Kongo: Wirtschaftsentwicklung und Wirtschaftspolitik 2004, S. 8.

[278] Vgl. Gharbi, Samir (1998), S. 141.

selbst, wenn eine Million für private Ziele gefordert wurde, wurden drei Millionen aus der Staatkasse abgehoben (...).“[279]

Mobutu selbst hat die Existenz seines Reichtums indirekt gerechtfertig und die Korruptionsvorfälle bestritten, dann verteidigte er diese sogar, weil er und sein Clan beteiligt waren. Zu dem Vorwurf des reichen und korrupten Régimes, sagte er vor der internationalen Presse:

„Lorsque chez vous il n’y a que le mot argent dans la bouche, celui qui vous arrache ce beefsteak de la bouche, cet homme là est à abattre. Vous dite que la fortune du président Mobutu est plus que la dette extérieure du Zaïre (…). La fortune, c’est ce que les Belges ont tiré du Zaïre. Ce n’était pas Léopold II qui nous a exploité et pillé ? Voilà ! C’est ne pas Mobutu (…). La corruption n’est pas un mal propre à la République du Zaïre. C’est un mal qu’on trouve même chez vous en Europe. (…). C’est de l’importation! Je crois, nous combattons ce mal d’importation.“[280]

Nach dem Untergang Mobutus (1997) stand die gesamte wirtschaftliche Situation des Landes im Vergleich zu 1960 sehr schlecht. Ende 1997 betrugen Zaïres Auslandsschulden nahezu 14 Mrd. $. Mobutus Privatvermögen auf Auslandskonten wurde zur gleichen Zeit auf 6-10 Mrd. $ geschätzt. Die Verwaltung des Landes war völlig zerfallen und die territoriale Souveränität hat nur formell existiert. Misswirtschaft und Kriege[281] sind weitere Gründe dafür, dass die kongolesische Wirtschaft schrumpfte. Seit 2001 haben sich die wirtschaftlichen Rahmenbedingungen tendenziell zum Positiven verändert. Die Regierung von Joseph Kabila hat ernsthafte Reformanstrengungen unternommen. Dirigistische Maßnahmen wie die Benzinpreisbindung wurde aufgehoben, der Wechselkurs des Franc Congolais zum Dollar freigegeben, zahlreiche Wirtschaftsgesetze überarbeitet: der “Code Minier“, der „Code Forestier“ und der „Code des Investissements“. In Zusammenarbeit mit den Bretton-Woods-Organisationen setzte die Regierung 2004 ihre Bemühungen fort, die makroökonomischen

---

[279] Vgl. Sambwa, Gilles ; Sakombi, Inongo: Mobutu Roi du Zaïre (2000).
[280] Vgl. Ebd.
[281] Erster Einfall der Katanga-Gendarmen in Shaba (Katanga März 1977), zweiter Einfall der Katanga-Gendarmen in Shaba (Katanga Mai 1978), Bürgerkrieg (1964-1968), der erste Kongo-Krieg (1996/97), der zweite Kongo-Krieg (1998-2003).

Rahmenbedingungen zu verbessern und die Voraussetzungen für dauerhaftes Wachstum zu schaffen.[282]

„Im Juli 2003 hat sich die DR Kongo für die Teilnahme an der HIPC-Initiative qualifiziert. Weltbank und IWF stellen den und sog. „decision-point“ fest. Der Gegenwartswert der gesamten externen Schulden beläuft sich Ende 2002 auf rd. 8,4 Mrd. USD. Hiervon werden rd. 6,3 Mrd. USD im Rahmen der HIPC-Initiative erlassen. Gleichwohl wird der Schuldendienst der DR Kongo sehr hoch bleiben. Nach Weltbankangaben wird er in den Jahren 2003-2007 immer noch jährlich zwischen 32-40% der Staatseinnahmen ausmachen. Der sog. „completion-point“ wurde für das Jahr 2006 erwartet. Bilateral wird Deutschland rd. 792 Mio. € Handelsforderungen und 194 Mio. € FZ erlassen.“[283]

[282] Vgl. Democratic Republic of Congo: Country Profile, in: Economist Intelligence Unit 2003, S. 28f. BMZ-Bericht: DR Kongo. 2004, S. 9.
[283] Ebd. S. 5.

Abb. 4: *Wirtschaftswachstum (u.)* und Inflationsrate (in % pro Jahr):[284]

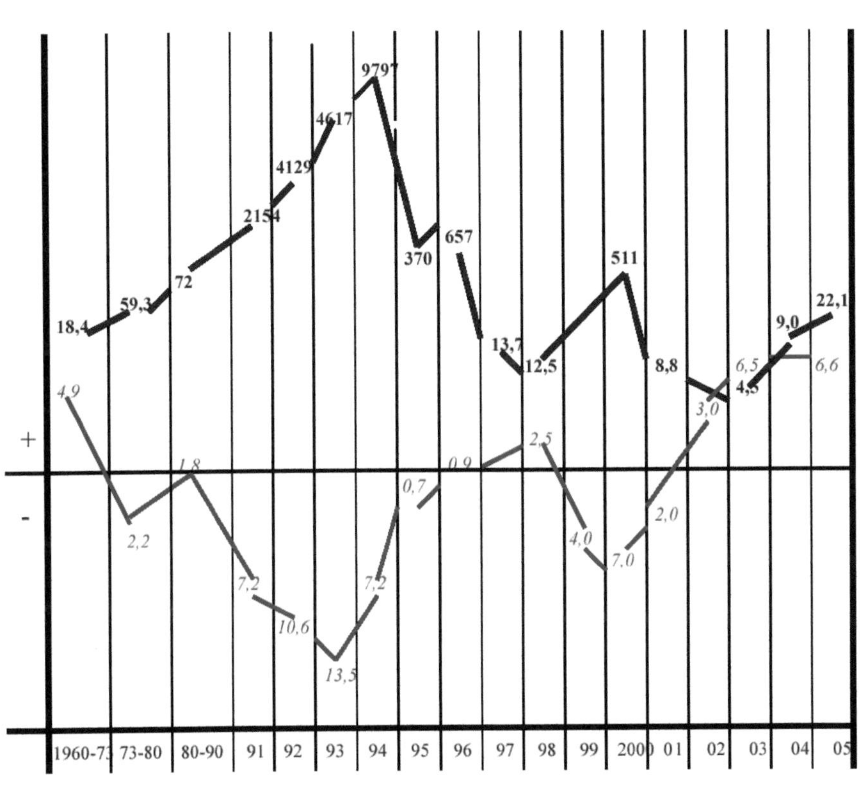

"Tight fiscal and monetary control, together with exchangerate stability and the liberalisation policies that are freeing up economic activity, will continue to support price stability. Average annual inflation fell to an estimated 6% in 2003, the first time it has been in single digits in recent memory Low inflation is expected to continue during 2004-2005, and the Economist Intelligence Unit expert average annual inflation to be less than 10% provided that fiscal and monetary discipline."[285]

---

[284] Vgl. Gharbi, Samir (1998), S. 140. Democratic Republic of Congo: Country Report March 2004, in: Economist Intelligence Unit, S. 5. (Eigene Darstellung)

[285] Democratic Republic of Congo: Country Report, in: Economist Intelligence Unit. March 2004, S. 10.

Die wirtschaftliche, finanzielle und monetäre Lage der DR Kongo war 2006. insgesamt stabil. Die Inflationsrate beträgt 12,8% Ende 2006 gegen 21,9% an derselben Periode von 2005. Die Währungslage ist durch eine vorsichtige Währungspolitik geprägt worden. Während der Wahlperiode hat die kongolesische Wirtschaft starke Turbulenzen erlebt, die durch Störungen bei der Haushaltsverwaltung bestätigt wurden. Die Wachstumsrate ist positiv geblieben und liegt bei 6,6%. Im Dezember 2006 beträgt die Inflationsrate 18,2%. Die wirtschaftliche und finanzielle Lage ist im Jahre 2006 durch den nicht Schlussbericht des 6. und letzten wirtschaftlichen Programms der Regierung mit Beihilfen für die Zahlungsbilanz und durch die Einführung des Stabilisierungsprogramms genannt „Programme Relais de Consolidation" charakterisiert worden, dessen Erfolg die Grundlagen eines neuen Abkommens mit dem IWF für die Reduzierung der Armut und das Wachstum legen müsste. Dieses Abkommen müsste der DR Kongo ermöglichen, weiterhin von dem Schuldenerlass zu profitieren.[286]

Im Verhältnis zum BIP ist die DR Kongo ein hochverschuldetes Land. 1990 überholte die externe Schuld sogar das BIP. Bis 1959 ist die Entwicklung der öffentlichen Auslandsverschuldung des Landes normal geblieben. Ab dem Jahre 1960 nahm die Auslandsverschuldung rapide zu. Im Jahre 1960 betrug sie noch rund 485 und 1975 bereits 1,187 Milliarden US-Dollar. Im Jahre 1997 erreichte sie sogar 12,035 Milliarden US-Dollar.[287] Für die Zeit zwischen 1960 und 2003 entwickelten sich das BIP und die externen Schulde des Landes wie folgend:

[286] RD Congo: Informations sur le pays. www.delcod.cec.eu.int/11.05.2007.

[287] Vgl. Kabare, Prosper: Dette extérieure publique de la RD Congo: Qui doit à qui? FODEX – RDC 1997, p. 5.

Tab. 1:Externe Schulden und Bruttoinlandsprodukt (BIP) (in Mio. US $):[288]

Jahre	BIP	Externe Schulden
1960	1 300	nicht bekannt
1970	3 950	311
1980	11 340	4 770
1990	8 580	9 782
1997	5 500	12 651
1998	6 964	12 929
2000	5 187	11 645
2001	5 187	11 392
2002	5707	10 311
2003	323	10 928

Das BIP beträgt im Jahre 2001 5 Mrd. US $. Dies entspricht 107 US $ pro Kopf und zeigt, dass das Land eines der ärmsten Länder der Welt ist. [289] Für das Jahr 2004 ging der Internationale Währungsfonds (IWF) von einem realen Wachstum des Bruttoinlandsprodukts (BIP) von 6,8% (2003: 5,7%) aus. Das nominale BIP betrug 6,7 Mrd. US$. Deutschland hat am 27.3.03 in einem Umschuldungsabkommen mit der DR Kongo 400 Mio. Euro bilaterale Schulden erlassen und weitere 190 Mio. Euro auf einen Zeitraum von 40 Jahren umgeschuldet. Deutschland und die DR Kongo haben am 29.06.2004 einen weiteren Schuldenerlass in Höhe von bis zu 53 Mio. Euro unterzeichnet. Weitere Maßnahmen zur Senkung der internen Verschuldung wurden 2005 in die Wege geleitet.[290] Die Lebens- und Arbeitsbedingungen für die kongolesische Bevölkerung haben sich hingegen noch nicht gebessert. Die kongolesische Wirtschaft lebt fast nur noch dank des informellen Sektors. Darüber hinaus trägt die Subsistenzwirtschaft auch innerhalb der Städte zur Sicherung der Grundversorgung

---

[288] Anmerkung: die statistischen Daten der DR Kongo sind nur sehr schwer zu erhalten. Nach-stehende statistische Angaben basieren weitestgehend folgende Quellen: Vgl. Gharbi, Samir: p. 140. Das Bruttosozialprodukt wird derzeit auf rund US-$ 5,7 Milliarden geschätzt (2003). DR Kongo, in: BMZ-Länder-Bericht, 2004: S.4. Vgl. RD Congo: Information sur le pays. Dernière mise à jour par l'Union Européenne, le 30.1.2006. Der Fischer Weltalmanach: Zahlen, Daten, Fakten: 2000 (S. 454f); 2001 (S. 461-462); 2002 (S. 501-502); 2003 (S. 473-474); 2004 (S. 501-502); 2005 (S. 258); 2006 (S. 274-275). RD Congo: Rapport économique 2004. Rédigé par: Ambassade de Suisse à Kinshasa, mars 2005, p. 6.

[289] Vgl. RD Congo-Communauté européenne: Stratégie de Coopération et programme Indicatif 2003-2007, S. 11.

[290] Vgl. DR Kongo: Bundesagentur für Außenwirtschaft.

der Bevölkerung bei. Die wenigen im formellen Sektor tätigen Wirtschaftsunternehmen werden von offiziellen, halb- und inoffiziellen Steuern und Abgaben in nahezu unzumutbarer Weise belastet. Der formelle Sektor wird in der Tat durch lächerliche Gehälter und Sozialleistungen charakterisiert. Die Massearmut wird durch hohe Arbeitslosenquoten in den Städten, durch die Nichtzahlung der Gehälter und durch die gesamte Atrophie der Arbeitseinkommen geprägt. Das heißt, der Schuldenerlass hat nicht dem kongolesischen Volk genutzt.[291]

3.4 Schlussfolgerung

Der historische Überblick zeigt und lehrt, dass die DR Kongo ein Vielvölkerstaat ist, der durch unterschiedliche Ethnien, kulturelle und sprachliche Diversität sowie viele Ressourcen gekennzeichnet ist, die sowohl quantitativ als auch qualitativ die Unterentwicklung tatsächlich beseitigen könnten. Jedoch ist das reiche Land zu den ärmsten der Welt und zum Entwicklungshilfeempfänger geworden. Hauptursache hierfür sind die Miss- und Veterwirtschaft, Korruption sowie unbegrenzte Selbstbereicherung durch das brutale Regime, gefolgt von schweren kriegerischen Auseinandersetzungen. Die Ideologien des skrupellosen Regimes waren einfach ungeeignet, die Wirtschaft des Landes von kolonialen Strukturen zu befreien, die eigenen ökonomischen Aktivitäten auszudehnen und die Handlungsspielräume gegenüber den internationalen Märkten zu erweitern. Es nationalisierte ausländische Firmen und zwang europäische Investoren, das Land zu verlassen. Dies hatte allerdings einen starken wirtschaftlichen Niedergang zur Folge.

Anfang der 1990er Jahre brach die Wirtschaft völlig zusammen. Im Jahre 1994 herrschte die Hyperinflation. Da Investitionen ausblieben und Entwicklungshilfegelder in aller Regel direkt auf privaten Konten verschwanden, sank die Produktivität der zaïrischen Wirtschaft immer weiter. Die Infrastruktur im Transportwesen zerfiel, die Auslandsschulden stiegen enorm an. Das wirtschaftliche Potenzial konnte vor und nach der Unabhängigkeit nie zu Gunsten der Bevölkerung genutzt werden. Die Bürgerorganisation und politische Parteienlandschaft war von den Kolonialherren mit tribalistischen und

---

[291] Millet, Damien: Aperçu général sur la dette de la RD du Kongo. http://www.cadtm.-org/ 16.09.2004.

sessionistischen Tendenzen etikettiert worden. Dies führte zur Zersplitterung und Degradierung der Gesellschaftslandschaft. Die Bevölkerung hat dadurch einen Staat mit vielfältigen, unsystematischen Formen geerbt, die noch immer unter Schwierigkeiten zur Herausbildung alternativer und intermediärer Gesellschaftsstrukturen führen. So konnte das Land auch nach der Unabhängigkeit keine Grundlage für eine demokratische Gesellschaft legen.

Unter dem autoritären Regime erlebte das Land am Anfang eine Periode der politischen Stabilität, jedoch um den Preis einer sterilen Diktatur. Die Repression gegen alle politischen und gesellschaftlichen Akteure sowie jegliche Form des Pluralismus war grausam. Mobutu fand seine Machtbasis nicht in einer Partei sondern im Militär, welches er kontrollierte. Zur Festigung seiner Herrschaft benutzte er eine Kombination aus Gewalt und frühzeitiger Ausschaltung möglicher alternativer Machtzentren und Gegner. Eine Kombination, die für seine ganze weitere Herrschaft prägend blieb. Durch die Zairianisierung und den Mobutismus hat das Regime die Bevölkerung total entpolitisiert und die kongolesische Mittelschicht in Richtung Prestige und Geld gelenkt. Damit wollte es vermeiden, dass die neue Generation der kongolesischen Intellektuellen das Selbstbewusstsein zur Bildung politischer und gesellschaftlicher Kräfte nicht entwickelt, um mit seinen Cliquen und Clanen von Kleptokraten weiter ungestört über das Land und über die Kongolesen herrschen zu können. Diese Haltung führte so weit, dass beispielsweise 1994 mehrere Generäle der Armee heimlich die Mirage-Flugzeuge der zaïrischen Luftwaffe verkauften. Verfassung, Parlament, Armee und Medien dienten nur als Theaterbühne der Illusion demokratischer Verfasstheit für das eigene Volk und für die internationalen Beobachter. [292] Der zairische Staat fehlte nur dort, wo es um staatliche Leistungen ging, nicht jedoch da, wo es sich um politische Repression handelte.[293] Nimy Majika, der damalige Chef des nationalen Sicherheitsapparats unter Mobutu, sagte:

---

[292] Sakombi, der ehemalige Informationsminister sagte: Tous les sept ans il se présentait comme seul candidat à l'élection présidentiel. Les électeurs avaient le choix entre un billet vert pour l'unité et la paix et un billet rouge pour le changement et les désordres. Mobutu aimait qu'on chante, qu'on danse à son honneur. C'est ce que je fais faire. J'ai aussi pris la photo de Mobutu et je l'ai mise dans les nuages. Avant chaque journal télévisé on voyait Mobutu surgir des nuages comme un dieu. Quand j'ai le fais, il était très content. Vgl. Anhang A: Abb. 7: une Photo de Mobutu dans les nuages. Vgl. Mobutu Roi du Zaïre (2000).

[293] Seine gefürchtete Geheimpolizei veranstaltete immer wieder Massaker: 1969, 1979 und 1992 in Kinshasa, 1990 in Lubumbashi. Ein ehemaliger Pilot von Mobutu, sagte: Ceux qui

„Sur le plan intérieur, au Zaïre de Mobutu, il y a une chose qui marchée, c'est au moins un service de sécurité. (...) c'est une machine, c'est un appareil qui fonctionnait parfaitement et par conséquent qui tenait les gens. " [294]

Jedoch konnte Mobutu sich auch auf seine Sicherheitskräfte nicht mehr verlassen. 1991 und 1993 als der Sold endgültig ausblieb, zogen seine Soldaten meuternd und plündernd durch Kinshasa. Damit war die stärkste interne und externe Legitimation des Regimes, nämlich die Aufrechterhaltung von Stabilität, nicht mehr gegeben. Vertreter der Kirchen, Entwicklungsexperten und dynamische Kongolesen klagten vergeblich über den Zerfall und die Agonie des Staates. Die Menschen waren gezwungen, ihr Überleben selbst zu organisieren und informelle Netze aufzubauen. Die Industrienationen gingen auf Distanz und unterstützen Mobutu nicht mehr.[295] Sein autoritäres Regime sah sich zunehmend Reformdruck ausgesetzt und man beobachtete die Anfänge der politischen und gesellschaftlichen Auseinandersetzung und den Beginn von Bürgerorganisationen. Mobutu kapierte allmählich, dass die Welt begonnen hat, sich zu verändern und das Einparteisystem, seine brutale Herrschaft, seine Selbstbereicherung sowie seine Clique korrupter Anhänger dem Ende entgegen ging. [296]

---

voyaient les hélicoptères volés sur le fleuve Zaïre la nuit croyaient que c'était une surveillance nocturne de notre frontière avec le Congo-Brazzaville. Ce n'était pas le cas, mais c'était exactement les largages des cadavres humains exécutaient par le service secret. Vgl. Ebd.

[294] Ebd.

[295] Trotz der brutalen Herrschaft und der Ausbeutung der Bodenschätze hat er immer finanzielle und militärische Unterstützungen von Industrieländern erhalten, weil er sich im Kalten Krieg zum Westen bekannte.

[296] La disparition brutale de son ami personnel M. Ceausescu, dans des conditions très cruelles et dégradantes, avait affecté sérieusement Mobutu, qui dans sa stratégie d'anticipation, surprend tout le monde par un changement brusque d'attitude. Vgl. Kabungulu, Ngoy (1995), S. 14.

4. Die Phase der Liberalisierung

Die eigentliche Phase der Liberalisierung, welche in den 1990er Jahren beginnt und die Demokratisierung mit der Zivilgesellschaft sowie der Verwirklichung der Menschenrechte fordert, lässt einen bedeutenden inneren Druck auf den Diktator entwickeln. Mobutu sträubte sich erst dagegen und versuchte mit seinem verblieben repressiven Apparat gegen die unzufriedene Bevölkerung und die Demonstranten vorzugehen. Im Jahre 1990 kam es ausgehend von erneuten Studentenunruhen und Massakern an der Universität von Lubumbashi, zu einer allgemeinen Protestbewegung, die sich in den verbotenen Parteienlandschaft, den Kirchen und den sich bildenden Bürgerorganisationen, formiert haben.

„In der Nacht vom 11. bis 12. Mai 1990 bricht gegen 23.30 Uhr ein Kommando im Campus von Lubumbashi ein, auf der Suche nach Studenten aus Kivu, Bandundu und aus den beiden Kasaï Provinzen, geführt durch das Phasewort: >Lititi? (...) Mboka!< Maskierte Männer greifen die Studentenwohnheime an und beenden ihre Operation gegen 3 Uhr morgens. Nach diesen grausamen Aktionen des Mobutu-Kommandos hörte man nur Stöhnen, Weinen und Hilfeschreie in allen Ecken des Campus (...).“[297]

Parteiversammlungen, Kirchengemeinden[298], Vereine und Organisationen richteten klare und kritische Erklärungen an den Präsidenten, in denen sie ihn u.a. aufgefordert haben, das Land tief greifend zu reformieren und die Kongolesen als freien Bürger in ihrer Gesellschaft wirken zu lassen. Im Jahre 1990 hat Mobutu zum ersten Mal eine Bevölkerungsbefragung[299] durchführen lassen. Vor seiner geplanten Bevölkerungsbefragung sagte Mobutu in einem Interview:

„Mobutu: Nach Überlegung habe ich festgelegt, dass ich mein Volk befragen muss, dass jeder mir sagt, was er vom Funktionieren unserer Institutionen denkt.
Journalist: Ist diese Volkskonsultation auch eine Art persönliche Gewissensprüfung nach 25 Jahren Herrschaft?

---

[297] Ebd. S. 28.

[298] Vgl. Mémorandum des Evêques catholiques zaïrois du 9 mars 1990, in: Jeune Afrique, n° 1527, du 4 avril 1990, pp. 18-25.

[299] Le coup d'envoi de la Consultation était donné à Goma où il reçoit le 29 janvier 1990 près de 50 délégués représentant divers secteurs.

Mobutu: Warum nicht! Alle Sachen, die man mir sagt, belasten auch mein Gewissen.
Journalist: Das könnte das Ende des Einparteiensystems sein?
Mobutu: Wenn das der Wille der Mehrheit des zairischen Volkes ist, werde ich keine Sekunde zögern. "[300]

Collette Braeckman beschrieb die Bevölkerungsbefragung wie folgt:

„Les Zaïrois se regroupent par Zone d'habitation, par associations professionnelles, Communautés religieuse, fonctionnaires, étudiants, médecins, chefs coutumiers et dirigent des textes. Les consignateurs de chaque texte vont de 50 à 200 personnes. A la fin 6118 mémorandums sont ainsi remis à son conseiller (...). Les contenus exacts des mémorandums ne seront jamais divulgués (...). Mais Mobutu est ébranlé par l'ampleur du mécontentement de la population et se retire sur son bateau présidentiel pour tirer des conclusions. Le 24 avril 1990 il annonce le multipartisme qui se transformait en multi mobutisme. "[301]

Die Rede des Präsidenten am 24. 04. 1990 hatte Liberalisierungsakzente[302]. Es ging darum, Parteien[303] zuzulassen, die Presse zu liberalisieren, Freiheitsrechte an nichtstaatliche Organisationen und Vereinigungen zu geben sowie die Gründung einer autonomen Gewerkschaft und unabhängige Studentenbewegungen zu gewähren:

---

300 Mobutu Roi du Zaïre (2000).

301 Zum Beispiel sangen und tanzten die Frauen bei der Ankunft von Mobutu in Kasaï. Aber die Gesänge bewirkten bei der Bevölkerung Gelachter. Sie skandierten zum Beispiel: Papa, gebe uns zu essen, Papa verlangt, wenn Sie die Stadt verlassen, dass man das Wasser und die Elektrizität nicht dort ausschaltet. In Kisangani haftete eine Mutter einen Schein von 5000 Zaïres (1 Dollar) an die Frau von Mobutu, und schrie: sehen Sie hier das Geld, das mein Ehemann pro Monat verdient. Können Sie mit dem Geld Einkaufen gehen? Vgl. Braeckman, Collette (1992).

302 Frauen dürfen wieder Hose und Perücke tragen und Männer Anzüge, Krawatten etc. Zairer können wieder als Madame und Monsieur bezeichnet werden. Ihre christlichen Namen wie u.a. Thomas dürfen in den Ausweis eingetragen werden.

303 Mobutu hat nur zwei bis drei Parteien in seiner Rede zugelassen, allerdings wurden zahlreiche Neugründungen durch seine Ahnhänger, die sog. mouvence présidentielle initiiert. Gegenüber diesem presidentiellen Block formierten sich die anderen oppositionellen Parteien unter dem Namen Union Sacrée de l'opposition.

„Aux grandes mutations qui tournoient le monde en ce 20ème siècle finassant j'ai estimé seul devant ma conscience de tenter de nouveau l'expérience du pluralisme dans notre pays avec à la base le principe de la liberté pour chaque citoyen d'adhérer à la formation politique de son choix (…).“[304]

Der damalige CIA-Chef in Zaire, Larry Derlin kommentierte:

„Ich habe den Eindruck, dass Mobutu Forderungen von Seiten der Bevölkerung mit solchem Druck nicht erwartet hat. Jedoch war es für ihn wichtig, die Bevölkerungsbefragungen durchzuführen, um das Blutbad und die sich schon anbahnenden Bürgerkriege im ganzen Land zu vermeiden (...).“[305]

Seine Rede war zwar nur eine rhetorische Bereitschaft, jedoch ein erster wichtiger erwarteter Höhepunkt der Liberalisierung. Die Studenten reagierten empört darauf, dass der Präsident noch mehr Macht gewann hat. Denn, wenn man die Realität im Lande nach seiner Rede genau betrachtet, gab es zu dem Zeitpunkt keinen in Fortschritt Richtung Liberalisierung.

„ (…) Avant le 24 avril =après le 24 avril. “[306]

Die Bürgerorganisationen, zu denen u.a. engagierte Persönlichkeiten der katholischen Kirche, der Opposition und der Entwicklungs-NGOs gehörten, ist es zu verdanken, dass das diktatorische Regime in den folgenden Jahren eine Nationalkonferenz (NK/Conférence Nationale Souveraine/ CNS) mit einer Beteiligung aller Kräfte und Akteure aus den Provinzen ins Leben rufen musste. Doch es dauerte bis zur NK, die fast 2.850 Vertreter der Zivilgesellschaft[307], der politischen Parteien, der öffentlichen Einrichtungen, sowie ausländische Gäste umfasste, um einen landesweiten Bewusstseinswandel zu erkennen und den Kampf gegen die Diktatur zu stärken. Zwar war das Konzept der Zivilgesellschaft vor der

---

304 Mobutu Roi du Zaïre (2000).

305 Larry Derlin: Interview, in: ebd.

306 Vor dem 24. April = nach dem 24. April. Vgl. Kabungulu, Ngoy Kangoy (1995): S. 23. Kabungulu, Ngoy (1995), S. 23.

307 A la Conférence Nationale Souveraine, la société civile a représenté 40 % de Participants, soit 1.150 personnes sur 2. 850 délégués. RD Congo: Etat de lieux de la transition, Réseau européen Congo: Séminaire d'analyse et de réflexion (Bruxelles, 31.03.2003), S. 5.

NK (August 1991 und 1992) nicht stark ausgeprägt, aber es existierten bereits zivilgesellschaftliche Organisationen, wie z.B. die Gewerkschaft der Arbeiter sowie die Entwicklungs- und Menschenrechts-NGOs, die unabhängig voneinander funktionierten. Nach der NK haben sich die religiösen Konfessionen, die Gewerkschaft und die NGOs in der Struktur der Zivilgesellschaft zusammengeschlossen. Jedoch war die NK nicht wirklich ein Geschenk der Anführer der politischen Opposition und der nichtstaatlichen Akteure.

Das eigentliche Ziel dieses Gipfels war u.a. die Ausarbeitung einer neuen Verfassung für die „Dritte Republik“ und des Vorbereitungsweg von allgemeinen Parlaments- und Präsidentschaftswahlen. Zwar gelang es der NK durchzusetzen, dass die Übergangsregierung und der Hohe Rat durch interne Wahl bestimmt werden, allerdings wurde die Souveränität der NK in ihrer ganzen Facette und ihrem Inhalt vom Mobutu-Regime infrage gestellt. Daher ergab sich insgesamt großer Zweifel an der Durchführung der Reformen. Seine korrupten Anhänger schwächten die Opposition, kooptierten die Akteure der nichtstaatlichen Organisation, sabotierten geschickt die Existenz der neuen Strukturen, annullierten die Beschlüsse und den Gesetzentwurf der NK, entließen ohne die Zustimmung des Hohen Rates der Republik der von der Konferenz gewählte Premierminister. Dies führte zur doppelten Besetzung der staatlichen Organe, nämlich: zwei (bzw. vier) provisorische Verfassungen, zwei Parlamente und zwei Regierungen.[308] Die für Juli 1995 vereinbarten Wahlen wurden nicht abgehalten, sondern auf Ende Juni 1997 verschoben. Die NK zerschlug das Regime jedoch unter dem Vorwand, diese sei ethnisch einseitig zusammengesetzt und trieb parallel durch Förderung ethnischer Konflikte Keile zwischen die einzelnen Gruppen. Die verfehlte Transition mit der NK war reich an Rückschlägen und Unruhen, die die politische und soziale chronische Instabilität unterstreichen. Trotz des Zusammenbruchs von Recht und Ordnung versäumte es Westen damals, auf der Seite der Reformkräfte einzugreifen. Allerdings musste das Mobutu-Regime dem internationalen Drängen nach Demokratisierung nachgeben. Die in den letzten Jahren der Liberalisierung mobilisierten kongolesischen Bürger übten, wie nie zuvor, enormen Duck aus und zogen sich gleichzeitig in den täglichen Überlebenskampf zurück. Allerdings haben

---

[308] Dies führte am 16. 02. 1992 in Kinshasa zu einer friedlichen Demonstration, die brutal zerschlagen wurde. Der treue Militärapparat verhinderte dies und erschoss unschuldige Bürger.

sie wohl schnell verstanden, wie sie das gescheiterte Regime langsam denunzieren können.

4.1 Das heftige Ende eines totalitären Regimes

Charakteristisch für die Demokratisierungsphase zur Entstehung der Übergangsinstitutionen waren die Zersplitterung, die inneren Widersprüche, die Doppelzüngigkeit, das Fehlen eines gemeinsamen Programms und die politischen Zwistigkeiten der politischen Parteienlandschaft sowie die noch nicht klar definierte Funktion der Zivilgesellschaft. Eine echte Reform von Staat und Wirtschaft kam nicht in Gang. Während seiner Reise durch das Land im Jahre 1994 hörte der Berichterstatter der Vereinten Nationen, Roberto Garretòn, von allen damaligen Politikern und von jedem Bürger, dass der zairische Staat nicht mehr existenzfähig war.[309] Es wurde immer laut und einstimmig die Meinung vertreten, dass die Ära des Diktators Mobutu mit einer kriminellen Bilanz abgelaufen sei. Angesichts der extrem prekären Situation war die neu formierte kongolesische Opposition nicht in der Lage, Mobutu zu verjagen, stabile Strukturen aufzubauen und einen friedlichen Übergang zu erreichen. Sein Vorgehen mit teils militärischer Gewalt verhindert zwar die von den neuen politischen Parteien und der Zivilgesellschaft betriebene Demokratisierung, nicht aber die Erosion seiner Diktatur. In das Machtvakuum, insbesondere in den weit von der Hauptstadt entfernten östlichen Teilen des Landes, drängten sich Rebellengruppen, die unter anderem durch Flüchtlingsströme aus Ruanda und Burundi angeheizt waren. Zu der Zeit war der Kabila Krieg bereits in vollem Gang. In den Provinzen, in denen sich die Allianz Demokratischer Kräfte für die Befreiung des Kongos[310] (AFDL) schon erhoben hat, blieb die Bevölkerung zu Hause. Die Spannung war besonders in der Hauptstadt Kinshasa mit Händen zu greifen. In den Medien ging das Gerücht um, dass Kabila bereits gesiegt hat. Die Amerikaner haben das begriffen. Bill Richardson, Bill Clintons Sonderbotschafter

---

[309] Vgl. UN-Report: E/CN. 4/1995/67, 23.12. (1994): S. 4.

[310] Als politische Plattform von vier Parteien, der Partei der Volksrevolution, dem Nationalrat des Widerstands für die Demokratie, der Revolutionäre Bewegung für die Befreiung von Zaire und der Demokratischen Volksallianz, wurde sie 1996 in Lemera gegründet und militärisch durch Ruanda und Uganda unterstützt. Ihre Entstehung ging unmittelbar aus dem bewaffneten Aufstand der Banyamulenge Tutsi in Süd-Kivu gegen das Mobutu-Regime, das sie als Ausländer aus dem Land jagen wollte, hervor. Vgl. Wilungula, Cosma: Fizi 1967-1986. Le maquis Kabila. Bruxelles 1997.

für die Region der Großen Seen, brachte Mobutu die Stellungnahme Amerikas zu seiner Politik und sagte in einem Interview:

„Ich soll als Botschaft an Präsident Mobutu ausrichten, dass wir es für besser halten, wenn er sein Land verlässt. Das war ziemlich schwierig, aber ich bin deutlich geblieben. Doch ich wollte ihm auch zeigen, dass ich ihn respektiere. Er war ein Freund der Vereinten Staaten." [311]

Daniel Simpson, US-Botschafter in Zaire (1995-1998) ergänzte dazu:

„Manches, was wir sagten, war ziemlich hart. Zum Beispiel machten wir ihn klar, dass seine Armee dabei ist zu verlieren und wir Kinshasa nicht würdig verteidigen können. Falls er nicht friedlich das Feld räumt, könnte es geschehen, dass sein Leichnam durch Kinshasa geschleift würde." [312]

Nachdem Mobutu die Position der Amerikaner klar wurde, begriff er, dass seine Macht am Ende war. Er sah sich gezwungen, J. D. Kabila zu treffen. Im April 1997 verkündete Bill Richardson, dass Präsident Mobutu und Herr Kabila sich zu einer Begegnung bereit erklärt haben. Südafrika bot sich an, das Treffen auf der „Outeniqua", ein südafrikanisches Kriegsschiff, das im Hafen von Kinshasa lag, zu organisieren. Kabila wollte nicht kommen und nicht verhandeln, weil er zu diesem Zeitpunkt schon einen großen Teil des Landes erobert hatte. Er hatte Waffen, starke Truppen und Geld und gleichzeitig auch Angst vor dem französischen Schiff „Jean Moulin", das gleich in der Nähe der „Outeniqua" lag. Er war sicher, dass die Franzosen Mobutu retten wollten. Nachdem die Gesandten von Kabila alle Sicherheitsmaßnahmen auf dem Schiff überprüft haben und die europäischen und amerikanischen Vertreter das Schiff verlassen haben, konnte die Verhandlung unter der Leitung von Mandela und dem UNO-Botschafter Mohammed Sahnoun beginnen.

„Die entscheidende Rolle in der Verhandlung hat Präsident Mandela gespielt. Er sprach sehr deutlich, offen und persönlich mit den beiden. Er appellierte Kabila zu

---

[311] Vgl. El Tahiri, Jihan, dans : L'Afrique en morceaux. Reportage deuxième Parti. 2000.
[312] Ebd.

Mitgefühl mit Mobutus Krankheit, gleichzeitig gab er Mobutu zu verstehen, dass er besser abtreten sollte, wenn es Zeit ist, abzutreten.“ [313]

Nach langer Verhandlung weigerte sich Mobutu abzutreten. Kabila lehnte ab, auf die Übernahme von Kinshasa zu verzichten. Zu dieser Zeit stand Kabila's Truppe fast 150 km vor Kinshasa. Der Chef der Arme Mahele wusste, dass Kinshasa verloren war und sah keinen Grund für eine Schlacht in Kinshasa. Die Truppe der AFDL kam von allen Seiten auf Kinshasa zu. Die Flughäfen fielen einer nach dem anderen in die Hände der AFDL. Nur der internationale Flughafen, N'Djili, war noch in den Händen von Mobutu-Männern. Jedoch war sein privates Flugzeug schon in Schussweite der AFDL-Truppe. Seine Leibwächter mussten um jeden Preis eine Rollbahn sichern, die ihm den Flug ermöglicht hat. Das war das Ende seiner zweiunddreißigjährigen Alleinherrschaft und das war auch Ende eines brutalen sowie intoleranten Regimes. Ein Leibwächter der Mobutu-Familie schilderte die letzten Sekunden Mobutus am internationalen Flughafen von N'Djili in Kinshasa:

„Ich stand hinter Mobutu als er aus dem Auto stieg. Er sah General Mahele an, mit Tränen in den Augen sagte er zu ihm: Auch du mein Sohn Mahele! Mahele erwiderte: Steig schnell in das Flugzeug, ich kann hier nicht mehr für deine Sicherheit garantieren.“[314]

Ausgehend davon, dass sich das diktatorische Regime nicht freiwillig in eine Demokratie verwandelte, wählte die AFDL den bewaffneten Kampf. Nach neun Monaten Marsch unter der Führung Kabila übernahm die AFDL die Macht in Kinshasa. Der Sturz des alten, schwer kranken und international isolierten Diktators Mobutu bedeutete für die Bevölkerung das Ende ihres Elends und der ethnischen Kriege, die Hoffnung, dass die regionale Zusammenarbeit und viele anderen Pläne für die Entwicklung sowie für die Demokratisierung der Region der Großen Seen endlich möglich würden. Der Handlungsspielraum und die Interessenartikulation der politischen Parteien und der zivilgesellschaftlichen Organisationen wurden einigermaßen ausgeweitet, aber die eigentliche Blütephase der kongolesischen Zivilgesellschaft lässt zurzeit auf sich warten.

---

[313] Ebd.
[314] Ebd.

4.2 Herrschaft J. D. Kabila's zwischen Diktatur und partizipativer Demokratie

Der schnelle Sieg der AFDL, die Demokratie, die zivilgesellschaftliche Partizipation und die Verbesserung des Lebensstandards, worauf man lange Zeit gewartet hatte, waren nur schneller gedacht als getan. Zum einem verlangte die internationale Gemeinschaft von Kabila und seiner Regierung eine vollständige Erklärung bezüglich der Ermordung von 10 000 Flüchtlingen während des AFDL Vormarsches im November 1996, zum anderem war die Beziehung zwischen Kabila und seinen verbündeten Ländern (Burundi, Ruanda, Uganda) dadurch belastet. Intern wollte Kabila nicht als einziger für die Flüchtlingsmassaker gerade stehen, weil ein großer Teil der Befreiungstruppe aus ruandischer Armee bestand. Außerdem entdeckte die kongolesische Regierung auch, dass die Rohstoffe im Osten des Landes von den ehemaligen Helfern Kabilas missbraucht wurden. Kaum sechs Monate im Amt, waren die gute Beziehung und die regionalen Pläne mit den benachbarten Ländern nicht mehr realisierbar. Kabila sprach zu seinem ruandischen Kollege Kagame:

„Die DR Kongo wird gehörig geschröpft. Schmuggler bringen jede Woche hunderte von Kilo Gold über Ruanda ins Ausland. Wir haben Bande der Freundschaft und Brüderlichkeit geknüpft. Aber eine Freundschaft muss gepflegt werden und man muss sich gegenseitig respektieren."[315]

Weiterhin beschuldigte Kabila die in der DR Kongo agierenden Teile der ruandischen Armee, dass sie die Kongolesen missachtet, die kongolesischen Gesetze nicht respektiert und sich wie Eroberer benommen haben. Kabila nutzte diese Gelegenheit, um diese Armee nach Hause zu schicken. Er entließ zuerst den General Stabschef[316] und schickte seinen Innenminister nach Kigali, um über den friedlichen Abzug der ruandischen Truppen zu verhandeln.

„Der Präsident Kabila schickte mich nach Kigali. Ich sollte versuchen, die Angelegenheiten mit Kagame zu besprechen. Ich sagte ihm, Präsident Kabila findet, dass es Zeit ist, dass ihre Truppe sich aus der DR Kongo zurückzieht. Es gibt viele

---

[315] Ebd.

[316] James Kabareke, ein der wachsamen Augen von ruandischer Regierung in der DR Kongo.

Plünderung und die Soldaten benehmen sich sehr schlecht. Sie sollten nach Ruanda zurückkehren. Kagame sagte, gut kein Problem.“[317]

Die ruandische Regierung verdächtigte jedoch Kabila, dass er die Genozidära des Volksmordes aus Ruanda in seiner nationalen Armee aufgenommen habe, dass er sie im Osten der DR Kongo verstecken habe, sich aufhalten, sich organisieren und in Richtung ruandische Grenze freilaufen. Außerdem kamen ugandische Rebellen in den Sudan in die DR Kongo und durften dort ihren Vormarsch auf Uganda vorbereiten. Aus diesen Gründen gingen die ruandische und ugandische Regierung auf Distanz und wollten mit der Regierung in Kinshasa nicht mehr zusammenarbeiten. Damit begann die Spaltung zwischen den ruandischen Armeen und J. D. Kabila. Nach der Ausreise und der Rückkehr ruandischer Truppen nach Kigali brach der Aufstand im Osten der DR Kongo aus. Dahinter standen Ruanda und Uganda. Die Rückkehr dieser ehemaligen Alliierten in die Allianz mit Kabila kennzeichnet den Beginn des zweiten Angriffskrieges, den die Armeen dieser Länder im August 1998 gegen die DR Kongo führten.[318]

Der Konflikt spitzte sich mit der Intervention der Truppen aus Angola, Simbabwe, Tschad und Namibia zu. Die Auswirkung des Angriffskrieges, den die DR Kongo erlitten hat, war katastrophal. Alle Hoffnungen auf eine interne Entwicklung des Landes und auf neue regionale Zusammenarbeit wurden durch den Krieg zunichte gemacht. Zur Klärung des Massakers setzte die UNO eine Enquete Kommission ein. Sie sollte Antworten auf gewisse Fragen wie, wer tat was, wann, weshalb, mit wessen Hilfe, wer ist verantwortlich? Aber Kabila weigerte sich, mit der Kommission zusammenzuarbeiten. Die amerikanische Regierung war die erste, die sich an der Reaktion von Kabila stieß. Sie hat ihn unterstützt und wollte nicht einen Diktator durch einen anderen ersetzt haben.

„Ich sagte ihm, es gibt glaubwürdige Berichte, die ihre Truppe und ihre Leute belasten. Aber wenn Sie der UNO eine Ermittlung verweigern, bekommen Sie keine internationale Unterstützung. Stimmen Sie der Untersuchung zu, auch wenn sie hässliche Dinge an das Tageslicht bringen wird. Bringen Sie es besser hinter

---

[317] So Mwenze Kongolo (Innenminister der DR Kongo 1997-1998): Vgl. Ebd.

[318] Die Periode der Besatzungskriege begann mit der ersten Invasion der DR Kongo durch Ruanda, den Krieg der AFDL und der Machtübernahme durch D. Kabila am 17. Mai 1997.

sich. (...) Er hat der Untersuchung zugestimmt und unterlief sie. Nun saß er wirklich in der Klemme."[319]

Mit der UNO war keine positive Einigung erzielt worden und die Untersuchung hat schließlich zu nichts geführt. Das Scheitern der Enquete Kommission isolierte Kabila und seine Regierung von der internationalen Gemeinschaft. Dafür hat er neue Allianzen und Bündnisse u.a. mit Libyen und China geschmiedet. Nach den Schwierigkeiten der Anfangsphase, die u.a. dem heruntergewirtschafteten, völlig korrupten Mobutusystem anzulasten waren, hielten viele Kongolesen und internationalen Beobachter an ihrer Hoffnung fest, dass eine demokratische Struktur geschaffen würde.

43 Bilanz der Herrschaft J. D. Kabila

Der Rückblick auf die Herrschaft Kabila bewirkte bei den Kongolesen bittere Enttäuschung. Bejubelt wurde er nicht mehr. Schulen und Krankenhäuser waren, wie in der Ära-Mobutu, in einem jämmerlichen Zustand und auch die Straßen blieben eine Kraterstrecke. So mussten die Kongolesen weiter ohne öffentliche Verkehrsmittel auskommen. Lehrer und Beamten wurden nach mehreren Monaten nicht mehr bezahlt. Vieles, was die Kongolesen von Kabila erwartet haben, war es gar nicht passiert. In Bezug auf den vom Präsidialamt und die ausgearbeiteten Reformen und Projekte im Zeitplan, waren eher mager. Der Verfall der gesellschaftlichen Strukturen wurde nicht beseitigt und auch das Rechtssystem funktionierte noch immer nicht. Lange Zeit war kein nennenswerter Fortschritte beim zivilgesellschaftlichen Aufbau zu verzeichnen. Er verbot erst sämtliche politische Aktivitäten[320] und die Ausübung der bürgerlichen und politischen Rechte wurde an strenge Auflagen geknüpft. Mitglieder von Oppositionsparteien, regime-kritische Journalisten, demonstrierende Studenten und Menschenrechtler wurden gnadenlos verfolgt und jegliche Form von politischer Opposition heimlich zerschlagen. Externe und interne Kritiken von politischen Parteien und zivil-gesellschaftlichen Organisation galten ihm als Verletzung der kongolesischen Souveränität. In einem Interview sagte J.D. Kabila:

---

[319] So Bill Richardson: Vgl. Ebd.

[320] Die Aktivitäten der politischen Parteien wurden im Juni 1997 von L.-D. Kabila sogar verbo-ten. Erst am 17. 05.2001 nahm Joseph Kabila das Dekret zurück.

„Die Anwesenheit von NGOs ist dann nötig, wenn eine verantwortliche Regierung fehlt, wenn der Staat zerfällt oder wenn es unmöglich ist, mit einem Regime zusammenzuarbeiten, weil es sich auflöst (...). Die von den NGOs geleistet Hilfe hat nicht immer der Bevölkerung genutzt: Oft ist es so, dass das Geberland von bis zu 75% dieser Unterstützung selbst profitiert hat. Der Rest wird so verwendet, dass eine örtliche Klientel damit ihren sozialen Aufstieg ins Kleinbürgertum schafft. (…).“[321]

Man hat allerdings nicht vergessen, dass es unter Kabila etwa besser geworden war. Zum Beispiel, wurde die frühe Hyperinflationsrate von mehreren hundert auf unter zehn Prozent gedrückt, der Staatshaushalt wurde einigermaßen in Ordnung und das Wirtschaftswachstum auf einen besseren Kurs gebracht. Jedoch wurden die politische Entwicklung und eine Art Vorstufe der Demokratie zurückgedreht. Kabila war durch den Kriegszustand überfordert, die aktive Bevölkerung war wieder unterdrückt und die Kassen waren leer, weil seine Regierung die Militärausgaben verdoppelt hat. Verzweifelt suchte er Wege, um seine Macht zu retten. Aber ein kongolesisches Nationalbewusstsein ist in breiten Teilen der Bevölkerung vorhanden geblieben und die unter großen Schwierigkeiten durchgestandenen Jahrzehnte der Diktatur bilden ein stark integratives Moment der Kongolesen mit ihren neu formierten zivilgesellschaftlichen Organisationen. In diese Zeit der Krise, zwischen Kabila und der internationalen Gemeinschaft, Kabila und seinen ehemaligen Verbündeten sowie Kabila und den nichtstaatlichen Organisationen fiel ebenfalls seine Ermordung am 16.1.2001[322] und die Machtübernahme seines Sohnes Joseph Kabila. J. D. Kabila hinterließ ein Land, das tief im Kriegzustand und in einem politischen Dilemma steckte, das eine große Wirkung auf seine wirtschaftliche und gesellschaftliche Deformation hatte. Nach mehreren erfolglosen Versuchen, eine friedliche Lösung zu finden, wurde das

---

[321] Interview von Präsident Kabila, in: Aufbruch im Herzen Afrikas? Probleme des Friedens. Pax Christi (Hg.). Frankfurt a.M. 1998, S. 104.

[322] Er wurde von seinem Leibwacher ermordet. Jeune Afrique schrieb: Peu avant 14 heures, un jeune soldat de la garde du nom de Rachidi, arrive et demande à aller présenter ses civilités au président. Les soldats de fonction devant le bureau présidentiel laissent donc Rachidi entrer. Il se dirige vers Kabila, qui était en pleine conversation avec son conseiller économique, dégaine son arme et lui tire dessus. Le chef de l'Etat s'écroule, atteint au cou et au bas ventre. Vgl. Kpatindé, Francis: Exite Kabila, in: Jeune Afrique/L'intelligence N° 2089- du 23 au 29.01.2001, p. 10.

Waffenstillstandsabkommen in Lusaka[323] unterzeichnet, um u.a. den Frieden, die Sicherheit der nationalen Grenze[324] und das Rechtsgleichheitsprinzip zwischen den kongolesischen Bürgern wieder herzustellen, sowie einen nationalen Dialog[325] zu organisieren. Trotz der internationalen Bemühungen[326] wurde das Abkommen zunächst nicht umgesetzt. Die bewaffneten Oppositionsgruppen waren zumeist hilflos und passiv gegenüber ihren ugandischen und ruandischen Kriegsherren, die ihren Blick nur auf die Reichtümer des Landes richteten.

Immerhin bestand die Hoffnung, dass fast alle politischen Kräfte und die Zivilgesellschaft sich auf einen innerkongolesischen Dialog einigen würden. Es ging darum, Druck auf alle Konfliktparteien auszuüben und demokratische Initiativen in Gang zu setzen, damit der Neubeginn im Konsens im ganzen Land gelingen würde, damit die Regierung, die Parteien und die Zivilgesellschaft ihre Aufgaben zugunsten der Bevölkerung aktiv durchführen können und das Militär sich der neuen politischen und gesellschaftlichen Ordnung unterstellen muss. Zu beachten sind die Friedensverhandlungen und der innerkongolesische Dialog, die zu einer Übergangsregierung mit Beteiligung aller politischen und gesellschaftlichen Kräfte im Jahre 2003 geführt haben. Die Kongolesen kamen allerdings nicht zur Ruhe. Das gesellschaftliche und politische Leben ist bis heute in allen Provinzen sehr eingeschränkt.

---

[323] Für weitere Einzelheiten vgl. Economist Intelligence Unit (2003): p.13.

[324] Anhang A: Abb. 8: The human tragedy of the conflict in the DR of Congo. Vgl. Bericht von Oxfam GB in der DR Kongo: 2001, S. 9.

[325] Vgl. Dialogue Inter congolais et Classe politique, in: Alternative N° 0008-009, Fondation Konrad Adenauer (Hg.) Kinshasa 2002.

[326] Vermittler Quettumile Masire (Afrikanische Union), UNO und EU. Die MONUC-Truppe wurde an den Grenzen der aufgeteilten Gebiete stationiert, um den Waffenstillstand zu überwachen.

4.4 Joseph Kabila: Ein Hoffnungsträger?

4.4.1 Politische Rahmenbedingungen

Von 18. Juli 2003 bis Januar 2007 arbeitete eine Übergangsregierung[327] in Kinshasa, die sich aus den ehemaligen bekämpfenden Gruppierungen in der DR Kongo zusammengesetzt war. Sie bestand aus Präsident Kabila, vier Vizepräsidenten[328] und noch einigen wichtigen Organe, die diesen Prozess unterstützt haben.[329] Die Aufgaben der Übergangsregierung waren enorm groß, da es bei der Verfassungsreform und zahlreichen Gesetzesvorhaben um politisch sehr sensible Themen ging, zum Beispiel: die Armeereform, die Nationalitätengesetze, eine verstärkte Anstrengungen zur Demobilisierung von Ex-Kombattanten, die Wiederherstellung der territorialen Integrität und das Wahlgesetz. Die Kongolesen haben am 18. und 19. Dezember 2005 massenweise für die neue Verfassung[330] gestimmt, die das Land im Jahre 2006[331] zu freien Wahlen mit

---

[327] Seit dem 26. 01.2001 ist Joseph Kabila Präsident der DR Kongo, der eine große Unterstützung der westlichen Länder hat, ab dem 18. Juli 2003 Präsident der DR Kongo in der Übergangsphase. Seit Ende 2006 ist er der gewählte Präsident der DR Kongo.

[328] Yerodia Abdoulaye Ndombasi (ehemalige Regierung von J.D. Kabila): Wiederaufbau- und Entwicklungskommission; Jean Pierre Bemba (MLC): Finanz- und Wirtschaftskommission; Z'Ahidi Ngoma (politische Opposition): Soziale und Kulturelle Kommission; Azarias Ruberwa (RCD-Goma): Verteidigungs- und Sicherheitskommission

[329] Die Exekutive: der Präsident und das Präsidialamt; die Legislative: das am 22.8.03 eröffnete Parlament aus zwei Kammern besteht: der Nationalversammlung, dem Senat und die Judikative. Die Übergangsinstitutionen wurden u.a. durch die unabhängige Wahlkommission, die Kommission für Ethik und gegen die Korruption, die Hohe Behörde für Medien und die Kommission für Wahrheit und Versöhnung sowie die Gruppen der Zivilgesellschaft unterstützt.

[330] Le référendum constitutionnel du 18 décembre 2005 est *le troisième* du Congo indépendant. Le tout *premier référendum* l'a été en 1964. La Constitution entrera dans l'histoire sous l'appellation de la Constitution de Luluabourg et connaîtra une très courte durée de vie. Il va falloir attendre mars 1967, pour que Mobutu relance l'idée d'une autre constitution à soumettre au référendum constitutionnel. Le *deuxième référendum*: L'ordonnance présidentielle du 3 mai 1967, portant organisation du référendum constitutionnel: Ce référendum fut musclé et sous-tendu par des méthodes brutales. La constitution promulgait par Mobutu le 24.06.1967 était adoptée par 97% des Oui contre 1,4% des Non, et 0,8% des votes nuls. Tshilombo, Munyengayi: Le référendum du 18 décembre 2005. Dans le Journale, le Potentiel du samedi 17 décembre 2005.

[331] La liste définitive des candidats aux élections présidentielles contenait 33 candidats indépendants et venant des diverses partis politiques. Les candidates les plus remarquables était entre autre : Joseph Kabila Kabange, Antoine Gisenga, Mobutu Nzanga, Jean Pierre

Dezentralisierungsstrukturen geführt hat. In einigen Oppositionshochburgen der Hauptstadt war die Zustimmung der Bewohner nicht so zufrieden stellend und zahlreiche Wahllokale waren zum Ärger der Bevölkerung erst spät geöffnet worden. Einige Oppositionsparteien, wie zum Beispiel die UDPS und PALU haben in Kinshasa Kampagnen gegen die neue Verfassung durchgeführt. In den Provinzen haben die Kongolesen der Verfassung in unterschiedlichem Maße zugestimmt. Wie die Ergebnisse am 11.01.2006 zeigen, hat die Mehrheit der Bevölkerung mit „Ja" gestimmt. Die Annahme dieses Projekt war ein entscheidender Schritt im Übergangsprozess für die Vorbereitungen der Wahlen.

„Le Oui l'a emporté très largement à 84,31% en RD Congo devant le Non le 18 décembre 2005 lors du vote du projet de Constitution de la IIIème République (…). Les Congolais se sont rendus aux urnes à 61,97%, le taux d'abstention étant de 38,03%. (…)." [332]

Die deutsche TAZ kommentierte schon im Dezember 2005:
„100 Prozent Ja hätten die Blödheit des kongolesischen Volkes unter Beweis gestellt, wie zu Zeiten des Einparteienstaates." [333]

Kongolesischen Medienberichten zur folge wurde die Verfassung von Anfang[334] an sehr kritisch betrachtet, obwohl der Inhalt der Verfassung selbst nicht schlecht ist.
In ersten Reaktionen zeigten sich die nationalen und internationalen politischen Kräfte, die die DR Kongo in diesem Transformationsprozess begleiten, kritisch aber zufrieden mit dem Wahlausgang. Die internationale Gemeinschaft hat die Regierung in der Übergangsphase durch das "Comité International d'Assistance à la Transition" (CIAT) unterstützt. Diesem Gremium gehörten, unter Führung der MONUC, die ständigen Mitglieder des VN-Sicherheitsrats, Belgien, Südafrika,

---

Bemba, Arthur Ngoma Z'ahidi Azarias Ruberwa etc. Vgl. Document : Commission électorale indépendante. Décision N° 009 CEI/BUR/due 15. 04. 2006 portant publication de la liste définitive des candidats aux élections présidentielles du 30.7.2006.

[332] Dadei, Didier:Referendum: dans lesoftonline.net 12/01/2006. http://www.cei-rdc.org/, www. societe-civile.cd /11.01.2006

[333] Johnson, Dominic: Kongos Wähler billigen neue Verfassung, in: Die Tageszeitung vom 22.12. 05, S. 9.

[334] Vgl. Projet de Constitution de la RD du Congo, Article 2, Kinshasa 19.05.2005, S. 7.

Angola, Kanada, Sambia, Nigeria und die jeweilige Präsidentschaft der Europäischen Union gemeinsam mit der EU-Kommission an.

4.4.2 Bilanz der Herrschaft J. Kabilas

Für die internationale Gebergemeinschaft und die Mehrheit der Kongolesen markiert der Aufstieg Joseph Kabila zur Macht, trotz aller kritischen Stimmen, einen Wendepunkt zwischen der DR Kongo und seinen bi- und multilateralen Partnern. Er hat wichtige Maßnahmen zur Liberalisierung der Wirtschaft, der kongolesischen Finanzmärkte, der Politik, sowie zu Wiederaufnahmen der internationalen Kooperation eingeleitet. In der politischen Sphäre hat der Präsident ein Dekret seines Vaters L.D. Kabila zurückgenommen, das politische Aktivitäten untersagte. Dennoch muss die Einhaltung der Menschenrechte auf einen kritischen Prüfstand gestellt werden. Im wirtschaftlichen Bereich ging es u.a. um die Sanierung des makroökonomischen Sektors, die Einführung neuer Investitionsbeschlüsse im Bergwerksbau und Forstbereich, die Stabilisierung der Inflationsrate und die Liberalisierung des Wechselkurses[335] sowie die Umsetzung der von der IWF und Weltbank empfohlenen Wirtschaftsreformen. Der überwiegend friedliche Verlauf der Wahlen am 30.07. und 30.10.2006[336] demonstrierte deutlich den Willen der Kongolesen zu mehr Mit- und Selbstbestimmung nach Jahrzehnten autokratischer Herrschaft. Trotzdem gerät Kabila zunehmend unter Druck sowohl was die Umsetzung eines de facto nicht vorhandenen politischen Programms angeht als auch bei dem Demobilisierungsprozess und bei der Reintegration der meisten Milizen im Osten des Landes. Was Kabila in seiner Rede zur Amtseinführung als fünf Baustellen identifizierte[337], sind Visionen, denen jedoch konkrete Umsetzungspläne nach wie

---

[335] Vgl. Die Rede des ehemaligen kongolesischen Außerministers, son Excellence Léonard She Okindu bei der Eröffnung des Kolloquiums über 'La société civile et la coopération internationale pour la reconstruction de la RD Congo: Quelles espaces pour la participation de la population ?' Kinshasa, vom 16. bis 18. Juni 2003.

[336] Die Stichwahl war notwendig geworden, nachdem im ersten Wahlgang am 30. Juli 2006 keiner der Kandidaten die absolute Mehrheit erreicht hatte (Kabila 44,8% und Bemba 20%). Kabila, der am 6. Dezember 2006 in sein Amt eingeführt wurde, konnte die Stichwahl am 29. Oktober 2006 mit 58 Prozent der Stimmen für sich entscheiden. Jean-Pierre Bemba erreichte knapp 42 Prozent.

[337] Die Realisierung dieser fünf Baustellen erfolgt in einem Gesamtprogramm, das sich um fünf Achsen oder Pfeiler artikuliert: die Konsolidierung des Friedens und der Nation; die

vor fehlen. Die Koalitionsregierung unter Führung von Antoine Gizenga[338] erwies sich aufgrund mangelnder Erfahrung als unfähig. So zeichnete sich vielmehr durch weit reichende Lethargie aus.

Von den 500 Abgeordneten der Assemblée Nationale sind ca. 80% ohne jegliche parlamentarische Erfahrung. Dies erfordert einen immensen Input an Informationen und an Ausbildungsmaßnahmen sowie materieller Unterstützung. Der Senat mit 108 Mitgliedern wird durch ein indirektes Votum der Provinzparlamente konstituiert: (22 Senatoren für die PPRD; 14 Senatoren für die MLC, 26 Unabhängige). Schätzungsweise 273 Parteien sind offiziell registriert und davon 69 im Parlament repräsentiert. Hinzu kommt eine hohe Anzahl an unabhängigen Kandidaten. Zurzeit existieren 12 Parlamentariergruppen (Mindestzahl von Abgeordneten: 30), von denen die Groupe Parlementaire PPRD mit 133 Abgeordneten die stärkste Gruppierung darstellt, gefolgt von der MLC als stärkste Parlamentariergruppe der Opposition mit 65 und den Gruppen der Forces du Renouveau mit 48 und der Chrétiens Démocrates mit 46 Abgeordneten. Aus Oppositionskreisen melden sich Stimmen, die Meinung vertreten, dass der Mangel an dezidierter Regierungsarbeit und –projekten letztlich auch die Opposition in ihrer Kontrollfunktion paralysiert. Die Zusammensetzung des Parlamentes demonstriert, wie stark das Parteiensystem der DR Kongo fragmentiert ist. Außerdem scheint die operationelle Kapazität der Partei noch nicht stark zu sein und es sind vor allem Individuen, die in Erscheinung treten.[339]

Die Liberalisierungsphase ermöglicht den kongolesischen Akteuren ihre Handlungen während des gesamten Prozesses umzuorientieren, die eingeleiteten Maßnahmen für Demokratisierungs- und Konsolidierungsphase zu überprüfen und

---

Konstruktion des Staates und die Restaurierung seiner Autorität; die Wiederbelebung der Wirtschaft; die Bekämpfung der Armut und der sozialen Ungleichheiten, die Restaurierung der Familie und der moralischen Werte.

[338] Insgesamt wurde die Regierungsmannschaft um 15 Personen verringert und besteht nun aus drei Staatsministern, 30 Ministern und 12 Vize-Ministern (ursprünglich bestand die Regierung aus sechs Staatsministern, 34 Ministern und 20 Vize-Ministern). Die politischen Reaktionen und Kritiken an der Umbildung blieben gemäßigt. Die nationale und internationale Gemeinschaft begrüßten besonders die Reduzierung der Regierungsmannschaft. Vgl. le Potentiel congolais du 26.11.2007.

[339] Vgl. Ostheimer, Andrea Ellen : Der kongolesische Demokratisierungsprozess im Leerlauf. Länderberichte der Konrad Adenauer Stiftung e.V. 1. Aug. 2007.

abzugrenzen. Die Wiederaufnahme dieser Herausforderung setzt voraus bzw. erfordert ein strategisches Programm aller Kräfte, eine stabile Regierung, starke Parteien und kongolesische Zivilgesellschaften. Deshalb sind die effiziente Förderung und die Verstärkung des Verhältnisses zwischen diesen Akteur-Gruppen sehr wichtig für die Wahrnehmung ihrer Funktionen und den Wiederaufbau des Landes. In der Geschichte des Landes haben die aktiven und partizipativen Funktionen der Zivilgesellschaften gefehlt, weil sie von den Kolonialherren und von dem diktatorischen Regime nicht wahrgenommen und unterdruckt wurden. Mit dem Ende des diktatorischen Regimes wird auch die Stärkung ihrer rechtlichen Grundlagen gefordert. In diesem Liberalisierungsprozess hat die Regierung J. Kabila angefangen, in die Richtung der nichtstaatlichen Organisationen zu interessieren und zu handeln, um die Wiederaufnahme der Entwicklungszusammenarbeit sowie der bi- und multilateralen Kooperation und Finanzierung zu ermöglichen, damit auch die kongolesischen zivilgesellschaftlichen Organisationen de facto nicht wie ein Substitut des defizitären Staates betrachtet werden, sondern als Partner. Das Partnerschaftsprinzip sieht in dem Zusammenhang eine Partizipation der zivilgesellschaftlichen Organisationen an den Demokratisierungs- und Entwicklungsprozessen vor. Dieser Prozess führte entscheidend zur Verwendung des Zivilgesellschaftsbegriffes, zur Entstehung, zum großen Zuwachs und zur Differenzierung der kongolesischen zivilgesellschaftlichen Organisationen.[340]

5. Der Begriff der Zivilgesellschaft im Sprachgebrauch der Kongolesen

Der Begriff Zivilgesellschaft wurde erst in den 1990er Jahren in der DR Kongo gebräuchlich und führte in diesem Land nicht zu neuen theoretischen Erkenntnissen. Er ist eher Ausdruck politischer und gesellschaftlicher Veränderungen in dieser Zeit der Globalisierung und eröffnet neue Perspektiven und Handlungschancen für die Kongolesen. Vielen Kongolesen ist allmählich klar

---

[340] La Société civile trouve sa place dans l'Accord de Cotonou et l'acte constitutif de l'Union africaine à travers la création du parlement Panafricain. Même le G8 a du dialogué avec la Société Civile et plusieurs organisations qui s'occupent du décollage de l'économie en Afrique tiennent beaucoup compte des acteurs non étatiques. Die Rede von Léonard She Okindu (2003).

geworden, dass die kongolesischen Zivilgesellschaften die Phase ihrer karitativen und philanthropischen Aufgaben allmählich überwunden haben und sie sich jetzt kraftvoll in den Transformationsprozessen einmischen müssen. Außerdem müssen sie bei ihrer Stellungsnahme zu gesellschaftlichen Fragen Mut zeigen und versuchen, eine partizipative Demokratie zu verwirklichen und eine demokratische Zivilgesellschaft aufzubauen, die besonders auf Frieden und Komplementarität beruht.

„Mac Gaffey bezeichnet diese Entwicklung als leise Revolution, die sich bereits im politischen Protest der Bevölkerungsbefragung 1990 deutlich artikuliert habe.“[341]

Die vielfältigen Konnotationen des Zivilgesellschaftsbegriffes im alltäglichen Sprachgebrauch der Kongolesen macht es schwierig, die Kontur dieses diffusen Begriffes zu definieren. Man definiert in diesem Kontext die kongolesische Zivilgesellschaft als:

„Ni institution de l'Etat, ni partis politique, ni outil au service d'un individu, politicien ou postulant et ne formant pas un Instrument de récupération du pouvoir. Elle est là comme une troisième force dans une cité, une ville, une province et dans la nation congolaise.“ [342]

Die kongolesische Zivilgesellschaft ist mit zwei Konzepten verbunden werden, nämlich: Inklusiver und selektiver Charakter. Bei dem Inklusiven Charakter geht es um die Berücksichtigung der Pluralität und Heterogenität der unterschiedlichen freiwilligen Basisorganisationen. Der selektive Charakter erlaubt dagegen, zu differenzieren, welche Akteure und Vereinigungen mit kollektiven Orientierungen verbunden sind und welche nur ihre eigenen Interessen in der Clique vertreten und individuelle Aktionen mit Gewinnorientierung durchführen. Die beiden Charakteristiken zielen nicht darauf, andere Akteure und Organisationen aus diesem Zivilgesellschaftskomplex auszuschließen sondern sorgen für eine gute Orientierung dieser jungen Akteure und Organisationen, so dass ihr Handeln bzw.

---

[341] Zit. nach Stroux, Daniel: Zaire sabotierter Systemwechsel: Das Mobutu-Regime zwischen Despotie und Demokratie (1990-95). 1. Aufl. 1996, S. 69.

[342] Société civile congolaise: quelle mission? In : Horizon-Développement N° 11, octobre 1999, S. 25.

ihre Funktionen klar mit der gesamten kongolesischen gesellschaftlichen Realität definiert werden sollen. Das heißt, individuelle Aktionen und Cliquen-Gruppierung mit Gewinnorientierung dürfen nicht ein Anliegen der kongolesischen Zivilgesellschaft sein, da sich jeder Kongolese nur schwer an die Zeit des diktatorischen und korrupten Regimes erinnern kann.

„En plus on n'est pas dans une logique qui propose l'équation société civile = ONG de développement au détriment de tous les acteurs profondément engagés dans des expériences de gouvernance qui ont fait survivre la RD Congo jusqu'à nos jours malgré l'absence de l'Etat pendant plusieurs décennies. "[343]

Deshalb wird in Teil II der Arbeit versucht, eine systematische Annäherung an die zivilgesellschaftlichen Organisationen einzuführen. Diese Annäherung bezieht sich auf ein organisiertes Phänomen der kongolesischen Zivilgesellschaften, die aus verschiedenen solidarischen Elementen bestehen und die wegen ihrer Zugehörigkeit zu dem gesamten System nur in Bezug auf andere Elemente definiert werden können. Diese Annährung versucht die kongolesischen zivilgesellschaftlichen Organisationen wie ein System, das aus unabhängigen Elementen besteht, die allerdings in Interaktion stehen, zu konzipieren. Diese Elemente konkurrieren und zielen gleichzeitig auf eine gegenseitige Verstärkung der Bürgerpartizipation und -freiheit bzw. auf die Organisationsfreiheit. Dieses Annäherungsprinzip dient auch dazu zu analysieren, wie das Land selbst als System funktioniert. In diesem Sinne kann klar identifiziert und verstanden werden, wie die staatlichen und nichtstaatlichen Akteure und Organisationen in den öffentlichen und gesellschaftlichen Aufgaben partizipieren bzw. zusammenarbeiten können. Das Prinzip sieht noch ein Modell vor, wie die kongolesischen zivilgesellschaftlichen Organisationen und ihre Bestandteile gemeinsame Aktionen und Entwicklungsvorhaben für die Basisentwicklung durchführen können.

„Alors que les partis politiques ont pour rôle de faire le contre- poids au gouvernement, la Société civile doit jouer essentiellement le rôle de groupe de pression au niveau de l'articulation des intérêts de la société congolaise, non seulement vis à vis du gouvernement, mais aussi dans les programmes de partis politiques qui cherche à conquérir le pouvoir (...). Nous nous disons à la société

[343] Vgl. Kibuswa, Naupess (Interview 2003).

civile congolaise que la conquête du pouvoir n'est pas leur mission, mais celui de rester en médiation entre la population et l'Etat.“[344]

Wenn der Staat nicht mehr in der Lage ist, die Rechtlinien der Politik und der Wirtschaft zu bestimmen, werden die Institutionen des Staates und ihre Akteure in Frage gestellt. In diesem Sinne wurde auch vorausgesehen, dass verschiedene Bereiche und Aufgaben nicht nur dem Staat allein überlassen werden. Außerdem sollen sich der Staat und seine Regierungsführung mit Mechanismen und Prinzipien der Komplementarität verbunden werden. Dabei handelt es sich z.B. darum die öffentlichen dienstleistenden Strukturen, an die der zivilgesellschaftlichen Organisationen an der Basis anzunähren, die Akzeptanz neuer Strukturen und die Dynamik aller Akteure zu mobilisieren und zu unterstützen.[345] Die Strategien und Zielsetzungen des kongolesischen öffentlichen Dienstes, der politischen Parteien und Zivilgesellschaft sind unterschiedlich, dadurch können sie ihre Autonomie bewahren. Trotzdem ist es wichtig, dass diese Akteure die Zusammenarbeit aufbauen: [346]

- Öffentlicher Dienst: Verwaltung der öffentlichen Angelegenheiten, Zwang und Repression, Machterhaltung.
- Politische Parteien : Streben nach Machteroberung, Propaganda und Demagogie, Suche nach Macht und Anerkennung
- Zivilgesellschaft: Gegengewicht zu der staatlichen Macht, Neutralität, Gewaltfreiheit, politische Bildung, Wohlfahrt der Bevölkerung

Eine Synergie zwischen allen Organisationstypen soll weiterhin dafür sorgen, dass Vorschläge, Strategien und Konzepte formuliert sowie mögliche Lösungen für Rechtsstaatlichkeit und Entwicklung eingesetzt werden können. In diesem Sinne bestehen die Funktionen der kongolesischen Zivilgesellschaft nicht darin, die Machtdominanz des Staates zu rechtfertigen, sondern als unabhängig intermediäre Struktur die unpersönliche Macht der Regierung und die demagogischen Diskurse der noch instabilen politischen Parteien zu konterkarieren. Die Demokratie als Form

---

[344] So die Studierenden der Universität von Kinshasa während einer Forumsdiskussion am 14. und 15. 06.2003 und am 17. und 18.07.2003.

[345] Vgl. L'Avenir de la nation congolaise dans le contexte de la mondialisation et des rapports régionaux, dans: Dialogues inter congolais: consultation de l'Etat et de la nation, Facultés catholiques, 2002, p. 209.

[346] Vgl. Société civile congolaise (1999), S. 29.

der guten Regierungsführung beruht auf dem Prinzip der direkten oder indirekten Partizipation der Bürger an staatlichen und gesellschaftlichen Angelegenheiten. Daher soll die partizipative Demokratie der Kongolesen u.a. nach den allgemeinen Prinzipien des Pluralismus, der Freiheit der Bürger und ihrer Organisationen, begründet werden. Eine solche Demokratieinterpretation zur Entstehung der Rechtsstaatlichkeit und zur Annerkennung der Volkssouveränität, die die Kongolesen brauchen, ist nicht möglich, ohne die Dynamik einer guten Regierungsführung und die Zusammenarbeit aller an diesem Prozess beteiligter Akteure.

Abb. 5: Beispiel einer theoretischen Interaktionsdarstellung der Institutionen:[347]

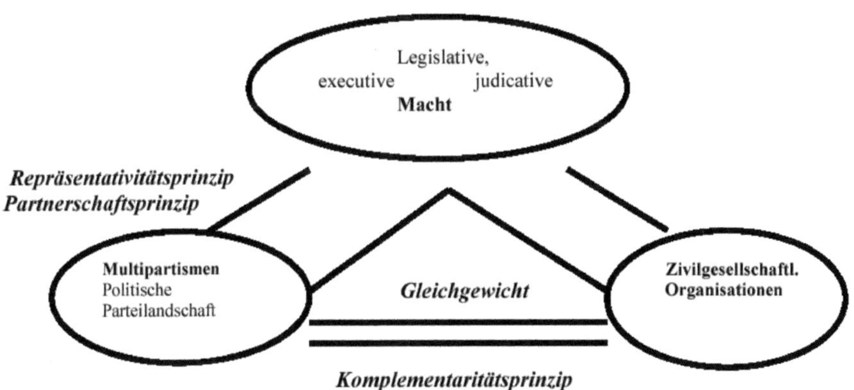

Die aktuelle Realität in der DR Kongo ist von dieser theoretische Interaktionsdarstellung zwar noch entfernt, aber die Institutionen lassen sich gern für die Zukunft von so einem Modell belehren und anregen. Denn es ist möglich, dass das Verhältnis und die Dynamik zwischen den Akteuren besser werden kann, da die gegenwärtig spannende Zusammenarbeit und das Gleichgewicht zwischen den Akteurtypen dazu führt, dass die Zivilgesellschaft als eine Summe der Bürgerorganisationen etikettiert wird, die nur protestiert und keine Vorschläge machen kann. Trotz dieser umstrittenen Beziehungen gab es schon viele Kontakte

[347] Eigene Zusammenstellung

und Versuche, die Zusammenarbeit[348] zwischen den Akteurgruppen zu vertiefen. Bei diesen Kontakten ging es besonders darum den Erlass und die Bearbeitung juristischer Rahmenbedingungen für die nichtstaatlichen Organisationen zu ermöglichen.

„Mais, une société civile forte est vue comme une menace, un facteur de contestation idéologique plus proche de l'opposition, ce qui explique que l'Etat, tout en appréciant le rôle de la société civile, s'en méfie et cherche à le contrôler."[349]

5.1 Entstehung und Typologie der kongolesischen zivilgesellschaftlichen Organisationen

5.1.1 Heterogenität der kongolesischen nichtstaatlichen Kräfte

Zwischen 1990 und 1996 schlossen die kongolesischen NGOs wie Pilze aus dem Boden. Die Gründe dafür waren u.a. die schlechte sozioökonomische, die prekäre sozio-politische und ökonomische Situation, die absolute Armut, die Arbeitslosigkeit und besonders der Zerfall des gesamten staatlichen Apparats und seiner Funktionsfähigkeit. Als der Staat mit seinen korrupten Politikern außer Kontrolle geriet, verließen immer mehr Menschen, vor allem Intellektuelle und Fachleute, die Städte und kehrten in ihre dörfliche Heimat zurück, um dort durch Landwirtschaft und Züchtung von Ziegen und Hühnern überleben zu können. In den Dörfern gründeten sie kleine wirtschaftliche und soziale Organisationen aller Art und kümmerten sich um die Verbesserung des alltäglichen Lebens der Dorfbewohner. Mit finanzieller Unterstützung durch die katholische Kirche gründeten sie wirtschaftliche Kooperativen, um die Ausbeutung und das Elend der Bauern zu beseitigen. Außerdem wurden kleine Wasseraufbereitungsanlagen gebaut und alte Brunnen mit neuen Pumpen ausgerüstet. Durch die Hilfe ausländischer NGOs haben sich in anderen Dörfern kleine Organisationen entwickelt. Da sie nicht staatlich waren, nannte man sie NGOs. Im Laufe der Zeit gewannen sie durch ihre Aktionen überall dort das volle Vertrauen der Dorfbewohner, wo solche

[348] Tables rondes des ONG en 1985, 1987 et 1990 etc.
[349] Hamuli Kabarhuza, Baudoin ; Ferdinand Mushi Mugumo et Norbert Yambayamba Shuku, La société civile congolaise: état de lieux et perspectives, Bruxelles, 2003, S. 87.

Organisationen gegründet wurden. Für diese Organisationen ging es nach und nach nicht mehr nur ums Überleben, sondern um den Versuch, den progressiven Zerfall des Staates durch konkrete lebenswichtige Projekten von der Basis aus zu bekämpfen.

Mit Beginn des Liberalisierungsprozesses ließ das diktatorische Regime auch solche Organisationen von endlich. Zu dieser Zeit wurde eine NK in Kinshasa organisiert. Alle politischen und gesellschaftlichen Tendenzen waren vertreten. Einige dieser Intellektuellen und Fachleuten kamen ebenfalls nach Kinshasa. Sie vertraten ihre Organisationen und nannten sich Basisvertreter. Während des chaotischen Ablaufs der NK wurden einige so genannte Vertreter der Volksbasis und Führungskräfte der formierten zivilgesellschaftlichen Organisationen von Vertrauten des Regimes bestochen und von einflussreichen Politikern ausgenutzt. Ein Teil davon wurde in viele kleine Gruppen zersplittert, suchte politische Macht und fiel in Stimmungstief. Ein anderer Teil schloss sich in verschiedenen Formationen zusammen, integrierte sich in die schon existierenden Plattformen oder gründete neue und suchte Kontakt und internationale Unterstützung.[350]

Dieser politische und gesellschaftliche Prozess der 1990er Jahre führte zur Entstehung zahlreicher Parteien, Vereinigungen, Verbände, NGOs und Bürgerorganisationen. Allerdings fehlte noch eine qualitativ formierte Basis für die grundsätzliche Erneuerung der gesellschaftlichen und politischen Ordnung. Die unzähligen Organisationen versuchen seitdem, überall präsent zu sein. Wegen ihrer lokalen, nationalen, regionalen und strukturellen Probleme, ihres Mangels an charismatischen Handlungen sowie ihrer finanziellen Schwierigkeiten[351] sind sie sehr heterogen geworden. Sie unterscheiden sich allerdings von den kongolesischen Arbeiterbewegungen, ethnokulturellen Vereinigungen und von der soziopolitischen Parteienlandschaft der 1950er und 1960er Jahre und bestehen aus Bürgern je nach ihren fachlichen Aktivitäten. Ihr Hauptcharakteristikum ist ihre Mannigfaltigkeit in Form von einfachen lokalen Bürgerorganisationen, Netzwerken, bis hin in verschiedenen Plattformen. Ihre Vielfältigkeit entspricht auch ihren

---

[350] So die Studierenden der Universität von Kinshasa während einer Podiumsdiskussion am 14. und 15. 06.2003 und am 17. und 18.07.2003. Vgl. Anhang B/2.

[351] La plupart des actions menées sur le terrain demandent des financements extérieurs. Rares sont celles qui sont ancrées dans les ressources locales. Vgl. Hamuli K., Baudouin: Donner sa chance au peuple congolais, Paris 2002, S.73.

verschiedenen Sektoren und Arbeitsfeldern in der kongolesischen Gesellschaft, in der sie involviert sind bzw. sich involvieren wollen.

5.1.2 Typologie und Ebenen der kongolesischen zivilgesellschaftlichen Organisationen

Die Strukturen dieser Organisationen können in mehrere Gruppen eingeteilt werden. Die Rede ist hier von einer kongolesischen Zivilgesellschaft, in der alle Organisationen vertreten sind, u.a. Entwicklungs-NGOs, Menschenrechtes-NGOs, NGOs für Frieden und Staatsbürgerkunde, Kirchen und religiöse Gemeinschaften, NGOs für Gesundheitswesen und humanitäre Hilfe, wirtschaftliche NGOs, Presse-, Frauen-, Berufs-, Landwirtschafts-, Kultur- und Sportverbände, Gewerkschaften, Selbsthilfegruppen, Heimatvereine, Kooperativen, Vereinigungen von Absolventen verschiedener Schulen, Hochschulen und Universitäten[352] sowie Dorfgemeinschaften.

[352] L'existence des fraternités et association regroupant les anciens élèves et étudiants trouvent sa source à l'époque coloniale: Association des Anciens Elèves des Pères de Scheut (1925), Association des Anciens Elèves des Frères des Ecoles Chrétiennes (1929), Association Générale des Etudiants de l'Université du Congo Belge, Association des Etudiants de l'Ecole Nationale de Droit et Administrative, Association des Etudiants de l'Institut Pédagogique National, collège de Commissaires généraux (des jeunes universitaires congolais issus de Lovaniun, Louvain et Bruxelles etc.) Vgl. Obotela, Rashidi : Les fraternité extrafamiliales en RD Congo, dans: Kivilu, Sabakinu : Elites et Démocratie en RD Congo, Kinshasa 2000, S. 126.

Abb. 6: Typologie der zivilgesellschaftlichen Akteure:[353]

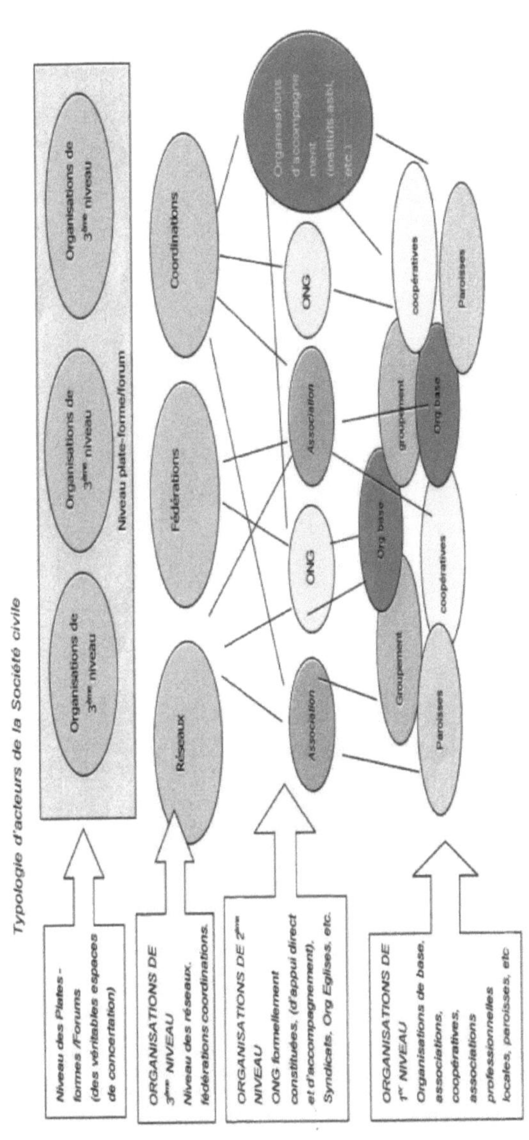

[353] Floridi, Maurizio, Sanz Corella, Beatrix: Rapport Final sur la RD Congo, Bruxelles 2003. S. 29.

„Dans cette structure les ONG congolaises constituent les piliers de la société civile. Leurs projets sont ciblés sur un groupe de la population bien déterminée, tandis que la société civile s'exprime en fonction de toute la population congolaise. "[354]

Bei der Beobachtung einer solchen Typologie bekommt man keine griffige Definition geliefert, allenfalls lassen sich in einer ersten Annäherung unterschiedliche Merkmale zivilgesellschaftlicher Entwürfe benennen. Gemeint sind u.a.: die Summe der öffentlichen Assoziationen, Vereinigungen und Zusammenkünfte, in denen sich die Bürger gewaltfrei, solidarisch, tolerant und auf freiwilliger Basis versammeln; die Autonomie, d.h. die Unabhängigkeit der zivilgesellschaftlichen Organisationen gegenüber dem Machtzentrum. Diese Typologie bezeichnet auch das Spannungsverhältnis zwischen einem Komplex institutioneller Merkmale und utopischer Realität der afrokongolesischen Zivilgesellschaft. Außerdem wird an dieser Aufteilung die Komplexität der Situation deutlich, die dazu beiträgt, dass Konflikte entstehen, wann immer Entscheidungen gefällt werden müssen. Aus diesem Grund wurde ein Organ; der „Conseil Consultatif de la société civile congolaise" geschaffen, dem es obliegen sollte, die gegensätzlichen Kräfte in Einklang zu bringen.

Die größten Probleme auf der ersten Ebene, die die wirksame Arbeit und den Einfluss der Basisorganisationen beeinträchtigen, sind u.a. folgende: Die Leiter dieser Organisationen sind schlecht ausgebildet und es fehlt den Basisorganisationen an technischem Know-how. Aus Mangel an ausreichenden Kenntnissen bezüglich der Anwerbung von Projektsgeldern und des Umgangs mit Geldgebern entsteht eine große Abhängigkeit von den Zwischenorganisationen, die häufig alleine den Dialog mit den Partnern führen. Oft haben die Basisorganisationen keine offiziellen Strukturen oder interne Verfahrensweisen, was den Ansprüchen der Geldgeber widerspricht, die im Normalfall eine gewisse Struktur zur Bedingung für ihren finanziellen Einsatz machen. Das Eigenfinanzierungspotenzial durch Mitgliedsbeiträge ist sehr gering, was wiederum die Entwicklungsmöglichkeiten der Basisorganisationen einschränkt.

---

[354] Interview mit Adelbert Ndumadele, Vertreter von Fédération des ONG Laique à vocation Economique du Congo (FOLECO) über den Unterschied zwischen NGOs und Zivilgesellschaft in der DR Kongo am10.07.2003 in Kinshasa.

Die größten Probleme auf der zweiten Ebene sind: Die Probleme der Basisbevölkerung werden leicht aus den Augen verloren. Das strukturelle Problem dieser Organisationen ist der Mangel an Erfahrungen und qualifizierten Arbeitskräften. In Bezug auf die Planung ist zu bemängeln, dass vor allem die NGOs und die Gewerkschaften nicht hinterfragen, welche Werte sie vertreten, welche Ziele sie verfolgen, wie sie sich die Zukunft vorstellen und wie sie ihre Rolle im strategischen Gefüge definieren. Oft liegt die Verantwortung innerhalb der Organisationen in den Händen weniger und es gibt und der Aufgaben- und Verantwortungsteilung ist zu gering. Auf verschiedenen Ebenen stellt sich das Problem des unzureichenden Managements als Folge der mangelnden Erfahrung der Verantwortlichen. Aus diesem Grund folgen die internen Strukturen noch nicht den Regeln der Demokratie und daraus entstehen auch internen Konflikte. Verfahrensweisen werden selten dokumentiert und auch Leitfäden für die Verwaltung von Finanzmitteln, Material und Personal sind eher die Ausnahme. Eine Vielzahl von so genannten Organisationen für die Armutsbekämpfung hat einen unklar abgesteckten Einsatzbereich. Sie werden tätig, wenn ihnen durch Geldgeber eingebrachte Mittel zur Verfügung stehen. Geringes Das Innovationspotenzial, vor allem in Bezug auf Ansätze, die auf die Begleitung der an der Basis tätigen Organisationen abzielen gering. Außerdem sind die verschiedenen Organisationen mehr oder weniger voneinander abgeschnitten.

Die größten Probleme auf der dritten und vierten Ebene, welche die Entstehung einer Vertrauens- und Zusammenarbeitsbasis regelrecht verhindern, sind: Die Interessen Einzelner stehen über dem Allgemeinwohl. Dies steht im Zusammenhang mit der Politisierung einiger Organisationen, die als „politische Plattformen“ missbraucht werden. Durch die Personalisierung und die Egozentrik von Organisationen aufgrund der Einstellungen ihrer Leiter stellt ein Problem dar. Kompromisse und Abkommen werden häufig beschlossen, ohne dass die Maßnahmen von den Mitgliedsorganisationen umgesetzt und weiterverfolgt werden. Die Mitgliedsorganisationen verfügen nicht über genügend Mitarbeiter und genügend Mittel. Es gibt bei den Mitgliedsorganisationen der Dachverbände häufig ein Konkurrenzdenken bezüglich des Finanzbedarfs, der Beschaffung von Mitteln und des Kontakts zu Partnern usw. Es fehlt die Einsatzbereitschaft und die klare Kommunikation und Zusammenarbeit in den Netzwerken. Die Netzwerke und Strukturen auf der dritten Ebene häufen sich, haben aber keine eindeutige

Zielsetzung. Daraus ergibt sich, dass Energien für die Koordination und die Aufteilung der Aufgaben verschwendet werden.

Nach dem Kolonialismus und dem diktatorischen Regime steht die ganze kongolesische Zivilgesellschaft vor vielen nationalen Problemen, die bewältigt werden müssen. Es handelt sich unter anderem um eine Verwirrung der zivilgesellschaftlichen Terminologie; die Stärkung der internationalen Entwicklungszusammenarbeit; die Auseinandersetzung mit der nationalen, regionalen und lokalen Situation; die Mechanismen des Demokratisierungsprozesses; den Einfluss der Geldgeber und der internationalen Institutionen, die immer noch bestehende kriegerische Auseinandersetzung und die tribalistische Tendenz in vielen Provinzen und andere Merkmale, die die Fragilität des Landes charakterisieren. Die kongolesische Zivilgesellschaft hat trotz der ethnischen Konfrontation und Bürgerkriege und der politischen Manipulation immer versucht, die Bevölkerung aufzurufen, Alternativen für einen Dauerfrieden, ein gutes Zusammenleben und für die Bekämpfung der Armut zu suchen. Das heißt, auf dem Höhepunkt der Kriege (1997 und 1998) hat der kongolesischen Zivilgesellschaft mit Unterstützung der Kirche und anderen Bürgerorganisationen einen nationalen Zusammenhalt gegen die Zersplitterung des Landes geschaffen. Neben der Kirche, die in ihren Sonntagspredigen die wesentliche Rolle einer Botschafterin spielt, sind z.B. Frauenverbände[355], Menschenrechtsorganisationen und die Presseverbände zu nennen, die wegen ihrer Dynamik und trotz ihrer Schwächen, die Entwicklung der kongolesischen Zivilgesellschaft weiterhin stärken und unterstützen.

Die Kirchen[356] sind heute in der kongolesischen Zivilgesellschaft tief verwurzeln und spielen in öffentlichen Fragen in der Geschichte des Landes eine wichtige

---

[355] Union Nationale des femmes du Congo (UNAF), les Femmes chrétiennes pour la démocratie et le développement (FCDD), l'éveil de la femme, Développement-Information-Recherche-Action Femme (DIRAF), Femmes et enfants pour les droits de l'homme (FEDHO) dans le Kasaï Occidental, Réseau d Femmes et développement de Bandundu. Les réseaux les mieux connus sont le RAF, l'UNAF, le Comité National Femme et Développement (CONAFED), la Cause commune et le REFED.

[356] L'Eglise Catholique avec une adhésion de 47% de la population, Les Protestants (baptistes, presbytériens, pentecôtistes) ou l'Eglise du Christ au Congo (unifiée depuis 1970 rassemblent 28% de congolais), L'Eglise Kimbanguiste réunit 16%, les musulmans 8,5%: Leurs services techniques de développement sont différents à l'intérieur de chaque Eglise.

Rolle, nachdem sie lange Zeit die koloniale Politik und das diktatorische Regime unterstützt haben. Seit der Nationalkonferenz (NK) haben sie im Allgemeinen ein großes Maß an Glaubwürdigkeit gewonnen und stoßen in der Bevölkerung auf offene Ohren. Viele religiöse Sekten mit Sitz im Ausland bilden die Erweckungskirche.[357] Es ist anzumerken, dass diese autonomen Sekten im Blick auf die Bevölkerung sich durch eine besondere Mobilisierungskraft auszeichnen, die im Gedankengut des Reichtums begründet liegt. Ihr Ansatz ist das Versprechen von leicht zu erlangendem Glück. Durch die Kirchen ist es vor allem in den Provinzen möglich, Nachrichten und Informationen bezüglich der Entwicklung, der Menschenrechte und der demokratischen Kultur und gegen die Ethnisierung der Politik weiterzuleiten. Diese kongolesische Bevölkerung –katholisch, evangelisch, kimbaguistisch, muslimisch usw. ist die Grundlage der neuen Zivilgesellschaft. Die Kirchen als integrative Kraft der kongolesischen Zivilgesellschaft verdienen im Hinblick auf die gesellschaftlichen Probleme große Beachtung. [358] Sie haben allerdings noch nicht all ihr Potenzial in den Dienst der Zivilgesellschaft gestellt.

Während des diktatorischen Regimes taten die Frauenverbände sich nicht immer durch ihren Einsatz und ihren Weitblick hervor. Inzwischen engagieren sie sich sehr stark in den kirchlichen Organisationen, in den Entwicklungs-NGOs und in der Politik. Trotz ihrer emanzipatorischen Perspektiven bleiben die staatlichen Machtstrukturen in männlichen Händen. Daher sind Solidarität und Gerechtigkeit sowie die Selbstorganisation von Frauen in der DR Kongo in dem sich bildenden und entwickelnden intermediären Bereich der Zivilgesellschaft realisierbar, um ihre gesellschaftlichen und politischen Interessen zu vertreten. Es geht nicht darum, die staatliche und zivilgesellschaftliche Sphäre zu feminisieren, sondern darum, Gerechtigkeit in einer Rechtsstaatlichkeit zu etablieren und frauenfreundlich der

---

Les organisations de l'Eglise conduisent leur engagement social et politique selon une certaine spiritualité de la justice, qui a des fondements bibliques. Minani, Rigobert, in: Horizon-Développement, octobre N° 11/ 1999, S. 16.

[357] Die Erweckungskirchen haben jedoch Mühe, einen juristischen Status zu erlangen. Die meisten von ihnen arbeiten mit Genehmigung der ortsansässigen Verantwortlichen. In einer Situation, in der ihr juristischer Stand unsicher ist, können sie ihren Protest nicht geltend machen. Sie befürchten sogar, dass sie verboten werden könnten, sollten sie zu viel Aufsehen erregen. Andere, die einen juristischen Status erlangten, arrangieren sich mit den Machthabern vor Ort und kümmern sich nicht weiter um die kritische Zivilgesellschaft.

[358] Vgl. L'Eglise catholiques et le processus de la démocratisation au Zaïre: Essai et témoignages, Facultés catholiques de Kinshasa 1996.

Gleichheit des Staates und der Zivilgesellschaft in allen Bereichen des Landes zu begründen.

„Die Zivilgesellschaft muss deshalb als ein Prozess, als ein Verfahren gesehen werden, wie patriarchalische Herrschaft und Hegemonie überwunden werden können.“[359]

Die Presseverbände[360] sind in der Gesellschaft sehr aktiv und erweisen sich mehr und mehr als unumgehbare Partner beim Aufbau eines demokratischen Staates und der Entstehung einer pluralistischen Medienlandschaft.[361] Das Mobutu-Regime hatte sich praktisch die gesamte Presse unterworfen und die Medien waren auf die Printmedien[362] begrenzt. Die kongolesische Presse ist sehr schlecht ausgerüstet und die Bevölkerung hat nur eine sehr eingeschränkte Zugangschance und Kaufkraft. Außerdem ist ein Fernsehgerät in diesem Land sehr teuer und die Zeitungen sind abhängig von den Druckereien, die oftmals im Besitz von Politikern bzw. parteinahen Geschäftsleuten sind. Mit dem Beginn des Demokratisierungsprozesses hat die kongolesische Presse einen Neuanfang gemacht. Heute kann man mehr als 160 Rundfunksstationen, 57 von Fernsehersender und mehr als 250 Zeitungen zählen.[363] Der heutige Zugang zu den aktuellen Medien, besonders zu den privaten Sendern, verstärkt die kritisch gesellschaftliche und politische Kompetenz der Kongolesen und der Zivilgesellschaft.[364] Allerdings sind kritische Journalisten in

---

[359] Sauer, Birgit: Zivilgesellschaft versus Staat? In: Appel, Margit/ Luise Gubitzer, Birgit Sauer (2003): S. 130.

[360] Union de la presse du Congo, Association des journalistes chroniqueurs de musique du Congo, Association des journalistes de la presse diplomatique, Médias libres, Médias pour tous, Union des communicatrices et femmes de médias, Union de journalistes du secteur de la santé, le syndicat national des professionnels de la presse, union des journalistes sportifs du Congo, Médias pour la paix, Agence congolaise de presse, Union congolaise des femmes des médias, Journalistes en danger etc.

[361] Vgl. Bidwaya, Mputu: Quelle presse pour la troisième République? Dans le Diagnostic, avril-juin 1992, vol. 1 n° 00, p. 72.

[362] Zeitungen sind nur in wenigen großen Städten und teilweise mit erheblicher Verspätung erhältlich, selbst Batterien für das Radio sind für einen großen Teil der ländlichen Bewohner unerschwinglich. Eine nicht zu unterschätzende Rolle spielt in den gebildeten Schichten der Empfang ausländischer Radio- und Fernsehprogramme. Vgl. Kuhn, Berthold: Mehrparteiensystem und Opposition in Zaire. Münster/Hamburg 1992, S. 67.

[363] Modeste Mutinga, dans le journal le Potentiel du 6.10.2005.

[364] Die heutige starke Verbreitung von privaten Internetcafés in den großen Städten und in den fernen Dorfgemeinschaften sowie die Verbreitung von Mobiltelefonen mit aufladbarer

ständiger Lebensgefahr, Meinungsfreiheit ist eine Illusion und Korruption allgegenwärtig. Die Ermordung regierungskritischer Journalisten ma-cht deutlich, dass das Land noch keine demokratische Kultur und Pressefreiheit besitzt hat. [365] Kongolesen und Journalisten demonstrieren ständig und fordern Aufklärung für die ermordeten Journalisten und Schutz für ihre Tätigkeit. Aber die Regierung ignoriert solche Fälle einfach. Um die Demonstranten zu beruhigen, verspricht sie immer eine Untersuchungskommission, die jedoch niemals gebildet wird.

Die Unterdrückung der Pressefreiheit, die Menschenrechtsverletzung und die Repression verhindern die Arbeit der zivilgesellschaftlichen Akteure. Daher gibt es trotz der neuen Regierung nach wie vor Grund zur Sorge und noch viel zu tun in diesen Bereichen. Repression und Unterdrückung treten häufig nicht offen, sondern in subtiler Form, wie zum Beispiel in Form von Verleumdungsklagen, auf. Für die Kongolesen sind die verschiedenen Bürgerorganisationen und Verbände wichtige Bestandteile der kongolesischen Zivilgesellschaft, aber ohne die Beseitigung der nationalen Probleme, die die Rechtsstaatlichkeit bedroht, ist es für die Zivilgesellschaft schwierig sich zu entfalten. Der Stärkung ihrer unterschiedlichen Tätigkeitsbereiche dienen besonders der ordnungsrechtlichen Instrumente, die den nichtstaatlichen Teilbereich und den Privatsektor des Landes stark regulieren können.

Telefonkarte kommen bei den Kongolesen gut an, jedoch lösen sie nicht die enormen Medien- und Telekommunikationsprobleme, die das Land zu bewältigen hat.

[365] Am 7.04.2006 berichtete das ZDF in seiner Sendung „Aspekte" ausführlich über den Mangel an Pressefreiheit und die unter Lebensgefahr der kongolesischen Journalisten: Am 3. November 2005, kurz nach Mitternacht verlässt der Journalist Franck Kangundu die Redaktion von La Reference Plus in Kinshasa, holt seine Frau bei einer Freundin ab und fährt nach Hause. Bedroht hat man ihn, den Unbequemen, schon oft, der das korrupte Staatssystem auch als solches benannt hatte. Wenig später geschieht es. Er glaubt zunächst an einen Raubüberfall. Er fleht um sein Leben. Schüsse fallen und seine Kinder müssen zusehen, wie ihre Mutter zuerst stirbt. Der Journalist bietet den Mördern Geld und seinen Mercedes an. Einer der Mörder sagt: Nein, nein, keine Geschenke. Wir sind hier, um Dich zu töten. Vgl. DR Kongo vor den Wahlen. ZDF-Bericht: Aspekt vom 7.04.2006. Wolfgang Herles (Moderator)/ 9.04.2006. Jens Tilman; www.aspekte.de/ Reportage/

5.1.3 Rechtliche Grundlage der kongolesischen zivilgesellschaftlichen Organisationen

Seit der kolonialen Zeit pflegen die Kongolesen eine gewisse Tradition von Selbsthilfegruppen, kulturellen Vereinigungen, Hochschulvereinigungen und Landgemeinschaften, aus denen viele ethnische politische Parteien entstanden sind. Die Entstehung der freiwilligen, gemeinnützlichen Vereine und nicht-staatlichen Organisationen wurde durch Dekrete geregelt, wie dem: Dekret über die privaten öffentlichen Einrichtungen (19.07.1926); dem Dekret über die Zusammenarbeit zwischen der indigenen Bevölkerung (24.03.1956), dem Dekret über die allgemeine Handlungsfreiheit der Bevölkerungsorganisationen (17.08.1959); dem Dekret zur Gründung von Vereinen ohne Erwerbsziel, zur Regulierung ausländischer Vereine ohne Erwerbscharakter(18.09.1965); dem Dekret zur Regulierung der Vereine (31.12.1971/ N° 071-002); (05.01.1979/ N° 079-002) Dekret zur Regulierung der Vereine ohne Erwerbscharakter. [366]

Diese kongolesischen Dekrete wurden durch das Dekret vom 29.01.1999/ N° 195[367] annulliert und ersetzt. Dieses Dekret-Gesetz vereint zum ersten Mal alle Regelungen zu den Themen Vereine ohne Erwerbscharakter und gemeinnützige Vereine, wobei der Gesetzgeber die beiden Formen unterscheidet: Im Kapitel I, Art. 1 zu Begriffsbestimmungen und Klassifizierung der Vereine ohne Erwerbscharakter des kongolesischen Rechts steht: Der Verein ohne Erwerbscharakter ist ein Verein, der keinen industriellen und wirtschaftlichen Zweck verfolgt, ausgenommen vorübergehend, und der keinen materiellen Vorteil für seinen Mitglieder verfolgt. Artikel 2: Der Verein ohne Erwerbscharakter ist von Natur und vom Zweck her: ein Verein mit kulturellem, sozialem und Bildungscharakter; ein Entwicklungs-NGOs und ein Kultusverein. Kapitel II, Abschnitt 2 charakterisiert die ausländischen Vereinen ohne Erwerbscharakter (in sechs Artikel: 30-35): Das sind Vereine mit Sitz im Ausland (Art. 30). Nur der Staatspräsident erteilt per Dekret die Erlaubnis,

---

[366] Vgl. Hanuli Kabarhuza, Baudouin (2003), S. 28.

[367] Dieses Dekret vereint zum ersten Mal alle Regelungen, sich auf Vereine ohne zu den Themen ohne Erwerbscharakter und auf gemeinnützige Vereine beziehen. Ein Verein ohne Erwerbscharakter verfolgt keine industriellen und wirtschaftlichen Ziele und ist ein Verein mit kulturellem, sozialem und bildendem Charakter. Gemeinnützigen Vereine haben hauptsächlich philanthropisch-menschenfreundliche, wissenschaftliche, künstlerische und pädagogische Ziele und arbeiten ohne materiellen Gewinn.

in der DR Kongo tätig zu werden (Art. 31). Artikel 39: Ausländische NGOs müssen eine Vertretung in der DR Kongo haben, einen Vertrag mit dem zuständigen Ministerium für Planung unterschrieben haben und Führungszeugnisse für das ausländische Führungspersonal vorlegen. Das Führungszeugnis muss von der Botschaft bzw. vom Konsulat der DR Kongo im Land, in dem der Sitz des Vereins liegt, ausgestellt sein. Artikel 59: Es werden als gemeinnützige Vereine anerkannt, Vereine die hauptsächlich philanthropische, wissenschaftliche, künstlerische oder pädagogische Zwecke ohne materiellen Gewinn verfolgen. Dies Dekret[368] war eine Innovation für die kongolesische Zivilgesellschaft. Es sieht eine mögliche Kooperation zwischen dem Staat und den NGOs für Entwicklung vor, beschreibt die Funktionen und Aufgaben der beiden Akteure. Außerdem dürfen die Entwicklungs-NGOs bei den Verfassungsverhandlungen und Strategie zur Durchführung der entwicklungspolitischen Vorhaben teilnehmen.[369]

„L'Etat doit s'engager notamment à associer les ONG de développement (ONGD) à la conception et à la réalisation de sa politique de développement aux niveaux local, provincial et national et il doit accorder aux ONGD certaines facilités administratives et fiscales : l'exonération des droits sur l'importation d'équipement lié à leur mission, le droit d'utilisation d'équipements et de fréquences radio etc. (...). Mais l'Etat doit exclure son immixtion dans leur gestion.“[370]

Allerdings haben die kongolesischen nichtstaatlichen Akteure diese Dekrete/Gesetze wegen ihrer oberflächlichen inhaltlichen Ausgestaltung und ihrer Unzulänglichkeit immer kritisiert, weil sie nicht an globale, politische und gesellschaftliche Veränderungen in der Welt angepasst sind. Sie behandeln alle Organisationen und Vereinigungen gleich, ohne ihre Charakteristika und Strukturen zu differenzieren. Das Dekret/Gesetz wurde ergänzt und von dem

---

[368] Dans ses grandes lignes, il institutionnalise le régime de collaboration qui avait été négocié entre l'Etat, les bailleurs de fonds et les ONGD congolaises à Mbanza Ngungu lors de la table ronde du mois de juin 1988 et dont les ONGD ont réclamé depuis lors l'application intégrale.

[369] Vgl. Loi N° 004/2001 du 20 Juillet 2001 portant dispositions générales applicables aux Associations sans but lucratif et aux Etablissement d'utilité publique, dans: Le Moniteur Juridique n° 002-mai 2001, p. 12-15. N° 004-Juiillet 2001. Shungu Tundanonga: NGOs der DR Kongo. Vgl. www.kongo-kinshasa.de /1.10.2004.

[370] So sagte Antoine Massamba: Secrétariat du CNONGD, Interview in Kinshasa am 11.06.2003.

Übergangsparlament zugestimmt. Dies liberalisiert das Arbeitsfeld der zivilgesellschaftlichen Organisationen und gibt diesen Organisationen die Möglichkeit, sich an verschiedenen staatlichen Konzepten und Strategien, die die Interessen der Basisbevölkerung betreffen, zu beteiligen bzw. an ihnen mitzuwirken. Allerdings sind diese Veränderungen nur theoretisch zu verstehen.[371]

Die neue Verfassung der 3. Republik sieht folgende Maßnahmen vor: „Article 37: L'Etat garantit la liberté d'association. Les pouvoirs publics collaborent avec les associations qui contribuent au développement social, économique, intellectuel, moral et spirituel des populations et à l'éducation des citoyennes et des citoyens. (...) La loi fixe les modalités d'exercice de cette liberté. Article 38: La liberté syndicale est reconnue et garantie. Tous les Congolais ont le droit de fonder des syndicats ou de s'y affilier librement dans les conditions fixées par la loi. "[372]

Das Gesetz setzt positive Akzente in der Regulierung der Tätigkeit und Funktionen der zivilgesellschaftlichen Organisationen. Allerdings müssen noch wichtige Schritte gemacht werden, um diese Gesetze noch mehr zu verstärken und an den demokratischen Entwicklungsstand der DR Kongo entsprechend anzupassen. Daher sind die Auseinandersetzungen und die Konflikten zwischen dem Staat und der Zivilgesellschaft in diesem Bereich längst noch nicht abgeschlossen. Außerdem soll das Gesetz jedem Bürger bekannt sein, was zurzeit in den Provinzen nicht der Fall ist, wie ein Beispiel aus Bunia (Ostkongo) zeigt. Ein lokaler Koordinator der Zivilgesellschaft von Bunia erklärte im Laufe eines Seminars zum Thema Mobilisierung und Vernetzung der Bürgerorganisationen, dass die Mehrzahl der Vereinigungen und NGOs nicht mit einer Rechtspersönlichkeit ausgestattet sind. Es liege daran, dass ihre Vertreter die rechtliche Grundlage zur Regelung ihrer Tätigkeit nicht kennen. Jetzt sollen ihrer Vertreter, so bald ein neues Gesetz beschlossen und im Amtsblatt veröffentlicht wird, sofort informiert werden. Es geht darum, den betreffenden Vereinigungen und Organisationen auf der lokalen Eben zu helfen, ihre Kapazitäten in diesem Bereich zu verstärken.[373] Die Zusammenarbeit mit den internationalen Organisationen, vor allem ihre Rechtsberatung, ihre

[371] Vgl. Le Moniteur Juridique n° 002-mai 2001: pp. 13-19.
[372] Projet de Constitution de la RD du Congo, Kinshasa 19.05.2005, S. 17.
[373] Vgl. Bunia: la société civile édifiée sur la personnalité juridique des ASBL. Le Potentiel: Edition 4162 du Samedi 27 Octobre 2007.

Seminarveranstaltungen und ihre Kampagnen, sollen diese kongolesischen NGOs auch bestärken, allmählich eine prodemokratische Funktion im Demokratisierungsprozess des Landes zu erlernen und auszuüben. In diesem Zusammenhang ist ihre enge und aktive Beteiligung am Nationbuilding eine wichtige Dimension in diesem Prozess geworden, die zu fördern und die durch die Verfassung des Landes zu stärken ist.

5.2 Das Phänomen der kongolesischen NGOs

Durch die NGOs versuchen die Kongolesen selbstbewusst in den öffentlichen Angelegenheiten des Landes aktiv mitzuwirken. Diese NGOs mit ihrer unterschiedlichen Herkunft sind in allen Bereichen des täglichen Lebens der Kongolesen zu finden. Einige sind informell und andere formell.[374] Das heißt, jede Personengruppe in einem Viertel, die ein kleines gesellschaftliches Ziel anstrebt, nennt sich sofort NGO, um an Gelder von internationalen NGOs zu kommen, die in der Region präsent sind. Andere formelle kongolesische NGOs, die versuchen, immer größeren Einfluss im Land zu nehmen, sind nur in den großen Provinzen zu finden und vor allem in der Hauptstadt Kinshasa etabliert. Inzwischen werden sie sogar als Referenz der Zivilgesellschaft betrachtet und ohne ihre Präsenz, besonders ihre Vertretung in den Provinzen, könnte die Spur anderer kongolesischer zivilgesellschaftlicher Organisationen nicht erkennbar sein. Finanzielle und technische Unterstützung bekommen die meisten kongolesischen NGOs u.a. von UNICEF, OXFAM, EU, Misereor, GTZ, CORAID. In den 1990er Jahren war der Entwicklungsfonds der westlichen Nationen vom kongolesischen Agrarministerium und Planungsministerium verwaltet worden. Das Geld sollte damals von diesen Ministerien weiter an die NGOs für unterschiedliche Mikro-Projekte verteilt werden. Die NGOs haben allerdings immer geklagt, dass diese Ministerien den Fonds unterschlagen haben oder nur die Projekte ihrer Pseudo-NGOs finanziert haben. Seitdem leisten viele ausländische NGOs und Geldgeber ihre Hilfe direkt an die kongolesischen NGOs. Kongolesische NGOs, die keinen ausländischen Partner

---

[374] Die aktuelle Tendenz der kongolesischen Basisorganisationen zeigt, dass das NGO-Phänomen nicht so ganz neu in der DR Kongo ist. Die Organisationen wie le Fond Sociale du Kivu (1931), le centre médical de l'université libre de Belgique en Afrique centrale (1938) und l'Armée du Salut (1939) gab es schon in den 30er Jahren in diesem Land.

besitzen, haben allerdings große Schwierigkeiten zu überleben. Hierzu zählen vor allem die neuen NGOs und die anderen, die in den fernen Dörfern tätig sind.

5.2.1 Charakteristische Kriterien der kongolesischen NGOs

„En RD Congo comme ailleurs dans les pays africains on peut trouver deux grandes catégories des ONG. Les ONG de développement et les ONG à caractère revendicateur poussées à la promotion des valeurs inhérentes à l'être humain. "[375]

Die Kriterien für die Anerkennung dieser NGOs sind u.a. eine organisierte Struktur mit Satzung: eine Struktur, welche die Genehmigung des Staates für ihre Tätigkeiten in der DR Kongo bekommen hat; eine Struktur, die einen Antrieb von zusammengeschlossenen Personen und privaten Initiativen geschaffen hat und eine Struktur, die Entwicklungsprojekte durchführt, mit dem Ziel, die kollektiven Bedürfnisse der Basisbevölkerung zu befriedigen. Die Strukturierung kongolesischer NGOs ist seit den 1980er Jahren in fünf Etappen aufgeteilt, nämlich: der runde Tisch der kongolesischen NGOs vom 18. bis 19. Juli 1985, der runde Tisch der kongolesischen NGOs im Dezember 1987, der Arbeitskreis von Mbanza-Ngungu im Juni 1988, die Hauptversammlung vom 18. bis 20. Dezember 1990 in N'Sèlé und die offizielle Entstehung der CNONGD (1990).

Mit diesen runden Tischen hat man darauf gezielt, dass diese NGOs in den nationalen Plattformen und provinziellen Vertretungen stark organisiert sein sollen, um gegenüber der Regierung als zusammengeschlossene Struktur eintreten zu können. Fast drei Viertel dieser NGOs sind nicht kirchlich gebunden. Die anderen NGOs sind entweder an katholische, protestantische oder andere kirchliche Strukturen gebunden. Diese NGOs sind fast überall zu finden und suchen Kontakte, Anerkennung und Gelder für ihre Mikro-Projekte. Sie verkörpern die zukünftige Hoffnung der Kongolesen und spielen eine wichtige Rolle im Transformationsprozess für die Aktivierung der kongolesischen Gesellschaft. Ihre Arbeit zielt auf die sozial Schwachen und die benachteiligten Gruppen, die zum Beispiel keinen Zugang zu medizinischer Versorgung haben, auf die Dorfbevölkerung, Straßenkinder, junge Mütter, Analphabeten, Opfer der Kriegen,

[375] So führten die Studierenden der Universität von Kinshasa während einer Podiumsdiskussion am 14. und 15. 06.2003 und am 17. und 18.07.2003 aus.

Behinderte etc. Durch kleine Vereinigungen lernen diese Bevölkerungsgruppen, sich selbst zu organisieren und mit Hilfe anderer Organisationen ihre Armut zu lindern. Es gibt noch andere Netzwerke, die nur dem Namen nach existieren. Da sind zum Beispiel Organisationen, die von einigen Personen gegründet wurden, weil sie zusammen an einer Studie, einem Kolloquium oder einer Konferenz von Geldgebern teilgenommen haben und nachher Gelder für Pseudoprojekte zu ihren Gunsten abkassieren wollten. Zum Beispiel besteht das Kollektiv der unabhängigen nicht kirchichen NGOs in der DR Kongo (Collectif des ONG Laique Indépendantes du Congo „COLICO") aus einigen NGOs und Vereinigungen, die schwer zu identifizieren sind.

5.2.2 Plattformen der kongolesischen NGOs

Die kongolesischen NGOs und Zivilgesellschaft sind in Plattformen und unter thematischen Netzwerken zusammengeschlossen. In diesem Sinne gibt es zwei Lehre für das Verständnis der kongolesischen Bürgerorganisationen. Es handelt sich um die so genannten Plattformen und um die Bestandteile. Plattformen sind hauptsächlich ideologische Umschichtungen bzw. Umgruppierungen der kongolesischen Organisationen. Jede Plattform besteht aus verschiedenen Unterorganisationen und Assoziationen, die jede für sich Bestandteile der kongolesischen NGOs oder Zivilgesellschaft sind. Die Plattformen[376] sind zwar aus eigenen kongolesischen Initiativen entstanden, aber dahinter stecken viele Interessen der internationalen Geldgeber.[377]

---

[376] Vgl. Hamuli Kabarhuza, Baudouin, F. Mushi Mugumo, N, Yambayamba Shuku: La société civile congolaise: Etat des lieux et perspectives, Bruxelles 2003. pp. 41-44.

[377] Sie wollen, dass ihre finanzielle Hilfe zumindest in kontrollierbare und organisierte Strukturen einfließt, um diese Organisationen besser zu kontrollieren und Einfluss auf ihre internen Strategien zu nehmen. Wenn es um die Evaluation geht, wollen sie sich Transparenz im finanziellen Bereich der Plattformen verschaffen. Die lokale Regierung zieht daraus auch einen Vorteil, weil sie so die Gegenstrategie der NGOs erfahren kann, um die NGOs im Blick zu behalten und ihre Akteure einzuschüchtern.

- Le Conseil National des Organisations Non Gouvernementales de Développement (CNONGD) [378]

„Point n'est besoin donc d'insister sur le fait que le Ministère du Plan et d'autres partenaires ont beaucoup contribué tant sur le financement des activités que sur la création du CNONGD (...). Mais cela n'enlève pas son caractère privé et indépendant. "[379]

Im Jahre 1990 wurde diese Plattform offiziell mit Hilfe und Beteiligung von lokalen NGOs, dem Planministerium, OXFAM, UNDP im Auftrag der Weltbank gegründet. Die Ziele dieser Plattform sind u.a., die kongolesischen NGOs zu befähigen, ihre eigenen Strukturen aufzubauen, damit ihre Projekte gezielte, den Bedürfnissen der Bevölkerungsgruppen entsprechende Wirkungen entfalten können. Der CNONGD ist in elf Provinzen in den sog. regionalen Ratsversammlungen vertreten. Die kongolesischen Entwicklungs-NGOs spielen eine intermediäre Rolle zwischen den regionalen Ratsversammlungen und der Basisbevölkerung, sowie zwischen den Bauernorganisationen und den verschiedenen lokalen Entwicklungsinitiativen. Diese NGOs sind auch in thematischen Netzwerken organisiert. Beispiele dafür sind u.a.: Le Comité de Coordination des Appuis Sanitaire (CCAS), La Commission Femme et Développement (CFD), NGOs für politische Bildung: le ECIZ-2000 à Kinshasa, GEAPO au Kivu, RADEC à l'Equateur, CCAD au Bas-Congo, NGO-Netzwerke für Menschenrechte: CONADHO, NGO-Netzwerke in Bereichen wie Kreditvergabe, Umwelt, Landwirtschaft etc. Der CNONGD arbeitet auch mit geographischen Netzwerken als „cadre de concertation", um Informationen leicht zu verbreiten und zu ermöglichen, dass sie sogar mit Nichtmitgliedern der Plattform, die mit ähnlichen Programmen und gleichen Zielgruppen arbeiten, kooperieren können.

[378] Die Nationale Ratsversammlung der kongolesischen NGOs für Entwicklung

[379] Malanda Nsumbu, Félicien: Le CNONGD en quelque points, dans Le coq N° 1 du mois de juin 2003, p. 6.

Tab. 2: Die Organe der CNONGD[380]

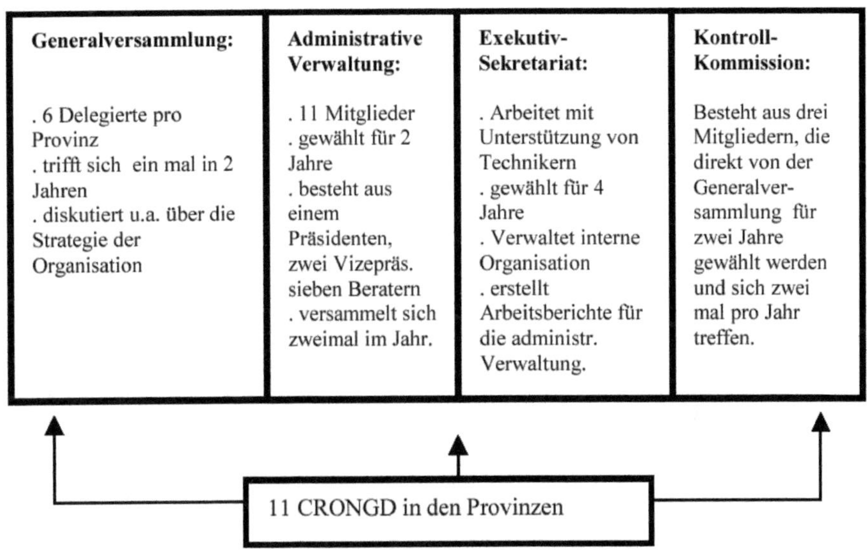

Generalversammlung:	**Administrative Verwaltung:**	**Exekutiv-Sekretariat:**	**Kontroll-Kommission:**
. 6 Delegierte pro Provinz . trifft sich ein mal in 2 Jahren . diskutiert u.a. über die Strategie der Organisation	. 11 Mitglieder . gewählt für 2 Jahre . besteht aus einem Präsidenten, zwei Vizepräs. sieben Beratern . versammelt sich zweimal im Jahr.	. Arbeitet mit Unterstützung von Technikern . gewählt für 4 Jahre . Verwaltet interne Organisation . erstellt Arbeitsberichte für die administr. Verwaltung.	Besteht aus drei Mitgliedern, die direkt von der Generalversammlung für zwei Jahre gewählt werden und sich zwei mal pro Jahr treffen.

Trotz der scheinbar demokratischen Prinzipien, die die Organe präsentieren, ist die Struktur insgesamt, wegen der internen Konflikte, weniger wirksam geworden. Die internen Konflikte zwischen den Mitgliedern und Organen lähmen und schwächen die Arbeitskapazität dieser Plattform. Die Generalversammlung findet regelmäßig statt, aber manchmal zeitlich nicht wie geplant, wenn der Geldgeber die benötigten finanziellen Mittel mit großer Verspätung überweist. Der CNONGD wird zu 90% von internationalen Geldgebern finanziert, wie zum Beispiel vom Réseau Européen pour le Congo, die aus verschiedenen europäischen NGOs bestehen und in der DR Kongo tätig sind. Ihre Mitglieder haben ein großes Problem, ihre Beiträge zu bezahlen. Das Arbeitsprogramm wird stark von den verfügbaren finanziellen Möglichkeiten beeinflusst. Finanz- und Arbeitsberichte werden regelmäßig durchgeführt und stehen jedermann zur Verfügung. Die Evaluierungsarbeit findet jedes Jahr statt. Wenn es um die Transparenz der gesamten Geschäftsführung geht, gibt es allerdings noch viel zu tun. Die Plattform und ihre regionalen Vertretungen sind das einzige Kollektiv der kongolesischen NGOs, das man fast überall in der

---

[380] Vgl. Brochure d'information du Conseil National des Organisations Non Gouvernementales de Développement, 2001, S. 2.

DR Kongo findet. Sie ist der wichtigste Ansprechpartner der NGOs gegenüber der Regierung, hat das größte Vertrauen der internationalen Geldgeber und versucht die Rolle der Gewerkschaft der kongolesischen nichtstaatlichen Akteure zu spielen.

„La dynamique de la société civile congolaise relève aussi de la facilitation du CNONGD et de ses CRONGD. Il a été à la base de la naissance des grands projets mobilisateurs et des réaux thématiques. Ces tentations sont liées à l'instauration d'un Etat de droit. "[381]

- Fédération des ONG Laïque à vocation Economique (FOLECO)

Die Konföderation wurde am 5. Juli 1991 in Kinshasa mit Unterstützung der Naumann-Stiftung gegründet. Sie hat Vertreter in Kinshasa und in einigen Provinzen des Landes. Sie besteht aus einer Generalversammlung und einer beratenden Versammlung. Auf den unteren Ebenen wird die Generalversammlung von drei Vertretern jeder Mitgliedsorganisation repräsentiert. Ihr Ziel besteht darin, die NGOs in den ökonomischen Aktivitäten zu orientieren. Das heißt, sie unterstützt und verstärkt die Arbeit der kleinen NGOs mit ökonomischen Zielen, um die Herausforderung der Armut und das Elend der Basisbevölkerung zu lindern. Die FOLECO entwickelt Maßnahmen gegen Hungersnöte und erstellt ökonomische Kultur- und Umweltprogramme. Allerdings funktioniert das Kollektiv nicht wie eine Plattform, sondern wie eine einfache NGO. [382]

Die Arbeitsberichte geben einen guten Einblick in die Tätigkeit der Organisation. Die Aufgaben und Visionen dieser Organisation sind ganz klar definiert. Das Kollektiv appelliert an seine Mitglieder eine effiziente Umsetzung der schon expliziten Arbeitsprogramme. Deshalb gibt es regelmäßige Kontrollen auf allen Ebenen. Das Kollektiv ist, wegen seiner erkennbaren Abhängigkeit von den lokalen Vertretern der GTZ, stark kritisiert worden. Die GTZ finanziert das Kollektiv und hat sogar eines ihrer Büros im gleichen Gebäude. Alle Maßnahmen zielen auf die Förderung und Beratung von Klein- und Mittelunternehmen, Mikro-Finanzsystemen sowie von NGOs, deren Arbeit eine ökonomische Orientierung

---

[381] Massamba, Antoine (2003), Interview.
[382] Vgl. Hamuli K., Baudouin (2003), S. 43.

erhalten soll, um den Wiederaufbau zerstörter Wirtschaftskreisläufe und den Demokratisierungsprozess zu unterstützen.[383]

„Chaque financement intervient uniquement en fonction de complément par rapport à l'autofinancement de la structure à tous ses niveaux. Ce collectif a une bonne capacité de programmation et de planification malgré certaines difficultés financières à mettre en œuvre ses activités. "[384]

Seit Ende der 1990er Jahre versucht die FOLECO in ihren Aktivitäten und Konzepten Themen wie politische Bildung und gute Regierungsführung einzuführen. Ihre Vertreter nehmen an verschiedenen nationalen Kolloquien und Treffen mit anderen Akteuren der Zivilgesellschaft teil und sind sogar Partner des Secrétariat technique de la société civile de la RDC/ Forces Vives.

- Confédération des ONG du Congo (CONOCO)

Die Konföderation wurde 1995 durch die Initiative der kongolesischen Vereinigungen für Verbraucher gegründet, um den Demokratisierungsprozess in der DR Kongo mit großer Aufmerksamkeit zu beobachten und zu verfolgen. Die Mitglieder der Konföderation, die nur in Kinshasa zu finden sind, existieren lediglich auf dem Papier. Das ist eine Organisation, die nur existiert, weil sie einen Namen und einen Präsidenten hat. Ihre Mitarbeiter haben in Wahrheit keine Macht in der Organisation und fühlen sich nicht ernst genommen. Die Konföderation ist in den letzen Jahren in Plattform der Zivilgesellschaft umbenannt worden. Es ist sehr schwer, die Aufgaben und Visionen dieses Kollektivs in Bezug auf ihre NGO-Funktion zu analysieren. Ihr Vorsitzender erzählt gern über sein eigenes politisches

---

[383] Die GTZ in der DR Kongo kooperiert insbesondere mit dem landesweiten Unternehmerverband COPEMECO, den beiden Dachverbänden von NGOs, die Initiative Congolaise pour le sauvetage des populations de Goma (ICG), Fédération des ONG Laïques à vocation Economique du Congo (FOLECO) und mit dem Dachverband der Mikrofinanz-Institutionen RIFIDEC. So wurden über COPEMECO mehr als 3.000 Klein- und Mittelunternehmen und über RIFIDEC 163 Mikrofinanz-Institutionen gefördert. FOLECO betreut über 1.900 NGOs in acht Provinzen des Kongos und ICG fördert 830 NGOs in den vier Ostprovinzen. Alle diese Projekte zielten darauf, die Selbsthilfefähigkeit der Bevölkerung zu erhöhen und die wirtschaftlichen Kreisläufe anzuregen. Vgl. http://www.gtz.de/de/weltweit/afrika-/kongo/13446.htm/09.10.07

[384] So erklärte Adelbert Ndumadele (2003), Interview.

Engagement. Die Finanz- und Arbeitsberichte sind jedoch unvollständig. Außerdem findet weder Evaluation noch Budgetplanung statt. Es ist auch nicht klar festzustellen, ob die Konföderation mit den internationalen Organisationen zusammenarbeitet und finanzielle sowie materielle Unterstützung von außen bekommt.

5.2.3 Bewertung der kongolesischen NGO-Plattformen

Die kongolesischen NGOs müssen gegen ihre schlechten institutionellen Leistungen kämpfen. Ihr gesellschaftliches Ansehen muss durch Glaubwürdigkeit, fachliche Kompetenz, Bürgernähe und Effektivität gekennzeichnet sein. Die expliziten Faktoren für ihre geringfügigen Leistungen sind u.a. der Mangel an Professionalität und an qualifizierten Personen. Man versucht außerdem in jedem Bereich des alltäglichen Lebens, eine NGO zu gründen. Die Gründer solcher NGOs sind nicht nur in den von ihnen gemeisterten Bereichen zu finden, sondern haben gleichzeitig mehrere andere Funktionen oder sie sind Gründer kleiner anderer NGOs mit kleinen Projekten, mittels derer versuchen, zu ihrem Vorteil an entwicklungspolitische Fonds zu kommen. Solche profitorientierten Denkweisen zerstören leider das Konzept und den Kern der eigentlichen kongolesischen NGOs.[385] Einige kongolesische NGOs bilden in ihren Funktionen und ihrer schwachen Repräsentativität keinen starken intermediären Bereich, der die politischen und gesellschaftlichen Entscheidungen im ganzen Land beeinflussen kann.

---

[385] Les données du Ministère du Plan dénombraient un chiffre relativement inexact de 4.762 organisations composantes de la société civile en 2002, mais ce chiffre ne reprend pas toutes les organisations de la base. De plus, le pays était de 1998 en juillet 2003 divisé à cause de la guerre, les réalités associatives des provinces occupées étaient difficiles à appréhender. Par ailleurs, la liste inclut un nombre d'écoles, d'hôpitaux et même des sociétés commerciales, qui se cachent sous le label ONG. Les données du recensement des ONGD effectuaient par l'UNICEF et le CNGD en 1996 répertorie 1.322. CNONGD/UNICEF-ZAIRE, les ONG du Zaïre en 1996. Analyse de la situation et répertoire, Kinshasa, S. 12-14.

Abb. 7: Wie stark ist die Struktur dieser Plattform? [386]

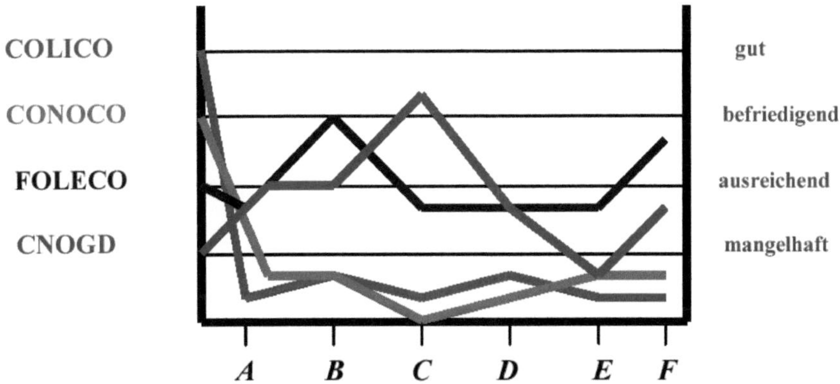

A. Rechtliche Grundlage:

- Wie kraftvoll sind die Satzung und die interne institutionelle Ordnung?
- Wie demokratisch sind die gewählten internen Organe (Amt auf Zeit)?
- Finden regelmäßige Vollversammlungen statt?

B. Zielsetzungen, bi- und multilaterale Zusammenarbeit:

- Wie strebsam werden die Aufgabe und die Vision der Organisation eingeschätzt?
- Wie sind die internen Verhältnisse zwischen den Mitgliedern bzw. zwischen den Organen?
- Hat die Organisation gute Beziehungen zu nationalen und internationalen Partnern?

C. Stabilität der Struktur und Koordination der Arbeit:

- Wie stabil sind die Strukturen?
- Gibt es einen autonomen Sitz der Organisation?
- Wie viele Mitglieder und Mitarbeiter (Ehrenamtliche, Praktikanten, Hilfskräfte etc.) hat die Organisation?

---

[386] Eigene Darstellung und Einschätzung im Bezug auf meine empirischen Daten und die empirische Untersuchung von Maurizio Floridi, und Beatrix Sanz Corella, die im Auftrag der EU 2003 durchgeführt wurde: Vgl. Floridi; Maurizio; Corella, Beatrix Sanz (2003), S. 24

• Ist die Basisstruktur der Organisation auch in den Provinzen repräsentiert?
• Welche Kommunikationsmittel benutzt die Organisation (Internet-Seiten, Faltblätter)?

D. Finanzierungsmöglichkeit:
• Wie finanziert sich die Organisation? (Mitgliedsbeiträge, Spenden?)
• Wie wird das Geld verwaltet?
• Haben Geldgeber wirklich Einfluss auf die internen Entscheidungen der Organisation?

E. Transparenz:
• Stehen regelmäßig veröffentlichte Arbeits- und Finanzierungsberichte allen Mitgliedern zur Verfügung?
• Wird überhaupt eine Evaluation der Arbeit und der Projekte durchgeführt?

F. Wie werden das Arbeitsprogramm und die Budgetplanung durchgeführt und respektiert?
• Gibt es eine Kontrollinstanz für die Umsetzung der Vorhaben?

Mit Hilfe dieser Kriterien ist festzustellen, dass die kongolesischen NGO-Plattformen noch zu schwach sind, um ihre erwarteten Funktionen reibungslos zu erfüllen und dass ihre Aufgaben in der Entwicklungspolitik und im Demokratisierungsprozess, die sie noch lernen und meistern müssen, ganz neu sind. Diese Schwächen, die noch zu bekämpfen sind, haben ihre Ursachen in der gesamten sozio-politischen und gesellschaftlichen Situation. Trotz ihrer Schwäche sind sie nach der bisherigen Analyse, neben der Kirche die neue Kraft der gesamten Zivilgesellschaft. Wenn es sich um die Zivilgesellschaft in der DR Kongo handelt, sieht man daher die NGOs, die mit den Entwicklungs- und Menschenrechtsfragen beschäftigt sind.[387]

In diesem Zusammenhang ist die Gemeinschaft der kongolesischen NGOs aufgefordert, ihre interne Kommunikation und die Netzwerkarbeit zu stärken, Informationen zugänglich zu machen und die Zusammenarbeit zur Priorität zu

[387] Zum Beispiel : le Centre national d'appui au développement et la participation populaire (CENEDAP) et le Centre national d'éducation mésologique /Congo (CNEM/ Congo).

machen. Sie sollen die Basisbevölkerung im Sinne nachhaltiger Entwicklung und demokratischer Kultur unterrichten und dabei bedenken, dass sie keine staatlichen Akteure sind. Sie sollen die demokratische Kultur in ihren Projekten und ihrer Arbeit fördern, das demokratische Prinzip im Entwicklungsprozess gegenüber der Basisbevölkerung und in ihrer täglichen Verwaltung verwenden, damit die Kongolesen von ihrer Tätigkeit und ihren Projekten profitieren können. Weiterhin sollten sich die NGOs zu fachübergreifender Zusammenarbeit im Bereich der (eigenen) Provinzen, Kommunen und Dörfer mit dem Ziel der Verbesserung ihrer nationalen Arbeitsbedingungen verpflichten. Es sollten also intern transparente Führungsstrukturen geschaffen und die Verantwortlichkeiten klar geregelt werden. Außerdem ist ein Training für Führungskräfte einzurichten. Zu diesem Zweck ist die Schaffung einer neuen Stiftung erforderlich, die unbürokratisch, die finanzielle Unterstützung der kongolesischen NGOs gewährleisten kann. Insbesondere sollte es bessere Finanzierungsmöglichkeiten für internationale grenzüberschreitende Treffen geben und dafür, die Öffentlichkeit zu informieren oder weiterzubilden sowie unabhängige Expertisen zu erstellen. Mit diesen Geldern sollte den kongolesischen NGOs das Kennenlernen der Arbeitsinhalte, -methoden und –strukturen im Westen ermöglicht werden. Um diese Arbeitskultur zu erreichen und um sich in brisante internationale, kontinentale und nationale Problemfelder und Problemlösungen einmischen zu können und sich als wichtige Bestandteile der Zivilgesellschaft und Säulen der partizipativen Demokratie in der DR Kongo zu implementieren, müssen sie stark, glaubwürdig, einig und organisiert sein sowie effizient gefördert werden.[388]

[388] Weit davon entfernt, ein Gegenmodell zu staatlicher Herrschaft herauszubilden, liegt die besondere Bedeutung von NGOs besonders im Süden vielmehr im Abfedern innerstaatlicher Polarisierungstendenzen. Es müssen zuerst die materiellen Bedingungen geschaffen werden, die Demokratie und Partizipation ermöglichen. Vgl. Parsdorfer, Christine (1998), S. 33.

5.3 Plattformen der kongolesischen Zivilgesellschaft

Das Konzept der kongolesischen zivilgesellschaftlichen Plattformen[389] stammt aus der kongolesischen Nationalkonferenz (1990). Während dieses Gipfels waren die zivilgesellschaftlichen Organisationen in zwei Gruppen aufgeteilt, nämlich die Gruppe, die dem damaligen Mobutu-Einparteiensystem MPR naher stand, und die andere, die der so genannten radikalen Opposition angehörte. Allmählich entstand die Differenzierung der kongolesischen Zivilgesellschaft in Plattformen und Bestandteile, die länger aus den beiden Orientierungen hervorgingen sind.

Société civile du Congo (SOCICO) wurde 1996 als société civile du Zaïre (SOCIZA) gegründet. SOCICO besitzt eine Satzung, einen Sitz und die Organe. Seit ihrer Gründung ist der Vorsitzende die gleiche Person. Es ist unklar, ob die internen Vollversammlungen stattfinden. Ihre Ziele sind u.a. Kampf für die Freiheit, die Gleichheit bzw. Gleichberechtigung aller kongolesischen Bürger und ihrer Vereinigungen sowie die Förderung der Gemeinschaftsentwicklung. Der Art. 41 der SOCICO stellt die Natur der SOCICO wie folgend vor:

„Lorsque la SOCICO fait porter un de ses membres aux fonctions publiques (politiques, administratives et diplomatiques) ce dernier a l'obligation de laisser au Collège Inter Régional la charge d'organiser son cabinet à 25%. Tout membre qui bénéficie au nom de la SOCICO des avantages ou fonctions rémunérées, dans les secteurs nationaux ou internationaux, doit rétrocéder 5% de son dû à l'organisation, sans empiéter de son groupe de base.“ [390]

Die Bestandteile dieser Plattform sind u.a. NGOs, Gewerkschaften, Frauenorganisationen und Erwachsenenvereinigungen. SOCICO ist nur in Kinshasa präsent und gehört zu den wichtigsten Flügeln des Einparteiensystems.[391] Sie ist eine Gruppe, die sich vielmehr mediatisiert, die allerdings keine solide Basis in der Bevölkerung hat. In der internen Organisation gibt es keine Finanz- und Arbeitsberichte. Zumeist ist die Rede von der Finanzierung durch Mitgliedsbeiträge

---

[389] Vgl. Hanuli K., Baudouin u.a. (2003), S. 63f.

[390] Le Statuts de la Société Civile de la RD Congo du 12.03.1991.

[391] Zum Beispiel : L'Union des républicains et démocrates de l'ancien Premier ministre Kengo.

und einige ausländische Partner, die man allerdings nicht nennen kann. Insgesamt herrscht es ein großer Mangel an Transparenz, Evaluation und Planung.

Société civile Forces Vives/ Secrétariat technique de la Société Civile wurde offiziell 2003 gegründet, aber ihre Engagements haben schon 1997 angefangen.[392] Ihre Satzung enthält u.a: die Vision, das Hauptprinzip, die Strukturen und Aufgaben der Organisation. Diese Plattform hat sich von Anfang für die politische und gesellschaftliche Transformation eingesetzt und steht seit ihrer Entstehung der radikalen Opposition sehr nahe. Sie besteht aus wichtigen kongolesischen Netzwerken und Vereinigungen, die auch in einigen Provinzen aktiv sind. Sie hat einen Sitz und folgende Organe: le Congrès, la Coordination nationale et Secrétariat Exécutif. Das Sekretariat ist sehr mächtig und dessen Vision orientiert sich stark an einer politischen Partei. Die Aktivitäten der Organisation wurden von ausländischen NGOs und einigen Botschaften in Kinshasa finanziert. Insgesamt sind die Finanz- und Arbeitsberichte kaum einzusehen, außer einigen Kongressberichten. Transparenz und Planung sind eher die Ausnahme. Ihre Überlebenschancen und Dynamik sind abhängig von der guten Zusammenarbeit mit den Menschenrechtsorganisationen, von der Solidarität der ländlichen Bevölkerung und besonders der CNOGD und seiner CRONDG in den Provinzen. Sie benutzt in den Provinzen die Räume und Kommunikationsmittel der CRONGD. Sie arbeitet zusammen mit anderen Netzen wie FOLECO, Gewerkschaft und Kirchen. Allerdings sind ihre Basisorganisationen noch nicht ausreichend mobilisiert, deshalb muss ihre Integration in den Provinzen fortgesetzt werden.

Le Comité de concertation de la société civile (CCSC) wurde durch die Initiative von L. D. Kabila gegründet, um die beiden antagonistischen Plattformen (SOCICO und Forces Vives) anzunähern und zu versöhnen. Die Mitglieder dieses Ausschusses sind in der Bevölkerung wenig bekannt. Einige Mitglieder arbeiten als Abgeordnete, Minister oder Kabinettsmitglieder in der Regierung. In ihrer Abwesenheit funktioniert diese Plattform nicht mehr. Sie handeln wie Spione innerhalb der Zivilgesellschaftslandschaft und beinträchtigen den Ruf der kongolesischen Zivilgesellschaft. Der Ausschuss besitzt eine Satzung und interne Organe, hat aber keinen autonomen Sitz. Die Vision und das Hauptziel dieses

---

[392] Vgl. Société civile force vives de la RD Congo: présentation sommaire après le 1er Congrès National tenu du 27.01 au 1.02. 2003.

Ausschusses sind nicht ganz klar definiert. Die Amtszeit des Vorsitzenden ist auf unbestimmte Zeit festgelegt. Viele Mitgliedsorganisationen existieren nur auf dem Papier; Es fehlt dem Ausschuss die interne Kommunikation und die Zusammenarbeit. Außerdem gibt es weder einen Steuerungsausschuss noch ein Kontrollsystem für die Tätigkeit der Organisation. Bis heute existiert kein einziger Finanzbericht.

La société civile indépendante (SCI) wurde durch die Initiative des Menschenrechtsausschusses und der NGO-Plattform CONOCO[393] gegründet, um ihre eigenen Stellungnahmen und Überlegungen während des Dialoge Intercongolais zu formulieren. Sie besteht aus einem kleinen Kern von Vereinigungen, die nicht weiter in den Provinzen vertreten sind und ist nicht vergleichbar mit anderen Plattformen.

Le Conseil Consultatif de la Société Civile (COCSOC)[394] wurde unter der Führung des Planministers,[395] des Forum nationale de la Société Civile und einigen Vertretern der kongolesischen Zivilgesellschaft während eines Kolloquiums von 18. bis 22. Februar 2002 im Palais du Peuple in Kinshasa[396] gegründet. Die Plattform versucht, die Integration der kongolesischen Zivilgesellschaft in den Prozess der Entwicklungszusammenarbeit mit der EU zu verstärken. Sie ist ein Treffpunkt und ein Ausschuss für alle Plattformen. Dabei sollen sie u.a. Maßnahmen und Strategien für die kongolesische Entwicklungspolitik und Entwicklungszusammenarbeit gemeinsam formulieren. COCSOC entstand, um die Partnerschaft in den privaten Sektoren zu fördern; die Einsetzung einer komplementären Zusammenarbeit zwischen der Regierung und den zivilgesellschaftlichen Plattformen sowie zwischen den beiden nationalen Akteuren und den internationalen Geldgebern zu ermöglichen; um die Rahmenbedingungen für die Verwirklichung der Freiheit und der demokratischen Kultur in der DR Kongo zu schaffen und die kongolesischen

---

[393] Elle c'était transformé en plate-forme de la société civile à l'arrivée de l' AFDL.

[394] Vgl. Malanda, Félicien: Si l'histoire du COCSOC m'était contée, dans le Coq: La Société Civile de la RD Congo et l'Accord de Cotonou. N° 01-Juin 2003. Pp. 4-5, 11.

[395] Das Planministerium hat nur eine Mobilrolle verschiedener Plattformen gespielt, damit sie es schaffen, sich zusammen zu setzen, ihre Ansichten zu harmonisieren und die Geburtsanzeige des COCSOC zu unterzeichnen.

[396] Il a connu la participation de près de deux cents délégués provenant de toutes tendances confon-dues.

Organisationen mit neuen Mechanismen für die Demokratie und eine transparente Führung auszustatten sowie aus der Forderung der EU im Rahmen der Durchführung des Cotonou-Abkommens und aus der Forderung anderer Geldgeber, um die Finanzierung der Entwicklungsvorhaben in der DR Kongo mit gezielten und identifizierbaren Akteuren zusammen zu planen und durchzuführen.

Trotz ihrer Anstrengungen, die Heterogenität der kongolesischen Zivilgesellschaftsorganisationen zu vertreten, ist diese Plattform eine umstrittene Organisation, weil das Planministerium als entscheidendes Organ eine große Rolle bei ihrer Entstehung gespielt hat. Einige Beobachter sehen diese Struktur nur als Untergliederung dieses Ministeriums. Die Mehrzahl der Mitglieder in den Organen des COCSOC stammt aus Regierungskreisen und ist ambivalent in ihren Funktionen. Sie haben wenig Zeit, sich den Aufgaben der Plattform zu widmen und effizient zu arbeiten. Daher treten die Interessen und Sorgen der zivilgesellschaftlichen Organisationen in den Hintergrund. Zum Beispiel wurden die Entwicklungsstrategien und -konzepte, die sie zusammen beschlossen haben, bei dem Votum wegen der Mehrheitsverhältnisse in den Gremien nur zu Gunsten der Regierung beschlossen. Durch diese Art der Zusammenarbeit entsteht kein guter Eindruck bei der Basisbevölkerung.

In diesem Zusammenhang ist festzustellen, dass viele zivilgesellschaftlichen Organisationen dem COCSOC beigetreten sind, nur um die Finanzierungsmöglichkeit der internationalen Geldgeber für ihre Pseudo-Projekte zu kassieren und an dem Entwicklungsprogramm im Rahmen des Cotonou-Abkommens beteiligt zu werden. In diesem Sinne ist die positive Entwicklung solch wichtiger Organisationen in einem Land nur möglich, wenn die nationalen strukturellen Probleme des Landes und dieser Organisationen auch gleichzeitig bekämpft und beseitigt werden.

5.3.1 Bewertung der kongolesischen Zivilgesellschaft

Wenn die kongolesischen Bürger immer noch hoffen, dass diese Plattformen und ihre Bestandteile den Aufbau der demokratischen Kultur von unten, die politischen und gesellschaftlichen Entscheidungen des Landes beeinflussen können, so müssen diese Organisationen erst ihre internen Kontroversen und Konflikten sowie ihr intern demokratisches Defizit bekämpfen und beseitigen. Dies Hindernis beschränkt ihre entwicklungspolitischen Kapazitäten und Strategien zur effizienten Durchführung ihrer Funktionen und zur Mobilisierung der Basisbevölkerung. Sie sind die gesellschaftlichen Vertreter der marginalisierten Bevölkerung und können den Despotismus der politischen Parteien und der übermächtigen staatlichen Strukturen verhindern, aber nur, wenn sie wirklich verstanden haben, dass die Interessen des Einzelnen nicht so wichtig sind wie die der gesamten kongolesischen Gesellschaft und der real existierenden Zivilgesellschaften.

Sie sind keine politischen Parteien oder sollen nicht einer politischen Partei angeschlossen sein, um nicht die Ideologie dieser Partei in die Bevölkerung zu transportieren. So sind Gründungen zivilgesellschaftlicher Scheinorganisationen, um durch sie die Bevölkerung für eine Ideologie zu mobilisieren und an angebotene Gelder der Industrieländer zu kommen.[397] Die junge Generation der Kongolesen, die sich allmählich organisiert und die die verschieden Netzwerke der Plattformen integriert bzw. leitet, ließ sich unklugsweise lange Zeit von korrupten Politikern der älteren Generation ausnutzen und koptieren. Diese Verbrechen in den NGOs und zivilgesellschaftlichen Plattformen werden ernsthaft denunziert und bekämpft. Mit Hilfe der gleichen Kriterien wie bei den kongolesischen NGOs wird die Performanz der zivilgesellschaftlichen Plattformen wie folgt eingeschätzt:[398]

[397] Diese Situation kam zustande, weil die Industrienationen dem Land Hilfe versprochen haben, dass die Entwicklungsgelder über die NGOs vergeben werden und die Regierung mit der NGOs zusammenarbeiten. Trotz seiner gegründeten NGOs war der Staat mit solchen Förderungen nicht einverstanden. Er drohte sogar die NGOs, die an dieses System nicht gebunden waren. Diese Organisationen waren verzweifelt und bekämpften sich gegenseitig.

[398] Eigene Darstellung und Einschätzung im Bezug auf meine empirischen Daten und die empirischen Untersuchung von Maurizio Floridi und Beatrix Sanz Corella, die im Auftrag der EU 2003 durchgeführt wurde. (SC=société civile, Indép.= Indépendante).

Abb. 8: Performanz der zivilgesellschaftlichen Plattformen

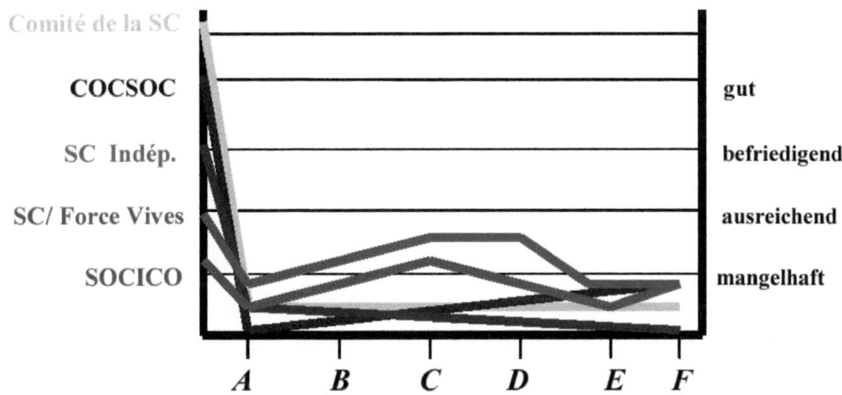

Diese Plattformen sind zwar von oben entstanden, jedoch versuchen sie mühevoll durch die Verbreitung ihrer Aktivitäten und Projekte das Vertrauen der Basisbevölkerung zu gewinnen. Man redet auch von nationalen Plattformen, allerdings sind sie noch nicht richtig operationell in allen Provinzen. Ihre Arbeit und Aktivität in den Provinzen findet nur mit Hilfe der CRONGD statt. Trotz ihrer Schwächen und Mängel sowie trotz der Skepsis in der Bevölkerung, repräsentieren sie einen sich allmählich entwickelten intermediären Bereich in diesem Land, welcher während der kolonialen und der diktatorischen Zeit in dieser Form nicht existiert hat. Der Zusammenschluss dieser Plattformen kann allein die Demokratie in der DR Kongo nicht schaffen und konsolidieren, aber zum Demokratisierungsprozess und zur Konsolidierung können sie schon einen großen Beitrag leisten. Allein können sie auch die nachhaltige Entwicklung nicht erzwingen, aber bei der Bearbeitung effizienter Strategien ist ihr Know-how gefragt. Mit Blick auf ihre Funktionen gibt es drei verschiedene Etappen, die diese Organisationen meistern müssen, um zu funktionieren, nämlich bei der Kapazität, mit den Zivilgesellschaften in den Provinzen mitzuarbeiten und innerhalb der Zivilgesellschaften demokratisch zu handeln; bei der Kapazität diese Organisationen, mit dem Staat und anderen Partnern sowie lokalen und internationalen Institutionen zusammenzuarbeiten. Das heißt auch, dass die Zivilgesellschaft nicht mehr und nur in letzter Minute befragt und eingebunden werden darf.

5.4 Funktionen der kongolesischen Zivilgesellschaft

Die Funktionen der zivilgesellschaftlichen Organisationen während der diktatorischen Zeit, der Nationalen Konferenz, des Dialoge Inter-Congolais und der Übergangszeit sowie nach den freien Wahlen sind strikt zu unterscheiden. Bei diesen Funktionen ist keine Gedankentradition der Ideegeschichte des Zivilgesellschaftsbegriffs festzustellen. Das heißt, die kongolesische Zivilgesellschaft ist durch ihre aktive Beteiligung an den Übergangsstrukturen des Landes fast von einer unpolitischen zu einer politischen Sphäre umgewandelt. Solche spezifischen Funktionswechsel bewirken in der Transformationsforschung weiter Fragen. Wenn man hier die Frage stellt, ob die Zivilgesellschaftsfunktion in Afrika mit der Freiheit westlich liberaler Demokratien zusammenhängt, so wird die Sache noch komplizierter. Im Fall der DR Kongo wird die erweiterte Funktion der Zivilgesellschaft in Abhängigkeit vom bestehenden politischen Kontext verändert. Ihre Beteiligung an der staatlichen Übergangsstruktur des Landes sollte durch demokratische Partizipationsgewohnheiten und eine politische Kultur der ehemals passiven Bürger gestärkt werden.

Für freie und transparente Wahlen in der DR Kongo: Während der Übergangsphase (2003-2006) sind einige Funktionen der kongolesischen Zivilgesellschaft zu unterscheiden, damit sie nicht als politische Parteien betrachtet werden. Das heißt, vor den freien Wahlen sollen sie, die Neutralität, politische Bildung und demokratische Kultur, das Selbstbewusstsein und die Verantwortlichkeit der politischen Parteien und ihrer Kandidaten den Kongolesen gegenüber verständlich machen. Sie sollen Wahlgesetze, -ordnungen und –regeln verständlich machen, sie vor allem vom Französischen in vier nationale Sprachen übersetzen, damit sie für die ländliche Bevölkerung verständlich werden. Während der Wahlen sollen ihre Mitglieder auch die Funktion der Wahlbeobachter übernehmen und sich an der Wahlzählung beteiligen. Nach den Wahlen sollen sie beim Aufbau neuer demokratischer Strukturen und Institutionen helfen und weiterhin wachsam bleiben, so dass die neue Macht im Interesse der Nation, der Normen der Rechtsstaatlichkeit und der Bürger ausgeübt wird.

„Quatre-vingt-onze maîtres formateurs, issus des différentes provinces et membres du cadre de concertation de la société civile pour l'observation des élections, ont suivi une formation sur l'observation des élections. Il s'agit, notamment de formation des adultes, Observation de la campagne électorale, Organisations et activités durant les élections, Configuration d'un bureau de vote et des procédures à suivre le jour du scrutin, l'initiation aux systèmes électoraux et Déontologie des observateurs (…).“[399]

Die unabhängige Wahlkommission (CEI)[400] ist eine der wichtigsten Institutionen der Übergangsregierung zur Unterstützung der Demokratie in der DR Kongo. Sie wurde von zivilgesellschaftlichen Gruppen geleitet und hat im Dezember 2005 ihre erste Aufgabe beim Referendum über die neue Verfassung und beim friedlichen Verlauf der Präsidentschaftswahlen am 30.07 und 30.10.07 gemeistert. Um den Wahlzyklus in der DR Kongo bis zum Jahre 2011 zu unterstützen, hat das UNDP einen Vertrag mit der kongolesischen Regierung unterzeichnet. Das Projekt mit der Bezeichnung PACE (= Projet d'Appui au Cycle Electoral) wird mit einer Summe in Höhe von 151 Millionen Dollar finanziert, um die verschiedenen Wahlgänge zu unterstützen, die während der nächsten vier Jahre stattfinden werden. Das Projekt zielt auf die Schaffung einer neuen unabhängigen nationalen Wahlkommission, die der neuen kongolesischen Verfassung entsprechen sollen.[401]

Für Wiederaufbau und dauerhaften Frieden: Die Rolle der Zivilgesellschaft beim Konfliktmanagement in Afrika und bei der Bewältigung von Konflikten kann nur durch die Kenntnis der Art und des Ausmaßes der Konflikte verstanden und beurteilt werden. Es gibt zum Beispiel Binnenkonflikte, ethnisch motivierte Konflikte, zwischenstaatliche Konflikte, Grenzkonflikte und aktive Konflikte, die erhebliche Wanderungsbewegungen der Bevölkerung nach sich ziehen. Dabei können die zivilgesellschaftlichen Organisationen nur den Part Hilfeleistungen

---

[399] Tshibuabua, Espérance: 91 formateurs initiés en observation des élections. www.lekasai.-com./1.06.06.

[400] Consacrée par la Constitution de la Transition (art. 154 à 160) et la loi n°04/009 du 5 juin 2004, en référence à l' Accord Global et Inclusif (Chap. IV et V, a, b, c) et à la résolution DIC/CPJ/09 du 18 avril 2002 la CEI, Institution d'appui à la démocratie, a été mise sur pied avec une mission claire: Organiser le référendum constitutionnel; Préparer, Organiser, Gérer et Contrôler en toute indépendance et entière neutralité les élections libres, démocratiques et transparentes à tous les niveaux de la RD Congo. Vgl. RD Congo : Corporat. www.cei-rd.cd/11.01.2006.

[401] Vgl. Eoin Young: Le PNUD lance un nouveau Projet d'Appui au Cycle Electoral en RD Congo/ www.monuc.org/5.10.07

übernehmen. Die stärkste Unterstützung bei der Bewältigung von Konflikten in der DR Kongo erhielt die Zivilgesellschaft durch den Druck von Geberländern in den 1990er Jahren. Seitdem versucht die Zivilgesellschaft bei den Verhandlungen, beim Konfliktmanagement und an der friedenschaffenden Phase nach einem Konflikt aktiv und stark zu beteiligen. Auf der Basisebene der Gesellschaft arbeiten sie vor allem mit religiösen Organisationen aktiv zusammen, um Friedensschaffung auf der unteren Ebene zu betreiben. Gemeinsam üben die Zivilgesellschaft, die lokalen NGOs, die Kirche, Gewerkschaften und Studentenorganisationen auf nationalem Ebene Druck auf den Staat aus, um den Frieden wiederherzustellen. Die zivilgesellschaftlichen Organisationen haben sich z.B. für die Rückkehr des Friedens engagiert und haben in ihren Protestaktionen u.a. folgende Forderungen formuliert: Ablehnung aller Kriegesformen, Verhandlungen für den Frieden, Konfliktpräventionsmaßnahmen, den Wiederaufnahme der regionalen und internationalen Kooperation, Dialog für den Frieden und Wiederaufbau des Landes, Integrität und Souveränität des gesamten Territoriums sowie Sicherheit und Schutz der Grenzen.

„Pour la société civile congolaise, (…) Il faut donc cesser la guerre immédiatement et remettre les gens au travail en vue de la construction nationale. "[402]

Für das Selbstbewusstsein aller Kongolesen: Andere wichtige Aufgaben und Funktionen der kongolesischen zivilgesellschaftlichen Organisationen bestehen darin, das gesellschaftlich relevante Bewusstsein der Kongolesen zu erwecken und Kampagnen für Informationen, Weiterbildung zu verstärken. Sie sollen ihren Beitrag zur Verstärkung der kritischen Öffentlichkeit der Bevölkerung nicht Außeracht lassen bzw. vergessen. Trotz ihrer kritischen Positionierung gegenüber der politischen Herrschaft sollen sie ihre Aufgaben ernst nehmen und Dialog im Sinne des Komplementaritätsprinzips mit dem Staat entwickeln.

„Les organisations de la société civile africaines commencent à prendre une ampleur à devenir des acteurs incontournables du développement et de la démocratie à la base. Elles sont quasiment devenues le principal canal d'acheminement de l'aide humanitaire en faveur de la population, dans certains

---

[402] Kivilu, Sabakinu: Les Conséquences de la Guerre de la RD Congo en Afrique Centrale. Kinshasa 2002. p. 20f.

pays d'Afrique, comme le RD Congo, lorsqu'il y avait la rupture de la coopération directe avec le régime dictatorial. "[403]

Große Projekte, wie Universitäten und Schulwesen sowie große landwirtschaftliche Projekte für Güterexport gehören allerdings nicht zum Kompetenzbereich der kongolesischen Zivilgesellschaft.[404]

5.4.1 Funktion der Universität in der Zivilgesellschaft

Politik hat und findet ihren Platz in der Gesellschaft, deshalb braucht sie alle Akteure in einer komplementären Beziehung. Die Universität ist in diesem Sinne Teil der Zivilgesellschaft. Sie stützt sich auf das Grundrecht der Wissenschaft, sichert zum einem die individuelle Freiheit von Forschung und Lehre der einzelnen Wissenschaftler und zum anderen die institutionelle Freiheit der Universität. Die Universität wurde als der eigentliche Ort der geistigen Entkolonisierung, der kollektiven Befreiung und der Identitätsfindung angesehen.[405] Diese Sichtweise bestimmte die Diskussion, die Orientierung der kongolesischen Universitäten und das Selbstverständnis der Studierenden als zukünftige potentielle Akteure und Eliten des Landes.

„Les étudiants congolais et le corps professoral ont joués un rôle très significatif dans la lutte contre la dictature. On se souviendra de l'action du collège de Commissaires généraux en 1960 et des différentes pressions de l'Union Générale des Etudiants du Congo, qui interpellait les hommes politiques à plus de justice sociale et de la démocratie dans le pays. Cette tradition est restée collée aux différents campus et les étudiants ne se fatiguent pas de la revendiquer (...). "[406]

---

403 Bangenda, Balagizi: Comment coopérer avec les Etats peu performants dans un partenariat ACP-UE rénové ? ECDPM Document de travail N° 65, 1998, S. 19.

404 Einige NGOs haben sogar angefangen, ihr Handeln und ihre Aufgaben in die speziell staatlichen Bereiche einzubeziehen. Es geht vor allem um die sozioökonomischen Entwicklungssektoren, um das Infrastrukturwesen (wie zum Beispiel: Straßenbau, Wasser, Stromversorgung, Aufbau) und um die Verwaltung von Grundschulen und Berufsschulen.

405 Vgl. Dias, V. Patrick (1979), S. 155.

406 So die Studierenden der Universität von Kinshasa während einer Forumdiskussion am 14. und 15. 06.2003 und am 17. und 18.07.2003.

Von 1960 bis 1965 hatte sich die „Union des Etudiants Congolaises“ stark in politischen Fragen engagiert. Von 1965 bis 1990[407] waren alle Studierenden an die Ideologie des Einparteiensystems in der sog. „Jeunesse du Mouvement Populaire de la Revolution“ zwangsweise gebunden. Die extremen Revolten der Studenten führten dazu, dass die Universität und die Hochschulfunktionen im Jahre 1971 reformiert wurden, um sie an die Zielsetzungen und Ideologie des autoritären Systems anzupassen. So ist die Universität eine politische Institution geworden. Ende der 1980er Jahre hat das Mobutu-Regime alle Universitäten zwangsweise geschlossen, die studentischen Gruppen torpediert, zwang sie zur Rückkehr in ihre heimatlichen Provinzen und spaltete damit ein wichtiges Widerstandspotential. Trotzdem hat die Hochschulinstitution nie aufgehört, das autoritäre Regime zu denunzieren, die Rechtsstaatlichkeit und die Verbesserung der sozialen Situation zu fordern.[408] In der Liberalisierungsphase repräsentieren die kongolesischen Studierenden den radikaleren Teil der Opposition gegen das diktatorische Regime und tragen zur Herausbildung einer kritischen Öffentlichkeit bei. Sie sind sowohl in den politischen Parteien als auch in den zivilgesellschaftlichen Organisationen engagiert und gehören sogar zu den Gründern von verschiedenen NGOs.

„Die Studenten nahmen als Akteure im Transformationsprozess insofern eine wichtige Position ein, als ihr Protest die sozialen und politischen Missstände des Landes bereits in den Jahren 1988/89 deutlich artikulierte und somit zur Mobilisierung anderer Bevölkerungsgruppen beigetragen hat. Sie waren als radikales Element der Zivilgesellschaft originäre Initiatoren der Liberalisierung des Systems. Indirekt beeinflusste ihr Engagement auch die Haltung der internationalen Gemeinschaft (...).“[409]

Wenn die Universität bisher eine reine Korporation aus Professoren, Studierenden und Staatsangestellten war, so sollte sie sich nunmehr zugleich auch zur Zivilgesellschaft umgestalten. Es wäre allerdings hoch problematisch, die Universität völlig zu privatisieren. Es wird jedenfalls entscheidend sein, die zivilgesellschaftliche Rolle der Universität auch organisationsrechtlich abzusichern.

---

[407] Während der Nationalkonferenz wollte man die Teilnahme der studentischen Gruppen an die-sem Gipfel verhindern. Allerdings haben die Studenten mit großen Versammlungen und Presse-erklärungen versucht, sich in der Öffentlichkeit als gut organisierte Kraft darzustellen.
[408] Kivulu, Sabakinu (2002), S. 112.
[409] Stroux, Daniel (1996), S. 71.

Bei der Rolle der Universität in der Zivilgesellschaft geht es vielmehr darum, welche Beiträge von der Universität erwartet werden können, um die Zivilgesellschaft als lebendigen Körper und Akteur zu revitalisieren und damit auch der staatlichen Politik und Gesellschaft mehr Kreativität, Innovation, vor allem Glaubwürdigkeit in der Bevölkerung einzuhauchen. Die Rolle der Universität in der Zivilgesellschaft muss zu einem guten Teil bis zu den einzelnen Studierenden weitergehen. Daher müssen die Studierenden in die Lage versetzt werden, erforderliche Entscheidungen auch zu verantworten. Ihre Beiträge zur Konsolidierung der Demokratie und Rechtsstaatlichkeit werden gefordert und enorm erwartet. Angesichts ihres Platzes zwischen Staat und Zivilgesellschaft[410] wird noch erwartet, dass sie diese Fähigkeit erwerben müssen. Allerdings müsse sie, als Institution, in ihrer Rolle komplementär sowohl zum Staat, zum Privatsektor als auch zur Zivilgesellschaft bleiben. Außerdem haben ihre Mitglieder und Studierenden die freie Wahl ihrer Orientierung in der Gesellschaft. Um ihre Aufgabe jedoch besser zu erfüllen, müssen die kongolesischen Universitäten u.a. geeignete Infrastrukturen, Aufnahmekapazitäten, Finanzierungsmodelle, Personal- und Organisationsstrukturen anbieten sowie die Korruption in dem Hochschulbereich bekämpfen.

In diesem Zusammenhang ergibt sich die Bedeutung des kongolesischen Hochschulwesens aus dessen wichtiger Funktion für das gesamte Bildungssystem und aus seinem Beitrag zur Lösung entwicklungsrelevanter Aufgaben in Wirtschaft, Staat, Gesellschaft und Zivilgesellschaft. Diese Beiträge können nicht geleistet werden, wenn die Bildung und Ausbildung der Fach- und Führungskräfte unterentwickelt sind. Ein Bericht der Zeitung „Le Potentiel" zufolge gehören die kongolesischen Universitäten nicht zu den hundert besten Universitäten in Afrika.[411] Maßnahmen in den Förderschwerpunkten Bildung, Ausbildung und Hochschulwesen sollen dazu beitragen, die für eine nachhaltige Entwicklung erforderlichen nichtstaatlichen und staatlichen Kapazitäten dieser kongolesischen Akteure zu verbessern und aufzubauen. Kohärente und effiziente Forderung der Zivilgesellschaft und des Hochschulwesens gehört in diesem Zusammenhang zu

---

[410] Vgl. Stellungsnahme der kongolesischen Studierenden Zivilgesellschaft und Staat während einer Forumsdiskussion am 14. und 15. 06.2003 und am 17. und 18.07.2003. Anhang B/1.2.1.

[411] Dala Dianba, Fleury: Classement online de 100 meilleurs universités africaines. Le potentiel du 11.02.06.

den wichtigen Bereichen der Demokratieförderung. Damit kann die DR Kongo eine ausreichende und nachhaltige Anzahl guter qualifizierter Fach- und Führungskräfte sowie zivilgesellschaftlicher Akteure bereitstellen, die das Herrschaftssystem Richtung partizipativer Demokratie beeinflussen können.

5.4.2 Die Übergangsregierung und Mandate für die Akteure der Zivilgesellschaft

„Il est difficile dans un environnement de crise que connaît la RD Congo de dissocier la politique de l'associatif. Comme nous sommes dans une période de tension, personne ne peut se prévoir être mandataire du peuple. Dès lors, tout le monde s'implique dans la gestion de la chose publique. "[412]

Rund um die Verwendung des Zivilgesellschaftsbegriffes ist es bei den Kongolesen zwar zu einem regelrechten Boom gekommen, allerdings ohne klare Funktion in einigen Bereichen zu gewinnen. Es geht um die unterschiedliche Verwendung des Begriffes, hinter dem immer auch unterschiedliche eigene Ideologien und Interessen stehen, um das Verhältnis der kongolesischen Zivilgesellschaft zu den anderen Akteuregruppen zu interpretieren. In der DR Kongo gibt es eine Kategorie der Akteure, die Zivilgesellschaften und politische Parteien nicht voneinander unterscheiden und die sich Zivilgesellschaft nennt, obwohl sie die Ideologie einer politischen Partei vertritt. Andere halten an ihren Posten in der Zivilgesellschaft fest, auch wenn diese mit den anderen politischen Funktionen, die sie ausüben, nicht zu vereinbaren sind. Sie stürzen blindlings in den Wettstreit um die Macht und dadurch wird die Dynamik der kongolesischen Zivilgesellschaft stark gebremst. Natürlich können die Zivilgesellschaften an politischen Debatten teilnehmen, um so eine Demokratie der Mitbestimmung entstehen zu lassen. Sie müssen trotzdem ein wichtiger intermediärer Teil der kongolesischen Gesellschaft sein und bleiben. Daher muss die Grenze zwischen Zivilgesellschaft, Regierung und den politischen Parteien ganz klar definiert werden.

Bei dem interkongolesischen Dialog in Sun City (2002) wurde versucht, die Grundlinien des Friedens und der Übergangsregierung darzustellen. Im November

---

[412] Vgl. Bahati, Modeste : Être présent au sein des institutions qui favorisent la démocratisation. Dans: Horizon Développement Nr. 11, octobre 1999, S. 15.

2002 unterschrieben Vertreter der Regierung, der verschiedenen Parteien sowie der Zivilgesellschaft in Sun City „und Accord de politique globale“ für die Übergangsregierung. Während des Dialogs waren die Vertreter der kongolesischen Zivilgesellschaften stark gespalten. Einige zivilgesellschaftliche Akteure strebten klar nach Regierungsämtern im Rahmen der Übergangsregierung. Davon ausgehend, ist zu fragen, ob die Forderung nach diesen Ämtern mit ihrem Ziel konform war/ist und ob unter diesen Umständen das ursprüngliche Zivilgesellschaftskonzept in der kongolesischen Realität angemessen ist. Nach der Unterzeichnung des „Accord global et inclusif“[413] waren die kongolesischen zivilgesellschaftlichen Organisationen mit 126 Vertreter[414] in den verschiedenen Übergangsinstitutionen vertreten.

„Sur un autre plan, nous paraissons plus penchés vers la conquête du pouvoir, tout en sachant que là loge une incompatibilité. Or, si nous nous organisons en tant que contre-pouvoir, nous devenons du coup un pouvoir. Mais nous ne disputons pas le pouvoir avec le pouvoir. “ [415]

Wenn die kongolesisch zivilgesellschaftlichen Akteure, wie es in der Transition der Fall war, in der Regierung vertreten sind, so sind sie Delegierte der Zivilgesellschaft und Vertreter ihres Netzwerkes. Entscheiden sie sich aber nach dem festgelegten Zeitraum dafür, in diesem Rahmen weiterzuarbeiten, so werden sie zu Politikern und sie arbeiten als solche.

„En définitive, nous ne sommes pas contre des collègues qui veulent embrasser la carrière politique. Toute fois, il reste clair qu'ils doivent alors abandonner les charges qu'ils assurent au sein de leurs organisations. “[416]

---

[413] Von 1. bis 2.04 2003: Abschluss des interkongolesischen Dialogs in Sun City (Süd-Afrika). An-nahme des globalen und inklusiven Abkommens. Am 4.4.2003 trat die Übergangsverfassung in Kraft.

[414] Davon sind 94 Abgeordnete von 500 in der Nationalversammlung, 22 Senatoren von 120 im Senat, 5 Vertreter in den verschiedenen Institutionen zur Unterstützung der Demokratie, 2 Minister und drei Vize-Minister.

[415] Kombo, Georges: Amener la population à accéder au pouvoir de vie, in : Horizont-Développement, N° 11/1999, p. 15.

[416] Chebeya, Floribert: Nous ne faisons que subir les événements, in : Horizont-Développement, N° 11/ 1999, p. 19.

5.5 Zusammenfassung

Über die wichtigsten Epochen der Geschichte der DR Kongo hinweg hat sich die Dynamik der kongolesischen Zivilgesellschaft unterschiedlich niedergeschlagen. Aber erst seit dem Umbruch zur Befreiung des politischen Lebens haben ihre Funktionen wirklich an Bedeutung gewonnen. Die kongolesischen NGOs haben ihnen Halt gegeben und stehen ihnen zur Seite, wo immer es möglich ist. Angesichts des Ausfalls des Staates waren sie eine große Hilfe, besonders für die Interessenvertretung der Bevölkerung. Zwar sind ihre Aufgaben noch nicht gänzlich erfüllt, aber sie sind alle engagiert, und zwar soweit, dass einige Beobachter angemerkt haben, die in der Zivilgesellschaft organisierte kongolesische Nation habe den kongolesischen Staat vor dem Zerfall bewahrt.

Trotz der organisatorischen und funktionelle Probleme[417], die ihre Aktionen, die Qualität und Effizienz ihrer Arbeit behindern sowie ihre Leistungen reduzieren, gibt es optimistische Zeichen für die Entwicklung der Zivilgesellschaft in der DR Kongo. Trotz vieler Hindernisse haben sich die kongolesischen zivilgesellschaftlichen Organisationen zu einem wichtigen intermediären Bereich des Landes entwickelt. Sie haben zuerst das diktatorische Regime zur Liberalisierung gedrängt und Kabila zur Wiederaufnahme der Friedensverhandlung gezwungen. Wegen ihrer Heterogenität bleibt die Integration des Konzeptes in die kongolesische Basisstruktur und die Beteiligung der zivilgesellschaftlichen Organisationen an der gesamten kongolesischen Realität noch ein langer Prozess. Daher sollen die Kongolesen mobilisiert werden, damit sie sich mit den neuen zivilgesellschaftlichen Strukturen identifizieren können. In diesem Sinne braucht die kongolesische Zivilgesellschaft u.a.: eine gute Zusammenarbeit mit dem Staat, um ihre intermediären Funktionen auszuüben und um die gut zu spielen, um interne Demokratisierung und Vernetzung in allen Provinzen zu stärken und Ausbildung in Management, um die Ausarbeitung der Strategien, der Programme, der Projekte

---

[417] Sylvain Shomba sagte: Les obstacles organisationnels sont liés à l'organisation en tant que cadre, et au manque de règles de fonctionnement qui assurent le rendement optimal ou la bonne performance d'une activité. On compte parmi les obstacles fonctionnels entre autre le manque de conception précise des stratégies et des activités susceptibles de conduire vers la réalisation des objectifs et des buts, l'incompatibilité fréquente entre les objectifs organisationnels affichés et les besoins réellement ressentis par les groupes cibles. Vgl. Shomba, Sylvain (2003): Interview.

und die Verwaltung der Budgets zu verbessern. Die möglichen finanziellen Unterstützungen können u.a. wie folgt sein: Kredite in Form von Investitionsfonds und von nichtrückzahlbarer Finanzierung im Rahmen der Entwicklung; Kredite als rückzahlbare Darlehen für die Aktivitäten des Privatsektors mit wirtschaftlichem Charakter; Mitgliedsbeiträge und Finanzierung durch die bilateralen und multilateralen Partner.

In Anbetracht dessen, was auf nationaler Ebene läuft, besteht also das Risiko, dass die Handlungsträger der Zivilgesellschaft korrumpiert werden, weil die sozioökonomische Konjunktur eine schwierige Realität darstellt, aus der die zivilgesellschaftlichen Akteure nur allzu leicht in die Arme der Machthaber geraten können.

„En réalité beaucoup d'argent circulait. Des gens étaient utilisés, mais la vraie Société civile, suivant une éthique bien connue, n'est pas tombée dans le piège. "[418]

Die kongolesischen zivilgesellschaftlichen Organisationen können sich nur entwickeln und gestärkt werden, wenn sie durch bessere Gesetze gestützt werden als die bis jetzt vom Staat erlassenen. Auf ihrer Seite braucht die Zivilgesellschaft kompetente und bewusste Akteure, die die Korruption und den Opportunismus bekämpfen sowie Kriterien und Vorschläge formulieren können. Weiterhin muss die mangelhaftige politischer Bildung[419] bekämpft werden, die bis jetzt verzögerte demokratische Erziehung im schulischen Unterricht muss beseitigt werden und der enorme Bedarf an Multiplikatorenseminaren gefördert werden. In diesem Sinne ist die Rolle der kongolesischen Universität für die Weiterbildung zukünftiger potentieller verantwortlicher Kongolesen sehr gefragt. Die Zivilgesellschaft muss die Rolle des Staates anerkennen[420] und dadurch auch verstehen, dass es nicht darum geht, den maroden Staat zu ersetzen, sondern eine dynamische und

---

[418] Kandolo, François: Il n'y a pas de véritable homme politique qui ne provienne de la Société civile, in : Horizon Développement, Octobre N° 11/ 1999, S. 12.

[419] Jedoch diente die politische Bildung nur als Propaganda für das Regime und für seine politische Philosophie des Einparteiensystems.

[420] Certaines organisations n'ont jamais pris l'habitude de tenir compte du partenaire central du développement qu'est l'Etat. Parce qu'elles ont trop souvent été amenées à pallier localement les carences de l'Etat du régime mobutiste. Ces organisations ont encore beaucoup à apprendre. So die Studierende der Universität von Kinshasa (2003), Interview.

komplementäre Zusammenarbeit aufzubauen. Der Staat soll die wichtigen Reformen durchführen und den Demokratisierungsprozess mit den zivilgesellschaftlichen Organisationen nicht blockieren. Anstatt sein Monopol weiter auszubauen, soll Partizipation das Motto und Komplementarität das Prinzip des gesamten und langfristigen Transformationsprozesses bis zur Konsolidierung der Demokratie sein.

„Les acteurs étatiques et non étatiques sont appelés à travailler ensemble pour relever le défi de la population congolaise et promouvoir un développement et une démocratie participatif. Mais la participation de l'Etat congolais à la promotion des actions de la société civile n'est pas toujours perceptible, surtout lorsque la société civile s'engage en faveur de la démocratie, des droits de l'homme et de la corruption. “ [421]

Nach den Wahlen (2006) haben viele kongolesische Organisationen ihre berühmten Akteure leider verloren, weil ein Großteil der Wahlkaditaten aus der Reihe der Zivilgesellschaft kam. Die verbliebenen Mitglieder dieser Organisation sind heute sehr enttäuscht, dass ihre Akteure diese Sphäre als Sprungbrett in die Politik genutzt haben. Zum Beispiel „Le Mouvement social pour le renouveau“, das als eine Struktur der Zivilgesellschaft vorgestellt wurde, hat sich schnell als eine politische Partei der Präsidentschaftsmehrheit enthüllt. Seine Akteure sind weggegangen, die verbliebenen Mitglieder und Organisationen erleben eine schwierige Zeit ihrer Existenz und drohen zu verschwinden, weil ihre Führer die Beziehung der Organisation zu den Geldgebern personalisiert haben, um Hilfsgelder richtig zu verwalten. Jetzt sind diese Leute nicht mehr in den Organisationen, die Geldgeber kennen die anderen Mitglieder nicht, sie vertrauen ihnen nicht und deshalb können diese Organisationen zunächst auch nicht finanziell unterstützt und in ihre Projekten eingebunden werden. [422] Die externen Unterstützungsstrategien müssen diese Kontextbedingungen beachten und insbesondere in den Ländern, wie der DR Kongo, geeignete Partnerorganisationen für ihre kontinuierliche Kooperationsstrategie finden und nicht Individuen als Partner blind anvertrauen. Zur Verbesserung und Durchführung der konkreten Maßnahmen ist ein länderspezifischer Ansatz unersetzlich, der auf die Schaffung

---

[421] So die Studierende der Universität von Kinshasa (2003), Interview.
[422] Vgl. La Société civile affaiblie par les élections. lepotentiel.com/ 7.06.07

günstiger Rahmenbedingungen für die zivilgesellschaftlichen Organisationen und die Unterstützung ihre Strukturen abzielt.

Ein erweitertes Europa darf keine Festung sein, die sich gegenüber den Entwicklungsländern abschließt, sondern sollte weltweit die treibende Kraft für eine nachhaltige Entwicklung und für die Konsolidierung der Demokratie sein. Im Hinblick auf die Leitprinzipien Kohärenz, Koordination und Komplementarität ist die Kommission bestrebt, ihre eigene EZ mit derjenigen der Mitgliedsstaaten und anderen Geldgeber besser abzustimmen und zu identifizieren, welche Organisationen für welche Aufgaben besondere Vorzüge aufweisen. Neben der Europäischen Kommission, die eine Vorreiterrolle bei der direkten und kofinanzierten Förderung der Zivilgesellschaft in den afrikanischen AKP-Ländern spielt, wird in dem nächsten Kapitel der Versuch unternommen, das Förderungskonzept des BMZ und des UNDP zur Finanzierung der kongolesischen Zivilgesellschaft zu analysieren.

194

Teil III: Förderung der kongolesischen Zivilgesellschaft: Am Beispiel der EU-AKP-Abkommen, des BMZ und des UNDP

1. Historische Entwicklung der EU-AKP-Entwicklungszusammenarbeit

Die Europäische Union gehört weltweit zu den Hauptakteuren der Zusammenarbeit und Entwicklungsstrategien in Afrika. Die EU unterstützt mehr als 160 Länder, Gebiete und Organisationen und legt dabei den Schwerpunkt auf die neuen Herausforderungen, wie z.B. auf: Armutsbekämpfung, Demokratieförderung mit Zivilgesellschaft, Sicherheit sowie ökologische Nachhaltigkeit.[423] Für die afrikanischen Länder verliefen die als partnerschaftlich charakterisierten Beziehungen im Rahmen der Assoziierungspolitik[424], Lomé I, II, III, IV (1975-2000) und für die Finanzierung der Zivilgesellschaft im Rahmen des Cotonou-Abkommens[425] in pendelartigen Bewegungen:

- von der partnerschaftlichen Phase der 60er Jahre: Wir wissen schon, was für euch richtig ist.
- über die Laisser-faire-Epoche der 1970er Jahre: Ihr seid verantwortlich; ihr müsst durch Fehler lernen.
- Bis hin zur Periode stark interventionistischer Konditionalität:

Kein Geld ohne die Erfüllung harter Auflagen. Keine Projekt-Durchführung ohne die Beteiligung der Zivilgesellschaft.

---

[423] 2006 waren die Mittelbindungen in Höhe von 9,8 Mrd. € erneut ein Rekordjahr für die Außenhilfe der EU. Die EU ist dabei die öffentliche Entwicklungshilfe bis 2015 zu verdoppeln, damit die Millenniumsentwicklungsziele erreicht werden können. Zur Haushaltsausführung ist anzumerken, dass die Kommission 2006 insgesamt 8,1 Mrd. € ausgezahlt hat (2005: 7,5 Mrd. €). Vgl. Annual Report 2007 on the European Community's Development Policy and the Implementation of Exter-nal Assistance in 2006.http://ec.europa.eu/europeaid/multimedia/publications/publications/-annual-reports/2007_en.htm

[424] Die Beziehungen zwischen den sechs EWG-Ländern und den 18 assoziierten afrikanischen Staaten und Madagaskar sowie die zweimal verlängerten Assoziierungsabkommen: Yaoundé I (1963-1969) und Yaoundé II (1969-1974).

[425] Die Zahl der AKP-Länder steigt von 46 Staaten 1973 auf 77 im Jahre 2000.

Das Ziel der Assoziierung war u.a. die Förderung der wirtschaftlichen und sozialen Entwicklung der Länder und Hoheitsgebiete und die Herstellung enger Wirtschaftsbeziehungen zwischen ihnen und der gesamten Gemeinschaft.[426]Allerdings waren die überseeischen Länder und Gebiete innerhalb dieses Assoziationsverhältnisses zur völligen rechtlichen Passivität verurteilt. Auch sahen der EWG-Vertrag und das Durchführungsabkommen[427] keine Mitsprache dieser Gebiete vor. Für Ghanas damaligen Präsidenten Kwame Nkrumah war der EWG-Vertrag ein Symbol des Neokolonialismus[428] wie der Berliner Vertrag von 1885 ein Symbol des Kolonialismus war. Leopold S. Sengohr verglich die Rolle der Afrikaner bei den europäischen Einigungsbemühungen mit der von Pagen, die eingeladen waren, bei der Hochzeit die Schleppe der Braut zu tragen.[429] Solche kritischen Äußerungen waren für ihre Mutterländer Zeichen für aufkommende Hoffnungen auf Unabhängigkeit. Mit Ausnahme Guineas willigten die afrikanischen Regierungen[430] Anfang der 1960er Jahre unfreiwillig in eine Assoziierungsbeziehung mit der EWG ein: Zum einem sollte durch die Assoziierungspolitik und die Gründung des Europäischen Entwicklungsfonds (EEF)[431] die wirtschaftliche und soziale Entwicklung der Assoziation der 18 afrikanischen Staaten und Madagaskars (AASM) gefördert werden. Allerdings konnte von einer Änderung ihrer kolonialabhängigen Reproduktionsstruktur oder von einer Verbesserung der Lebensbedingungen ihrer Bevölkerung nicht keine sein.

---

[426] Vgl. Becker, Jürgen: Die Partnerschaft von Lomé. Eine neue zwischenstaatliche Kooperations-form des Entwicklungsvölkerrechts. Baden-Baden 1979, S. 19.

[427] Der Artikel 2 des Durchführungsabkommens gewährt den örtlichen Behörden nur ein Anhö-rungsrecht hinsichtlich der Vorhaben, die den Entwicklungsfonds von ihren Mutterländern unter-breitet wurden.

[428] Vgl. Jalée, Pierre: Die Ausbeutung der Dritten Welt. Frankfurt 1965. S. 95 und Schilling, Harmut: EWG-Schatten über Afrika. Zum kollektiven Kolonialismus der EWG. Berlin 1963.

[429] Becker, J. (1979): S. 18.

[430] Die anglophonen Staaten, die nicht mit der EWG assoziiert wurden, standen den Assoziierungsabkommen mit der EWG skeptisch gegenüber. Bereits in den 1960er Jahren kam es zu einem Kooperationsabkommen zwischen der EWG und den Ländern Kenia, Tansania und Uganda (Arusha-Vertrag). Außerdem unterzeichnete Nigeria 1964 den sog. Lagos-Vertrag mit der EWG.

[431] Die Finanzierung der Entwicklungsvorhaben durch den EEF begann mit der AASM, wurde in den Lomé-Abkommen intensiv praktiziert und ist bis heute im Cotonou-Abkommen als wichtigstes Finanzierungsinstrument der EZ verankert. Das finanzielle Gesamtvolumen und die Zielsetzungen der Finanzierung sind in dem jeweiligen Abkommen sehr unterschiedlich. Die EU-Kommission verwaltet den Fonds, der seine eigenen Regeln besitzt, die vom so genannten EEF-Komitee supervidiert werden. Jeder EU-Mitgliedstaat schickt einen Vertreter in dieses Komitee.

Zum anderen war die Wirtschaft der AASM-Staaten zu stark auf den Rohstoffexport in die EWG ausgerichtet und ein Verlust dieser Absatzmärkte wäre etwa durch höhere Zollmauern nicht leicht zu verkraften gewesen. Für die afrikanischen Länder war ein kategorisches Nein zur EWG aus ökonomischen Gründen fast unmöglich, weil diese Länder sich in einer extremen Abhängigkeit von den Märkten der EWG, vor allem Frankreichs, befanden. Jedoch führten die Ergebnisse von Durchführungsabkommen, Yaoundé I und II, nicht zu den erhofften Bevorzugungen der assoziierten Staaten im Handelsverkehr mit der EWG, da die Gegenpräferenzen durch eine weltweite Liberalisierung des internationalen Handels immer mehr ausgehöhlt wurden. Außerdem blieb eine vertiefende Integration der assoziierten Staaten in den Weltmarkt und die Interdependenz zwischen den beiden Staatengruppen aus.[432] Die Finanzmittel aus dem EEF stellten zwar eine für die Regierungen Afrikas willkommene Kompensation dar, aber diese direkte Finanzhilfe wäre weniger notwendig gewesen, wenn der internationale Handel gerechter wäre und wenn die euroafrikanischen Assoziationskonventionen ihren Grundsätzen entsprechend angewendet würden. [433]

Aus diesen Gründen forderte zum Beispiel der damalige Generalsekretär der Organisation der afrikanischen Einheit, Nzo Ekah Ngaki, dass die euroafrikanische Beziehung ein Mittel zur Beschleunigung der Entwicklung des afrikanischen Kontinents wird. Ihrerseits verkündete die EG-Kommission grundsätzliche Veränderungen und verwies auf die hinter den Erwartungen zurückgebliebenen Ergebnisse hinsichtlich des Handelsaustausches zwischen den AASM und der EWG. Man war auf dem Wege zu neuen Verhandlungen zwischen einer erweiterten EG, den Assoziierten und Assoziierbaren. So wurden von November 1973 bis Januar 1975 Verhandlungen geführt, die trotz der 55 Teilnehmerstaaten formal als bilateral anzusehen waren. Dabei befürchteten die alten assoziierten Länder, durch den Beitritt der Commonwealth-Länder zur EWG-Assoziierungspolitik benachteiligt zu werden und ihre Position, die ihnen erhebliche finanzielle und

---

[432] Vgl. Ngirira, Mathieu: Zur Problematik der Effizienz der Assoziation der 18 afrikanischen Staaten und Madagaskar mit der EWG. Köln 1974, S. 95f.

[433] Vgl. EWG-Afrika, in: Internationales Afrika -Forum, 2/3 9. Jhrg., Februar/ März 1973. S. 127.

teilweise kommerzielle Vorteile brachten, geschwächt würde.[434] Die EG-Kommission hat den Konflikt entschärft, indem sie z.B. eine Erhöhung der EEF-Mittel zugesichert hat. Wichtig ist fern, welche Motive und Interessen die EG in ihrer Kooperation zu den AKP-Staaten leiteten. Es sind hier vor allem wirtschaftliche, politische und militärisch-strategische Interessen zu nennen.[435] Während des Ost-West-Konflikts galten die Entwicklungsländer als Spielfiguren und dienten als Spielfeld, auf dem die jeweiligen Schützlinge so genannte Stellvertreterkriege[436] führten.

„Die Industrieländer konnten den afrikanischen Staaten über Entwicklungshilfe Finanzmittel in Größenordnungen zur Verfügung stellen, die die Leistungsfähigkeit der Sowjetunion bei weitem überstiegen (...).“[437]

Aus dem Ende des Ost-West-Konflikts ergab sich für die Zusammenarbeit zwischen Nord und Süd, vor allem Afrikas, dass es seine Bedeutung als Austragungsort des Systemwettkampfes verloren hat. In diesem Zusammenhang veränderten sich auch die Ziele der Entwicklungszusammenarbeit zwischen den EG-AKP-Ländern. Allerdings wurden die verschiedenen Abkommen zwischen den beiden Ländern Gruppen von vielen entwicklungspolitischen Experten kritisiert, dass sie vage, unklar und widersprüchlich formuliert waren.[438]

1.1 Ziele der EG-AKP- Zusammenarbeit

Anfänglich zählten u.a. die Förderung der Wirtschaftsentwicklung, der Schutz der Privatinvestitionen, die technische, ländliche, industrielle, handelspolitische und

---

[434] Vgl. Krohn, Hans-Broder: Das Abkommen von Lomé zwischen der EG und den AKP-Staaten. Eine neue Phase der EG-Entwicklungspolitik, in: Europa-Archiv, Folge 6/ 1975, S. 178.

[435] Vgl. Oestreich, Gabriele: Menschenrechte als Elemente der dritten AKP-EWG-Konvention von Lomé. München 1989, S. 118.

[436] Diese Kriege nutzten dem Erhalt bzw. Ausbau der indirekten territorialen Kontrolle der Supermächte. Prominentestes Beispiel war die Intervention Kubas in Angola, Belgiens und Frankreichs in dem ehemaligen Zaire.

[437] Mair, Stefan: Schwarzafrika während des Ost-West-Konflikts, in: Information zur politischen Bildung Nr. 264/1999, S. 52.

[438] Vgl. Weidmann, Klaus: Die EG-Entwicklungspolitik in Afrika: Hungerhilfe oder Elitenförderung? 1. Aufl. Baden-Baden 1991, S. 81.

regionale Zusammenarbeit zu den entwicklungspolitischen Hauptanliegen. In den 1990er Jahren machte die EU Konzessionen und Hilfsmaßnahmen von der Erfüllung von Minimalbedingungen hinsichtlich der Einhaltung der Menschenrechte und demokratischen Grundsätze abhängig.[439] 1993 wurden mit dem Vertrag von Maastricht, insbesondere mit den Artikeln 177-181, spezifische Rechtsgrundlagen für die europäische Entwicklungspolitik geschaffen und die Grundsätze nachhaltiger und partizipativer Entwicklung und Demokratie formuliert. Diese Grundsätze wurden durch den Vertrag von Amsterdam (1999) und die Europäische Charta der Grundrechte (Nizza 2000) bekräftigt.[440] In der Bemühung einer stärkeren Durchschlagskraft der Entwicklungs- und Demokratieprogramme müssen sich der Staat und die Zivilgesellschaft gegenseitig ergänzen.[441] Damit wurde an der Schwelle zum 21. Jahrhundert die EU-AKP-Zusammenarbeit auf eine neue Grundlage gestellt. Damals hieß es zynisch, dass das Geber-Empfänger Denken zwischen der EU und den AKP-Staaten überwunden werden müsse,[442] allerdings wurden die afrikanischen AKP-Staaten immer mehr zu Bittstellern und die Armut stieg weiter, da die strukturellen Voraussetzungen für nachhaltiges Wachstum dort weitestgehend fehlten.

In den Römischen Verträgen war der Handel u.a. das Herzstück der EG/EU-AASM/AKP-Abkommen, das diese Abkommen von einer Vielzahl anderer Hilfsübereinkommen unterscheidet. Nach mehreren Jahren wurde diese Unterscheidung hinfällig. Die anfangs viel gelobten Stabex und Sysmin führten

---

[439] Vgl. Monar, Jörg: Außenwirtschaftsbeziehungen, in: Europa von A bis Z: Taschenbuch der europäischen Integration. Weidenfeld, Werner und Wessels, Wolfgang (Hrsg.). 7. Aufl. Bonn 2000, S. 125.

[440] Zum Beispiel Art. 12: (1) Jeder hat das Recht, sich insbesondere im politischen, gewerkschaftlichen und zivilgesellschaftlichen Bereich auf allen Ebenen frei mit anderen zu versammeln und frei mit anderen zusammenzuschließen, was das Recht jeder Person umfasst, zum Schutz ihrer Interessen Gewerkschaften zu gründen und Gewerkschaften beizutreten. (2) Politische Parteien auf der Ebene der Union tragen dazu bei, den politischen Willen der Unionsbürgerinnen und Unionsbürger zum Ausdruck zu bringen. Vgl. Fischer, H. Klemens: Der Vertrag von Nizza. 1. Auflage. Baden-Baden 2001, S. 524.

[441] Vgl. Stellungsnahme des europäischen Wirtschafts- und Sozialausschusses zum Thema Zivilgesellschaft und Entwicklungspolitik Rex/097. Brüssel, den 16.Juli 2003, S. 2.

[442] So verkündet der zuständige EU-Kommissar zur Umgestaltung des Abkommens. Vgl. Klas, Gerhard: Ticket zum globalen Markt. EU-Entwicklungspolitik und Lamé-Verträge, in: Informationszentrum 3. Welt, Nr. 236 April 1999, S. 25. Vgl. Frisch, Dieter: Meinen wir Partnerschaft? In: Entwicklung und Zusammenarbeit Jg. 36. 1995:4, S. 99.

nicht zur Erweiterung, sondern zur Einschränkung des Handelsspielraums der AKP-Staaten. Sie zwangen die Volkswirtschaften der AKP-Staaten zur Spezialisierung auf ein oder höchstens zwei Agrarerzeugnisse und zur Ausschöpfung ihrer Rohstoffquellen, selbst dann, wenn die Preise für die Exportgüter auf dem Weltmarkt sanken. Außerdem bestanden durch Stabex uns Sysmin keine Anreize zur Diversifizierung der Exportstruktur. Die hohen Erwartungen der AKP-Länder im Bereich der industriellen Zusammenarbeit wurden enttäuscht, da für diesen Bereich immer weniger Mittel bereitgestellt wurden und angesichts der Unterentwicklung in vielen Ländern nur ein geringes Koopertionsinteresse der EU-Staaten sowie der Unternehmen bestand. Durch diese EU-AKP Abkommen der besonderen Art entwickelt sich eine Art der kollektiven Dependenz der AKP-Länder. Außerdem gab die Formulierung und Anwendung von Konditionalität keinen Aufschluss über die praktische EU-AKP-Zusammenarbeit, sondern drängte die Interdependenz der beiden Akteurgruppen in den Hintergrund. Betrachtet man z.B. Menschenrechte und Demokratie, so lässt sich wohl kaum behaupten, die EU hätte sich um die elementaren Rechte besonders verdient gemacht, im Gegenteil: Die EU hielt gegen die Interessen der Bevölkerung durch ihre Hilfe repressive Staatseliten und Militärregimes im Sattel. Trotz der nüchternen Ergebnisse und unbefriedigenden Bilanz dieser Abkommen, drängten immer mehr Entwicklungsländer in den exklusiven Lomé-Club, weil Lomé-Politik zum Symbol internationaler Kooperation geworden war. Entwicklungspolitische Experten stellten fest, dass die EU-EZ alle Ziele verfehlte, jedoch konnte sie stolz darauf sein, dass sie den Prinzipien ihrer Zusammenarbeit treu geblieben sei. Lomé-Politik war praktisch der einzige Lichtblick, zugleich aber auch das große Grab vieler enttäuschter Hoffnungen.

„Vingt-cinq ans après, on est en effet, loin du compte. (…) Le Bilan est mitigé, affirme Michel Rocard. À la commission européenne on se montre moins pessimiste. Il n´y a pas que du négatif dans cette expérience, se défend le Portugais Joa De Deus Pinheiro. Sans Lomé, la situation des pays ACP eût été pire, ajoute renchérit Philip Lowe (…). “[443]

[443] Lomé I, II, III, IV… et après. In : Jeune Afrique Plus. 1999, S. 5.

Aus der Sicht der Society for International Development (SID) und der GTZ[444] ging es zentral darum, dass diese Zusammenarbeit (künftig) politischer sein müsse, weil Entwicklung sich nicht nur durch die technischen, das heißt fachlichen Projekte, sondern aus einer Veränderung der politischen Rahmenbedingungen in den AKP-Ländern und aus der Durchsetzung von good governance ergeben sollte. Für die zukünftige EU-AKP-Zusammenarbeit erkannten die NGOs, dass die zivilgesellschaftliche Partizipation stärker als bisher in die neue Post-Lomé-Kooperation einbezogen werden muss. Mit dem Blick auf die jetzige EU-AKP-Zusammenarbeit ist noch zu fragen, ob Cotonou-Abkommen seit 2000 [445] besonders die Förderung der Zivilgesellschaft, die Demokratiekonsolidierung und die nachhaltige Entwicklung vorangetrieben hat und ob die afrikanischen Zivilgesellschaften wie ihre jeweiligen Regierungen in dem EU-AKP-Cotonou-Abkommen zu abhängigen Akteuren geworden sind.

1.2 Konvention von Cotonou und die Förderung der Zivilgesellschaft in der DR Kongo

1.2.1 Inhalt und finanzieller Rahmen des Abkommens

Die offiziellen Verhandlungen über die Zukunft der Lomé-Politik, die am 30 September 1998 begonnen hat, führten zur Unterzeichnung eines neuen Abkommens zwischen der EU und den AKP-Staaten am 23.6.03 in Cotonou.[446]Das Cotonou-Abkommen sieht eine achtjährige Vorbereitungsphase für die so genannten Economic Partnership Agreements (EPAs) vor, welche die Handelsbeziehungen regulieren bzw. deregulieren sollen. D.h., die noch bestehenden nichtreziproken Handelspräferenzen, die bereits unter dem IV. Lomé-Abkommen gewährt wurden, werden vorerst bis 2008 beibehalten. Das Cotonou-Abkommen unterscheidet sich jedoch grundsätzlich vom „Geist" seiner Vorläufer. Es gibt den AKP-Ländern einen langfristigen Planungsrahmen und stärkt ein

---

[444] Vgl. Fachgespräch, das am 4. Februar 1998 in Bonn von SID und GTZ veranstaltet wurde, in Entwicklung und Zusammenarbeit: Jg. 39. 1998: 3/ S. 86.

[445] Europäische Union: Diskussion um Lomé-Nachfolgeabkommen. In: Internationales Afrika-Forum 2/1999, 2. Quartal, S. 106. (S. 106-107).

[446]Das Abkommen sollte normalerweise am 8. Juni 1999 in Suva, der Hauptstadt der Fidschi-Inseln, unter dem Namen Suva-Konvention unterzeichnet werden. Doch hatte auf den Fidschi-Inseln am 19. Mai 1999 eine kleine Gruppe von Bewaffneten die gewählte Regierung gestürzt und die Verfassung außer Kraft gesetzt.

gemeinsames Engagement für die Millenniums-Entwicklungsziele. Neu in das Abkommen aufgenommen wurde ein Kapitel über nicht-tarifäre Handelshemmnisse.[447] Die Preisstabilisierungsfonds Stabex und Sysmin sind nicht mehr Bestandteil des Cotonou-Abkommens. Stattdessen sollen die 33 AKP-Länder, die nicht zu den ärmsten Ländern gehören, nach den Prinzipien des Freihandels schrittweise in den Weltmarkt eingegliedert werden.

„L´accord de Cotonou offre suffisamment de garantie pour permettre de conserver l´optimisme. (…). Il implique un engagement, une responsabilité mutuels et lie le 77 pays ACP et l´U E. "[448]

Eine der wichtigsten Neuerungen in dem Cotonou-Abkommen ist die Konsultation, die Einbindung und Partizipation der Zivilgesellschaft in den Entwicklungs- und Demokratisierungsprozess. Die strategischen Maßnahmen der Entwicklungszusammenarbeit stützen sich auf die Entwicklungsstrategie, auf die Aufwertung der politischen Dimension der Zusammenarbeit, auf die wirtschaftliche Zusammenarbeit und auf Handelsbeziehungen. Diese sind von einander abhängig und gleichzeitig Komplementär. Die Akteure dieser Kooperation sind staatlich und nichtstaatlich.

„La reconnaissance par les parties des acteurs non gouvernementaux dépend de la manière dont ils répondent aux besoins de la population, de leurs compétences spécifiques et du caractère démocratique et transparent de leur mode d´organisation et de gestion. "[449]

---

[447] Dabei werden u.a. die Bestimmungen des WTO-Abkommens über die handelsrelevanten Aspekte betont: Eigentumsrechte (TRIPS) zu beachten und im Rahmen des WTO-Vertragswerkes technische Handelshemmnisse abzubauen sowie das Recht einzelner Staaten, sanitäre und phytosanitäre Importregeln zur Wahrung der Gesundheit einzuführen, wenn diese keine verkappten Handelsbeschränkungen darstellen. Vgl. Die Konvention von Cotonou (Juni/ 2000): S. 12.

[448] Goulongana, Jean-Robert : Lomé Abkommen, in: Le Courrier N° 183 Octobre/ Novembre 2000, p. 2. Le Courrier N° 181 Juin-Juillet 2000.

[449] Accord de Partenariat ACP-CE signé à Cotonou le 23 juin 2000, Art.18 et 6, in: Supplément au Courrier Septembre 2000-Edition spéciale. Vgl. Donatella, Fabrizio: Le secteur privé dans le nouvel accord, in: Le Courrier N° 181, Juin-Juillet 2000, S. 21.

Die Revision des Abkommens erfolgte im Einklang mit Artikel 95 des Cotonou-Abkommens, der eine Revisionsklausel enthält, nach der das Abkommen alle 5 Jahre (mit Ausnahme der Bestimmungen über wirtschaftliche Zusammenarbeit und Handel) geändert werden kann. Ende Februar 2004 notifizierten die AKP- und die EU-Partner die Bestimmungen, die sie zu ändern wünschten. Am 25. Juni 2005 wurde in Brüssel das überarbeitete Cotonou-Abkommen von der EU und den AKP-Staaten unterzeichnet. Die Armutsverminderung steht weiterhin im Mittelpunkt des Abkommens. Die Fortsetzung einer nachhaltigen, langfristigen Finanzierung und die Einbeziehung des wichtigen sicherheitspolitischen und politischen Dialogs werden noch effizienter gestaltet.[450] Die EU hat sich in diesem Zusammenhang u.a. verpflichtet, eine finanzielle Unterstützung bereitzustellen, deren Höhe unter Berücksichtigung von Inflation, Wachstum und Erweiterung um 10 neue Mitgliedstaaten mindestens dem 9. EEF entspricht.

Im Rahmen des 9. EEF wurden 13,5 Mrd. € für 7 Jahre zur Verfügung gestellt. Davon sollten eine Milliarde Euro konditioniert vergeben und bis zum Abschluss einer sog. Effizienzüberprüfung zurückgehalten werden. Das sind zwar rund 3 % weniger als die vorher im Lomé IV-Abkommen gewährte Summe, doch kommen 9,9 Mrd. € [451] aus unausgeschöpften Mitteln der Vorgängerkonventionen hinzu.[452] Allerdings ist die Anzahl der vom EEF berechtigten Länder beträchtlich gestiegen.[453] Die Summe von 2,2 Milliarden Euro ist für eine „Investment facility" eingeplant, die der Förderung des Privatsektors dienen soll. Fern stehen 1,3 Mrd. € zur Verfügung, um die finanzielle Unterstützung regionaler Integrationsprojekte vorzubereiten.[454] Die AKP-Länder haben jedoch ihre Enttäuschung angesichts des Ausstattungsangebotes für den IX EEF mitgeteilt. Trotzdem haben sie ohne Überraschung den europäischen Vorschlag einer Ausstattung des IX EEF gebilligt.

---

450 EU und AKP-Länder unterzeichnen das revidierte Cotonou-Abkommen/www.europa.eu.int Brüssel, den 24. Juni 2005. Vgl. www.aufenthaltstitel.de/ 7.02.06.

451 Ce montant ne passera pas à la trappe. Il a été reporté sur le IX FED, dont l´enveloppe financière atteindra 25 milliards € sur 7 ans.

452 Vgl. Kreissl-Dörfler, Wolfgang: EU-AKP: Entwicklung oder Freihandel, in: Entwicklungspolitik 4/5/2000, S. 13.

453 Die Cook Inseln, Marschallinseln, die Republik von Mikronesien, Palau und Nauru (alle Staaten von Ozeanien) sowie Niue (Pazifik).

454 Vgl. Accord de Cotonou, dans: Le Courrier/Edition –Spéciale (Septembre 2000): S.7.

„ (…) ils ont même accepté de parapher à Cotonou la mise en réserve de 1 milliard, qui les avait tant choqués. “[455]

1.2.2 Die direkte und die Kofinanzierung der Zivilgesellschaft

Die Stärkung und Förderung der Zivilgesellschaft wurde in den 1990er Jahren als wesentliche Voraussetzung für nachhaltige Entwicklungsprozesse und ein wichtiger Beitrag zur Unterstützung von Demokratisierungsprozessen erkannt worden. Vor allem erwartet man von den Zivilgesellschaften, dass sie einen Beitrag zur Stärkung von Selbsthilfeorganisation leisten, eine Anbindung dieser Selbsthilfsorganisation an Projekte und Programme der EZ ermöglichen und einen Beitrag zum Aufbau und zur Konsolidierung demokratischer Strukturen erbringen. In dem Transformationsprozess variieren die zivilgesellschaftlichen Beiträge mit dem Tempo des Systemwechsels. Probleme können entstehen, wenn das zivilgesellschaftliche Engagement nachlässt und die Demokratie noch nicht konsolidiert ist. Die Förderung der Zivilgesellschaft sollte deshalb mit Beginn des Konsolidierungsprozesses nicht aufhören. Daher müssen die europäische Kommission sowie die EU-Mitgliedstaaten durch ihre entwicklungspolitischen Strategien die Herausforderung annehmen, politische Reform- und Demokratisierungsprozesse nicht nur kurzfristig, sondern nachhaltig fördern. Von wesentlicher Bedeutung sind fern die Förderung der nichtstaatlichen Akteurdialoge Nord-Süd bzw. Süd-Süd sowie die Unterstützung des Engagements der Akteure des privaten Sektors und der Interessenverbänden. Die Erfahrung der Akteure und Organisationen der Industrienationen bittet die Möglichkeit, ihr Wissen an andere Akteure weiterzugeben, in deren Kontext umzusetzen sowie an deren real existierende Zivilgesellschaften anzupassen. Hier liegen die Vorteile von ENGOs als wichtiger „facilitator“, die direkten Zugang zu lokalen zivilgesellschaftlichen Akteuren haben können.[456] Eine genauere Absprache zwischen der EU-Kommission und den ENGOs über Besonderheiten und Schwierigkeiten der Zivilgesellschaft in einzelnen afrikanischen Ländern helfen dabei, Konkurrenz und

---

[455] Kpatindé, Francis (2001): S. 14.

[456] Es geht zum Beispiel darum, Engagement für die Zivilgesellschaft in den afrikanischen Ländern zu stärken und effizienter zu fördern. Dazu sind meist mehr Zeit und finanzielle Mittel notwendig. Hier sollten die Zivilgesellschaften in Afrika für den Anfang der Zusammenarbeit und die Unterstützung der Zivilgesellschaft aus den Industrieländern nicht nur erwarten, sondern auch suchen.

personalisierte Zusammenarbeit zu vermeiden und die richtig identifizierten Akteure und Organisationen noch effizienter und direkt zu fördern.

Die direkte Förderung der Zivilgesellschaft in den afrikanischen AKP-Ländern ist am besten durch eine Sicherung der Vielfalt der an der Förderung beteiligten Akteure und Zugangswege zu gewährleisten. In diesem Sinne müssen besonders die Verfahren für die Förderung vereinfacht werden. Eine wichtige Aufgabe liegt dabei in der Stärkung der dezentralisierten Kooperation, insbesondere durch die Förderung des Dialogs zwischen den EU-Delegationen vor Ort und den zivilgesellschaftlichen Organisationen in den AKP-Staaten.

„Die Delegationen müssten also der Ort sein an dem die Fäden zusammenlaufen und der Dialog zwischen Zivilgesellschaft, nationalen Regierungen und europäischen Institutionen stattfindet. Ferner sollten die Delegationen aufgrund ihrer besseren Kenntnis der lokalen Gegebenheiten zur Festigung der Modalitäten für die bestmögliche Verwendung der Mittel beitragen und die nichtstaatlichen Akteure in der Praxis dabei unterstützen, die EU-Gelder in transparenter Weise zu verwenden.“[457]

Für die Unterstützung der Zivilgesellschaft ist der Anteil der Mittelbindung am 7. und 8. EEF erheblich gestiegen. Wenn zwischen 1986-1990 die EEF-Mittel für die Zivilgesellschaftsunterstützung auf nur etwas mehr als einem halben Prozent (0,54 %) eingeschätzt wurden, so stieg ihr Anteil zwischen 1996-1998 auf 7,5 %. Für den Zeitraum zwischen dem 6. bis 9. EEF wurde für Förderung der Zivilgesellschaft, Regierung, Frieden schaffende Maßnahmen und Wahlen folgende Mittelbindung vorgesehen: 6. EEF: 7 338,7 Millionen Euro; 7. EEF: 10 654,9 Millionen Euro, 8. EEF: 11 050,3 Millionen Euro, 9. EEF: 12 402Millionen Euro.[458] Die EU fußt mit ihrer Förderungsstrategie u.a. auf der Erkenntnis, dass die Entwicklungs- und Demokratiestrategie bei den jeweiligen Partnerländern und Organisationen liegt.

---

[457] Rolle der Zivilgesellschaft in der europäischen Entwicklungspolitik: Rex/097, Brüssel, den 16. Juli 2003, S. 7.

[458] Vgl. Grimm, Sven: Die Afrikapolitik der EU. Hamburg 2003, S. 171 und Cox/Chapman 1999, S. 53.Vgl. Der Rechnungshof der Europäischen Gemeinschaften: Jahresbericht über die Tätigkeiten im Rahmen des sechsten, siebten, achten und neunten EEF zum Haushaltsjahr 2006/Sitzung vom 27. September 2007. S. 30.

Der Rechnungshof stellte in seinem gesonderten Bericht zum 6. bis 9. EEF jedoch ein wesentliches Ausmaß an Fehlern bei den genehmigten Beträgen fest und empfiehlt daher verstärkte Verbesserungen bei der Konzeption und Umsetzung der Entwicklungsgelder. Kritisch sah der Rechnungshof insbesondere die Gewährung von Haushaltszuschüssen an Partnerstaaten, in denen die Finanzverwaltung nicht als hinreichend transparent, verantwortungsvoll und effizient anzusehen war. Die Prüfung des Rechnungshofes in Sierra Leone ergab zum Beispiel, dass die Kommission nicht in der Lage war, nachzuweisen, dass sie die Bestimmungen des Abkommens von Cotonou, insbesondere angesichts ihrer dynamischen Auslegung“, berücksichtigte. Tendenziell stützt sich die Kommission bei Auszahlungsentscheidungen auf Indikatoren, die sich auf Vorhersagen über künftige Fortschritte beziehen. Jedoch war die Genauigkeit dieser Vorhersagen fragwürdig. Zu dem lieferten die Indikatoren für die Messung der Fortschritte bei der Verwaltung der öffentlichen Finanzen verwendeten Indikatoren nicht immer klare Anhaltspunkte für Fortschritte. Die zugrunde gelegten Angaben wurden außerdem nicht streng genug kontrolliert. Fern wurde eine erhebliche Anzahl von Finanzierungsabkommen von den Empfängerländern nicht innerhalb der Frist von 60 Tagen unterzeichnet. Nicht zweckgebundene sowie sektorspezifische Budgethilfen machten 2006 zusammen genommen 23% der EEF-Gesamtausgaben aus.

Im Einklang mit dem Konsens von Monterrey und der Pariser Agenda unternimmt die Kommission erhebliche Anstrengungen, um die Hilfe auszubauen und deren Wirksamkeit zu steigern. Was die Qualität der bereitgestellten EEF-Hilfe anbetrifft, so hat die Kommission neue Beurteilungsverfahren eingeführt, um zu gewährleisten, dass neue Mittelbindungen für Projekte und Programme möglichst sorgfältig und unter Einsatz bewährter Verfahren vorbereitet werden. 2002 wurde ein System für das Monitoring von Projektergebnissen eingeführt. Dieses Monitoring beruht auf regelmäßigen Vor-Ort-Kontrollen laufender Projekte, deren Umsetzung von unabhängigen Experten anhand international vereinbarter Kriterien nach einem Punktesystem bewertet wird. Während der letzten fünf Jahre zeigten die Bewertungen insgesamt eine kontinuierliche und statistisch signifikante Verbesserung. Im Jahre 2006 ließ das Monitoring der Projekte und Programme eine insgesamt gute Leistung erkennen. Zwar zeichnete sich bei der Effizienz eine leicht rückläufige Tendenz ab, jedoch verliefen die Entwicklung und die Umsetzung grundsätzlich noch gemäß den Zielvorgaben und im Durchschnitt planmäßig. Außerdem geben die aus den bisher finanzierten Maßnahmen gewonnenen Erfahrungen wichtige Anhaltspunkte für die Steigerung der Effizienz der Hilfe. Allerdings besteht noch erheblicher Handlungsbedarf, insbesondere in den Bereichen, in denen die Kommission als zu langsam und unflexibel gilt, da die künftige Außenhilfe immer stärker von einer flexiblen und engen Zusammenarbeit mit den anderen Gebern abhängen wird. Die Kommission versucht ihre Bemühungen zur laufenden Verbesserung der Ausführung des EEF fortzusetzen und dabei die Empfehlungen des Rechnungshofs zu beachten. So wurde beispielsweise für Länder, deren Budgethilfeprogramme 2008 auslaufen, eine Verlängerung aus Mitteln des 9. EEF vorgesehen.[459]

Der so genannte 9. EEF ist Ende 2007 abgelaufen. Der 10. EEF läuft seit Anfang des Jahres 2008 an und sieht für den Zeitraum 2008-2013 eine Mittelausstattung in Höhe von 22, 682 Mrd. € vor.[460] Davon fließen 21,966 Mrd. in die AKP-Staa-ten[461], 286 Mio. € in die Überseeterritorien und 430 Mio. € verbleiben bei der EU-Kommission als so genannte Unterstützungsausgaben im Zusammenhang mit der Programmplanung und der Durchführung des EEF. Die Bereitstellung von „Anreizbeträgen" für jedes Land ist eine Neuerung im Rahmen des 10. EEF. Das Abkommen betont dabei, dass bei der Erstellung der so genannten Country Strategy Papers die Zivilgesellschaft und alle Segmente der Gesellschaft noch stärker eingebunden werden müssen.[462] Die AKP-Staaten erhalten die höchste EU-Unterstützung. Für Afrika beziffert der Jahresbericht 2007 die ODA-Zuweisungen* auf 3,8 Mrd. € und damit 9% unter Vorjahresniveau. Sub-Sahara Afrika allein erhielt 2,7 Mrd. € (-8%). Asien gegenüber ging die EU zum Beispiel Verpflichtungen in Höhe von 1,8 Mrd. € ein (+13%) und gegenüber Lateinamerika immer hin noch in Hohe von 770 Mio. € (+25%). Ein etwas anderes Bild ergibt die Betrachtung

---

459 ODA= öffentliche Entwicklungszusammenarbeit. http://eca.europa.eu/portal/pls /portal/docs/1/ 483565.PDF *Vgl. Ebd.

460 Der 10. EEF stellt in den Jahren 2008 bis 2013 22,682 Milliarden Euro bereit. Der deutsche Anteil am 10. EEF beträgt 20,5 Prozent. Damit ist Deutschland der größte Beitragszahler gefolgt von Frankreich (19,55 Prozent) und Großbritannien (14,82 Prozent).

461 17 766 Mio. € für nationale und regionale Richtprogramme, 2 700 Mio. € für die Zusammenarbeit innerhalb der Gruppe der AKP-Staaten und die interregionale Zusammenarbeit sowie 1 500 Mio. € für die Erleichterung der Investition.

462 Vgl. Allgemeiner Rahmen: Entwicklungspolitik mit AKP. http://europa.eu/scadplus/leg /de-/lvb/ r121-02. htm.

einzelner Länder. Die 77 AKP-Staaten erhielten zwar insgesamt mehr als die Hälfte der Mittel. Pro Land ergab dies jedoch durchschnittlich 50 Mio. € pro Jahr, wohingegen die Länder im südlichen Mittelmeerraum sowie im Nahen und Mittleren Osten mehr als doppelt so hohe Hilfen erhielten.[463]

1.2.3 Kofinanzierung durch die NGOs[464]

Die EU kofinanziert mit in der Entwicklungszusammenarbeit tätigen europäischen NGOs[465], die vor Ort in den Entwicklungsländern arbeiten. Sie kofinanziert auch Maßnahmen, um die Zusammenarbeit und die Koordinierung zwischen den NGOs der Mitgliedstaaten und zwischen diesen und den Gemeinschaftsorganen zu verstärken. Ziele der Programme für die Zusammenarbeit mit Drittländern sind u.a.: die Beteiligung der NGOs an der Gestaltung der Entwicklungsstrategie und an der Projektverwaltung, die Vertretung der Interessen von Bürgern gegenüber den EU-Organen und die Förderung der partizipativen Demokratie, des Dialogs mit den Bürgern sowie die Weiterentwicklung der Zivilgesellschaft auf europäischer Ebene. Die Zusammenarbeit muss nach Auffassung der meisten NGOs weiterhin mit verstärkter Anstrengung und Kohärenz geführt werden. Die Heterogenität und die Eigenständigkeit der NGOs müssen beachten werden. Die Notwendigkeit, den besonderen Bedürfnissen der einzelnen NGOs Rechnung zu tragen, sind von dem Sektor abhängig, in dem die NGOs tätig ist, von ihrer Erfahrung und von den Ergebnissen ihrer bisherigen Tätigkeit. Aber die internen Verfahren der Kommission sind häufig kompliziert, deshalb sind vor allem die Antragsformulare verständlicher zu formulieren und die beträchtlichen Verzögerungen bei der Prüfung der Anträge zu beseitigen, um erheblichen Vertrauensverlust zu vermeiden. Schließlich besteht die Notwendigkeit größerer Transparenz, die insbesondere durch die Verbreitung von Informationen über die Finanzhilfen der Gemeinschaft und deren Empfänger erreicht werden kann.[466]

---

463 Vgl. EU-Kommission zieht positive Bilanz ihrer Entwicklungshilfe /12 Mrd. Euro im Jahr 2006 für Außenhilfen / Rechnungshof hat Kritikpunkte. Rechnungshof hat Kritikpunkte/ http://www.bf ai.de/ 30.01.2008.

464 Vgl. Mitteilung der Kommission an den Rat (2002): S. 11.

465 Article 177 du Traité (ex 130 U) de la Communauté européenne.

466 Vgl. Ausbau der partnerschaftlichen Zusammenarbeit zwischen der Kommission und den NGOs. Diskussionspapier der Kommission. Vorgelegt von Präsident Romano Prodi und Vizepräsident Neil Kinnock, Brüssel 1999, S. 5, 7, 16, 21, 23.

Was die Gewährung von Fördermitteln angeht, so müssen die NGOs akzeptieren, dass die Kommission berechtigterweise bestimmte Bedingungen und Kontrollen zur Absicherung der Gemeinschaftsmittel vorschreiben muss. Als zivilgesellschaftliche Akteure spielen die NGOs eine immer wichtigere Rolle bei der Umsetzung der Hilfe in den Entwicklungsländern. Bei der Wahl von NGOs als Partner gibt deren hohes Maß an Spezialisierung, ihr Fachwissen und an ihre technische Kapazität den Ausschlag. Jedoch ist darauf zu achteten, dass jeder neue Ansatz zur effizienteren Abwicklung von Gemeinschaftsprogrammen misslingen wird, wenn er den möglichen Auswirkungen auf die Empfänger dieser Finanzhilfen nicht Rechnung trägt. Wichtig ist es dabei sicherzustellen, dass die finanziellen Unterstützungen von NGO-Maßnahmen innerhalb und außerhalb der Gemeinschaft erfolgen, sofern diese Maßnahmen mit der EU-Politik in Einklang stehen und zu deren Umsetzung beitragen.

1.2.3.1 Die Haushaltsposten zur Kofinanzierung

Die Haushaltsbehörde schuf 1976 einen Posten (Le poste budgétaire B7-6000) für Kofinanzierungen mit den NGOs. Die ENGOs können über die Budgetlinie zur Kofinanzierung bei der EU-Kommission Mittel beantragen. Inzwischen gibt es neben dieser Budgetlinie eine Reihe weiterer Budgetlinien, auf die die ENGOs zurückgreifen können. Diese Budgetlinie wird stetig erhöht: von 2,5 Mio. ECU im Jahr 1976 auf 174 Mio. ECU im Jahr 1995.[467] 90% dieser Haushaltsposten wurden für die Kofinazierung von verschiedenen Projekten der NGOs zur Verfügung gestellt. Ziel dieser Maßnahmen ist es unter anderem, die Armut zu bekämpfen und die Lebensbedingungen der Begünstigten und deren Fähigkeit zur Selbsthilfe zu verbessern. Mit den restlichen 10% kofinanziert die EU mit europäischen NGOs Maßnahmen zur Sensibilisierung und zur Information der europäischen Öffentlichkeit bezüglich der Entwicklungsprobleme der Entwicklungsländer und deren Bedeutung für die Beziehungen zwischen Industrie- und Entwicklungsländern. Die Kofinanzierung durch die EU erfolgt in Form von nicht rückzahlbaren Hilfen. Die Kommission ist zuständig für die Vorschriften, für den

[467] La contribution communautaire cumulée de 1976 à 1989 s'élevait à 455,6 Mio. ECU et a permis le cofinancement de 3 523 projets dans les pays en développement (91%) et de 659 actions de sensibilisation en Europe (9 %). Rapport annuel relatif à l'exercice 1990, in: Journal Officiel des communautés Européennes C/324/01, 34ème année, 13.12.1991. S. 4f.

Beschluss über die Kofinanzierung von Maßnahmen durch die Gemeinschaft, ihre Verwaltung und ihre Evaluierung. [468]

Der Posten B7-6000 für die Kofinanzierung wurde noch erhöht und erreichte in den Jahren 2001, 2002 und 2003 eine Summe in Höhe von circa 200 Millionen €. Seit 2004 heißt der Haushaltsposten, der die Kofinanzierung von Projekten in den Entwicklungsländern (EL) mit den NGOs betrifft, 210203.[469] ENGOs, die in den Genuss einer Kofinanzierung kommen, müssen u.a. autonom sein, nicht gewinnorientiert arbeiten, ihren Sitz in einem Mitgliedstaat haben und der Großteil ihrer finanziellen Ressourcen muss europäischer Herkunft sein. Zu den Kriterien zählen Erfahrung und Fachwissen, Managementkapazitäten und Qualitätskontrollsysteme in Verwaltungs- und Finanzfragen, die Fähigkeit, Maßnahmen durchzuführen, und die Art der Verbindungen zu den Partnern in den betreffenden Ländern. Die NGOs, die in den EL basiert sind, müssen sich zu diesem Zweck der Zusammenarbeit und der Unterstützung einer europäischen NGO suchen, die ihrerseits einen Kofinanzierungsantrag einreichen kann. Außerdem sind die Kofinazierungsanträge im Rahmen regelmäßig veröffentlichter Aufforderungen zur Einreichung der Vorschläge[470] unbedingt über die Homepages von EuropeAid[471] vorzulegen. Diese Aufforderungen zur Einreichung von Vorschlägen definieren die vorrangigen Bereiche und Regionen sowie die von den Subventionsantragstellern zu verfolgenden Verfahren.

Folgende Tabellen geben einen exemplarischen Überblick über die den nichtstaatlichen Akteuren zwischen 1990 und 2001 aus den hauptsächlichen

[468] Vgl. Verordnung (EG) Nr. 1658/98 des Rates vom 17. Juli 1998 über die Kofinanzierung von Maßnahmen mit in der Entwicklungszusammenarbeit tätigen europäischen NGOs in den für die Entwicklungsländer wichtigen Bereichen, Amtsblatt Nr. L 213 vom 30.7.1998, S. 2f. http://europa. eu.int/-comm/europeaid/2.02.2006.

[469] Le Règlement n° 1659/98 (JO L 213 du 30 juillet 1998) du Conseil constitue la base juridique sur laquelle se fonde cette ligne budgétaire. Cette base juridique a été modifiée par le Règlement n° 955/2002 (JO L 148 du 6 juin 2002) du Conseil et par le Règlement n° 625/2004 (JO L 99 du 6 avril 2004) du Conseil. A partir de 2004, la nouvelle nomenclature de la ligne budgétaire de cofinancement avec les ONG est 21 02 03.

[470] Appel à proposition= Calls for Proposals= Aufforderung zur Einreichung von Anträgen.

[471] EuropeAid ist seit 2001 eine neue zentrale Stelle für die praktische Umsetzung der europäischen Entwicklungspolitik und verwaltet die Projekte in allen EL. Insgesamt kommt die von EuropeAid bereitgestellte Hilfe über 150 Ländern, Gebieten und Organisationen zugute. http:// europa.eu.int/comm/europeaid/ 2.02.2006.

Haushaltsposten[472] bereitgestellten Beträge. Die Haushaltsposten Kofinanzierung und dezentrale Zusammenarbeit dienen der Unterstützung von Eigeninitiativen der NGOs. Sie werden zu 100% von nichtstaatlichen Akteuren umgesetzt. Jeder Vertrag enthält eine Bestimmung, wonach die NGOs einen Beitrag zum Kapazitätsaufbau in den NGO-Partnern der Länder des Südens zu leisten haben.

Tab. 3: Kofinanzierungen mit NGOs und dezentrale Zusammenarbeit

	Kofinanzierungen mit NGOs und dezentrale Zusammenarbeit			
Jahre	1999	2000	2001	Jahresdurchschni
Kofinanzierungen mit NGOs	200 Mio. €	200 Mio. €	197 Mio. €	199 Mio. €
Dezentrale Zusammenarbeit	4 Mio. €	2,6 Mio. €	5 Mio. €	3,9 Mio. €
Gesamtdotation der Haushaltsposten	204 Mio. €	202, 6 Mio. €	202 Mio. €	202,9 Mio. €

Im Rahmen der europäischen Initiative für Menschenrechte und Demokratie treten die nichtstaatlichen Akteure als Partner bei der Umsetzung auf. Die nachstehenden Beträge schließen die für Projekte des Kapazitätsaufbaus (u.a. Aus- und Weiterbildung) bereitgestellten Mittel ein.

472 Schätzwerte in Millionen Euro und als prozentualer Anteil an den jährlich in die jeweiligen Haushaltsposten eingestellten Beträgen.

Tab. 4: Europäische Initiative Menschenrechte und Demokratie

	Europäische Initiative Menschenrechte und Demokratie			
Jahre	1999	2000	2001	Jahresdurchschni
Nichtstaatliche Akteure (NSA) insgesamt	79 Mio. € (84 %)	75 Mio. € (76 %)	82 Mio. € (75%)	79 Mio. 78 %)
Gesamtdotierung des Haushaltspostens	94 Mio. €	99 Mio. €	110 Mio. €	101 Mio. €

Im Rahmen der humanitären Hilfe finanziert das europäische Amt für humanitäre Hilfe (ECHO) zwar nicht die nichtstaatlichen Organisationen und Akteure direkt, betrachtet diese jedoch als lokale Partner und als unerlässlich bei der Bedarfs-Ermittlung vor Ort. Bereitstellungen von Mitteln der humanitären Hilfe an den nichtstaatlichen Organisationen zwischen 1999 und 2001:[473]

Tab. 5: ECHO finanzierte humanitäre Hilfe

	ECHO finanzierte humanitäre Hilfe (Verträge)			
Jahre	1999	2000	2001	Jahresdurchschni
NSA insgesamt	486 Mio. € (66 %)	379 Mio. (69,6%)	357 Mio. € (64,5 %)	407 Mio. € (66,7 %)
Haushaltsdotierung insgesamt	735 Mio. €	545 Mio. €	554 Mio. €	611 Mio. €

Die Leitlinien für die Auswahl von Programmen, die von den NGOs mitfinanziert und die in den EL gemäß der Haushaltslinie 210203 zwischen 2004-2005

[473] Mitteilung der Kommission an den Rat, das europäische Parlament und den Wirtschafts- und Sozialausschuss: Mitwirkung der regierungsabhängigen Akteure in der Entwicklungszusammenarbeit der EG. Brüssel, den 07.11.2002 KOM (2002) 598 endgültig, S. 8.

ausgeführt wurden, beruhen auf der Autonomieanerkennung und dem Respekt vor der Initiative der NGOs, der Pluralität der europäischen NGOs als wichtige Elemente der europäischen Zivilgesellschaft, der Anerkennung der spezifischen Rolle, die die NGOs bei den marginalen Gruppen und bei der Verstärkung der Organisationen der Zivilgesellschaft in den Entwicklungsländern spielen. Außerdem zielten die Kofinanzierungsoperationen in den Entwicklungsländern zwischen 2004-2005 darauf ab, die dauerhaften Entwicklungsvorgänge so zu fördern, dass die institutionelle Unterstützung und die Verstärkung der Kapazitäten, die für die lokalen Entwicklungsstrukturen notwendig sind, gewährleistet werden können.[474]

Die großen Nord-NGOs, die von allen europäischen Finanzierungs- und Kofinanzierungsmöglichkeiten besser profitieren, müssen fern klare Hilfsmaßnahmen an den Süd-NGOs und Zivilgesellschaften leisten und die Projekte schnell, effizient und unbürokratisch durchführen. Im Gegenzug zu ihrer Einbeziehung in den Politikdialog und in die Finanzierung erwartet die EU von den Akteuren und Organisationen eine transparente und verantwortliche Arbeit. Gemäß Artikel 12, Verordnung 1659/98 hat die EU-Kommission Mitte Juni 2001 eine Evaluation über die Ergebnisse der Verwendung der Haushaltspläne im Bezug auf die wachsenden Rolle und Tätigkeit der NGOs in der europäischen Entwicklungszusammenarbeit durchgeführt. Die Evaluation ergab u.a. folgende Ergebnissen und Empfehlungen: Die Strategie für die Verwendung des Haushaltsplans wurde nicht richtig umgesetzt und entsprach wenig der geltenden Haushaltsordnung der EU Entwicklungspolitik. Der Finanzrahmen führte nicht dazu, die Massenarmut zu reduzieren und demokratische Strukturen auf allen Ebenen dieser Entwicklungsländer aufzubauen und zu stärken. Die NGOs-Maßnahmen in den EL sind von großem Nutzen und besonderer Wirksamkeit. Allerdings hat keine NGO versucht, die Wirksamkeit und Nachhaltigkeit ihrer Arbeit rechtzeitig zu evaluieren. Im Rahmen des Haushaltsplans müssen die anzustrebenden Ziele, wie Stärkung der demokratischen Institutionen, Demokratiekonsolidierung, nachhaltige Entwicklung, klar definiert werden. Die Priorität muss auf die ärmsten Länder gesetzt werden. Die finanziellen Mittel müssen erhöht, dagegen die Zahl der NGOs reduziert werden, ihre Einsätze sektoral bezogen, begrenzt und professionell durchgeführt werden.

---

[474] Vgl. Verordnung (EG) Nr. 1658/98 (17.Juli 1998).

Diese Bewertung fiel praktisch mit der Einführung neuer Regeln zur Verwaltung der Haushaltslinie zusammen, insbesondere dem System der Aufforderung zur Einreichung von Vorschlägen. Dieses System, das der Gewinne in Bezug auf Klarheit, Transparenz, Geschwindigkeit des Auswahlverfahrens erlaubt sowie eine strengere und professionellere Abwicklung von Projekten ermöglicht, wird auch als ein Element verstärkter Starrheit durch die NGOs wahrgenommen. Für die Kommission muss die Haushaltslinie der dezentralisierten Zusammenarbeit spezifischer von jener der Kofinanzierung unterschieden werden. Weiterhin bemüht sich die Europäische Kommission besonders seit 2003, den Dialog mit den NGOs im Rahmen mehrerer regionaler Seminare anzukurbeln.[475] Erstmals ist es theoretisch und rechtlich möglich geworden, dass NGOs und Zivilgesellschaften aus den AKP-Staaten über die Erstellung des so genannten „National Indikative Programms" konsultiert werden und richtig finanzierungsberechtigt sind.[476] Jedoch könnte der direkte Zugang der Süd-NGOs und Zivilgesellschaften zu den EEF ihre Kapazität und Mitwirkung noch mehr verstärkt werden. Dabei können nicht nur die wichtigsten und größten NGOs von der direkten Finanzierung profitieren sondern auch die zivilgesellschaftlichen Organisationen in den ländlichen Bereichen.

Die EU-Bugetlinie (210203) für die Kofinanzierung von Entwicklungs- NGOs, ein Topf von 200 Mio. €, besteht seit Ende 2007 nicht mehr. Mit dem Beginn des neuen finanziellen Rahmens der EU von 2007-2013 haben sich die Spielregeln für diese Projekte jedoch grundlegend verändert. Im Rahmen der Entwicklungszusammenarbeit wurde eine Budgetlinie geschaffen, die ab sofort zusätzlich auch die "Nichtstaatliche Akteure und lokale Behörden im Entwicklungsprozess" (Non State Actors and Local Authorities) unterstützt. Im Jargon heißt diese Budgetlinie NSA&LA oder 210301/210302. Verwaltet werden diese Budgetlinien zum Teil in Brüssel bei Europe-Aid in der Direktion F (thematic operations) im Referat F 04 und zum Teil in den Delegationen der EU vor Ort. Aufgrund der noch fehlenden Umsetzung dieses Instruments gibt es derzeit keine

---

[475] Vgl. Document de la Communauté Européen: Soutient accordé aux acteurs non étatiques dans le processus de développement. Programme thématique dans le cadre des perspectives financières 2007-2013. Annexes 2: Cofinancement des ONG européenne et coopération décentralisée: synthèse des évaluations disponibles, S. 16.

[476] Vgl. Maurizio Carbone, Dorothy Morrissey: Le développement participatif, in: le Courrier ACP-UE n° 199, juillet-août 2003, p. 23.

Erfahrungen über den Ablauf und die Durchführung von Projekten und Programmen.[477]

1.3 Beispiel des EU-Finanzierungsprogramms in der DR Kongo

Das Gespräch zwischen den Vertretern der kongolesischen Regierung und dem Vertreter der Europäischen Kommission Carlo de Filippi am 2. September 2003 in Kinshasa führte dazu, dass ein strategisches Dokument mit den Grundlinien der Kooperation EU-DR Kongo für den Zeitraum zwischen 2003 und 2007 und das so genannte „Indikative Programm" für die Hilfe der Europäischen Kommission zugunsten der DR Kongo, gemäß Art. 2 und 4 des Anhangs IV des Cotonou-Abkommens, ausgearbeitet wurden. Eine Summe von 171 Millionen € wurde gemäß der Allokation A (Art. 3.2 a) für diesen Zeitraum vorgesehen, um u.a. makro-ökonomische und politische Sektoren zu finanzieren. Die Allokation A wurde so verteilt, dass nur einige Sektoren unterstützt werden können: 35 bis 40 Millionen € (20 bis 30%): für Armutsbekämpfung und Gesundheitswesen; 8 bis 17 Millionen € (5 bis 10%): für Institutionelle Unterstützung und Projekte für den Kapazitätenaufbau und 105 Millionen € (62%) für die Unterstützung des makroökonomischen Sektors.[478]

Für die Allokation B[479] (Art. 3.2 b) wurden 34 Millionen € vorgesehen. Das Geld soll dazu dienen, schnelle Hilfe zu finanzieren, wenn das EU-Budget dies nicht für finanzierbar hält. Die Allokation B wurde durch spezifische Mechanismen und Prozesse durchgeführt, deshalb gehört sie nicht zum Indikativen Programm. Bei der Bearbeitung dieses strategischen Dokuments wurde gemäß dem Cotonou-Abkommen auch die kongolesische Zivilgesellschaft konsultiert.

---

[477] Vgl. NGOs Kofinazierung: http://www.eu-platform.at/deutsch/10.1.2008.

[478] Das Indikative Programm bezieht sich auf die Allokation A, auf unausgeschöpfte Mittel der Vorgänger-EEF und auf andere Finanzquelle der EU, die für die DR Kongo zur Verfügung gestellt werden. Vgl. RD Congo-Communauté européenne: Stratégie de coopération et programme indicatif 2003-2007. 2.09.2003. S. 1.

[479] Ces allocations ne constituent pas des droits et peuvent être révisées par la Communauté, à la suite de la réalisation des revues à mi-parcours et en fin de parcours, conformément à l' Article 5.7 de l'Annexe IV de l' Accord de Partenariat ACP-CE.

„Parallèlement à la dernière phase d'élaboration du premier draft de la stratégie de coopération nationale, il a été décidé de conduire une mission d'expertise, venant en appui à la délégation de l'UE pour l'application des nouvelles dispositions des accords en matière d'association des acteurs non étatiques tant au niveau du dialogue politique qu'au niveau de la mise en œuvre de la coopération européenne. "[480]

Wegen der politischen Komplexität in der DR Kongo, das heißt, um den Transformationsprozess zu stabilisieren, den Übergang von humanitärer Hilfe zu einer Entwicklungsstrategie zu erreichen, die Zivilgesellschaft zu stärken und die strukturelle Kooperation mit den westlichen Ländern wieder richtig zu stabilisieren, hat die Europäische Delegation in Kinshasa eine Gruppe von Experten, Anfang 2003 Maßnahmen eingeleitet, die die kongolesische staatliche und nichtstaatliche Akteure überzeugen sollen, sich für den Transformationsprozess stark zu engagieren. Die EU-Experten haben Gespräche und Informationskampagnen organisiert und dabei haben sie sowohl die Vertreter der kongolesisch zivilgesellschaftlichen Plattformen und der NGO-Netzwerke als auch die der internationalen NGOs, die in diesem Land arbeiten, eingeladen. Diese Experten haben über die Problematik der partizipativen Demokratie und des Cotonou-Abkommens diskutiert sowie die Funktionen der kongolesischen zivilgesellschaftlichen Organisationen charakterisiert und ihre Finanzierungsmöglichkeiten im Rahmen des 9. EEF erläutern. Dies geschah, damit diese am gesamten kongolesischen Transformationsprozess und an der weitgehenden Kooperation in Kohärenz mit anderen partizipativen Maßnahmen der Regierung und der internationalen Geldgeber teilnehmen können. Diese Experten haben sich bemüht, eine Strategie zu definieren, um die Komplementarität der europäischen Projekte (auch die durch Kofinanzierung der NGOs laufenden Projekte), mit denen anderer internationaler Geldgeber zu koordinieren und eine solide sowie ergänzende Partnerschaft zwischen allen Akteurengruppen zu verstärken.

Parallel zu diesem strategischen Dokument und zu den internationalen Bemühungen hat die kongolesische Regierung einen weiteren nationalen

---

[480] RD Congo- Communauté européenne (2003): S. 23.

Aktionsplan für Entwicklung[481] (2001-2010) vorbereitet, damit das Land einen Übergang von der Krisenverwaltung zum Wachstum, zur nachhaltigen Entwicklung und Konsolidierung der Demokratie schaffen kann. Der nationale Aktionsplan sieht noch eine doppelte Übergangsveränderung vor, nämlich die einer vom Staat dominierten Wirtschaft zur freien Marktwirtschaft. Der Staat möchte dabei in Partnerschaft mit den zivilgesellschaftlichen Organisationen günstige Rahmenbedingungen für die Bevölkerung schaffen. Um ein partizipatives Konzept und die starke Beteiligung der Bevölkerung an den Projekten dauerhaft zu garantieren, wurde in dem kongolesisch nationalen Aktionsplan für Entwicklung festgelegt, dass bestimmte Projekte durch die Vielfalt an organisierten Akteure aus der dezentralisierten Zusammenarbeit durchgeführt werden. Aber wenn die Partizipation und die Funktion der Zivilgesellschaft sehr relevant sind, so bleibt die Auswirkung ihrer Aktionen jedes Mal jedoch begrenzt.[482]

1.3.1 EU-Finanzierungsprogramm in der DR Kongo[483]

Gemäß Art.5 (6-7) Anhang IV des Cotonou-Abkommens wurden das strategische Dokument und das indikative Programm EU-RD Kongo (2003) nach einem Jahr (2004) kurzfristig revidiert. Diese Revision wurde durchgeführt, nachdem die EU evaluiert hat, dass die jetzige politische Entwicklung in der DR Kongo mehr Unterstützung und finanzielle Hilfe braucht, als dies 2003 geschätzt wurde:

[481] Vgl. RD Congo : Plan national d'action pour le Développement (PNAD), Kinshasa 2001.
[482] Vgl. ebd. S. 10.
[483] Vgl. Addendum au Document de Stratégie de Coopération et Programme Indicatif National Communauté Européenne et la RD Congo du 21.06.2005.

Tab. 6: Allokation 2003

	Allocation initial du 9ème FED	Allocation initiale du 9ème FED + transferts des anciens FED (fin 2003)	Nouvelle allocation après RMP (comprenant également les transferts des FED précédent)
Enveloppe A	171.000.000 €	188.604.286 €	388.604.286 €
Enveloppe B (Sysmin inclus, hors peace facility)	30.900.000 €	30.900.00 €	100.900.000 €

Die neue Allokation A für langfristige Unterstützung der Entwicklungsaktivitäten wurde wie folgt verteilt:

Tab. 7: Neue Allokation

Secteur	Allocation Initial DSP	% du PIN	Allocation indicative après RMP (comprenant également les transfert des FED précédent)
Appui macroéconomique	106	<62%	106<126 M€
Infrastructures et transports	0	0	80<100 M€
Santé	35<50	20<30%	70<80 M€

Trotz der enormen Bemühungen der internationalen Gemeinschaft in der DR Kongo bleiben die humanitäre Situation und der gesamte soziale Bereich noch katastrophal. Die DR Kongo besitzt seit einigen Jahren den Rekord des ersten Landes, das die Zuwendungen des humanitären Amtes der Europäischen Kommission (ECHO), im Blick auf technische Hilfe, Gesundheit und Ernährung, beziehen müssen.[484] ECHOs humanitäre Hilfen konzentrieren sich auf die

[484] La Direction générale continuera à défendre l'espace et les principes humanitaires et à promouvoir les lignes directrices des Nations Unies sur l'utilisation des équipements de

betroffenen Gruppen und Gebieten, für danach sich progressiv von den Gebieten zurückzuziehen, die eine Entwicklungsoperation. Dieses Konzept, das die Schaffung einer Verbindung zwischen schnellen Hilfsmaßnahmen, der Rehabilitation und der Entwicklung vertritt, muss in Zukunft mehr noch entwickelt werden. [485] Die Kofinanzierung durch die NGOs beträgt 8,5 Millionen €. 27,5 Millionen stehen aktuell für die Unterstützung anderer Finanzierungsmaßnahmen, u.a. in den Bereichen der Nahrungsmittelsicherheit, Umwelt, Gesundheit und NGOs, zur Verfügung.

Infolge einer Studie über die Kapazitäten der kongolesischen Zivilgesellschaft hat die EU beschlossen, 4,5 Millionen zu verleihen, um ihre Kapazitäten zu verstärken. Diese Verstärkung betrifft u.a. die Zunahme der Analysekapazitäten, des demokratischen Managements, der Kommunikation, der Transparenz, der Zusammenarbeit mit anderen Akteuren sowie mit den Geldgebern. Die Umsetzung ihrer Projekte in den Bereichen der Menschenrechte, der Demokratisierung und der Vorbeugung von Konflikten erfolgt durch die Makro-Projekte, die durch die EU-Kommission identifiziert und programmiert werden. Die Aktionen kleinen Ausmaßes erfolgen durch die Mikro-Projekte, die direkt durch die Delegationen der EU-Kommission verwaltet werden. Ein Gesamtbetrag von 400.000 € wurde durch das Budget 2003 für Mikro-Projekte in der DR Kongo zur Verfügung gestellt, um die partizipativen Maßnahmen der kongolesischen Zivilgesellschaft zur Förderung der Demokratie, der Verwaltung, öffentlicher Angelegenheiten und des Rechtsstaates zu unterstützen und zu stärken. In diesem Zusammenhang ist eine Aufforderung zur Einreichung von Vorschlägen im Jahre 2004 und 2005 veröffentlicht worden und fünf kongolesische NGOs[486] sind ausgewählt worden, deren Projekte momentan auf dem Weg des Abschlusses sind.

---

défense civils et militaires dans les opérations humanitaires. Vgl. Commission Européenne, DG ECHO: Stratégie Opérationnelle 2006/ 6.01.06, S. 22.

[485] L´évolution des fonds ECHO alloués à la RDC entre 1997 à 2003 (en M€) se présente de la manière suivante : 1997 : 1,5 ; 1998 : 11,6 ; 1999 : 13,3 ; 2000 : 20 ; 2001 : 35 ; 2002 : 38 ; 2003 : 39. Vgl. http://www.delcod.cec.eu.int/echo/echo2.htm/ 17.03.07. Für das Jahr 2004 wurden 45 Millionen € verwendet, 2005 und 2006 stellte diese Organisation nur 38 Millionen € zur Verfügung und 2007 wurde 30 Millionen € für humanitäre Hilfe plus 10 Millionen vorgesehen. Mit einer Summe von 5,5 Millionen € führt die europäische Initiative für Menschenrechten wichtige Projekte in diesem Bereich durch.

[486] Ebd.

Nach der technischen Verwaltungsbewertung, die die Delegation der EU Kommission in der DR Kongo vorgelegt hat, wurden drei neue Subventionsverträge mit lokalen NGOs unterzeichnet. Es geht u.a. um: die Weiterbildung der Kongolesen in den Bereichen effiziente Durchführung der Gesellschaftsprojekten und um die Förderung der demokratischen Kultur in Kasaï Orientale, Projekt im Bereich der Justiz[487] und die Unterstützung für die Opfer der Folter. Außerdem befinden sich noch mehrere Projekte in Ausführung, wie z.B. die Kampagne zur Sensibilisierung und für die Förderung der Menschenrechte, Frauenrechte und Rechte ethnischer Minderheiten im Osten des Landes sowie Projekte zur Unterstützung der Pressefreiheit.

Die Finanzmittel der EU werden der DR Kongo als nicht rückzahlbaren Beihilfen gewährt. Die EU bietet ebenfalls eine auf Solidarität basierte Arbeitskultur, bemüht sich um eine Projektsbeobachtung in allen Etappen und um ihre transparente Abwicklung. Um eine echte Partnerschaft zwischen dem DR Kongo und der EU zu gewährleisten, hat die kongolesische Regierung einen „nationalen Vertreter“ des EEF ernannt, der entsprechend dem Cotonou-Abkommen mit der europäischen Delegation zusammenarbeiten muss. Er hat die Aufgabe, die Aktivitäten, die durch die Mitteln des EEF finanziert wurden, zu identifizieren, zu verwalten und abzuschätzen. Die Umsetzung des 9. EEF war dank der strikten Beobachtung durch die EU-Kommission und dank der Ergebnisse der Übergangsregierung (2003-2006), die zu Wahlen führten, für die DR Kongo Teilweise erfolgreich. Die Erfolge der kongolesischen Übergangsregierung bilden eines der stärksten Argumente für die Verdoppelung der Hilfe zugunsten des Landes. Wenn dieselben Mechanismen der Beobachtung und der Zusammenarbeit im nächsten Zyklus der Hilfe aufrechterhalten bleiben, kann das Land noch bemerkenswerte Fortschritte in

---

[487] Par exemple, pour lutter contre l'impunité, l'UE, la Coopération française et le Gouvernement congolais ont signés, le 16 décembre 2003, un protocole d'accord convenant de la mise en œuvre d'un projet de restauration progressive de la justice pénale à Bunia, pour une période de six mois et un montant de 585.000 €. Le projet a d'abord permis la rénovation et l'équipement des locaux du Tribunal de grande instance et du parquet, ensuite des formations et des recyclages ont pu être assurés pour l'ensemble des magistrats, du personnel judiciaire et pénitentiaire. Le projet a été prolongé de six mois en juillet 2004 et d'un an, en janvier 2005, pour un total de 881.596 €, avec des actions étendues à la juridiction militaire. Vgl. EU partenaire au développement de la RD du Congo. Délégation de la commission européenne en RD Congo, 2005, S.14.

punkto partizipative Demokratie mit Zivilgesellschaft, Menschenrechte sowie in der Bekämpfung der Armut erzielen.

Was die künftige Zusammenarbeit betrifft, so wurde für die 10. EEF im Laufe des Jahres 2007 ein Strategiendokument des Landes und das "Programm indicatif national (PIN)" unterzeichnet. Eine Anfangszuwendung an programmierbarer Hilfe von 220 Mi. € Allokation A und 411 Mi. Allokation B sind für die DR Kongo vorgesehen. Die Hilfe kann gesteigert werden, wenn die neue Regierung sich stärker und konkreter dem Programm zur Verbesserung der Rechtsstaatlichkeit, der guten Regierungsführung und der nachhaltigen Entwicklung sowie der Korruptionsbekämpfung verpflichtet und wenn sie auf die Bedürfnisse der Bevölkerung eingeht und ihre Rechte achtet. Die Prioritäten des kongolesisch strategischen Dokuments in Bezug auf den 10. EEF sind auch geeignet, um die Armut zu bekämpfen und die Zielsetzungen der Millenniumsziele in punkto Entwicklung zu verwirklichen. Für ein postkonfliktes Land ohne Basisinfrastrukturen ist die institutionelle Verstärkung im Blick auf eine dauerhafte Entwicklung sehr wichtig. Die Allokation des 10. EEF ist angesichts des Umfangs des Landes und seiner Auswirkung auf das lokale Niveau nicht ausreichend, ist jedoch für Regierungsführung und andere Akteure sehr wichtig. Was die Teilnahme der Zivilgesellschaften an der Vorbereitung des strategischen Dokuments betrifft, ist es festzustellen, dass sie nicht von Anfang an konsultiert wurden. Es wurde nur ein Seminar organisiert, an dem die Zivilgesellschaften teilgenommen haben. Aber die Änderungen und ihre Einflüssen waren hinsichtlich der zur Diskussion stehenden Grundakte nicht relevant. [488]

1.4 Schlussfolgerung

Die Ziele des Cotonou-Abkommens sind u.a. die Reduzierung der Armut bis hin zu ihrer vollständige Überwindung und die Integration der AKP-Länder in den

488 Vgl. L'UE et la RDC : Projets de coopération. http://www.delcod.cec.eu.int /eu_and_rdc/gouv.-htm / 112.4.2007. EU partenaire au développement de la RD du Congo (2005), S.9. Kamunga, Franck: RD Congo: Brève analyse par pays du processus de programmation du 10ème FED. Kinshasa le 17 octobre 2007, www.africandemocracyforum.org.

Weltmarkt.[489] Trotz aller Entwicklungsmaßnahmen hat die Armut in den afrikanischen AKP-Staaten in den vergangenen Jahrzehnten weiter zugenommen. Es fehlt noch immer eine klare Strategie zur Beseitigung der primären Ursachen. Economic Partnership Agreements ist ein wichtiger Aspekt des Cotonou-Abkommens. Die AKP-Staaten können dadurch die meisten ihrer industriellen und landwirtschaftlichen Produkte zollfrei in den europäischen Binnenmarkt einführen. Leider fehlt eine grundlegende Analyse des Entwicklungsstands, der Ursachen von Armut ebenso wie eine klare Beschreibung des Ziels von Entwicklung. Viele Länder wurden allmählich in den Weltmarkt integriert, allerdings in vollkommener Abhängigkeit. Es geht also nicht nur um Integration an sich, sondern um die Bedingungen, unter denen AKP-Länder sich integrieren können oder müssen. Die EU-Kommission befürwortet den Übergang von einem bedürfnisorientierten Ansatz der Entwicklungspolitik hin zu einem Ansatz, der sich an den Ergebnissen der jeweiligen Regierung in wichtigen Politikbereichen orientiert. Was geschieht aber mit den Menschen in den Ländern, in denen die Regierungen nicht gut funktionieren? Es wurde beschlossen, dass die Verhandlungen angesichts der EPAs im Jahre 2008 fortgesetzt werden, um ein neues mit den Forderungen der WTO kompatibles Handelsregime aufzustellen. Eigentlich sollen die EPAs im Sinne der WTO Freihandelsabkommen darstellen, wobei die EU jedoch versucht, die Besonderheiten der Cotonou-Vereinbarungen weiter beizubehalten.[490]

Von europäischen und afrikanischen Vertretern der Zivilgesellschaft wird nachdrücklich darauf hingewiesen, dass die derzeit angestrebten Verhandlungsergebnisse verheerende Auswirkungen auf die involvierten Länder des Südens haben würden und dass der auf die AKP-Staaten ausgeübte Druck hoch war. Mühsam aufgebaute lokale Märkte und regionale Wirtschaftssysteme könnten kollabieren. In den Verhandlungen sind daher folgende Punkte unbedingt zu berücksichtigen: Zeit- und Politdruck sind aus den Verhandlungen wegzunehmen, Alternativen zu den auf Freihandel ausgerichteten EPAs sind anzubieten, die

---

[489]Vgl. Fuchs, Dagmar: Die Zukunft der europäischen Entwicklungspolitik, in: Entwicklungspolitik 8/2000, S. 13.

[490] D.h. Quasi ein Mindestmaß an Gegenseitigkeit und trotzdem für die AKP-Staaten die Möglichkeit beizubehalten und ihre wichtigsten Handelsprodukte zu schützen. Die verhandelt in diesem Zusammenhang mit sechs Regionalverbünden: südliches und östliches Afrika (ESA-EPA), südliches Afrika (SADC-EPA), westliches Afrika (ECOWAS-EPA), Zentralafrika (CEMAG-EPA), karibische Region (Pazifik-EPA).

selbstbestimmte Entwicklung der AKP-Länder ist anzuerkennen und zu unterstützen, Maßnahmen zum Schutz der Wirtschaft in AKP-Ländern sind zu zulassen, ausreichend Zeit und Möglichkeiten zur Prüfung der Auswirkungen der Abkommen auf AKP-Länder sind einzuräumen, die Einbindung der Zivilgesellschaft ist zu gewährleisten und Konsultationsverfahren sind einzurichten. Als Reaktion auf die massive Kritik der Zivilgesellschaft hielt der Rat der Außen- und Entwicklungsministerium in seiner Schlussfolgerung vom 14./15. Mai 2007 ausdrücklich fest, dass die EPAs entwicklungsförderliche Wirtschaftspartnerschaftsabkommen werden müssen. Sie haben der Entwicklung zu dienen und damit zur Armutsbekämpfung und zur nachhaltigen Wirtschaftsentwicklung beitragen. Außerdem sollten sie zur regionalen Integration und Märkte verstärken.[491]

Ein Positiver Aspekt des Cotonou-Abkommens ist die Pluralisierung der nichtstaatlichen Akteure und die Stärkung ihrer Funktion. Jedoch stehen der praktischen Umsetzung und Förderung des partizipativen Ansatzes in vielen Ländern Afrikas immer noch erhebliche Hindernisse im Wege. Davon der vehemente Widerstand der meisten Regierungen begrenzt einen Dialog mit den nichtstaatlichen Akteuren, behindert ihre Partizipationschancen und drängt sie ins Abseits. Weiterhin sind die EU-Verfahren für die Förderungsgewährung in den meisten Fällen für die jungen Akteure in den afrikanischen Staaten allzu aufwendig und kompliziert. Außerdem macht die EU ihre Hilfe verstärkt von der Erfüllung politischer Auflagen abhängig. Diese Konditionalisierung der Hilfe ist im Vergleich zu den Lomé-Abkommen expliziter und stärker geworden. Daher ist die europäische EZ wesentlich politischer geworden.

Eurostep hat im Jahre 2002 das Einbeziehungsniveau der nicht staatlichen Akteure in die Programmierung des 9. EEF evaluiert und hat seine Schlussfolgerungen und seine Empfehlungen an die Kommission und an den gemeinsamen AKP-EU-Rat vorgelegt: Die Auswirkungsperiode und der vorbereitende Vorgang war unangepasst und zu kurz. Es gab nur einen begrenzten Spielraum für die

---

[491] Vgl. Bericht des ECDPM (European Centre for Development Policy Management). (Stand: Jänner 2008) http://www.eu-platform.at/deutsch/start.asp?b=1412; Vgl. La négociation des APE: Etat des lieux. Par l'ECDPM, Maastricht (Pays-Bas), 3 mars 2008. http://www.acp-eutrade.org/ library/files/ECDPM-03-03-08-La-negociation-des-APE-Etat-des-lieux-final.pdf.

zivilgesellschaftlichen Akteure. Es gab auch Mangel an institutionellen Mechanismen, um den Vorgang zu vereinfachen und einen Mangel an Informationen über die Ergebnisse der Konsultationen. Aus diesen Gründen muss die notwendige Dokumentation für die Konzertation rechtzeitig geliefert werden, damit die Zivilgesellschaften sich gut vorbereiten können. Anstrengungen müssen gemacht werden, um eine breite Palette von zivilgesellschaftlichen Akteuren zu implizieren, insbesondere von den Akteuren, die nicht aus den Hauptstädten stammen. Die staatlichen Akteure der AKP-Länder und der EU müssen Mechanismen aufstellen, die einen stabilen und vorhersehbaren Zeitplan für die Konsultationen mit der Zivilgesellschaft über einen definierten Zeitraum ermöglichen. Die Konzertation für die Programmierung der Hilfe muss deutlich und genug Zeit vorsehen. Die Zivilgesellschaft muss während des gesamten Prozesses aufrechterhalten bleiben.

Die EU-Kommission hat also Recht, wenn sie erklärt, dass diese aneignungs-, Transparenz- und Teilnahmegrundsätze die Diskussionen über die Programmierungsausübung des 10. EEF richten müssen. Jedoch beweist der Eurostep-Bericht, dass diese schönen Worte vor Ort nicht in die Praxis umgesetzt werden. Die Tatsache, dass man den vereinbarten Grundsätzen nicht folgt, stellt die Glaubwürdigkeit und die Legitimität der EU-AKP -Partnerschaft in ihrer Gesamtheit in Frage.[492] Solange die Verpflichtungen und die Grundsätze, die im Cotonou-Abkommen angeführt wurden, nicht respektiert werden, wird besonders die Bedeutung der zivilgesellschaftlichen Akteure der AKP-Ländern nicht auf allen Entscheidungsstufen der EU-AKP-Mechanismen integriert[493], um eine Politik zu

[492] Vgl. Stocker, Simon: Nous décidons, Vous vous l' "appropriez "! Evaluation de la programmation de l'aide de la Communauté européenne aux pays ACP dans le cadre du 10ème Fonds Européen de Développement (FED) Eurostep et tous les auteurs, Novembre 2006.

[493] In dem im Februar 2001 unterzeichneten Vertrag von Nizza wird der Europäische Wirtschafts- und Sozialausschuss (EWSA) als das Vertretungsorgan der verschiedenen wirtschaftlichen und sozialen Bereiche der organisierten Zivilgesellschaft definiert. Im Art. 14 des Nizza-Protokolls wird diese Mittlerrolle auch in Bezug auf die Zivilgesellschaften in den EL ausdrücklich befürwortet. In dieser Hinsicht ist ein umfassender Katalog von Aktivitäten zur Förderung des Dialogs mit den verschiedenen Organisationen der Zivilgesellschaft verabschiedet worden, u.a.: regionale Seminare, Studiengruppen, Treffen und Konsultationen zwischen den Wirtschafts- und Sozialkreisen der europäischen Länder und der AKP-Länder. Vgl. Der EWSA: Brücke zwischen Europa und der organisierten Zivilgesellschaft, Luxemburg: Amt für amtliche Veröffentlichungen der EU 2003, S. 7, 34.

definieren und zu verwirklichen, die die Aspirationen aller Bereiche ihrer Gesellschaft widerspiegeln.

„Toutes les parties devront s'assurer que les acteurs non étatiques bénéficient des moyens et du soutien nécessaires pour prendre pleinement part à la coopération ACP-CE. "[494]

Die prekäre Situation in der DR Kongo hat es bis heute nicht ermöglicht, dass durch multilaterale und bilaterale EZ mit den zivilgesellschaftlichen Organisationen eine klassische Strategie für nachhaltige Entwicklung und partizipative Demokratie konkret aufgebaut werden. Das Land wird daher, wie in den vergangenen Jahren, noch für lange Zeit auf ausländische Hilfe in vielen Sektoren angewiesen sein. Sowohl die von der EU als auch die von europäischen Ländern zur Verfügung gestellten finanziellen Mittel sind nur begrenzt und befristet. Man erwartet, dass zusätzliche finanzielle Mittel aus dem staatlichen Budget und den nationalen Ressourcen zur Verfügung gestellt werden und dass das Land geeignete Rahmenbedingungen für die Investitionen schaffen kann. Solche strategischen Pläne für die DR Kongo sind nur umsetzbar, wenn das Land seine innere politische Stabilität garantieren kann. Die Wahlen im Jahre 2006 bieten dem DR Kongo eine historische Chance, mit der Vergangenheit zu brechen und allmählich einen funktionierenden Staat mit zivilgesellschaftlichen Organisationen zu errichten.

„La période post-électorale (2007) est caractérisée par les soutiens suivants : Appuyer un programme de gouvernance focalisé sur les finances publiques, la justice et le contrôle de l'exploitation des ressources naturelles : 33 M€ ; Appuyer le programme de développement urbain (PDU) à Kinshasa: 22M€ ; Consolidation de l'appui aux élections: 3 M€ ; Appuyer la reforme de la police : 10 M€; Assurer la continuation et l'élargissement de la phase de transition de l'humanitaire vers la réhabilitation dans l'est du Congo (LRRD) : 65M€ ; Mettre en œuvre un programme de réhabilitation du secteur des Transports: 24.5 M€ ; Appuyer le programme de l'aviation civile de la RDC: 5M€ ; Accompagner les brigades intégrées: 3,2M€ . "[495]

---

[494] Maurizio Carbone/ Dorothy Morrissey: Les acteurs non étatique et Cotonou. (2003): S. 17.

[495] Vgl. L'UE et la RDC : Projets de coopération (112.4.2007).

Da die finanzielle Hilfe, die Reduzierung der Schulden, die Wirtschaftsförderung, der Aufbau der Verwaltung in der DR Kongo und die effiziente Förderung der zivilgesellschaftlichen Organisationen sehr wichtig ist, ist hier die Komplementarität und Kohärenz aller Geldgeber für die Umsetzung der Finanzmittel gefragt. Zwar versucht jedes Geberland seine Entwicklungsstrategie durchzusetzen, ist aber gleichzeitig bereit seine Ansätze mit anderen Gebern zu koordinieren. Was die Zusammenarbeit betrifft, so gibt es zum Beispiel regelmäßige unter dem Vorsitz der EU-Delegation Treffen von verschiedenen Entwicklungsförderern in der DR Kongo, um Informationen und Gesichtspunkte bezüglich der politischen Ansätze und der Entwicklung des Landes auszutauschen. Die Koordinierung der Projekte entspricht einem wirklichen Bedarf in diesem Land und ist außerordentlich wichtig, weil die EU-Länder mit ungefähr 61% an der bilateralen Hilfe zugunsten des Landes beteiligt sind. Für die institutionelle Unterstützung und den Aufbau von Kapazitäten versuchen zum Beispiel die belgische Kooperation und das UNDP, eine spezifische Strategie für die globale Reform des öffentlichen Dienstes zu erarbeiten. Mit 5 Millionen € finanziert Frankreich seit 2003 u.a. Projekte für die städtische Entwicklung in Kinshasa, Lubumbashi und Kisangani und mit 1,5 Millionen € pro Jahr die Arbeit der kongolesischen Zivilgesellschaft. [496] Deutschland ist mit seinen entwicklungspolitischen Maßnahmen ebenfalls in der DR Kongo präsent und nimmt auch im Rahmen der deutsch-französischen Kooperation einen Austausch über die laufenden und geplanten EZ-Aktivitäten in der DR Kongo vor.[497]

---

[496] RD Congo-Communauté européenne (2003): Annexe 1, S. 47.

[497] L'Allemagne avait débloquée, dans le cadre de la reprise de la coopération financière, une enveloppe de soixante millions d'Euros d'aide financière à la RD Kongo. Vgl. RD Congo : Actualité: www.digital-congo.net/2.11.2004.

2. Förderung der kongolesischen Entwicklungsprojekte und der Zivilgesellschaft im Rahmen der BMZ-Länderprogramme

2.1 Schwerpunkt der Afrika-Entwicklungspolitik des BMZ

Die deutsche Regierung, repräsentiert durch das BMZ[498], legt besonderen Wert auf den konstruktiven Dialog mit den NGOs und hat die Zusammenarbeit mit den Zivilgesellschaften weiter intensiviert. Die Stärke der NGOs liegt in ihren engen Kontakten zur Zivilgesellschaft in den Partnerländern.[499] Aus der Sicht des BMZ ist die Beteiligung der Zivilgesellschaft in vielen Partnerschaftsansätzen sehr wichtig, um die neue Rolle der Privatwirtschaft in den gesellschaftlichen Prozessen interessieren. Der dauerhafte gesellschaftliche Erfolg der Unternehmen, der Investoren und des Demokratisierungsprozesses nur erreicht werden, wenn das Vorhaben von der Gesellschaft mitgetragen wird. In Deutschland sind schon mehrere verschiedene Formen der NGOs zu finden, die das BMZ seit langer zur Stärkung seiner eigenen nationalen oder internationalen Entwicklungspolitik fördert.[500] Für das BMZ ist das Schicksal Afrikas von besonderer Bedeutung. Deshalb bleibt Afrika Schwerpunkt der Zusammenarbeit. Zur Aufgabe der Entwicklungspolitik des BMZ in Afrika gehören u.a.: der Aktionsplan zur Armutsbekämpfung, die Unterstützung bei der Bewältigung von Konflikten, die Stärkung von regionaler Kooperation, die Integration der gesellschaftlichen Basis sowie die Bedeutung der Zivilgesellschaft für die nachhaltige Entwicklung und die partizipative Demokratie.

„Es gibt ein wachsendes Verantwortungsbewusstsein afrikanischer Gesellschaften und Staaten für die eigenen Stärken und Potentiale. Dazu zähle ich vor allem den

---

498 Deutschland leistete 1952 seine erste Entwicklungshilfe in Form einer finanziellen Beteiligung am erweiterten Beistandsprogramm der UNO. Der Deutsche Bundestag setzte sich Ende der 1950er Jahre besonders für eine aktive Nord-Süd-Politik ein. Der ständig wachsende Umfang der Leistungen des Bundes wie auch organisatorische Vorbilder anderer Geberländer führten am 14.11.1961 zur Gründung des Bundesministeriums für wirtschaftliche Zusammenarbeit (BMZ) und zur Ernennung Walter Scheels zum ersten Bundesminister des Ministeriums. Vgl. Medienhandbuch: BMZ (Hrsg.), 2000, S. 40.

499 Vgl. http://www.bmz.de/de/wege/bilaterale-ez/akteure

500 Zum Beispiel von 1962 bis 2004 erhielten sie BMZ-Fördermittel von 9,64 Mrd. Euro. Vgl. Medienhandbuch (2006/2007): S. 78.

wachsenden Konsens, gute Regierungsführung als Grundvoraussetzung für eine nachhaltige Entwicklung zu sehen. Auch die Zivilgesellschaft in Afrika gewinnt zunehmend an Bedeutung (...).“[501]

Die Aufgaben des BMZ verteilten sich auf verschiedene Abteilungen. Davon ist zum Beispiel die Abteilung 1 (mit 15 Referaten), diejenige, die für die Entwicklungspolitik mit Ländern und Regionen zuständig ist. Die unterschiedliche politische, wirtschaftliche und soziale Situation und die relevanten Rahmenbedingungen in den jeweiligen Regionen der Welt haben dazu geführt, dass die deutsche Bundesregierung ihre Entwicklungspolitik regionalspezifisch[502] und auf Länderebene akzentuiert. Außerdem hat der weltweite Strukturwandel seit Ende der 1980er Jahre auch in Afrika tief greifende Veränderungen ausgelöst, die dazu geführt haben, dass die Länder dieser Region heute in ihren sozio-politschen Verhältnissen differenzierter als je zuvor sind. Zu den neuen Chancen und Faktoren für die unterschiedliche Entwicklung dieser Länder zählen u.a. die wachsende politische und gesellschaftliche Partizipation der Bevölkerung, die zunehmende Suche nach regionalen Ansätzen und Länderkonzepten sowie Länderstrategien für ein jeweiliges Land.

Länderkonzepte, die vom BMZ im Jahre 1992 eingeführt wurden und aufgrund der Länderkonzentration für die Schwerpunktpartnerländer immer neu erstellt wurden, sind u.a.: ein Managementinstrument des BMZ zur mittelfristigen länder-bezogenen Planung und Steuerung des Einsatzes aller Instrumente der deutschen Entwicklungspolitik, die Grundlage für die länderbezogene Umsetzung der entwicklungspolitischen Ziele in der Zusammenarbeit mit den Schwerpunkt-Partnerländern und für die Koordinierung mit anderen Geldgebern und für den entwicklungspolitischen Dialog mit den Partnerregierungen. Länderkonzepte werden in Ländergesprächen vorbereitet und bilden eine Basis für die Abstimmung der Instrumente und Entwicklungsanstrengungen staatlicher und nichtstaatlicher

---

[501] Ausschnitt aus der Rede von Heidemarie Wieczorek-Zeul anlässlich der Eröffnung des Afrika-Tages am 3. Mai 2001 in Bonn zum Thema: Entwicklungspolitik als wesentliches Gestaltungselement der deutschen Afrikapolitik-Eckpunkte für eine strategische Orientierung. www.bmz.de/-11.12.2005.

[502] Das Ziel der regionalen Kooperationsansätze ist u.a., stabile regionale politische Strukturen zu schaffen und so Konflikten vorzubeugen. Medienbuch (2002): S. 169f

Akteure.[503] Die Schwerpunktstrategiepapiere[504] beinhalten viele Zielvorhaben der beiden Partner. Bei der Bearbeitung dieser Papiere werden u.a. die Signifikanz des deutschen Beitrags, die Auswahl von Instrumenten und Verfahren sowie die inhaltlich-thematischen Schwerpunkte, die die Bundesregierung als Schwerpunkte im Rahmen der Länderprogrammierung festgelegt hat, berücksichtigt.

Tab. 8: Beispiel einer Entwicklungsstrategie der BR Deutschland in der DR Kongo [505]

	Stratégie nationale de développement:			
	Développe-ment économique	**Développe-ment Social**	**Activité du secteur Productif**	**Questions thématiques/ transversales**
RFA	-Appui aux ONG locales -Appui aux PME	-Appui à la santé primaires -Lutte contre le SIDA -Lutte contre la pauvreté	Développe-ment rural	Appui à la protection de l' environne-ment

Bei den inhaltlichthematischen Schwerpunkten handelt es sich u.a. um Transport und Kommunikation, Energie, Wassermanagement, Sicherung der Ernährung, Umweltpolitik, Friedensentwicklung und Krisenprävention, Wirtschaftsreform bis hin zur Demokratie- und Zivilgesellschaftsförderung. Das heißt, die politische und gesellschaftliche Gesamtsituation in den Kooperationsländern[506] soll in der EZ berücksichtigt werden. Dadurch wird die deutsche EZ von einer damals technischen zu einer politischen Aufgabe und die Funktion der Krisenprävention wird erweitert: von einer Unterstützung von Reformen in Afrika hin zu einer Verbesserung der

[503] Medienbuch (2002): S.162.

[504] In den Schwerpunktstrategiepapieren wird u.a. dargelegt, welchen Beitrag die deutsche EZ zur Lösung eines Kernproblems des Kooperationslandes leisten kann, wie die Instrumente der EZ im Sinne eines projektübergreifenden Ansatzes signifikant eingesetzt werden.

[505] Vgl. RD Congo-UE (2003): Annexe 1, S. 47. /*PME: petites et moyennes entreprises.

[506] Die Kooperationsländer werden vom BMZ nach sozialen, wirtschaftlichen, politischen und ökologischen Zieldimensionen ausgewählt. Dabei werden die wirtschaftlichen, sozialen, ökologischen und politischen Gestaltungsziele und –Interessen der Bundesrepublik berücksichtigt.

internen politischen und gesellschaftlichen Rahmenbedingungen in den Partnerländern.

Das BMZ unterteilt die Kooperationsländer in Schwerpunktpartnerländer (mit drei Schwerpunkten der EZ), Partnerländer (mit einem Schwerpunkt der EZ) und potenzielle Kooperationsländer, wobei das gesamte entwicklungspolitische Instrumentarium möglichst auf diese Schwerpunkte konzentriert ist. Bei den potenziellen Ländern handelt es sich um die Länder, mit denen das BMZ zum gegenwärtig Zeitpunkt eine entwicklungspolitische Zusammenarbeit (EZ) nicht für sinnvoll hält. Die DR Kongo, ehemals Zaire, ist jetzt eines der potenziellen Kooperationsländer des BMZ, obwohl sie vor Jahr ein Schwerpunktland der deutschen Entwicklungspolitik in Afrika war. Die Gründe dafür waren unter anderem der blockierte Demokratisierungsprozess Anfang der 1990er Jahre, die politische Instabilität, die Fragilität der staatlichen Institutionen und die Bürgerkriege.

Tab. 9: Schwerpunktländer der deutschen Entwicklungspolitik in Afrika [507]

Förderregion	Schwerpunktpartnerländer	Partnerländer	Potenzielle Kooperationsländer
Afrika südlich der Sahara	Äthiopien, Benin, Burkina Faso, Ghana, Kamerun, Kenia Malawi, Mali, Mosambik, Namibia, Ruanda, Sambia, Senegal, Südafrika, Tansania, Uganda	Burundi, Côte d' Ivoire, Eritrea, Guinea, Lesotho, Madagaskar, Mauretanien, Niger, Nigeria, Tschad	Angola, Sierra Leone, Simbabwe, Sudan, Togo, DR Kongo.

Bis Ende der 1990er Jahre förderte Deutschland rund 120 Entwicklungsländer. Nach 1998 fand ein Strategiewechsel statt. Heute konzentriert sich die Zusammenarbeit des BMZ auf 70 Kooperationsländer,[508] die so genannten Schwerpunktländer, Partnerländer und potenziellen Kooperationsländer. Diese Unterscheidung beeinflusst die Intensität der Zusammenarbeit und den Umfang der

507 Vgl. Schwerpunktländer der deutschen Entwicklungspolitik in Afrika www.bmz.de/12.11.04.

508 Deutschland arbeitet auch weiterhin mit den Ländern zusammen, die nicht zu einer dieser Ländergruppen zählen.

Kooperationsfelder, um die Entwicklungsgelder wirksamer und effizienter einzusetzen, nicht aber die Höhe der Fördergelder für das einzelne Land. Damit die Projekte der deutschen EZ effizienter durchgeführt werden können, hat die Bundesregierung versucht, ihre EZ-Ansätze im Rahmen von Länderaktionsplänen mit den entsprechenden Aktivitäten anderer Geber abzustimmen. Es geht zum Beispiel um die Demokratie- und Zivilgesellschaftsförderung, wo die Bundesregierung mit einem oder mehreren Kooperationspartnern die Art der Kooperation in einigen Sektoren definieren und koordinieren kann.

Tab. 10: Beispiel der Koordinierung von Projekten [509]

<table>
<tr><th>Land</th><th>Sektor</th><th>Kooperationspartner</th><th>Art der Kooperation</th></tr>
<tr><td>Sambia</td><td>Demokratie, Zivilgesellschaft und öffentliche Verwaltung</td><td>UNDP, Oxfam, Danida,</td><td>- PRSP (über Zivilgesellschaft)
- Netzwerk zivilgesellschaftlicher Organisationen, die sich an der Erarbeitung des PRSP und am Monitorring der Umsetzung beteiligen.
- Erarbeitung eines strategischen Planes und Arbeitsprogramms, das die Grundlage für abgestimmte Geberfinanzierung darstellt.</td></tr>
<tr><td colspan="4">Um den ordnungsgemäßen Ablauf der Wahlen abzusichern, hatten die Vereinten Nationen im Dezember 2005 die EU gebeten , die in der DR Kongo stationierte UN-Peacekeeping-Mission MONUC mit europäischen Kräften zu unterstützen. Der Rat ernannte den deutschen Generalleutenant K. Viereck zum Befehlshaber der europäischen Streitkräfte, EUFOR RD Kongo. Deutschland trägt zur europäischen Operation in diesem Land mit bis zu 780 SoldatInnen bei. Die Bundesregierung hat sich bei der Vorbereitung und Finanzierung dieser größten und teruersten jemals mit Hilfe der UN organisierten Wahlen engagiert [Gesamtkosten: 428 Millionen US $].</td></tr>
</table>

Der Etat des BMZ ist im Bundeshaushalt, im Einzelplan 23, veranschlagt. Für das Jahre 2008 betrug der BMZ-Haushalt insgesamt 5 534 590 tausend Euro. Dies bedeutet eine Steigerung in Höhe von 14,3 Prozent gegenüber dem Jahr 2007.[510]

[509] Vgl. Koordinierung von Projekten: www.bmz.de/12.11.04. Wahlen in der DR Kongo: www.aus waertiges-amt.de/Aussenpolitik/RegionaleSchwerpunkte/Afrika/15.11.2006

[510] Der ebenfalls beschlossene Finanzplan für die Zeit von 2007 bis 2011 sieht weitere Wachstumsschritte vor. Vgl. Der deutsche Beitrag zur Entwicklungsarbeit: BMZ-Haushalt 2008 im Aufwärtstrend. http://www.bmz.de/de/zahlen/deutscherbeitrag/index.html/15. 2.08

Davon wurde zum Beispiel 2 514 282 für bilaterale staatliche Zusammenarbeit, 312. 286 für die Vereinten Nationen und internationale Einrichtungen und 545. 520 für zivilgesellschaftliche und wirtschaftliche Gruppen und Institutionen sowie 770.000 für das EEF zur Verfügung gestellt.[511] Mit 48 AKP-Staaten liegt der Schwerpunkt der Zusammenarbeit der EU auf den AKP-Staaten in Afrika, wobei Deutschland in vielen Bereichen ganz gut beteiligt ist.[512] In der Region der großen Seen hat die Bundesregierung zum Beispiel eine umfassende Friedensstrategie verfolgt, den Lusaka-Friedensprozess durch konditionierte Entwicklungszusammenarbeit gefordert, indem sie politischen Druck auf Uganda, Ruanda, Angola und Namibia ausgeübt und sich an die Mitfinanzierung der UNO-Friedensmission MONUC beteiligt. Gleichzeitig hat sie Angebote für eine Kooperation nach Beendigung des Krieges gemacht, die in Zusammenarbeit mit den deutschen Stiftungen und der Weltbank durchgeführt wird.

2.2 Die deutsche Konditionalitätspolitik der 1990er und die Förderung der Zivilgesellschaft

Die deutsche EZ der 1990er Jahren unter dem Minister Carl Dieter Spranger (1991-1998) ging davon aus, dass eine erfolgreiche Entwicklungspolitik in den Entwicklungsländern nur möglich sei, wenn sich alle staatlichen, wirtschaftlichen und gesellschaftlichen Kräfte beteiligen könnten. Die Ansatzpunkte lagen u.a in der sozialen Entwicklung sowie in der Wirtschafts-, Verwaltungs- und Rechtssystemsberatung. Ziel war es, einen Beitrag zum Aufbau der guten Regierungsführung zu leisten. Der Begriff „gute Regierungsführung“ war an die fünf[513] Konditionalitätskriterien[514] der 1990er Jahre geknüpft, an denen das BMZ

[511] Für den Zeitraum von 2000 bis 2005 standen den AKP-Staaten 13,8 Milliarden € (9.EEF) zur Verfügung. Der deutsche Anteil daran beträgt 23,36% (520.000). bringt Frankreich 24,3%, das Vereinigte Königreich 12,54%, Spanien 5,84%, die Niederlande 5,22% und andere bringen 16,05% auf.

[512] Beiträge in Tausend Euro. Die AKP-Staaten, Traditionelle Partner der EU, Haushalt 2005. Vgl. http://www.bmz.de/de/wege/ez-eu/20.2.2006.

[513] Die Beachtung der Menschenrechte, die Rechtssicherheit, die Beteiligung der Bevölkerung am politischen Prozess, eine marktfreundliche und soziale Wirtschaftsordnung sowie die Entwicklungsorientierung der Regierung. Vgl. Fues, Thomas: Vom Ende der Entwicklungspolitik: Ein Blick auf 12 Jahre CSU-Herrschaft im BMZ, in: Blätter des Informationszentrum dritte Welt, Nr. 200/September 1994, S. 51.

[514] Die politische Konditionalität als Rahmen der Finanzierung von Entwicklungsprojekten gab es auch während des Kalten Krieges als Regelfall. Erinnert sei etwa an die Bemühungen

die Art und den Umfang seiner Zusammenarbeit u.a. im Blick auf die afrikanischen Länder ausgerichtet hat.

„Konditionalität steht hoch im Kurs: Wir sollen unsere Hilfe an strenge wirtschaftliche und neuerdings politische Bedingungen knüpfen. Ich habe den Begriff Konditionalität nie gemocht, denn erstens ist er in allen Sprachen eine linguistische Barbarei. Auflagenpolitik klingt etwas besser, und zweitens ist er gleichbedeutend geworden mit von außen auferlegten Bedingungen."[515]

Hintergrund dieser entwicklungspolitischen Konditionalitätskriterien waren u.a. das Ende des Ost-West-Konfliktes, die Bezeichnung der 1980er Jahre als „verlorene Dekade"[516] und die ungenügenden Fortschritte vieler Entwicklungsländer in Richtung Demokratie und sozialer Entwicklung. 1990er Jahren war die Entwicklungspolitik zur Einmischung in die inneren Angelegenheiten der schwachen Entwicklungsländer geworden, weil die Demokratisierungshilfe tief in das politische und gesellschaftliche Geschehen der afrikanischen Länder eingegriffen hat. Es ging darum, wer u.a. Staats- und Verfassungsorgane, Verwaltungsaufbau, Parteien, Gewerkschaften und gesellschaftliche Gruppen unterstützt und ihren Aufbau fördert, also unmittelbar in den Kernbereichen eines Staates agiert.

„Der Vorwurf, eine politische Konditionierung der Hilfe sei Einmischung in die innere Angelegenheit, ist eine Schutzbehauptung reformunwilliger Eliten und

---

der Weltbank unter Robert McNamara, der die agrarwirtschaftliche Unterstützung für Tansania an die Forderung knüpfte, anstelle der staatslastigen Sozialisierungsprojekte (Ujamaa-Dörfer mit Zwangscharakter) die kleinbäuerliche Familienbetriebe zu ermutigen. Vgl. Tetzlaff, Rainer: Die Förderung nach besserem Staatsverhalten, in: Entwicklung und Zusammenarbeit 36:5/6, 1995, S.141f.

[515] So der damalige Generaldirektor für Entwicklungspolitik bei der EG. Frisch, Dieter: Konditionalität und Demokratie, in: Entwicklung und Zusammenarbeit 34/4, 1993, S. 91.

[516] Die wirtschaftliche Entwicklung war für viele afrikanische Staaten die entscheidende Voraussetzung für den Aufbau und für die Verwirklichung der partizipativen Demokratie sowie der bürgerlichen und politischen Rechte. Man glaubt, erst müsse ein bestimmter wirtschaftlicher Entwicklungsstand erreicht werden, dann könne man sich um partizipative Demokratie, Good Governance, Menschenrechte etc. kümmern. Solche Thesen führten zur Bezeichnung der 1980er Jahre als verlorene Entwicklungsdekade. Vgl. Luuk, Dagmar: Entwicklung und Menschenrechte, in: Entwicklung und Zusammenarbeit 1/1990, S. 16-17.

derjenigen, denen es lediglich um eigene Wirtschaftsinteressen im Handel zwischen Industrie- und Entwicklungsländern geht."[517]

Good Governance und die Beteiligung der Bevölkerung am politischen und gesellschaftlichen Prozess als Konditionalitätskriterien der EZ in Afrika führten in den 1990er Jahre zur notwendigen und indirekten Einmischung der Geldgeber, um partizipative Demokratie und gesellschaftliche Gruppen zu fördern. Jedoch wurde auf der Seite der Geldgeber immer betont, dass die Hauptverantwortung für den Reformprozess bei den Afrikanern selbst liegen muss und dass sie durch die Konditionalitätskriterien die Reformprozesse der Liberalisierung unterstützen wollten. Trotzdem zeigte sich, dass die deutsche EZ wie die der anderen Geber weit von der Verwirklichung ihrer selbst gestreckten Entwicklungsvorhaben mit Konditionalitätskriterien entfernt wurden. Die Entwicklungsgelder waren, wegen weiterer Menschenrechtsverletzungen und des Mangels an den Demokratiefortschritten gekürzt oder stagniert. Die Armutsbekämpfung als oberstes Ziel fand kaum richtigen Niederschlag in der Realität. Die Konditionalitätskriterien bewirkte wie eine Übertragung der sozialen und politischen Konzepte der Industrienationen auf Afrika ohne den gesellschaftlichen Kontext zu betrachten und sie an die Grundkonzepte des jeweiligen Landes anzupassen.

Die NGOs kritisierten 1994, dass der deutsche Ansatz vor allem gegenüber politisch und wirtschaftlich schwachen Staaten, die für die deutsche Exportwirtschaft uninteressant waren, zur Geltung gebracht wurde. Ging es dagegen um die Erschließung attraktiver Auslandmärkte mit den Ländern wie zum Beispiel China, Indonesien und der Türkei, wurden die Konditionalitätskriterien rasch beiseite geschoben.[518] Außerdem fanden sie auch ihre Grenzen, wo ein Staat und eine Gesellschaft nicht bereit oder nicht fähig waren, den Demokratisierungsprozess und die soziale Entwicklung mitzutragen. Deshalb betonte die deutsche EZ in ihren Konditionalitätskriterien besonders die Rolle von verschiedenen gesellschaftlichen Gruppen, die die soziale Entwicklung unterstützen sollten. Dabei wurde der Begriff Zivilgesellschaft nicht verwendet, wie es der

---

[517] Ebd. S. 16.

[518] Vgl. Ramm, Wolf-Christian: NGO kritisiert die deutsche Süd-Politik, in Entwicklung und Zusammenarbeit 35: 5/6,1994, S. 142-143.

damalige Entwicklungsminister Spranger in seiner Rede am 27.10.1997 „zur Rolle von Staat und Gesellschaft in der sozialen Entwicklung“ sagte:

„Meine Damen und Herren, so wichtig ein funktionsfähiger und effektiver Staat für eine nachhaltige soziale Entwicklung auch ist. Regierung, Parlament und das Rechtswesen allein werden das Ziel nicht erreichen können. Ebenso unerlässlich ist die Unterstützung dieser Aufgabe durch die Bürger und die gesellschaftlichen Gruppen, die sie bilden. Ich verwende in diesem Zusammenhang nicht gern die Bezeichnung Zivilgesellschaft, auch wenn dieser wohl aus dem angelsächsischen Sprachgebrauch übernommener Begriff in der deutschen entwicklungspolitischen Diskussion viel gebraucht wird (...).“[519]

2.2.1 Konditionalitätskriterien der 1990er Jahre

Anfang der 1990er Jahre war die Zeit der Nationalkonferenzen in Afrika[520], an denen Bürger in Form von Zivilgesellschaften teilgenommen haben. Allerdings war der Begriff Zivilgesellschaft aus der Sicht der deutschen EZ sehr abstrakt. Die zivilgesellschaftlichen Organisationen und Akteure waren nicht richtig zu identifizieren, zu charakterisieren und auszudifferenzieren, daher wurden sie auch durch das BMZ nicht gefördert. In der deutschen EZ bestand große Skepsis, die Vielzahl der gesellschaftlichen Gruppen und Initiativen mit einem einzelnen Ausdruck wiederzugeben. Ihr Identifizierungsprozess in der deutschen EZ dauerte lang und dies führte dazu, dass die Förderung dieser Akteure und Organisationstype aus dem Mitteln des BMZ retardiert wurde. Außerdem waren die Konditionalitätskriterien der deutschen EZ in punkto Beteiligung der Bevölkerung und gesellschaftlicher Gruppen an politischen und sozialen Prozessen ungenau und nicht treffend formuliert, weil die Bürger und viele gesellschaftliche Gruppen in Afrika, wie z.B. in der DR Kongo, die unter der diktatorischen Herrschaft, dem schwachen und korrupten Staat existierten, unterdruckt wurden.

---

[519] Rolle des Staates: Ausgewählte Reden von Carl D. Spranger (1995-1998), in: BMZ-Materialien NR. 98, S. 46.

[520] Viele diktatorische Regime in Afrika standen unter dem Schock des Verlustes ihrer Macht, unter dem Druck der Liberalisierung und des Demokratisierungsprozesses. Anstatt freier Wahlen und partizipativer Demokratie führte der Transformationsweg in vielen Ländern jedoch zunächst zu Bürgerkriegen, ethnischen Konflikten, innerer politischer und gesellschaftlicher Instabilität sowie Elend und Flüchtlingswellen.

Die neu formierten gesellschaftlichen Gruppen waren zu sehr mit den politischen Parteien vermischt und zu wenig demokratisch strukturiert, um die Förderungskriterien der deutschen EZ zu erfüllen. Zum Beispiel, in der Analyse des dritten Berichts des BMZ über die Armutsbekämpfung durch Hilfe zur Selbsthilfe (HSH) in den Entwicklungsländern wurde festgestellt, dass die Entwicklung der deutschen FZ im Zeitraum 1990-1994 durch eine deutliche Zunahme der Finanzierungszusagen, besonders für die soziale Infrastruktur, die Siedlungswasserwirtschaft, das Bildungs- und Gesundheitswesen, den Wohnungsbau, die Land- und Fortwirtschaft und das Finanzwesen stark geprägt war. 1990 bis 1994 entfielen 42% der Gesamtszusagen auf selbsthilfeorientierte Projekte und 57% im Zeitraum zwischen 1995-1999.[521] Bei den selbsthilfeorientierten Projekten sowie in den sektoralen Schwerpunkten wurde zwischen 1990-1994 weder die Beteiligung der Bevölkerung unter einer organisierten Zivilgesellschaft bei der Armutsbekämpfung erwähnt noch die Förderung ihrer Strukturen als einer der wichtigen intermediären Bereiche eines Staates in Betracht gezogen.[522] In Auswertung der zweiten öffentlichen Anhörung vom 25.10.1995 forderte der Deutsche Bundestag in einem 15 Punktekatalog die damalige Bundesregierung u.a. dazu auf, die Kooperation zwischen staatlichen und nicht staatlichen Organisationen bei der Erarbeitung von Länderkonzepten zu intensivieren und die Dezentralisierung in den Entwicklungsländern zu verstärken. Dabei müssten lokale Organisationen als produktive gesellschaftliche Kräfte und Mittler zwischen den staatlichen Partnern der EZ und den Projektzielgruppen betrachtet, einbezogen und gefördert werden. Zu den Maßnahmen gehörte seitdem u.a. der Spielraum für die Förderung der zivilgesellschaftlichen Organisationen.

---

[521] Vgl. Dritter Bericht über die Armutsbekämpfung in der Dritten Welt durch Hilfe zur Selbsthilfe: Unterrichtung durch die Bundesregierung, 14. Wahlperiode, Drucksache 14/6269/06. 06. 2001, S. 26.

[522] Die GTZ beziffert den Anteil selbsthilfeorientierter Projekte für die Jahre 1991 bis 94 auf jeweils 17,5 % der Zusagen für die TZ, die KfW für die FZ für 1991 auf 7 %, 1992 auf 5,5 %, 1993 auf 7 % und 1994 auf 14,7 %. Die KZE nennt für die Jahre 1991 bis 94 gleich bleibend 64 %. Dem Bericht der EZE zufolge entfallen 82,5 % des Fördervolumens auf unmittelbare Armutsbekämpfung und 11,2 % auf mittelbare Armutsbekämpfung. Vgl. Ebd.: S. 10.

Tab. 11: Sektorale Verteilung der SHS-Vorhaben [523]

Sektor	Anzahl	%	Volumen in TDM
Landwirtschaft	76	24,1	340 683
Sonstige soziale Infrastruktur und Dienste	28	8,9	113 062
Bildung	20	6,3	69 954
Fortwirtschaft	20	6,3	108 078
Wasserver- und Abwasser/ Abfallentsorgung	19	6,0	67 124
Staat und Zivilgesellschaft	18	5,7	84 958
Industrie	16	5,1	66 594
Andere multisektorale Maßnahmen	47	14,9	251 320
Gesamt	244	77,3	1 101 773

Ende der 1990er Jahre wurden die deutschen Konditionalitätskriterien sowohl bei der Armutsbekämpfung durch Hilfe zur Selbsthilfe als auch bei der Finanzierung der Entwicklungsvorhaben besonders durch die Begriffe gute Regierungsführung, Rechtsstaatlichkeit, Einschränkung exzessiver Militärausgaben und partizipative Demokratie mit Zivilgesellschaft noch stärker geprägt. Von den Partnerländern der EZ wird erwartet, dass sie u.a. ihr politisches Haus in Ordnung bringen, damit auch die Entwicklungshilfe und die externen Förderungen effizienter eingesetzt werden können.

2.3 Kooperation und EZ des BMZ mit dem ehemaligen Zaire

Die Bundesrepublik hat dem ehemaligen Zaire günstige Kredite vermittelt, deutsche Experten haben die Regierung des Landes beraten und einige deutsche NGOs haben

---

[523] Vgl. Eid: S. 20.

Projekte in verschiedenen Sektoren durchgeführt und gefördert.[524] Dies sind die Wege und Strategien der direkten Entwicklungszusammenarbeit Deutschlands und seines Partner dem ehemaligen Zaire. Allerdings sollen sie in Zukunft die einheimische Bevölkerung stärker einbeziehen und mehr befördern. Die Entwicklungsprojekte des BMZ im ehemaligen Zaire (1970er und 1980er Jahren) waren in vielen Fällen modellhaft für den Kontinent. Die Vorhaben der deutschen Entwicklungsaktivitäten können heute theoretisch und praktisch nur im Sinne von Geber- und Nehmerharmonisierung verstanden werden, weil das Land in vielen Sektoren klar abhängig ist. Die Entwicklungsprojekte zeigen, dass die deutsche EZ mit ihren verschiedenen Instrumenten (TZ, FZ etc.) der Finanzierung und Kreditvergabe versuchte, dazu beizutragen, dass das Land ein bestimmtes Entwicklungsniveau erreichte alle Versuche in diese Richtung gescheitert und die Ergebnisse der deutschen bilateralen EZ mit dem Land sind als nicht zufrieden stellend zu bewerten. Über mehrere Jahrzehnte gelang es der verantwortlichen Regierung des Landes darüber hinaus nicht realistische Maßnahmen zur Eindämmung der in ihren Auswirkungen sehr negativ wirkenden politischen und gesellschaftlichen Probleme zu entwickeln, um die Wirkung der entwicklungspolitischen Projekte starken zu fördern.

Nach der Übernahme der Macht durch den selbsternannten Präsidenten J.D. Kabila im Mai 1997 erklärte sich die Bundesregierung grundsätzlich zur Zusammenarbeit mit der neuen Regierung bereit. Bis zur Ermordung von Desiré Kabila (2001) gab es keine große Veränderung in der deutschen EZ mit der DR Kongo. Die offizielle Kongopolitik der Bundesrepublik zeigt seit 2003 deutlich mehr Engagement, insbesondere, was größere strategische Überlegungen angeht. Nach Verabschiedung des Friedensabkommens von Pretoria / Sun City im Jahr 2003 erfolgte die offizielle Wiederaufnahme der Entwicklungszusammenarbeit Ende 2004.[525] Die positiven Anzeichen und die Tendenz zur Stabilisierung der Lage in der DR Kongo

---

[524] Vgl. Anhang D: Übersicht über die Kooperation des BMZ mit dem ehemaligen Zaire: Mögliche Projekt- und Zivilgesellschaftsfinanzierung von 1976 bis 1991. Journalistenhandbuch bzw. Medienhandbuch herausgegeben von BMZ: Entwicklungspolitik: 1976 bis 19911 und 1995.

[525] Bundesentwicklungsministerin Wieczorek-Zeul war im Oktober 2004 und im Mai 2007 in der DR Kongo. Sie informierte sich über die Situation im Land führte Gespräche mit der neuen Regierung und der Opposition. Vgl. BMZ: Entwicklungszusammenarbeit mit der DR Kongo, November 2007, S. 1.

ermutigten Deutschland, seine Entwicklungszusammenarbeit zu intensivieren. Erstmalig seit 1995 wurden der kongolesischen Regierung 2001 die Mittel in Höhe von 7,9 Mio. € für Projektverlängerungen und -aufstockungen offiziell als Leistungen der deutschen Bundesregierung zugesagt.

„La coopération allemande, mise en oeuvre par la GTZ, intervient depuis 2001 pour un montant de 26,2 M€. Son action se situe principalement dans le secteur de la santé pour un montant de plus ou moins 4,75 M€, dans l'environnement avec 1,5 M€. Elle s'engage aussi avec 3,85 M€ dans le programme de Désarmement, Démobilisation, Rapatriement, Réintégration, Réinsertion et à travers les projets de développement des églises et ONG allemandes actives en RD Congo.“[526]

Im November 2004 sagte Wieczorek-Zeul über Staatspräsident Joseph Kabila u.a. die Reaktivierung von 60 Millionen Euro FZ-Mittel in Zuschussqualität zu. Des Weiteren wurden 2005 insgesamt 24,35 Mio. EUR (10 Mio. für TZ und 14,35 Mio. für FZ) Neuzusagen gemacht. Zur Unterstützung der ersten freien Wahlen seit 40 Jahren wurde der von dem UNDP verwaltete Wahlfonds mit 10 Mio. € bilateraler FZ unterstützt. Zusätzlich wurde 1 Mio. € TZ zur Sensibilisierung der Bevölkerung und zur Unterstützung der Wahlkommission im Rahmen der Zusammenarbeit zwischen GTZ und Konrad Adenauer Stiftung bereitgestellt.[527] Die Aktivitäten der deutschen EZ in der DR Kongo sind derzeit breit gefächert. Schwerpunkte liegen in den Sektoren Wahlvorbereitung, Rehabilitation/ Reintegration von Flüchtlingen, Gesundheit, Mikrofinanzen sowie Förderung der Wirtschaft und Zivilgesellschaft.

2.3.1 Konditionalitätskriterien und die Förderung der kongolesischen Zivilgesellschaft

Das BMZ suspendierte zwar die bilaterale Zusammenarbeit mit dem ehemaligen Zaire von 1990 bis 2001 nicht ganz.[528] Sie war vor Ort mit der GTZ und einigen

---

[526] RD Congo Communauté européenne (2003): S. 25.

[527] BMZ/Sachstände/Übersicht/ Aktivitäten der deutschen EZ in der DR Kongo, Februar 2006, S. 4.

[528] Das heißt, die deutsche bilaterale TZ mit der DR Kongo wurde auch in diesen Jahren der Krise niemals ausgesetzt. Sie hat sich ihre Projektziele auf niedrigem finanziellem Niveau gesetzt, um die Leiden der Bevölkerung zu lindern, eine Basisversorgung sicherzustellen und die Umwelt zu schützen. Vgl. BMZ-Länderberichte: DR Kongo (2004): S. 14.

Stiftungen vertreten, um die Aktivitäten der Not- und Nahrungsmittelhilfe durchzuführen. Der Schwerpunkt der deutschen EZ wurde nur in den Bereichen Umwelt, Naturschutz, Beratung kongolesischer Naturschutzbehörden (Institut Congolais pour la Conservation de la Nature, ICCN), Versorgung mit sauberem Wasser und medizinischer Versorgung weitergeführt. Auf die Fragen an das BMZ-Referat 322, welche Projekte konkret durchgeführt wurden, wie viele Gelder in diese Projekte flossen und ob es auch Projekte zur Förderung der kongolesischen Entwicklungs-NGOs, Menschenrechtsorganisationen und der sich zur Zeit (1990er Jahre) allmählich formierenden Zivilgesellschaft gab, wurde wie folgend diplomatisch geantwortet:

„Im genannten Zeitraum wurden rund 250 Projekte der verschiedenen privaten, staatlichen und nichtstaatlichen Durchführungsorganisationen unterstützt. Schwerpunkte der Zusammenarbeit lagen in den Sektoren Gesundheit, Umwelt, Bildung, Infrastruktur und ländliche Entwicklung. Die ODA-Leistungen (Official Development Assistance) für die technische Zusammenarbeit (Auszahlungen) betrugen dabei € 188.338.573,53, wobei zu beachten ist, dass in dieser Summe nicht nur die Leistungen für die oberen genannten Projekte, sondern auch Unterstützungen von Projekten durch das Auswärtige Amt und die Bundesländer enthalten sind. Ein Großteil der Leistungen wurde an die Zentralstellen für Entwicklungshilfe der katholischen und evangelischen Kirchen ausgezahlt, die keine eigenen Projekte betreiben, sondern einheimische Partnerorganisationen (kirchliche, aber auch andere NGO's) unterstützen.“[529]

Daher führte die deutsche politische Konditionalität der 1990er Jahre in der EZ nicht dazu, dass die kongolesische Zivilgesellschaft automatisch gefördert wurde. Seit die Enquete-Kommission über die Zukunft des bürgerschaftlichen Engagements (2001-2002) u.a. die reformpolitischen Potentiale der Zivilgesellschaft ausleuchtet[530], wurde die Zivilgesellschaft jedoch zu einem selbstverständlichen Bestandteil des deutschen Diskurses und die deutsche EZ

---

[529] Internet-Email vom Referat 322-Zentralafrika, Westafrika II, Madagaskar Bundesministerium für wirtschaftliche Zusammenarbeit und Entwicklung von 27.03.06. Ansprechpartner: Frau van Edig und Herr Friedemann Gille.

[530] Vgl. Klein, Ansgar und Markus Rohde (2003): S. 2.

leistet erhebliche Anstrengungen, diese Zivilgesellschaften in den Entwicklungsländern zu fördern.

2.3.2 BMZ und der neue Weg zur Förderung der kongolesischen Zivilgesellschaft

„L'Ambassade d'Allemagne en RD Congo collabore avec les ONG de Droits de l'homme, qui dans leurs fonctions dénoncent les abus du gouvernement. Ses ONG bénéficient un peu de l'aide matérielle, mais une fois qu'elles sont financées, elles n'arrivent même pas à justifier l'usage de fonds qui leur ont été octroyées. Entre ses organisations non étatiques il existe une sorte de guerre de représentativité au niveau de la population. Mais il est difficile de savoir qui d'entre elles est plus crédible. Il est aussi difficile de cerner les relations entre ONG/Société Civile et le gouvernement (...) Certains membres du gouvernement actuel issu de la société civile garde encore leur neutralité pour ne pas être désavouer par la population. "[531]

In der DR Kongo ist die deutsche bilaterale Zusammenarbeit durch die GTZ, die Konrad-Adenauer Stiftung, die Hans-Seidel Stiftung, die Deutschen Welthungerhilfe, das Deutschen Rote Kreuz und die Caritas vertreten. Die Arbeit der politischen Stiftungen vor Ort ist hinsichtlich der Kooperation mit der Zivilgesellschaft und deren Bedeutung für das Entstehen eines stabilen an demokratischen Grund-sätzen orientierten politischen Systems im Land hervorzuheben. Die GTZ unterstützt die kongolesische Regierung im Auftrag der Bundesregierung fördert die private Wirtschaft und die Zivilgesellschaft und kooperiert insbesondere mit dem landesweiten Unternehmerverband COPEMECO, den Dachverbänden von NGOs, der Initiative Congolaise pour le sauvetage de la population de Goma (ICG) und der Féderation des ONG Laïques à vocation Economique du Congo (FOLECO) und dem Dachverband der Mikrofinanz-Institutionen RIFIDEC. Bereits im Vorfeld wurden über COPEMECO mehr als 3.000 Klein- und Mittelunternehmen sowie über RIFIDEC 163 Mikrofinanz-Institutionen gefördert. Die FOLECO betreut über 1.900 NGOs in acht Provinzen des Landes und die ICG fördert 830 NGOs in den vier Ostprovinzen, eine zivilgesellschaftliche Breitenwirkung, die angesichts der knappen Mittel höchst

---

[531] Interview mit Martin Schmidt, Premier Secretaire de l'Ambassade d'Allemagne en RD Congo, am 06.06.2003 in Kinshasa.

beeindruckend ist.[532] Diese Plattform ermöglicht es der kongolesischen Zivilgesellschaft sich. an einigen internationalen Konferenzen zu beteiligen.

Tab. 12: In Vorbereitung bzw. Durchführung befindliche Vorhaben der TZ [533]

BMZ-Nr	Projektbezeichnung	Nettobewilligung in T€
199521469	Förderung nichtstaatlicher Struktur im Ländlichen und Urbanen Raum (FOLECO)	6. 902, 4
200122630	Förderung nichtstaatlicher Struktur im Ländlichen und Urbanen Raum (FOLECO)	2. 747, 4
200220426	Krisenminderung durch Stärkung der Zivilgesellschaft	400, 0

In Zusammenarbeit mit NGOs werden arbeitsintensive Rehabilitationsmaßnahmen, Mikroprojekte sowie medizinisch/psychologische Betreuungsmaßnahmen für vergewaltigte Frauen durchgeführt. Zielgruppe sind neben den zu reintegrierenden Personen auch die diese Personen aufnehmenden Gemeinden. Hierfür sind 14,432 Mio. € FZ zugesagt worden. Alle Maßnahmen und Projekte zielen auf die Stabilisierung des Friedenprozesses, die Förderung und Beratung von NGOs, Zivilgesellschaften, Klein- und Mittelunternehmen sowie darauf, die Selbsthilfefähigkeit der Bevölkerung zu erhöhen. Maßnahmen zur Instandsetzung der Infrastruktur, des Gemeinwesens und gewerblicher Aktivitäten dienen dem Wiederaufbau, um die zerstörten Wirtschaftskreisläufe zu reaktivieren und zu unterstützen.

Die Konrad-Adenauer-Stiftung (KAS) führt Maßnahmen zur politischen Grundbildung, zur Krisenprävention und zur Förderung der Marktwirtschaft durch.

---

532 Gesamtlaufzeit: August 2005 bis Juli 2010. Schwerpunkte in der DR Kongo. Vgl. www.gtz.de/ de/weltweit/afrika/kongo/13446.htm/26.08.2007.

533 Einige ausgewählte Projekte des BMZ: Auswertedatum 22.01.04. Vgl. BMZ-Länderbericht (2004): DR Kongo, S. 13.

Für die Maßnahmen stellte das BMZ zwischen 2002 und 2008 2,55 Mio. € zur Verfügung. Die KAS beteiligte sich an der Vorbereitung und Durchführung der Wahlen (Unterbeauftragung durch GTZ). In diesem Zusammenhang engagiert sich das Büro der KAS in Kinshasa in den verschiedenen Provinzen des Landes und arbeitet mit anderen internationalen Organisationen zusammen, u.a. durch Experteneinsatz bei der Ausbildung der neu gewählten Parlamentarier, zusammen. Das Programm „Approcher le parlement au peuple“ der KAS vermittelt zum Beispiel in fünf Provinzen Grundwissen zur Parlamentsarbeit und zum politischen System der DR Kongo. Weitere Programmschwerpunkte sind die Effizienzsteigerung in der Parlamentsadministration durch Experteneinsatz und komplementäres Besucherprogramm in Deutschland sowie der Kampf gegen die Straffreiheit in Zusammenarbeit mit dem Internationalen Strafgerichtshof und dem Bureau Pennal International. Im Rahmen der Schwerpunktbereiche werden verschiedene Aktivitäten durchgeführt, mit denen je nach Thematik unterschiedliche Zielgruppen angesprochen werden. Diese Aktivitäten finden in Form von Seminaren, Workshops, Dialogforen, Debatten oder Runden Tischen statt. In der Umsetzung der einzelnen Aktivitäten arbeitet die KAS eng mit den staatlichen und nichtstaatlichen Partnern aus verschiedenen Sektoren zusammen.[534]

Das Programm der Hanns-Seidel-Stiftung (HSS) ist Teil des Regionalprojekts. Ihre Schwerpunkte liegen unter anderem in folgenden Bereichen: Dezentralisierung, Demokratisierung, Konfliktprävention und Stärkung informeller Strukturen im Wirtschaftssektor, Managementausbildung für Vertreter der Kleinunternehmer, Stärkung der staatlichen Verwaltung im Planungsministerium; Förderung des Rechtstaats und der nachhaltigen Entwicklung des Landes mit der Beteiligung des kongolesischem Institut pour Développement Durable (ISDD). Außerdem führt sie Projekte zur Stärkung der ländlichen Entwicklung und Nahrungssicherung durch.[535] Die HSS ist auf die Verbesserung der Strukturen von Wirtschaft, Staat und Zivilgesellschaft ausgerichtet. Von 1980 bis 2002 wurden bereits Mittel in Höhe

---

[534] Vgl. Länderprogramm DR Kongo: http://www.kas.de/proj/home/home/7/1/ 20.07.07.

[535] Zum Beispiel Maniokanbau, Feldbestellung, Tierzucht, Anlegen von Fischteichen und die Ausbildung und Beratung der ländlichen Bevölkerung in der Landwirtschaft. Gemeinsam mit dem Planungsministerium werden EDV-Kurse für Beamte und Angestellte aus Ministerien und Behörden angeboten, um die staatliche Verwaltung zu verbessern.

von 15 Mio. € dafür bereitgestellt. Die verschiedenen Projekte der HSS in der DR Kongo werden seit 2008 mit einer Summe von 2,85 Mio. € gefördert. [536]

Die Projekte der deutschen Organisationen und Stiftungen arbeiten flächendeckend in der gesamten DR Kongo, haben einen sehr hohen Bekanntheitsgrad und genießen große Wertschätzung.

„Wie Sie sehen, wir nehmen unsere Verantwortung gegenüber Afrika sehr ernst. Natürlich bedarf es in vielen Fällen weiterer Anstrengungen. (...) Wer bereit ist, an dieser schweren und notwendigen Arbeit teilzunehmen-, Unternehmen, Kirchen, Medien, NGOs, Wissenschaft, der ist dazu sehr willkommen.“[537]

Die Bemühungen des BMZ, entscheidende Strukturprobleme im ehemaligen Zaire zu überwinden, könnte allerdings in den vielen Jahren der Projektphase nicht als erfolgreich bezeichnet werden. In der Zeit der Konditionalitätspolitik fand die Umsetzung der FZ und TZ ohne die Beteiligung der kongolesischen Bürgerorganisationen statt, weil sie nur nicht identifizierbar waren, sondern auch nicht in den Blick der staatlich bilateralen EZ Deutschland-Zaire kamen. Nun wird es bei der Aktivierung und Verstärkung der zivilgesellschaftlichen Organisationen darauf ankommen, dass die Zivilgesellschaft bei der Länderprojektplanung, bei der Ausarbeitung von Entwicklungsstrategien sowie bei der Durchführung der Projekte am gesamten Konzept der bi- und multilateralen Zusammenarbeit beteiligt wird. Daher sollten die durch den Staat oder die nationalen NGOs geführten Projekte sowie die Förderung der Zivilgesellschaft regelmäßig überprüft und bewertet werden. Um die Effizienz der EZ zu erreichen, braucht die DR Kongo eine dauerhafte Friedensordnung. Eine dauerhafte nationale und regionale Friedensordnung sowie der Wiederaufbau des Landes bedeuten größere politische, wirtschaftliche und soziale Stabilität, die zu einer verantwortungsvolleren Nutzung der reichhaltigen Bodenschätze des Landes beitragen kann. Die EU und die

---

[536] Vgl. BMZ: Entwicklungszusammenarbeit mit der DR Kongo, November 2007, S. 10. CADIM: Centre d´Appui au Dévelopment Intégral Mbandaka; C.A.D.E.A: Centre d´Actions pour le Développement des Entreprises en Afrique; Planungsministerium der DR Kongo; ISDD: Institut pour Développement Durable. http://www.hss.de/1615.shtml;

[537] Ausschnitt aus der Rede von Heidemarie Wieczorek-Zeul am 3. Mai 2001 in Bonn zum Thema: Entwicklungspolitik als wesentliches Gestaltungselement der deutschen Afrikapolitik-Eckpunkte für eine strategische Orientierung. www.bmz.de/-11.12.2005.

deutsche bilaterale Entwicklungszusammenarbeit bieten unter anderem dafür Unterstützung und versuchen sich dabei, an den Bedürfnissen und Interessen der kongolesischen Bevölkerung zu orientieren. Wichtig für schnell einsetzende und nachhaltige Erfolge beim Aufbau des Landes ist ein mit allen Gebern abgestimmtes Vorgehen auf der Grundlage der gemeinsamen Strategie. Diese Entwicklungsstrategie muss vor Ort mit der kongolesischen Regierung und Zivilgesellschaft sowie mit anderen bi- und multilateralen Gebern arbeitsteilig koordiniert und durchgeführt werden. In diesem Zusammenhang ist die Zusammenarbeit zwischen mit der EU, dem UNDP, der kongolesischen Regierung und Zivilgesellschaft seit einiger Zeit sehr intensiv geworden.

3. Entwicklungsprogramme der Vereinten Nationen (UNDP): Implikation und Förderung der kongolesischen Zivilgesellschaft

Das UNDP[538] wurde 1965 gegründet. Es ist ein Nebenorgan der VN-Generalversammlung und wird sowohl von der Generalversammlung als auch von dem Wirtschafts- und Sozialrat der Vereinten Nationen (ECOSOC) verwaltet. [539] 1970 wurde dem UNDP die generelle Zuständigkeit für die technische Zusammenarbeit (TZ) des VN-Systems übertragen. Heute ist es verantwortlich für die Koordinierung der multilateralen Entwicklungshilfe und für die VN-Strategie zur Umsetzung der Millennium Entwicklungsziele. Das Ziel von technischer Zusammenarbeit ist u.a., langfristige Beiträge zur capacity building zu leisten und die Institutionen in einem Entwicklungsland, wie der DR Kongo zu unterstützen und die erforderlichen gesellschaftlichen Strukturen zu fördern. Das UNDP verfügt in vielen

[538] UNDP entstand durch die Zusammenlegung des 1949 gegründeten Expanded Programme of Technical Assistance (EPTA) und des 1958 errichteten Special Fund (SF). Vgl. die Resolution 2029 (XX) der Un-Generalversammlung. Das Gemeinsame Aufsichtsorgan von UNDP, Bevölkerungsfonds der Vereinten Nationen (UNFPA) und Büro für Projektdienste der Vereinten Nationen (UNOPS) ist der Exekutivrat, der seinerseits über den Wirtschafts- und Sozialrat der VN (ECO SOC) an die VN-Generalversammlung berichtet. Das UNDP hat seinen Hauptsitz in New York und setzt sich aus dem Exekutivrat, dem Administrator und dessen Mitarbeitern zusammen.

[539] Ihm gehören 36 VN-Mitgliedstaaten an. Der gemeinsam mit dem VN-Bevölkerungsfonds UN-FPA gebildete Exekutivrat tagt als Aufsichtsgremium dreimal im Jahr.

Programmländern über eine starke Außenstruktur, die den Zugang zu den Regierungen und nichtsstaatlichen Organisationen der Gastländer erleichtert. Der UNDP-Jahresbericht gibt seit 1990 Informationen über die menschliche Entwicklung heraus. Unter Entwicklung ist u.a. auch zu verstehen, dass Menschen in die Lage versetzt werden müssen, ihr Leben bzw. ihre Entwicklungsprozesse mitzugestalten.[540]

„Der (damalige) Generalsekretär der Vereinten Nationen, Koffi Annan, mag gut daran zu erinnern, dass die Charta der Vereinten Nationen mit den Wörtern beginnt: Wir, Völker der Vereinten Nationen. Diese einfachen Wörter erinnern alle daran, dass die UNO kein Kulturgut der Staaten ist, sondern das Kulturgut der Menschheit und das Eigentum von allen. Wenn die UNO den Völkern der Erde gehört, müssen die Organisationen der Zivilgesellschaft ebenso unumgängliche Ansprechpartner wie die Staaten und die anderen multilateralen Organisationen sein (...).“[541]

Die Aufgaben des UNDP bestehen darin, die UNO-Entwicklungszusammenarbeit einheitlich zu planen, zu koordinieren und zu steuern. Diese Aufgaben konzentrieren sich auf drei Bereiche: entwicklungspolitische Regierungsberatung auf Makroebene in 116 Programmländern mit 6689 Mitarbeitern im Jahre 2005[542], Koordination der Entwicklungspolitik der VN in den Programmländern, Vertretung entwicklungspolitischer Interessen in der Welt-Öffentlichkeit. Um seine Ressourcen zu maximieren und die Ziele seiner Entwicklungsprojekte in den Entwicklungsländern zu erreichen, beschränkt sich die Arbeit des UNDP bzw. UNDP-Länderbüros konkret v.a. auf folgende Bereiche: Unterstützung der staatlichen Institutionen; entwicklungspolitische Projekte und Hilfe programmieren und durchführen sowie Förderung der öffentlichen Verwaltung, der nationalen Zivilgesellschaft, des privaten Sektors und der Dezentralisierungsmaßnahmen.[543] Das UNDP ist als Finanzierungsgremium für die TZ[544] des

[540] Vgl. Medienhandbuch (2000): S. 180

[541] Daniel Mukoko: Le Système des Nations Unies au Congo et implication de la société civile. (Vortrag), Kinshasa, 17. Juni 2003.

[542] Vgl. Fischer Weltalmanach: Zahlen, Daten, Fakten 2007, S. 596.

[543] Vgl. Les priorités du PNUD quant à l'appui à la bonne gouvernance, in : La gouvernance en faveur du développement humain durable. Document de politique générale du PNUD, New York 1997, S. 16.

[544] Haushalt 2007: 1, 2 Mrd. US $. Vgl. Fischer Weltalmanach (2008), S. 596.

gesamten VN-Systems tätig und spielt auch eine zentrale Rolle bei der Umsetzung der UN-Reformen in den entwicklungspolitischen Bereichen. In den 1990er Jahren bedurfte das UNDP selbst der Reform. Dieser Reformbedarf wurde aufgrund der Defizite[545], die das UNDP überwiegend als schwachen entwicklungspolitischen Akteur charakterisieren, nötig.

„Wichtige Analysen der Reform wurden in den 1990er Jahren durchgeführt oder selbst veranlasst, unter anderem der verschiedenen skandinavischen Ländern (das Nordic UN Projekt, Untersuchungen von Dänisch International Development Agency (DANIDA) und dem Centre for Development Research etc.), dem Overseas Development Council und dem UNDP (...). Seit der ersten Hälfte der 1990er Jahre findet ein komplexer Reformprozess zur Umgestaltung des UNDP statt.“[546]

Um die Aufgaben und Funktionen der zivilgesellschaftlichen Organisationen zu fördern, die Zusammenarbeit und den Dialog zwischen den NGOs und der UNO zu stärken hat die UNO 1975 einen nichtstaatlichen Verband, genannt „Service de Liaison Non-Gouvernementale des Nations-Unis“ bzw. der Nichtstaatliche Verbindungsservice Nationen (NGLS), gegründet.[547] NGLS fördert die dynamischen Teilhaberschaften zwischen den Nationen und den nichtstaatlichen Organisationen.[548] Der Verband organisiert seine Arbeit v.a. in folgenden Bereichen:[549] Verstärkung der Kapazität des UNO-Systems im Blick auf eine konstruktive Zusammenarbeit mit den NGOs und den internationalen

---

[545] Auf der konzeptionellen Ebene: unzureichendes inhaltliches Profil und unzureichende Berücksichtigung der Ergebnisse der TZ-Debatten; auf der Struktur- und Politikebene: schlecht funktionierende Koordinierungsmechanismen; auf der Länderebene: keine entwicklungspolitische Anreize bei den ursprünglichen Länderprogrammierungsverfahren und geringe politische Steuerungsfähigkeit durch das Governing Council bzw. das Exekutive Board; auf der Administrations- und Implementierungsebene: fehlende Signifikanz bei der Qualität der Projektplanung und –durchführung etc. Vgl. Klingebiel, Stephan: Leistungsfähigkeit und Reform des UNDP, Deutsches Institut für Entwicklungspolitik. Bd. 115, Köln 1998, S. IV.

[546] Ebd., S. V

[547] Der Verband hat zwei Sitze, einen in New York und einen anderen in Genf.

[548] Vgl. Que signifie le Service de Liaison Non Gouvernemental des Nations Unis. www.unngls. org/19.02.2006.

[549] Vgl. Les fonctions du Service de Liaison Non Gouvernemental des Nations Unis. Vgl. ebd.

Zivilgesellschaften, damit sie sich konstruktiv an der UNO-Arbeit beteiligen können.

3.1 UNDP und die Förderung der Good Governance

Verstärkte Hilfsmaßnahmen zur Förderung einer guten Regierungsführung ist für das UNDP eines der wichtigsten Anliegen der nachhaltigen und menschlichen Entwicklung. Aus diesem Grund ist das UNDP ein unparteiischer Partner des Staates, der zivilgesellschaftlichen Organisationen und des privaten Sektors, der u.a. bei der Formulierung und Durchführung von nationalen Strategien, bei der Umsetzung institutioneller Reformen unterstützend und finanzierend wirkt. Das UNDP ermöglicht den Zivilgesellschaften, dass sie in dem gesamten Transformationsprozess direkt konsultiert und beteiligt werden sowie in besonderem Maße mitwirken und konstruktiv zusammenarbeiten. Für das UNDP schafft der Staat geeignete politische, rechtliche Grundlagen und Rahmenbedingungen, der private Sektor die Arbeits- und Beschäftigungsmaßnahmen und die Zivilgesellschaften erleichtern die sozio-politische Interaktion.[550] Im Rahmen einer guten Regierung ist es jedoch wichtig die Interaktion dieser drei Sektoren enorm zu fördern, damit ein entsprechendes Gleichgewicht zwischen ihnen zu Gunsten einer Entwicklung mit menschlichen Dimensionen eintreten kann. Die Kapazität dieser Akteure, sich gegenseitig, kontinuierlich und kritisch zu beeinflussen sowie anzupassen, soll ein wichtiger Kern ihrer langfristigen Interaktion und Zusammenarbeit sein. Das UNDP legt viel Wert auf die Zusammenarbeit mit den zivilgesellschaftlichen Organisationen, weil diese Organisationstypen die wichtigsten Bindeglieder der Gesellschaft sind, die die gesellschaftliche Kapazität der Bevölkerung verkörpern und die die Problematik der Basisbevölkerung schnell verstehen. Sie sind keine privaten Unternehmer. Jedoch müssen sie, am Beispiel der privaten Unternehmer, mit ausreichenden ideellen und materiellen Förderungen ausgestattet werden, damit sie ihre Fähigkeit in dem jeweiligen Land umsetzen können.

[550] Vgl. Speth, James Gustave (L'administrateur du PNUD) in: La gouvernance en faveur du développement humain durable. Document de politique générale du PNUD, New York 1997, Avant-propos. Maquette, montage et production : American Writing, division de Communications Dévélopment Incorporated, Washington, D.C.

„D'aucuns prétendent que le secteur privé fait partie de la société civile. Toutefois, il en est distinct dans la mesure où les acteurs du secteur privé influencent les politiques sociales, économiques et politiques, ce qui conduit à un environnement plus favorable au marché et aux entreprises. "[551]

Eine passive Regierung, marode ökonomische und soziale Sektoren schwächen in vielen Entwicklungsländern allerdings die traditionellen Basisstrukturen der Zivilgesellschaften. Eine Regierung, die nicht von der Bevölkerung legitimiert ist, kann ihre Ziele und die der Bevölkerung nur schwer erreichen. Wenn eine solche Regierung nicht in der Lage ist, einen nationalen Konsens mit allen Beteiligten zu initiieren und geeignete Rahmenbedingungen zu schaffen, kann die externe Hilfe nur unwirksam bleiben. Wenn sie nicht fähig ist, ein solides gesellschaftliches Gebilde zu entwickeln, ist die gesamte Gesellschaft von Desintegration und Chaos bedroht. Wenn die Bevölkerung nicht die Möglichkeiten hat, sich an ihrer eigenen Entwicklung zu beteiligen, dann kann man nicht von nachhaltiger menschlicher Entwicklung in den Entwicklungsländern sprechen. Daher haben die Regierungen, die privaten Sektoren und die Zivilgesellschaft in den Entwicklungsländern noch viel zu tun, um ihre Ziele zu erreichen, die schließlich auf Konsolidierung der partizipativen Demokratie beruhen sollen. Aus diesen Gründen versucht das UNDP, die Zivilgesellschaft, v.a. beim Aufbau ihrer Strukturen und Netzwerke sowie bei Mobilisierungskampagnen zu unterstützen. Obwohl das UNDP seine Partnerschaft mit den zivilgesellschaftlichen Organisationen immer weiter verstärkt, bleibt die Regierung des jeweiligen Entwicklungslandes in erster Linie ihr traditioneller Partner. Das UNDP nutzt diese enge Partnerschaft mit der Regierung, um die Interaktion und die Zusammenarbeit zwischen den drei Akteurengruppen zu pflegen und zu verstärken. Es entspricht den Aufgaben des UNDP, diese Akteure in den noch schwachen Krisenstaaten Afrikas zusammenzubringen, damit sie über die Schicksale ihrer Nation und ihrer Bevölkerung vernünftig diskutieren und schnell zweckmäßige Lösungen finden können.

3.2 UNDP-Arbeit in Afrika

Das UNDP ist in vielen Ländern Afrikas präsent und besitzt ein weltweites Netzwerk, das es ihm ermöglicht, ein ausführliches Programm für die Verstärkung

[551] PNUD : La bonne gouvernance et le développement humain durable, 1994, S. 5ff.

der menschlichen und institutionellen Kapazität zu verbreiten und den Regierungen und zivilgesellschaftlichen Organisationen politisch, technisch und fachlich Beratungen anzubieten. Seit den 1960er Jahren arbeitet das UNDP mit den afrikanischen Regierungen und Organisationen zusammen und fördert sie mit fast 50% seines jährlichen Haushalts.[552] Nach Ende der kolonialen Zeit, des Kalten Krieges und mit dem allmählichen Verschwinden der diktatorischen Regime zeigt sich das UNDP bereit, die afrikanischen Länder in Richtung partizipative Demokratie zu unterstützen und zu fördern. Jedoch sind viele afrikanische Übergangsinstitutionen und –organisationen für die Umsetzung der Demokratie noch fragil. Sie werden vor allem durch schwach ausgeprägte demokratische Strukturen gebremst und können ihre Liberalisierungsprozesse nicht mit geeignetem Tempo umsetzen. In der DR Kongo ist das UNO-Programm[553] heute zum Beispiel in verschiedenen Provinzen präsent und leistet finanzielle, technische und materielle Hilfe zum Aufbau einer gleichberechtigten Gesellschaft mit partizipativer Demokratie. Außerdem konzentriert sich die Zusammenarbeit auf die Wiederherstellung des Friedens, den Wiederaufbau des Landes, eine gute Regierung etc. Das UNDP hilft dem Land darüber hinaus, sein gerichtliches System und seine öffentlichen Funktionen zu reformieren und es unterstützt die Regierung in der Ausarbeitung des nationalen Programms für die Verwirklichung der MDGs. Die finanziellen Beiträge erreichen im Jahre 2004 mehr als 150 Millionen US $.[554]

---

[552] Vgl. Brown, Mark Malloch: Les travaux du PNUD en Afrique, in: Info Rapide, septembre 2003, S. 2.

[553] Die VN sind mit der Friedensmission MONUC in der DR Kongo präsent. Die militärische Präsenz in Ostkongo sowie in Kinshasa wurde nach den Wahlen deutlich erhöht. Für die Koordinierung der Aktivitäten des VN-Systems ist seit dem 01.10.2004 die VN-Mission MONUC zuständig. Zuvor oblag diese Aufgabe das UNDP. Sie ist mit Kap.VII Mandat ausgestattet und soll gemäß Res1565 (2004) auf 16.700 aufgestockt werden.

[554] Vgl. Ludermann, Bernd: Milleniumsziele: UNDP fordert größere Anstrengungen. In: Entwicklung und Zusammenarbeit, Jg. 44.2003:10, S. 391. und www.cd.-undp.org /27.07.04. Gute Regierungsführung und die Reduzierung der Armut sind zwei vorrangige Gebiete, die im Aktionsplan des UNDP-DR Kongo für die Periode zwischen 2008-2010 vorgesehen sind, um die Entwicklungsdefizit des Landes zu überwinden. Tshibuabua, Espérance: Plan d'action 2008-2012: Le PNUD compte améliorer le système de gouvernance en RD Congo/ 9.08.2007

3.3 Prinzipien der Zusammenarbeit zwischen dem UNDP und den kongolesischen zivilgesellschaftlichen Organisationen

Die internationalen Konferenzen, die in den 1990er Jahren unter der UNO-Schirmherrschaft stattfanden, trugen dazu bei, dass die zivilgesellschaftlichen Organisationen heute in den Mittelpunkt der Entwicklungspolitik und der sozialen Politik des UNDP gerückt sind.[555] Dies ist auch ein Grund dafür, warum das UNDP sich engagiert hat und motiviert ist, seine Zusammenarbeit mit der kongolesischen Zivilgesellschaft zu verstärken.

„J'aimerais souligner que, dans la conception du PNUD, les organisations de la société civile congolaise (OSCs) ne remplacent pas le gouvernement ; au contraire, elles complètent les efforts du gouvernement en vue du Développement durable. A ce titre, le PNUD a formulé une politique institutionnelle sur la manière dont il devrait collaborer avec les OSCs. La collaboration avec les OSCs doit être enracinée dans l'analyse et l'évaluation de la situation du pays, y compris l'analyse et l'évaluation du rôle, des capacités et des besoins de ses organisations."[556]

Die Grundlage der partnerschaftlichen Zusammenarbeit zwischen dem UNDP und den kongolesischen zivilgesellschaftlichen Organisationen beruht v.a. auf Vertrauen, Gleichheit, gegenseitige Anerkennung der Verpflichtungen und Kohärenz sowie auf dem Verhandlungs- und Komplementaritätsprinzip, nicht jedoch auf dem Zwangsprinzip und der Aufteilung von institutioneller Verantwortung. Das UNDP versucht, seine Verpflichtungen gegenüber der kongolesischen Regierung und der Zivilgesellschaft durch die Unterstützung der Aktionen, Projekte und nationalen Programme sowie Kapazitätsbildung zu erfüllen, damit sie wiederum ihre Verpflichtung gegenüber der Bevölkerung erfüllen können. Aber weder das UNDP noch der Staat und noch die Zivilgesellschaft sind verpflichtet, die Vorschläge und Konzepte seines Partners einfach zu akzeptieren. Die Umsetzung der oben genannten Prinzipien soll v.a. zur Entwicklung einer soliden und strategischen Partnerschaft zwischen dem UNDP und den kongolesischen Akteurengruppen führen. Man nutzt z.B. das Vertrauensprinzip

---

[555] Vor allem der genannte UNO-Sozialgipfel: Sommet mondial pour le développement social au mois de juin 2000 à Genf.
[556] Mukoko, Daniel (2003): S. 3.

zwischen dem UNDP und der Regierung, um im Blick auf die Zivilgesellschaft und ihre Einflüsse auf die Regierungsentscheidungen zu stärken. Dabei geht es u.a. um den Bereich der Entwicklungspolitik, um die Umsetzung der Maßnahmen in der sozialen und Menschenrechtspolitik sowie Entscheidungen über die rechtlichen Grundlagen für die Arbeit und Funktion der Zivilgesellschaft. Bei der Umsetzung von verschiedenen Prinzipien für die Zusammenarbeit zwischen UNDP-Regierung und Zivilgesellschaft spielt das UNDP die Rolle eines kompetenten Unterhändlers und wirbt für eine schwungvolle Zivilgesellschaft. In Bukavu hat die MONUC zum Beispiel die Gründung einer Plattform unterstützt, um den Dialog zwischen den lokalen staatlichen Institutionen und der Zivilgesellschaft zu erleichtern. Im Rahmen des MONUC-Mandats für die Begleitung und Verstärkung der Institutionen auf nationaler Ebene hat das MONUC-Büro in Bukavu eine zentrale Rolle gespielt, indem das Büro im Jahre 2007 ein Kolloquium über die Kapazitäten der Zusammenarbeit zwischen der Zivilgesellschaft und dem Provinz-Parlament organisierte. Ein MONUC-Vertreter betonte in seiner Rede, dass die Hauptzielsetzung dieses Seminars dazu führen solle, dass die Zivilgesellschaft und das Parlament über Mechanismen der Zusammenarbeit nachdenken, um ihre Synergie zu verstärken und ihre Arbeit im Interesse der Bevölkerung zu verbessern. Außerdem stellte er auch ausführlich dar, dass diese Zusammenarbeit eine Chance und einen wichtigen Beitrag für die Entwicklung des Provinzen und des Landes sei.[557]

Das UNDP fördert die kongolesische Zivilgesellschaft in ihrer Heterogenität, um die partizipative Demokratie zu unterstützen. Diese Heterogenität ist ein Zeichen der Existenz kongolesischer Gesellschaft nach der langen Zeit des diktatorischen Regimes. In diesem Sinne hat das UNDP das Prinzip des Respekts von der Vielfalt der nichtstaatlichen Organisationen angenommen und versucht trotzdem, sie auszudifferenzieren und zu kategorisieren, um sie ihren Schwerpunkten entsprechend besser zu fördern. In der Zusammenarbeit zwischen dem UNDP und der kongolesischen Zivilgesellschaft wurde schließlich bei der Projektförderung auf die Prinzipien der Kohärenz und der Dauerhaftigkeit in Bezug auf die nationale Entwicklung und den Veränderungsrahmen geachtet. Um in der DR Kongo den gesamten Bereich der Good Governance besser zu fördern, arbeit das UNDP als

---

[557] Vgl. Camerini, Carmine: Bukavu: La MONUC facilite le dialogue entre la Société civile et les instances politiques/ 08 juin. 07. http://www.monuc.org/News.aspx?newsId=14750

unparteiischer Partner, entwickelt Plädoyers und unterstützt gleichzeitig das von der kongolesischen Regierung formulierte nationale Programm.

„Ich bin überzeugt, dass die Zusammenarbeit zwischen dem UNDP und der kongolesischen Zivilgesellschaft lebendig wird und sich allmählich positiv entwickelt, wie viele durchgeführte UNDP-Projekte in den Bereichen der Kapazitätsbildung, der Verbesserung der Lebensbedingungen der Bevölkerung durch Förderung der ländlichen und bäurischen Organisationen sowie durch Vergabe von Krediten für Mikroprojekte beweisen können.“ [558]

3.3.1 Praktische Modalitäten der Zusammenarbeit

Seit 2003 führt das UNDP v.a. folgende aktive Projekte in der DR Kongo durch: das so genannte Projekt 2B und das Projekt 4K. Das sog. Projekt 2B wurde auf ein Budget von 4.620.300 US $ zur Verstärkung der gemeinschaftlichen Kapazität in den Provinzen Bandundu und Bas-Congo aufgestockt. Mit dieser Projektfinanzierung versucht das UNDP gemeinsam mit der kongolesischen Zivilgesellschaft unter anderem folgende Ziele zu erreichen: Verstärkung und Verbesserung der technischen, fachlichen, strukturellen, finanziellen und Manager Kapazitäten der organisierten Bevölkerung auf allen Ebenen und besonders der bäurischen Bevölkerung: 604 ländliche Organisationen wurden gezählt und 28 davon als Partner ausgewählt; 171 Frauen wurden in den lokalen Planungen, in den landwirtschaftlichen Techniken und zum Thema „ partizipatives Konzept“ ausgebildet; 360 Einzeldarlehen und 28 kollektive Kredite wurden gewährt; 4 finanzielle Vermittler und Berater wurden in Matadi, Kikwit, Kasangulu et Bandundu ausgebildete; im Jahre 2003 wurden mehr als 10 Verträge mit den ausgebildeten finanziellen Vermittlern in Höhe von 40.000 US $ unterzeichnet und einige operationelle Netzwerke dieser Projekte wurden in den Provinzen eingerichtete; Bildungsseminare wurden organisiert, um das Management und die technischen Kapazitäten der ländlichen Organisationen und Netzwerke zu verstärken; Mikro- Krediten zugunsten von 146 Bauern, darunter 99 Frauen; die Rehabilitation der Dorfschulen und der Gesundheitszentren wurde gewährleistet.[559]

---

[558] So Daniel Mukoko während seines Vortrages in Kinshasa am 17.06.2003

[559] Mukoko, Daniel (2003): S. 7-9.

Das sog. Projekt 4K wurde mit einem Budget von 4. 247.320 US $ im Agrarsektor in den Provinzen Katanga, Kasai-Oriental, Kasai-Occidental und in der Hauptstadt Kinshasa finanziert und ist ein Beitrag zur Sicherung der Ernährung und zur Bekämpfung der Armut, das heißt: die Unterstützung der Eigenbeförderung der Bauern durch die direkte Beförderung der Bauervereinigungen und die Rehabilitation der Dorfinfrastrukturen, um ihre Produktion zu steigern sowie die Schaffung eines funktionellen, dezentralisierten und selbst verwaltet finanziellen Systems, um den Erwerb der Agrarvorleistungen zu vereinfachen.

Diese Projekte[560] zeigen, dass das UNDP und die kongolesischen zivilgesellschaftlichen Organisationen zusammenarbeiten. Dadurch ist die kongolesische Zivilgesellschaft in die entwicklungspolitischen Plädoyers des UNDP, in Bezug auf die nachhaltige menschliche Entwicklung[561] und v.a. auf die Millenniumsentwicklungsziele eingebunden. Die konstruktiven Beiträge der kongolesischen nichtstaatlichen Akteure zum Fortschritt auf den oben genannten Gebieten sind nicht zu unterschätzen. Heute besteht die Herausforderung darin, den einzigartigen zwischenstaatlichen Charakter der Vereinten Nationen, damit auch des UNDP, durch eine zunehmende Offenheit für Partnerschaften mit den lokalen Zivilgesellschaften zu bereichern. Eine Evaluation dieser Projekte liegt noch nicht vor. Nach Stellungsnahme der lokalen Vertreter in Kinshasa befinden sich viele dieser Projekte in ihrer Durchführungsphase. Andere Projekte wurden jetzt nach der freien Wahl an die Bedürfnisse der Bevölkerung angepasst und revidiert sowie mit neuen finanziellen Mitteln aufgestockt. In diesem Zusammenhang muss die

[560] Parmi les réalisations du projet, on peut citer par exemple: 45 structures partenaires (ONG) chargées de l'appui aux groupements/associations qui ont bénéficié de protocoles d'accord signés pour un montant total de 649.566,50 US $ dont 46% pour le développement de l'agriculture et l'agroforesterie, 38% pour celui du petit élevage et de la pisciculture, 10% pour l'appui en organisation et gestion, 5% pour l'appui à la gestion des infrastructures communautaires et 1% pour la teinturerie et l'artisanat. 214 associations de producteurs ruraux totalisant 3.968 membres dont 1.624 femmes identifiés ont reçus l'appui technique requis; 28 écoles paysannes implantées ou en cours d'implantation, Activités de production de 2.034 femmes appuyées, 85.500 US $ de crédits accordés au profit de 404 bénéficiaires dont 184 femmes. D'autres projets se réalisent dans les domaine suivantes : Semences ; Production maraîchère; Pisciculture et Production porcine. Vgl. Ebd.

[561] Das Konzept menschlicher Entwicklung geht über das Pro-Kopf-Einkommen, die Entwicklung von Humanressourcen und die Grundbedürfnisse als Maßstäbe menschlichen Fortschritts hinaus. Es bewertet auch Faktoren wie Freiheit, Menschenwürde und die Rolle der Kongolesen im Entwicklungsprozess.

Zusammenarbeit und das Vertrauen zwischen dem UNDP und der kongolesischen Zivilgesellschaft noch verbessert und ausgebaut werden. Die Voraussetzungen dafür sind, dass die kongolesische Zivilgesellschaft sich besser organisiert und strukturiert sowie dass sie über die UNDP-Prozeduren und über die Zweckmäßigkeit der Zusammenarbeit richtig informiert wird. Jedoch ist bezüglich der Umsetzung und Implementierung der nationalen politischen und Entwicklungsstrategie festzustellen, dass der Einfluss des UNDP großer ist als der der zivilgesellschaftlichen Organisationen. Die zivilgesellschaftlichen Organisationen klagen darüber, dass sie zu spät informiert werden, wenn sie überhaupt in verschiedenen thematischen Gruppen und Schwerpunkten zusammenarbeiten. Bei der Suche eine Förderung der guten Regierungsführung, eine partizipative Demokratie mit Zivilgesellschaft, erkennt das UNDP an, dass es sich dabei in der DR Kongo um einen langen Prozess handelt, der Fortschritte, Rückschritte und Herausforderungen sowie viele Risiken enthält. Ohne eine Vision, Anstrengungen und Strategien kann das UNDP selbst ebenfalls keine effiziente Bilanz seiner Arbeit ziehen.

4. Zusammenfassung

Die vorliegende Arbeit hat detaillierte theoretische und praktische Erläuterungen der beiden Begriffe, NGOs und Zivilgesellschaft, in Bezug auf westliche Interpretationen einerseits und auf die eigene afrikanische Realität anderseits zum Inhalt. Die Organisationen und ihrer Akteure in den postdiktatorischen Ländern stehen jedoch vor anderen Herausforderungen als die in den Industrieländern. Außerdem brauchen sie genaure Untersuchungen und Analysen der sozio-politischen, ökonomischen und historischen Entwicklung eines afrikanischen Landes wie der DR Kongo, in dem sie sich entwickeln. Im Verlauf der Untersuchung und der Analyse dieses Arbeitsthemas sind eine Reihe von Fragen aufgetaucht, die zwar empirisch sinnvoll sind, die jedoch trotz der vorliegenden detaillierten Arbeit, zurzeit nur in Einzelfalluntersuchungen angegangen werden können. Dabei kann es sein, dass einige der behandelten Fragen im Zweifelsfall offen geblieben sind, andere neue Diskussionen im Bezug z.B. auf die Interpretation der klassischen Ansätze der Zivilgesellschaft in der Realitität bekräftigen und andere noch im Verlauf der Analyse wegen der ständigen

Veränderung im Transformationsprozess Afrikas bzw. der DR Kongo ergänzt bzw. erforscht werden müssen. Daher ermöglichen und schaffen die Fragenstellungen dieser Arbeit zum Teil neue Wege für weitere wissenschaftliche Forschungen. Um Überschneidungen und Wiederholungen zu vermeiden, begrenzt sich die Zusammenfassung auf die wesentlichen Merkmale der drei Teile dieser Arbeit und zeigt zugleich eine mögliche Perspektive für die Entwicklung dieses Organisationstyps in Bezug auf das Erreichen der Millenniums-Entwicklungsziele (MDGs) auf.

Im ersten Teil der Untersuchung wurden die Entstehung der Zivilgesellschaft, ihre Strukturen, Handlungsmöglichkeiten, Orientierungsdilemmata und ihre mögliche Komplementarität zum Staat als eine kritische, konstruktive und intermediäre Sphäre in Afrika analysiert und an die Ideengeschichte sowie den theoretischen Rahmen geknüpft. Dabei sind Fragen nach der Tiefenschärfe eines höchst diffusen politischen Begriffs, der so eindeutig westeuropäische Wurzeln hat, aufgetaucht und insbesondere im Blick auf die Übertragbarkeit des Konzepts auf den afrikanischen Kontext diskutiert. Mit dem Begriff der Zivilgesellschaft in Afrika sind, nicht nur die Plattformen und Dachverbände, die seit der Liberalisierungsphase aktiv sind gemeint, sondern die Basisvereinigungen und –assoziationen, die lokalen NGOs, die Gewerkschaften, Vereine, Bürgerinitiativen, Bürgerforen, die Kirchen und ihre Vernetzungen sowie soziale Bewegungen im intermediären und vorpolitischen Bereich zwischen Gesellschaft und Staat, in denen freie Meinungs-, Willens- und Entscheidungsfindung stattfinden und wo das Selbstbewusstsein der Bürger, ihre Werte und Normen sich entwickeln und in die Öffentlichkeit getragen werden. Neben dem kritisch-distanzierten Verhältnis zum Staat, das die Zivilgesellschaft in Afrika kennzeichnet, erfolgt die Begrenzung des Begriffes auf den Kern der Zivilgesellschaft durch eine doppelte Verneinung. Das heißt, mit der Zivilgesellschaft sind, nichtstaatliche und nicht-ökonomische Zusammenschlüsse gemeint, ohne dass dabei die Zusammenarbeit und das Komplementaritätsprinzip im Voraus mit Trennlinien und Antagonismen zwischen Staat, Privatsektor und Zivilgesellschaft schon reflektiert werden.[562]

---

[562] So versuchen Wirtschaftsunternehmen mit staatlichen und öffentlichen Institutionen oder Organisationen der Sozialfürsorge sowie durch Unternehmensstiftungen, als zivilgesellschaftliche Akteure aufzutreten. Sie betreten damit den Raum der Zivilgesellschaft. Die verschiedenen Wege in die Zivilgesellschaft werden mit dem Begriff des Corporate Cizitenship benannt. Corporate Cizitenship bezeichnet heute in der Regel das bürgerliche

Das zivilgesellschaftliche Konzept in Afrika hat seinem Ursprung in den traditionellen Gesellschaftsformationen, in deren Mitte der Mensch in seinen sozialen und gesellschaftlichen Bezügen steht. Das heißt, die afrikanisch ethnisch definierten Strukturen und Vereinigungen werden dort als Prototyp von Zivilgesellschaft gesehen. Daher wird in dieser Arbeit die Unterstützung der eigenen ethnischen Gruppierung[563] als ein wesentliches Element der Legitimation afrikanischer Demokratie von der Basis her angesehen. Das Konzept der Zivilgesellschaft in Afrika formuliert zugleich die Ansätze der partizipativen Demokratie, definiert keine Versammlung von privaten Enklaven und Elitegruppierungen und ist als Antipode zur Diktatur und ihrer Militärjunta. Für die Herausbildung der heutigen Zivilgesellschaft bleibt die koloniale und diktatorische Herrschaft jedoch ein entscheidendes negatives Moment. Der Umstand ist zum Beispiel in der DR Kongo nach der kolonialen Zeit bzw. nach dem diktatorischen Regime besonders gut zu beobachten. In dem afro-kongolesischen staatlichen Defizit und Zerfall des gesamten Staatsapparats, in dem ein Weg zum Aufbau der Rechtsstaatlichkeit und einer liberalen Gesellschaft von unten nach oben gescheitert ist, taucht das Phänomen der euro-afrikanischen NGOs in ihren entwicklungspolitischen Funktionen und in der Diskussion um den Demokratisierungsprozess als wichtiger Bestandteil der Zivilgesellschaft und als Architekt dieser wichtigen intermediären Akteure auf. Mit der Liberalisierungsphase[564] tritt ein Teil dieser traditionellen ethnisch definierten Strukturen in den ländlichen Gebieten als Referenzstruktur der heutigen afrikanischen Basisorganisationen der Zivilgesellschaft und als zivilgesellschaftliche Struktur von „unten“ auf, die zur Entwicklung des Gemeinwohls der Nationalstaaten in Richtung partizipative Demokratie beitragen müssen. Ihre heutige interne Entwicklung und ihre Beziehungen zu den unterschiedlichen Akteuren sind durch endogene und exogene Faktoren enorm

---

Engagement von Unternehmen. Vgl. Adloff, Frank, Ursula Birsl, Philipp Schwertmann (Hrsg.): Wirtschaft und Zivilgesellschaft. Theoretische und empirische Perspektiven. Wiesbaden 2005, S. 12.

[563] Die Ethnizität als Gefahr für die afrikanischen Nationalstaaten anzusehen und ihre Strukturen auch nach der Unabhängigkeit als eine ernsthafte Bedrohung für die Zentralregierungen abzustempeln, war ein folgenschwerer Irrtum.

[564] Die Liberalisierung bedeutet für das Schwarzafrika v.a. den Sturz der autoritären Regime, einen historischen Schub bei der Verbreitung der partizipativen Demokratie mit den zivilgesellschaftlichen Organisationen und die Anerkennung ihrer Funktionen sowie die Einführung von Mehrparteinsysteme und freien Wahlen.

beeinflusst worden. Darüber hinaus ist ihre interne Stärkung seit der Liberalisierung abhängig von allen möglichen externen Förderungen.

Es ist jedoch sehr schwierig für die Afrikaner, sich nach der langen Zeit der Diktatur und des Einparteiensystems von einem Konzept, das so eindeutig eine globale Tendenz und ein Kontur der partizipativen Demokratie und der Mitbestimmung verkörpert, trotz seines eurozentrischen Hintergrundes zu distanzieren. Wichtig ist nicht, auf Distanz und auf Abstand zu dem Konzept zu gehen, sondern die spezifische und konkrete Konnotierung und Interpretation sowie den Nutzen des Konzeptes für das Verständnis der real existierenden Zivilgesellschaft in Afrika zu erfassen. Auch diese Arbeit hat gezeigt, dass die Zivilgesellschaften in Afrika und in den westlichen Ländern nicht gleich sind. Sie sind sogar in den verschiedenen afrikanischen Ländern, v.a. im Bezug auf ihre historische Entwicklung, auf ihre Kategorisierung und auf die Realität des jeweiligen Landes sehr unterschiedlich. Im Gegensatz zu den europäischen Zivilgesellschaften, die ein Ergebnis von bottom-up-Gesellungsprozessen sind, sind die zivilgesellschaftlichen Organisationen und Akteure in Afrika Ergebnis eines Top-down-Importsprozesses. Im Vergleich zur Zeit des Kolonialismus und der diktatorischen Regime, wo sie verneint wurden, haben sie seit der Liberalisierung zwar eindrucksvolle Erfolge verzeichnet, aber so überwältigende Erfolge wie die etablierten Zivilgesellschaften in den Industrienationen müssen noch errungen und aufgebaut werden.

Die Funktionen der Zivilgesellschaft mit ihren unterschiedlichen kulturellen Traditionen traten in ihrem wachsenden Einfluss am bedeutendsten in der Endphase des diktatorischen Regimes und in der Anfangsphase der Liberalisierung hervor. Während in der begonnen Transformationsphase wesentlich die Dynamik der Transformation stark wurde, so war die Hochkonjunktur der Zivilgesellschaft mit Angst, Zweifeln an ihrer Kompetenz verbunden, so dass sie in der schweren und lang dauernden Demokratisierungsphase bis hin zur Konsolidierungsphase an Bedeutung verlieren können. Trotz aller Schwierigkeiten lautet eine zentrale These, dass die zivilgesellschaftlichen Organisationen und Akteure für die Initiierung der politischen Liberalisierung ausschlaggebend sind. Sie haben in hohem Maße zur Unterminierung des diktatorischen Systems beigetragen und die Liberalisierung vorangetrieben. Damit haben sie auch die Chance, ihren Beitrag zu leisten und alle

Transformationsphase zu überstehen. Die Funktionen der Zivilgesellschaft in der Konsolidierungsphase hängen jedoch hochgradig von ihrer eigenen Existenz und ihrem Selbstverständnis ab. Das heißt, ist sie eine vom Staat deutlich getrennte Sphäre geblieben? Ist der Staat die Legitimität zivilgesellschaftlichen Handelns anerkannt? Hat sie aufgeblüht oder ist sie im Schatten ihrer eigenen Entwicklung geblieben?

Die sichtbaren Tendenzen und Auswirkungen dieses Prozesses lassen sich dahin gehend charakterisieren, dass die Basisorientierung der Zivilgesellschaft sich allmählich in den Basisorganisationen als pragmatischer Flügel einer demokratischen Kultur durchsetzt. Durch die Mitgliedschaft in den zivilgesellschaftlichen Basisorganisationen erwerben sich die Mitglieder sozio-politische Kompetenzen und stärken damit die Konsolidierung der Demokratie an der Basis. Allerdings lässt sich die Demokratie nicht allein mit den zivilgesellschaftlichen Organisationen aufbauen. Auch sind sie nicht die alleinigen Akteure in allen Transformationsphasen. Vielmehr muss der Transformationsprozess von allen Akteursgruppen bestimmt und getragen werden. Außerdem ist dieser Prozess auch von politischer Stabilität, Frieden, Krisenprävention und Sicherheit abhängig. Weiterhin ist die Perspektive der partizipativen Demokratie in den postdiktatorischen Staaten nicht mehr möglich, wenn sie nicht durch maximal entwickelte gesellschaftliche Formen ergänzt wird. In diesem Zusammenhang plädiert die vorliegende Arbeit für ein Komplementaritätsprinzip zwischen dem Staat und der Zivilgesellschaft, um das gesellschaftliche Vakuum zu kompensieren und eine gesellschaftstheoretische Reflexion wiederzubeleben. Der Komplementaritätsansatz, der auch das Ende des Alleinherrschaftssystems, der Minderheitenherrschaft und der Cliquenherrschaft sowie die Entwicklung der vielfältigen und heterogenen nichtstaatlichen Organisationen und Akteure erklärt, erweist sich als besonders günstig sowohl für die Stärkung der Zivilgesellschaft und Basisstrukturen der Zivilgesellschaft in allen Phasen der Transformation als auch für eine nachhaltige Entwicklung und Demokratiekonsolidierung. Daher ist es wichtig, dass die interne Arbeit und die erweiteten Strukturen der Zivilgesellschaft auf Basis der Mitbestimmungsrechte und Partizipation auf allen Ebenen der Gesellschaft aufgebaut und vernetzt werden. Die Förderung der guten Regierungsführung ist ebenfalls sehr wichtig, weil ein schwacher Staat die Zivilgesellschaft nicht tolerieren kann und ein starker Staat nur mit einer starken Zivilgesellschaft, die über erkennbare Strukturen der zivilgesellschaftlichen Organisationen verfügt, die tief in der Basisgesellschaft verwurzelt sind, zusammenarbeiten kann.

Es wird jedoch nicht immer zu vermeiden sein, dass zahlreiche Führungskader der Zivilgesellschaft in den Staatsapparat rekrutiert werden. Dazu muss man sagen, dass dieser Wandlungseffekt von zivilgesellschaftlichen Akteuren in Richtung staatliche Institutionen immer kritisch und negativ interpretiert wird. Denn die Bevölkerung und Beobachter in einem postdiktatorischen Staat dadurch befürchten, dass die Folgen und die hinterlassenen Erbe der Diktatur, v.a. Macht, Autorität, Korruption und Selbstbereicherung, nicht überwinden können. Die Wandlung in die andere Richtung, d.h. vom Staatsapparat zur Zivilgesellschaft, wird als nicht so problematisch angesehen, da die Machttendenz und die Selbstbereicherung nicht so extrem ist, wie im staatlichen Milieu und das Geld in diesem intermediären Bereich nicht in der Menge zirkuliert. Allerdings besteht große Sorge, dass die Wandlung besonders bei den Akteuren erfolgt, die eine Führungsrolle in der Zivilgesellschaft gespielt, zu den Eliten des alten Regimes gehört und gleichzeitig staatliche Funktionen erfüllt haben. Dieser Wandlungseffekt destabilisiert die Strukturen der Zivilgesellschaft stark und wird offiziell als Provokation, Spionage und taktisches Manöver etikettiert, um die interne Strategie der Zivilgesellschaft im Voraus zu schwächen. Deshalb betont diese Arbeit, dass, so lange ein Staat wie der DR Kongo schwach ist, eine klare Trennlinie zwischen Staat und Zivilgesellschaft bestehen muss.[565]

Im zweiten Teil der Arbeit wurde sich dem Komplex NGOs und Zivilgesellschaft am Beispiel der DR Kongo zugewandt. Er bietet einen historischen Rückblick auf die Geschichte des Landes, seine heutige Entwicklung in den sozio-politischen und ökonomischen Bereichen, seine Krise und seine gesellschaftlichen Probleme. In diesem Zusammenhang wurden zwei große Momente für die Entwicklung des kongolesischen Selbstbewusstseins und der Zivilgesellschaft kritisch untersucht,

---

[565] Zum Beispiel, wenn die zivilgesellschaftlichen Führungskader mit der Regierung über die Entwicklungsstrategie oder über die Perspektive für nachhaltige Entwicklung verhandeln und mitbestimmen, so sind sie Delegierte der Zivilgesellschaft und Vertreter ihrer Plattenformen und Netzwerke. Entscheiden sie sich aber nach einem bestimmten Zeitraum dafür, in diesem Rahmen für die Regierung zu arbeiten, so werden sie zu Politikern und sie sollen auch als solche arbeiten.

nämlich die Zeit vor und nach der Unabhängigkeit und die Zeit der Liberalisierung während und nach dem diktatorischen Regime. Ziel dieses historischen Überblicks ist, die Analyse einer sehr komplexen Nation, in der die heutige Zivilgesellschaft sich entwickelt, verständlich zu machen. Dabei wurden die Handlungsspielräume, die Erfolge wie die Misserfolge der kongolesischen zivilgesellschaftlichen Akteure und Organisationen in der Transformationsphase erörtert.

Während bis Anfang der 1970er Jahre eine marktwirtschaftliche und gesellschaftliche Struktur postkolonialer Prägung prosperierte, führten die 1973 eingeführte Zairianisierung, Mobutismus und Authentizität zu einem nachhaltigen Niedergang der Wirtschaftskapazitäten des Landes, zur Unterdruckung der zivilen Bevölkerung und zur Monopolisierung der Bürgerorganisationen in einem Einparteiensystem. In den 1980er Jahren stand Zaire zeitweise unter dem Kuratel der Weltbank und führte ein Strukturanpassungsprogramm durch, das ohne soziale und gesellschaftliche Begleitmaßnahmen die ökonomische Misere der Bevölkerung erheblich verstärkte. Am Ende seiner Herrschaftszeit verlegte er sogar sein Herrschaftszentrum von der Hauptstadt in seine Heimatstadt Gbadolité und war nur von einigen Klienten seines engen Clans abhängig. Für die Bevölkerung war Zaire stark vom Phänomen gesteigerter Selbstbereicherung des Mobutu-Clans und von Ausbeutung geprägt. Die immensen Ressourcen des Landes kamen niemals den Kongolesen zugute. Plünderungen in den wichtigen Provinzstädten zerstörten außerdem die verbliebenen Produktionskapazitäten, die Infrastruktur, die Verwaltungsstrukturen und schwächten die Bürgerorganisationen extrem.

Die Liberalisierungsphase, die von einer starken, die aus einer Parteienkoalition und den zivilgesellschaftlichen Organisationen inklusive der Kirchen getragen wurde, begann Ende der 1980er Jahre. Interne Massendemonstrationen gegen das brutale Regime und externe Faktoren wie das Ende des Ost-West-Konflikts, der Bruch mit den internationalen Finanzinstitutionen im Jahre 1992, die Perestroika, die Globalisierung und die damit einhergehenden politischen Transformationen in Afrika trugen zur politischen Öffnung des diktatorischen Regimes im April 1990 bei. Obwohl die Institutionen des Übergangs nicht vom Volk gewählt waren, stellte insbesondere die Nationalkonferenz zum ersten Mal seit 1960 wieder relativ legitime Strukturen dar. Jedoch konnten sich die Nationalkonferenz und die demokratischen Reformkräfte mit der Zivilgesellschaft nicht gegen die Blockaden der Mobutu-Regierung durchsetzen. Die Rebellion gegen das Mobutu-Regime im Oktober 1996 und die darauf folgende Machtergreifung L. D. Kabila beendeten die politische und gesellschaftliche Transformation unter der brutalen Herrschaft Mobutus. Unter dem Regime von L. D. Kabila wurden autoritäre Regierungsmuster in übersteigerter Form wiederbelebt. Den Krieg, in den ab August 1998 insgesamt sieben Staaten involviert waren, nutzte das Regime als Vorwand, die politische Opposition weitgehend auszuschalten, die zivilgesellschaftlichen Organisationen auf Distanz zu halten und den Transformationsprozess zu blockieren.

Erst nach L. D. Kabila Tod im Januar 2001 konnte der bereits 1998 von der internationalen und regionalen Gemeinschaft gestützte Lusaka-Friedensprozess tatsächlich umgesetzt werden. Seit der Amtsübernahme Joseph Kabilas 2001 können einige Fortschritte verzeichnen werden, zum Beispiel: Die wieder aufgenommene Zusammenarbeit mit multi- und bilateralen Geldgebern setzt neue Akzente bei der Umsetzung von Reformen im Demokratisierungs- und Entwicklungsprozess mit der Zivilgesellschaft sowie der friedliche Verlauf der Wahlen (30.07. und 30. 10.2006). Defizite bestehen noch in vielen Bereichen, besonders beim sozioökonomischen Entwicklungsniveau, da die Masse der Bevölkerung in der absoluten Armut leben und bei der Umsetzung der Menschenrechtspolitik. Außerdem sind die von J. Kabila bei seinem Amtsantritt angekündigten fünf Regierungsziele (die landesweite Versorgung mit Trinkwasser, Strom, Straßen, Schienen Bildung und Recht) einfach unzureichend. Es fehlen zum Beispiel wichtige Punkte, wie die Bekämpfung der Korruption und der Menschenrechtsverletzung sowie genauere nationale Ansätze zu Konfliktmanagement und -bewältigung. Dem Wiederaufbau im Wege steht der fast vollständige Zerfall der Infrastruktur, Verwaltung und Wirtschaft des Landes, besonders in den Ostprovinzen des Landes, in denen die Zentralregierung fast völlig machtlos ist. Seit 2007 ist die neue Regierung nun im Amt, doch die politische Stimmung wird immer schlecht und die Bevölkerung erkennt keine Fortschritte. Vor allem für den Präsident wird die Situation kritischer, da die Bevölkerung immer offener die Frage stellt, was aus seinen fünf Regierungszielen geworden ist.[566]

---

[566] Dass ausgerechnet in dieser Phase die Chinesen im Kongo erscheinen, könnte die Rettung bedeuten. Doch kommen sie auch nur in ausbeuterischer Absicht?

Es muss der DR Kongo gelingen, Kontrolle über ihre eigenen Ressourcen zu gewinnen und diese für die Entwicklung des Landes zur Verfügung zu stellen, damit die Wirkung der externen Entwicklungs- und Demokratieförderung ein kongolesisches Gesicht bekomm. Vorrangige und dringende Schlüsselaufgaben der ökonomischen Transformation bleiben die Erneuerung für die Nutzung der primären und sekundären Ressourcen. Die Finanz- und Bankensektoren müssen genesen, der Unternehmenssektor restrukturiert, der formelle Wirtschaftssektor umgebaut, der informelle Sektor vorsichtig in formelle Strukturen zurückgeführt und die Korruption bekämpft werden. Dazu gehören rechtsstaatlich abgesicherte Grundlagen, die Vertrauen schaffen und Wachstum ermöglichen. Daher ist ein entsprechender rechtsstaatlicher Rahmen, wie die am 22.12.2005 von den Kongolesen verabschiedete Verfassung, notwendig, um die Kongolesen und ausländische Investoren Investitionssicherheit für zu bieten. Vorhandene Ressourcen, wie die hohe Bereitschaft der Gesellschaft zur Selbstverantwortung und Selbstorganisation sind ein wichtiges Korrektiv zur Politik der Übergansregierung (2003-2006) und der neuen Regierung. Die dynamische Heterogenität der Opposition und der zivilgesellschaftlichen Organisationen[567] tragen dazu bei, den Kampf für eine demokratische Grundordnung aufrechtzuerhalten. Anders als in der diktatorischen Herrschaftszeit können die zivilgesellschaftlichen Organisationen sich praktisch ungehindert bilden und eine langfristige Strategie ist im Blick auf die Existenz der realen kongolesischen Zivilgesellschaften ebenfalls erkennbar. Trotz nicht vorhandener demokratischer Traditionen, zahlreicher Rückschläge und erlittener Frustrationen entwickelten sich die zivilgesellschaftlichen Organisationen und bilden eine Basis und eine Referenz für eine mögliche positive Fortentwicklung des Landes. Die Kirchen, die Gewerkschaften, Frauen- und Menschenrechtenorganisationen, NGOs, Medien etc. gehören zu den wichtigsten Organisationen und Akteure des kongolesischen Transformationsprozesses. Jedoch unterliegen sie starker Einflussnahme durch die

---

[567] In vielen Bereichen, wie zum Beispiel in der sozialen Versorgung, bei der Müllabfuhr oder im Bürgerschutz haben, einige NGOs die Funktionen des noch schwachen Staates übernommen. Es gibt kongolesische NGOs und zivilgesellschaftliche Plattformen, die ihre Sitze in der Hauptstadt Kinshasa haben. Einige sind in den Provinzen vertreten, andere nicht. Dies sind die zivilgesellschaftlichen Organisationen von oben, die jetzt versuchen, sich Repräsentativität an der Basis zu verschaffen. Ihr Organisationsgrad variiert von Provinz zu Provinz, aber ihre Zielsetzungen, die Stabilität ihrer Struktur und die Koordination ihrer Arbeit, ihre Finanzierungsmöglichkeiten, und ihre Transparenz sind insgesamt noch schwach ausgeprägt.

Regierung. Journalisten sind zum Beispiel immer wieder der Selbstzensur, Einschüchterungen und vereinzelten Verhaftungen ausgesetzt. Die Gewerkschaften sind durch den kontinuierlichen Niedergang der formellen Wirtschaft und die verzweifelte Lage am Arbeitsmarkt sehr schwach, nach wie vor jedoch präsent und organisiert. Fördermechanismen für Frauenorganisationen und Jungendorganisationen müssen noch stark verbessert werden.

Seit J. Kabila hat der Transformations- und Demokratisierungsprozess jedoch, trotz geringer Geschwindigkeit, an Zielsicherheit und Erfolgsaussicht gewonnen. Ein pro-demokratischer Konsens besteht in wichtigen Segmenten der Politik, der Gesellschaft sowie der zivilgesellschaftlichen Organisationen. Seine Strategie basiert auf der engen Abstimmung seiner Reformen mit den internationalen Gemeinschaften. Er zeigt hohe Kooperationsbereitschaft und erfüllt die ihm gemachten Auflagen strikt. In diesem Zusammenhang kann das Management des kongolesischen Transformationsprozesses unter dem Druck der externen Akteure insgesamt als gelungen bezeichnet werden. Jedoch muss der pro-demokratische Konsens in wichtigen Segmenten der Politik besteht und die starke Gestaltungsleistung im Bereich innenpolitischer Reformen für Demokratiekonsolidierung langfristig gefördert werden. Die von den Gebern in Aussicht gestellten umfangreichen Mittel müssen verantwortungsbewusst, kohärent und nachhaltig eingesetzt werden und die die Stimmen der zivilgesellschaftlichen Organisationen müssen nicht nur gehört werden, sondern diese müssen mit abstimmen, jedenfalls sofern sie gut strukturiert und stark organisiert sind. Dabei müssen die zivilgesellschaftlichen Organisationen anerkennen, dass sie für ihr Handeln rechenschaftspflichtig sind, wenn sie ernsthafte Beiträge zu Stärkung der Demokratie und der nachhaltigen Entwicklung leisten wollen. Sonst laufen sie Gefahr, das öffentliche Vertrauen und ihre Legitimität zu verlieren und sich zu „bad civil societies“ zu entwickeln.

Der Kongo-Staat muss wieder existenzfähig sein und es muss diesen Staaten gelingen, v.a. die rechtlichen Grundlagen für die Entwicklung der Zivilgesellschaft zu garantieren, die partizipative Demokratie in der komplementären Zusammenarbeit zu verwirklichen und in der Basisbevölkerung zu verankern. Diese Zivilgesellschaften haben wirklich das Potenzial, sich im intermediären Bereich zu etablieren. Allerdings führen die innere Instabilität und Sicherheitsprobleme auf allen Ebenen des Staates und der Gesellschaft zu verstärkter Fragilität. In diesem Sinne ist die verstärkte Krise des Staates auch eine Krise der Zivilgesellschaft. Dadurch verlieren einige Zivilgesellschaften ihre Zielsetzungen aus den Augen und beginnen, eher der Verwandtschaft als Versorgungsanstalt und der neu etablierten politischen Machtstruktur von Blick auf ihr privates Überleben zu dienen.

Im dritten Teil dieser Arbeit wurden die externen Förderungen der afro-kongolesischen Zivilgesellschaft am Beispiel der EU, der BMZ-Länderprogramme und des UNO- Entwicklungsprogramms (UNDP) behandelt. Die Entwicklungsstrategien und multilateralen Maßnahmen der vergangenen Jahrzehnte, die in Afrika erfolglos waren, belegen, dass es Gründe genug gibt, die Förderung der partizipativen Demokratie vorsichtig und kritisch zu betrachten, dabei aber nicht die Hoffnung auf eine minimale Entwicklung der postkolonialen Ländern zu verlieren. Die EU und andere internationalen Geberländer und Organisationen finanzieren selbst und direkt die Zivilgesellschaft oder sie beauftragen NGOs mit der Verwaltung ihrer EZ-Mittel für diese Aufgaben. Die effiziente Förderung dieser Organisationen in Afrika durch viele internationalen Partner kann dazu beitragen, dass eine plurale Zivilgesellschaft sich weiter entwickelt.

Externe Demokratieförderung scheint jedoch immer mehr mit Exportdemokratie gleichgesetzt zu werden, weil die Geberländer stets festlegen, was für die postdiktatorischen Länder gut ist, um die partizipative Demokratie durchzusetzen und zu fördern. So ist die aktuelle partizipative Demokratieförderung und entwicklungspolitische Förderung durch die zivilgesellschaftlichen Organisationen nicht wirklich eine eigene freiwillige Strategie dieser Länder. Die Angst ist dabei, dass diese exportierte Strategie aus außenpolitischen Sicherheitsgründen allmählich ihre zentrale Bedeutung verloren geht, obwohl die heterogene Zivilgesellschaft in ihren Funktionen in Bezug auf die Transformationsphase in einem postdiktatorischen Land, wie der DR Kongo noch nicht verwirklicht ist. Zurzeit werden zum Beispiel Sicherheits- und entwicklungspolitische Argumentationen zur Krisenprävention und Demokratieförderung immer enger miteinander verzahnt. Viele Geberländer betonen dabei, dass Demokratisierungshilfe außen- und sicherheitspolitische Priorität hat. Aufgrund der Bedrohung durch den Terrorismus ist schon festzustellen, dass das Thema die neue zwingende Strategie für die externe Demokratieförderung in den schwachen Länden offiziell verankert ist.

Die externe Demokratieförderung konzentriert sich stark auf die Durchführung von freien Wahlen. Die technische Unterstützung von Wahlen nimmt einen unverhältnismäßig großen Raum in der Demokratieförderung ein. Dies ist viel zu kurzsichtig und einseitig. Es ist wichtig, dass die Unterstützung von Wahlen und die Förderung von demokratischen staatlichen und nichtstaatlichen Organisationen im Zuge des Transformationsprozesses vom langfristigen Aufbau effektiver und transparenter demokratischer Institutionen bestimmt ist, die das Vertrauen breiter Teile der Bevölkerung gewinnen können. In der Praxis fehlt es hier oft an Mitteln und an politischem Willen, sowohl bei den Akteuren in den schwachen Ländern als auch bei denen in den Geberländern. Die vorliegende Arbeit warnt vor solchen Verwirrungen in den afrikanischen Ländern, die noch zwischen Liberalisierungs- und Demokratisierungsphase stagnieren und in denen die Strukturen der Zivilgesellschaft noch enorme Förderung brauchen. In diesem Zusammenhang ist nicht nur das Scheitern freier Wahlen eine Gefahr für die Entstehung von ethnischen und Bürgerkriegen, sondern auch das Scheitern der laufenden Transformations- und Förderstrategie birgt enorme Risiken. Hier besteht die Gefahr, dass externe Demokratieförderung künstliche und abhängige zivilgesellschaftliche Organisationen produziert, deren wahre Agenda das geschickte und gezielte Einwerben von Fördergeldern ist. Freie Wahlen sind natürlich ein Grundmerkmal funktionierender Demokratie. Aber die bisherige Erfahrung mit der Wahlendemokratie, wie sie in den Industrienationen existiert, zeigt auch, dass freie Wahlen allein keine ausreichende Grundlage für eine partizipative Demokratie in den schwachen afrikanischen post-diktatorischen Ländern bieten. Dazu zählen v.a. auch die Stärkung und Förderung der zivilgesellschaftlichen Organisationen, der Pressefreiheit, die Umsetzung der Menschenrechte, die Bekämpfung der Korruption und die Verzahnung von Krisenpräventionen, Sicherheit und Demokratieförderung.

Kohärenz der Strategien und des Strategiewandels sind schon wichtig, aber in den postdiktatorischen und Post-Konfliktländern ist das nur möglich, wenn eine Strategie, die sich in einer fortgeschritten Phase befindet, verwirklicht oder beendet wird. Sonst droht klar das Scheitern aller westlich exportierten und nationalen

Strategien. In diesem Fall könnten die zivilgesellschaftlichen Organisationen in Afrika von der Hochkonjunktur zu einer tiefen Konjunktur abfallen. Daher darf die bi- und multilaterale Entwicklungszusammenarbeit sich nicht durch eine inszenierte Zivilgesellschaft täuschen lassen. Das heißt, die Förderung geeigneter Zivilgesellschaften in Afrika muss sorgfältig geplant und durchgeführt werden, weil die Finanzierung falscher Zivilgesellschaften zum Schaden und zur Deformation zivilgesellschaftlicher Akteure und Organisationen führen kann. Deshalb erfordert ihre Förderung eine klare Identifizierung derjenigen Gruppen, Kräfte, Netzwerke und Plattformen, die wirklich gefördert werden sollten, um v.a. ihre Handlungsfähigkeit gegenüber dem Staat zu stärken, ihre Strukturen und Managementkapazitäten zu entwickeln, damit sie sich im Rahmen von verschiedenen Finanzierungsmaßnahmen und Förderprogrammen direkt beteiligen können und um später ihre finanzielle Abhängigkeit gegenüber den internationalen Geldgebern zu begrenzen. In diesem Forderungsprozess muss ein verstärkter Dialog mit regierungsoffiziellen und regierungsabhängigen Akteuren sowie Oppositionsparteien, die die Richtung der nationalen politischen Debatte beeinflussen, gesucht, durchgeführt und gestärkt werden.

Mit der Funktions- und Kompetenzausweitung der Geldgeber, den Nord-NGOs und den internationalen Institutionen, zur Förderung der afrikanischen Demokratisierungsprozesse mit der Zivilgesellschaft stellt sich jedoch zunehmend die Frage nach der Legitimation ihres Handelns. Ihre entwicklungspolitischen Maßnahmen müssen v.a. darauf abzielen, durch Förderung der Zivilgesellschaft in den betroffenen Ländern eine Entwicklung herbeizuführen, die zum nachhaltigen Wohle der jeweiligen Bevölkerung beitragen kann und nicht ihre eigenen Interessen in den Vordergrund stellt. Die Geberländer müssen auch lernen, besser zuzuhören und nicht nur auf ihre Vorstellungen fixiert sein. Wenn die Geldgeber für immer mehr Bereiche eines Entwicklungslandes und das Leben seiner Bevölkerung zur verbindlichen Entscheidungsinstanz werden und somit in großem Maße staats- und gesellschaftsähnliche Züge tragen, müssen sie sich auch an demokratischen Maßstäben messen lassen. Zum Beispiel setzt die EU sich aus Staaten zusammen, die allesamt auf dem Prinzip der Demokratie beruhen. Jedoch wird die demokratische Legitimation ihres Handelns selbst schon seit einigen Jahren von einer kontroversen Debatte begleitet. Hierbei wird vor allem die Entscheidungsstruktur auf den europäischen Ebenen, besonders in der

Entwicklungszusammenarbeit mit den Entwicklungsländern, immer kritischer beurteilt.

Bei der Förderung der Zivilgesellschaft durch externe NGOs (Kofinanzierung) kommen manche Zweifel an ihrer Strategie auch dann auf, wenn es zu bewerten gilt, ob ihr Wirken das Handeln der Akteure und der Organisationen unbürokratisch, schneller und effizienter macht oder den Verfahren gleicht, wie sie bei der direkten Finanzierung üblich sind. Die Kofinanzierungsmechanismen durch NGOs sind eine gute Sache, aber die externen NGOs müssen auch aufpassen, dass die zur Verfügung gestellten Gelder nicht zum Großteil für ihre Verwaltung genutzt werden. Unstrittig ist, dass ohne NGOs und andere externe Demokratie- und Entwicklungsförderer viele postdiktatorische und Post-Konfliktländer, wie der DR Kongo, in schlimmstem Zustand existieren würden.

Die Entwicklung und die Beiträge der zivilgesellschaftlichen Organisationen in diesen Ländern sind auch wichtige Faktoren im Zusammenhang mit dem Erreichen der MDGs.[568] Das ist ein Prozess, der seit Beginn der Liberalisierungsphase und des Transformationsprozesses mit den zivilgesellschaftlichen Organisationen in den postdiktatorischen Staaten angestoßen wurde, jetzt parallel läuft und der die Beteiligung sowie die Beiträge der Akteure aller Kategorie braucht. Um das Erreichen der MDGs zu unterstützen, sind zum einem die von UN-Organisationen gestarteten Millenniumskampagnen und Millenniumsmobilisierung sehr wichtig und zum anderen richten Regierungen, Hilfsorganisationen, NGOs und alle zivilgesellschaftlichen Organisationen überall auf der Welt ihre jeweilige Arbeit auf die MDGs neu aus. Es geht hier auch um das Komplementaritätsprinzip zwischen

[568] Die Beseitigung der extremen Armut und des Hungers, die Verwirklichung der allgemeinen Primarschulbildung, die Förderung der Gleichheit der Geschlechter und die Ermächtigung der Frau, die Senkung der Kindersterblichkeit, die Verbesserung der Gesundheit von Müttern, die Bekämpfung von HIV/AIDS, Malaria und anderen Krankheiten, die Sicherung der ökologischen Nachhaltigkeit und der Aufbau einer weltweiten Entwicklungspartnerschaft sind die MDGs, die in 18 Teilziele untergliedert sind, deren Umsetzung durch 45 Indikatoren überprüft werden sollen und die in der Regel bis zum Jahr 2015 zu reichen sind. Die MDGs gingen aus der UN-Millenniumserklärung (September 2000) hervor und basieren auf einem Konsens von 189 Industrie- und Entwicklungsländern. Vgl. Die Millenniums-Entwicklungsziele: Ein Pakt zwischen Nationen zur Beseitigung menschlicher Armut. Deutsche Gesellschaft für die Vereinten Nationen e.V. (Hrsg.), Berlin 2003, 5-8. Nuschler, Franz: Entwicklungspolitik, Bd. 488, Ulm 2005, S. 575ff.

Staat und Zivilgesellschaft und Privatsektor sowie zwischen Zivilgesellschaft, Städten und Gemeinden an der Basis der Gesellschaft. Dazu gehören Hochschulen, Forschungsinstitute und Bildungseinrichtungen. Bei der Bekämpfung der Ursachen sind zum Beispiel die Städte und Gemeinden mit ihren Kompetenzen für die Wirtschaft, die soziale Infrastruktur, die Gesundheit, die Versorgung, die Städteplanung und -entwicklung, für die Verbesserung der Lebensqualität und die hygienischen Bedingungen der Bevölkerung signifikant und für die Vorbeugung der Cholera- und Malaria-Epidemien zuständig. Diese Zusammenarbeit erfordert eine klare strategische Ausrichtung und Arbeitsteilung der Akteure. Aufgrund ihrer Nähe zu den Bürgern müssen Zivilgesellschaft, Städte und Gemeinden wie keine andere Institution der Bürger und die Ärmsten der Armen, die bei vielen Beschlüssen nicht gefragt werden, in den Entscheidungsprozess einbeziehen und die Kontrolle darüber wahren, dass die Interessen aller Bürger gehört und die Entwicklungsstrategien entsprechend den Bürgerbedürfnissen umgesetzt werden.

Wenn die Funktionen der zivilgesellschaftlichen Organisationen in der EZ und in dem Demokratisierungsprozess der postdiktatorischen Länder wichtig bleiben, so ist das Erreichen der MDGs auch zum Teil davon abhängig, wie diese heute noch schwachen Länder und zivilgesellschaftlichen Strukturen sich bis dahin entwickeln und wie der Transformationsprozess abläuft oder abgelaufen ist. Denn ein schwaches Land, das keinen guten Transformations- bzw. des Demokratisierungsprozess mit den zivilgesellschaftlichen Organisationen hinter sich hat, hat auch geringe Chancen, die MDGs zu erreichen. Der Prozess zum Erreichen dieser Ziele ist in einem postdiktatorischen Land wie der DR Kongo noch sehr schwer, wenn der Transformationsprozess zur Nationionbildung stagniert und fragil bleibt, und wenn die zivilgesellschaftlichen Organisationen wegen der strukturellen Probleme und des Mangels an rechtlichen Grundlagen und effizienter Förderung keine Beiträge leisten können. Die Wege zu den partizipativen Verfahren bei der Strategieplanung und –durchführung müssen noch stark ausgebaut werden, weil die afrikanische Gesellschaft und ihre Bürger auf der lokalen Ebene isoliert und nur Konsumenten der Strategien von ganz oben sind. Das heißt, durch Zwangskonditionalität der Geldergeber akzeptieren die nationalen Regierungen die ihnen vorgelegten Entwicklungs- und Demokratiestrategien. Bei der Umsetzung versuchen diese jedoch ohne die Beteiligung der Bevölkerung durchzuführen.

5. Anhang

Anhang A:

Abb. 1: Flächenvergleich DR Kongo-Europa

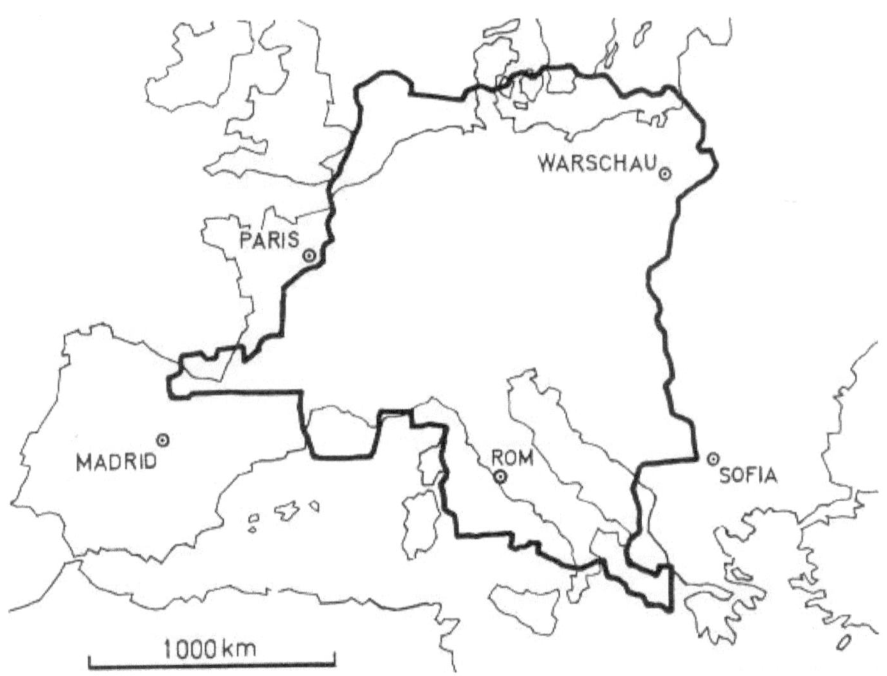

Abb. 2: 25 Provinzen und die Stadt Kinshasa

Les nouvelles provinces de la République Démocratique du Congo
prévues par la Constitution de 2005

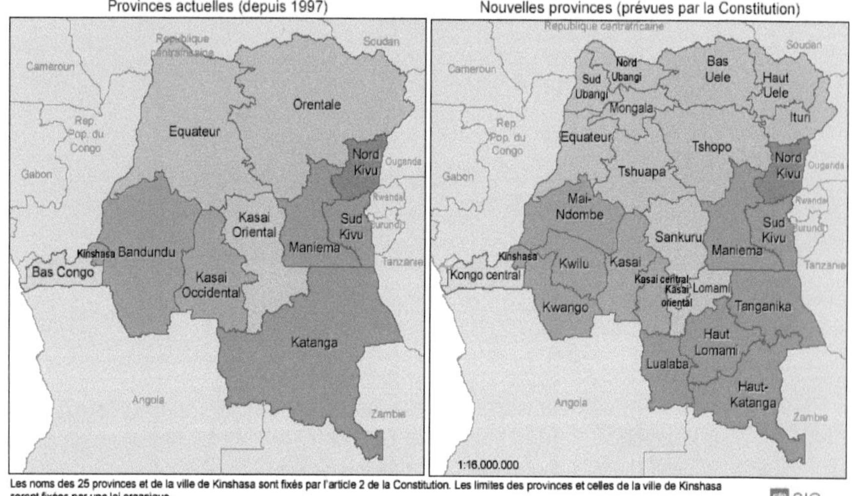

Les noms des 25 provinces et de la ville de Kinshasa sont fixés par l'article 2 de la Constitution. Les limites des provinces et celles de la ville de Kinshasa seront fixées par une loi organique.

Source de données : Référenciel Géographique Commun, Information pour la Communauté Humanitaire en RDC (http://www.rdc-humanitaire.net/fr/)
Cette carte est téléchargeable sur le site http://www.undp.org.cd/

SIG Post Conflit PNUD-RDC
Août 2007

Abb. 3: Wichtige Sprachen und Ethnien

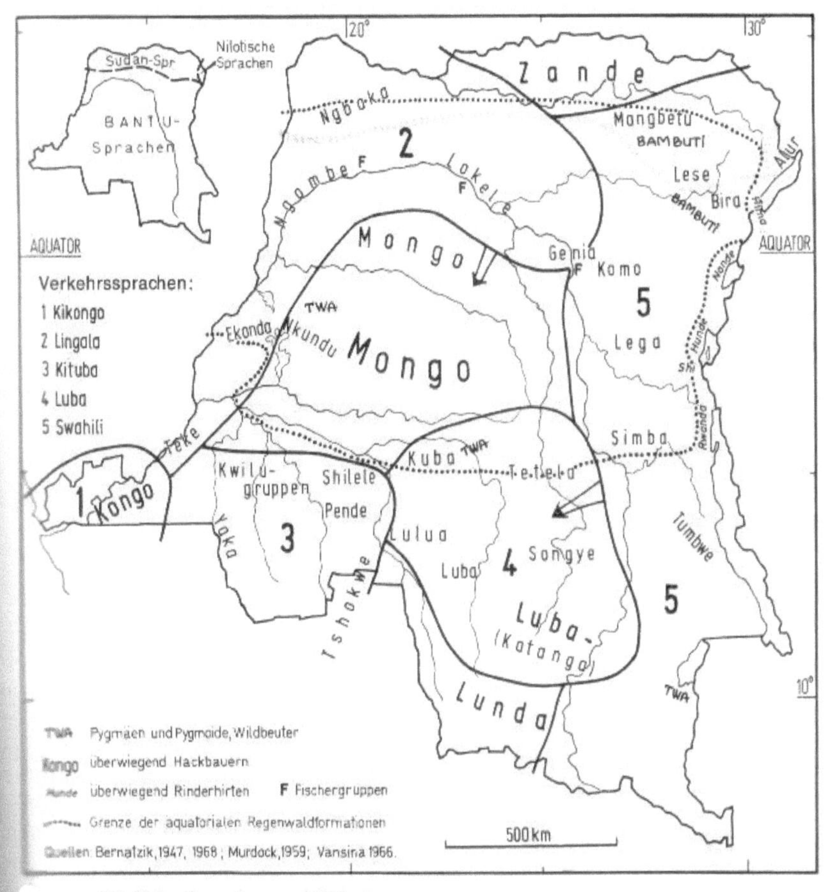

Wichtige Sprachen und Ethnien.

Abb. 4: Kolonialherrschaft in Belgisch-Kongo (1907)

Während der Kolonialherrschaft 1907 in Belgisch-Kongo wurden Einheimischen, die zu geringe Kautschukmengen ablieferten, zur Strafe die Hände abgeschlagen.

Abb. 5: Beispiel eines Slogans

Abb. 6: Beispiel eines Slogans

Abb. 7: Une Photo de Mobutu dans les nuages

Abb. 8: the human tragedy of the conflict in the Democratic Republic of Congo

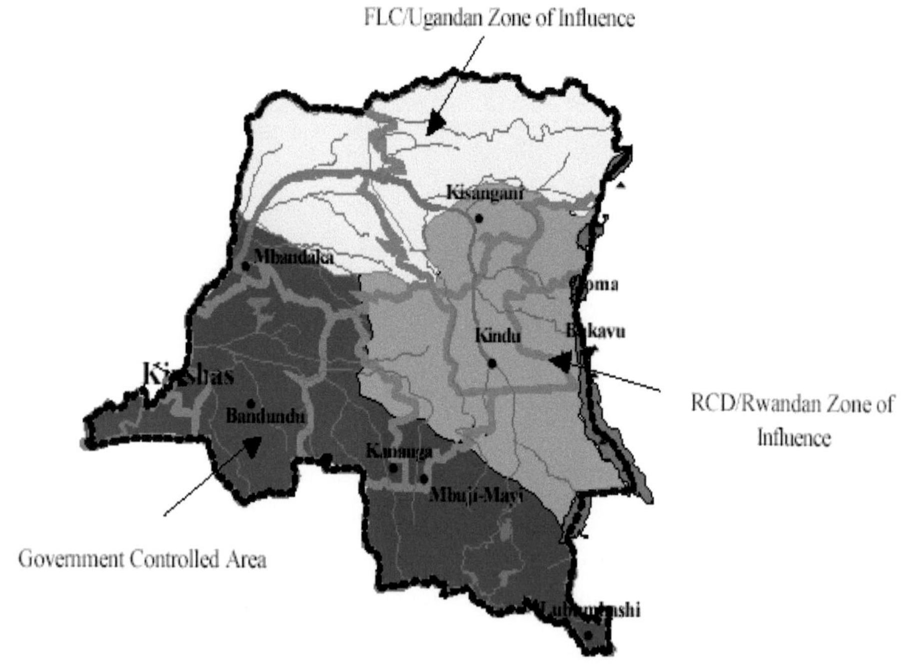

Anhang B: Interviewleitfaden

1. Interviewleitfaden

1.1 Befragung zur Entstehung und Verständigung der Begriffe NGOs und Zivilgesellschaft in der DR Kongo

- Les ONG constituent-elles le moteur de la société civile (SC) en RD Congo?
- Combien d'ONG existent-elles en RD Congo ?
- Y a t'il vraiment une différence entre les ONG et la société civile congolaise?
- Comment ses organisations sont-elles financées ?
- Quels sont les projets de la société civile congolaise ?
- Qu'est-ce que vous pouvez me dire de la société civile congolaise, si nous prenons par exemple les mots vedettes : Développement, Démocratie participative ?
- Quel est votre point de vu sur le rôle des organisations non gouvernementales dans la promotions de la Société Civile au cours de processus de la démocratisation ?

1.2 Befragung zum Verständnis und zu der Realität der kongolesischen Zivilgesellschaft

Quelle est la situation actuelle de la Société Civile congolaise, leurs structures de base, leurs fonctions et leur implication dans le processus de la démocratisation, dans la planification et la mise en œuvre des programmes de développement national ?

L'Université congolaise entre l'Etat et la Société Civile :
- Quel est le choix des intellectuels Congolais ?
- Est-ce que l'Université doit-elle être civile ?

Si nous observons la situation actuelle et la perspective d'avenir de la société civile congolaise, que peuvent être les engagements de l'université entant que institution, vis à vis de la Société Civile ?
Observons les rapports qui existent entre, la Société civile et l'Etat, la Société civile et les parties politiques, la Société civile et l'économie, qu'elles seront par exemple

les contributions des intellectuels congolais pour rendre la Société Civile active et dynamique ?

1.2.1 Folgend ist die Stellungsnahme der kongolesischen Studierenden zur Zivilgesellschaft und Staat

Est-ce que l'Université congolaise doit-elle être civile ?
Le principe est que l'Université est apolitique. De ce point de vue, l'Université ne peut être que civile. Mais dans son fonctionnement, elle est fortement politisée à tel enseigne que chaque structure politique au niveau national trouve représentant dans le site Universitaire. Par rapport aux trois missions traditionnelles de d'Université, à savoir:
L'enseignement et la formation, au moyen de laquelle, elle pourra veiller à mieux former la jeunesse estudiantine et future cadre de la nation de sorte que cette jeunesse soit à la hauteur de leurs tâches même dans la Société Civile.
La recherche : au moyen de la quelle elle devrait promouvoir entre autre les études, les analyses et les colloques qui démasqueront les maux de la Société Civile tout en y trouvant la thérapie nécessaire.
Rendre de services à la société toujours à travers les recherches : au cas où l'Université serait consulter, même à travers des publications, elle pourra encore et toujours rendre service aussi à la société civile.

L'université entre l'Etat et la société civile le choix des intellectuels congolais ?
L'université s'interpose entre l'Etat et la société civile. Le choix et la tendance que l'élite scientifique peut prendre au regard de l'Etat et de la société civile sont d'avoir une position constructive et critique, pour ou contre l'Etat et la Société Civile.

Quelle est la situation actuelle de la société civile et leur perspective?
Elle est caractérisée par :
- L'absence de leadership et de la vraie représentativité
- Le Nespotisme dans les Chefs de dirigeant provoquant ainsi de la confusion,
- La bipolarisation de la société civile: il y a une société civile qui est pro-gouvernement et une autre pro opposition. Il y a aussi certains groupements qui sont neutre.

- Manque de moyens susceptibles de mener l'autofinancement,
- L'absence de la culture de la société civile, de la personnalité ou même de dignité, cimentée par l'inexpérience des membres de la société civile.

Comme mission principale de la société civile nous avons la participation de la population rurale et urbaine à la prise de décisions gouvernementale et à la bonne marche des institutions étatiques. Mais aujourd'hui une partie la société civile se confonde aux partis politiques et devient un instrument étatique. La conséquence est que la plupart des acteurs de la société civile poursuivent la conquête du pouvoir. En plus la société civile devient le chemin par lequel les acteurs politiques utilisent pour accéder au pouvoir.

Le choix et les souhaits des intellectuels sont de reformer la société civile. Quant à l'Etat on cesse d'attendre que l'Etat n'existe plus, d'où il faut une renaissance en démocratisant les institutions de l'Etat et en faisant participer tous les acteurs à la bonne gestion de la chose publique. L'avenir de la société civile n'est pas prometteur dans la mesure où elle sera toujours assujettie par le pouvoir publique et l'absence de leur propre indépendance. L'expérience pourrait aider la société civile d'acquérir la maturité au point de demeurer sans l'idéal de sa mission.

1.3 Förderung der Zivilgesellschaft :

Quels types de communication et des relations existent-ils entre les corps diplomatiques européens (par exemple les représentant de la commission de l'Union Européenne, Ambassade RFA à Kinshasa), les ONG et la société civile congolaise ?

1.4 Mögliche Befragung der Kontrollengruppen zur kongolesischen Zivilgesellschaft:

Gruppe 1: Schüler zwischen 16 und 19 Jahralt
Gruppe 2: Studierende zwischen 21 und 35 Jahralt
Gruppe 3: Bürger zwischen 21 und 35 Jahralt
Gruppe 4: Bürger ab 36 Jahralt

Politisches Interesse:				
Sehr stark	eher starkeher weniger		sehr wenig	überhaupt nicht

Zivilgesellschaftliche Distanz:				
Sehr stark	eher starkeher weniger		sehr wenig	überhaupt nicht

Zivilgesellschaftliche Interesse:				
Sehr stark	eher starkeher weniger		sehr wenig	überhaupt nicht

Politische Distanz:				
Sehr stark	eher starkeher weniger		sehr wenig	überhaupt nicht

Was spielt in ihrem Freund- und Familiekreis eine Rolle?				
Politik:				
Sehr stark	eher starkeher weniger		sehr wenig	überhaupt nicht
Politische Parteien:				
Sehr stark	eher starkeher weniger		sehr wenig	überhaupt nicht
Zivilgesellschaft:				
Sehr stark	eher starkeher weniger		sehr wenig	überhaupt nicht
Andere:				
Sehr stark	eher starkeher weniger		sehr wenig	überhaupt nicht

2. Forumsdiskussion mit Studierenden der Universität in Kinshasa zum Thema

Universitäten zwischen Staat und Zivilgesellschaft: Quo vadis kongolesische Intellektuelle?

Ich habe mich deshalb zunächst vergewissert, was unter den beiden Begriffen in Abgrenzung zum Staat zu verstehen ist und wo die Universität in dieser Relation einzuordnen ist. Dann habe ich mit Hilfe einiger Fragen versuchen, klar darzustellen, welche Funktionen (politische oder gesellschaftliche oder beide) die Universität in dieser Zivilgesellschaft spielt und zukommen könnte. Anschließend wurden es zahlreich graue Materialen, Zeitungsartikeln gesammelt, Photos, Filme, Debatten aufgenommen und eigene Interviews gegeben. Die kongolesischen NGOs und Zivilgesellschaft produzieren zur Selbstdarstellung in der Öffentlichkeit, zur Selbstdarstellung gegenüber Geldgebern sowie zur Dokumentation ihrer Tätigkeit Monats- und Jahresberichte, Broschüren und Informationsfaltblätter.

Das Ziel der Forumsdiskussion:
Die Teilnehmer haben sich in ihren Diskussionen mit folgenden Unterthemen beschäftigt:

- Theorien zur Erklärung der kongolesischen NGOs und Zivilgesellschaft
- Konzeptionen, Leitlinien, Modelle der östlichen/ westlichen europäischen Zivilgesellschaft
- Versuche der Klassifizierung der kongolesischen Zivilgesellschaft
- Verhältnis von endogenen und exogenen Faktoren der Zivilgesellschaft
- Das aus der historischen Entwicklung entnommene Modell der Zivilgesellschaft bleibt nicht unkritisch übertragbar auf afrikanische Länder und der DR Kongo.
- Aspekte von Fortschritten und Rückständigkeit der nichtstaatlichen Organisationen
- Motivationen für die Akteuren der Zivilgesellschaft sich für die Demokratie und Entwicklung zu engagieren.

Die Adressaten wurden befähigt:

- Berichte z.B. in den Massenmedien über die ONG und Zivilgesellschaft hinsichtlich ihres Informationsgehaltes und ihre Sachgerechtigkeit zu überprüfen,

- Die wichtigsten Theorien der Demokratie mit Partizipation der Zivilgesellschaft in ihren Grundzügen darzustellen,
- Zivilgesellschaftskonzeptionen im Hinblick auf ihre lokale Interessensbildung und ideologischen Grundlagen zu hinterfragen.

Anhang C: Liste der befragten Personen und Organisationen in der DR Kongo

Zur Vorbereitung der Interviews wurde bei der Terminabsprache eine einseitige Kurzpräsentation des Forschungsvorhabens ausgehändigt. Die Interviews wurden auf einen überschaubaren Katalog von Leitfragen beschränkt. Für die Nachfragen stand ein erweiterter Fragekatalog zur Verfügung, auf den bei Bedarf per e-Mail zurückgegriffen werden können. Die Interviews dauerten in der Regel etwa eine Stunde. Die Ergebnisse der empirischen Forschung werden als Inhaltsanalyse und Ergänzung zu der gesamten Textbearbeitung bewerten. Diese Ergebnisse beziehen sich zunächst nur auf die DR Kongo. Es stellt sich deshalb die Frage nach der möglichen Übertragbarkeit.

Die Analyse von Organisationsverzeichnissen bildete die Grundlage für eine unbedingt notwendige Gesamtübersicht über die in der DR Kongo existieren freiwillige Vereinigungen, NGOs sowie anderen Netzwerken der Zivilgesellschaft und deren Aktivitätsfelder. Durch die breite Auswertung der Organisationsverzeichnisse konnte, im Rahmen dieser empirischen Forschung, 80 Organisationen (Personen) namentlich aussortieren, betrachtet und erfasst werden. Es wurde diese Organisationen befragt, 30 haben einer vertiefenden Organisationsstudie unterzogen und mit 20 wurden Expertenbefragung geführt.

Diese Organisationen und Personen sind u.a.:
Centre National de développement au Congo (Cenadep) : *Boudoin Hamuli*
Centre de Recherche et d'Appui aux Initiatives de Paix de Lubumbashi:
Sœur Marie Bernard Alima
Comité National Femme et Développement (CONAFED) : Elise Muhimuzi (Secrétaire permanente)

Charlotte Kashamura : Participante à la semaine de Cotonou organisée par le groupe des ONG belges membre du comité de suivi de l'Accord de Cotonou à Bruxelles

Commissariat Général à la Francophonie: Bauduin Mukumbi Sefu

Conseil National des Organisation Non Gouvernementales de Développement du Congo (CNONGD) : *Antoine Massamba*

Conseil Régional des Organisation Non Gouvernemental de Développement du Katanga

Secrétariat Régional : Fidèle Banza

Deutsche Botschaft in Kinshasa: Dr. Martin Schmitt (Premier Secrétaire, Chargé d' Affaire, ONG pour la démocratie et les Droits de l'homme

FOLECO/Fédération des ONG Laïque à vocation Economique du Congo: Adelbert Ndumadele (Vice Président du Conseil d'administration National)

Groupe d'action des femme pour les changement : Mme Elisée Dimandja (Vice présidente)

GTZ : *Salou Nour*

Konrad Adenauer Stiftung : Prof. Mabiala Mantuba-Ngoma

La division ONG du ministère du Plan

Noyau des Organisations des jeunes pour l'Eveil Démocratique (NOJED)

Association des jeunes et des Etudiants Chrétiens (AJEC)/Katanga : Albert Kisimba

Programme des Nations Unies pour le Développement (PNUD) : Daniel Samba Mukoko (Stratégies & Policies Advise)

Programme régional de formation au Développement (PREFED)

Réseau d'organisation de Droits et d'Education Civique d'Inspiration Chrétienne (RODHECIC) : Père Jésuite Rigobert Minani

Réseau national des Droits de l'Homme

Siège de la Délégation de la Commission Européenne de Kinshasa: Renzo Hettinger

Société civile du Katanga : Marcel Kapambwe

Secrétariat de la Société civile: Nshimba Ngoyi

Société civile congolaise (SOCICO) : Prof. Modeste Bahati

Représentant pour la campagne nationale pour la paix durable en RDC

Société Civile/ Forces Vives de la RDCongo : Kibiswa K. Naupess

Université de Kinshasa : Prof. Sylvain Shomba (Doyen de la Faculté des sciences sociales)
Université de Lubumbashi : **Malemba** Mukengeschayi (Doyen des sciences sociales)
Union National des Travailleurs du Congo (Untc): Syndicaliste
Forumsdiskussion mit studierenden der Universitäten von Kinshasa am 14. und 15. 06.2003 und am 17. und 18.07.2003: Didier Kipopa Omeonga, Beatrice Kogenago Dena , Jacques Ebweme Yonzaba, Lohito Sayidi Said, Germain Kuna Maba Manbuka, Chigalo Kwavita Nkenge, Frank Linengu, Regina Nambuwa, Makila Maki

Anhang D: Übersicht über die Kooperation des BMZ mit dem ehemaligen Zaire

(eigene Darstellung)

Mögliche Projekt- und Zivilgesellschaftsfinanzierung von 1976 bis 1991 (Zahlung in Mio. Deutsche Mark, TH= Technische Hilfe, KH=Kredithilfe, K=Krediten, Z= Sonstige Zuschüsse ,Export in die Bundesrepublik Deutschland und Import aus der Bundesrepublik. Zahl der Stipendiaten die seit 1974 gefordert wurde. Zahl in Klammern sind Stipendiaten, die im laufenden Jahre gefordert wurde.)

	Situation im Lande	Schwerpunkt der EZ	Finanzielle Mitte in Mio. DM	sonstige Ansätze
1976/ 1977	Zweimaliger Einfall der Katanga Rebellen, Fehler in der Wirtschaft: „Zairisierung", Verstaatlichung, schwere Wirtschaftskrise	Verbesserung der Verkehrsinfrastruktur, Landwirtschaft, Hochschule und Erwachsenbildung über Rundfunk und Fernsehen etc.	72,5 KH, 18 TH 11 für Schiffbauprogramm 246,2 K 162, 8 Z	
1978		Ebd.	45 FZ 15,9 TZ 291,2 ges. FZ 206,36 ges. Z	96 Projekte 42 Experten 128 Praktikanten 254,9 für Export
1982	Ölpreisexplosion; Verfall der Exportpreise für Kupfer, Kobalt, Diamanten, Kaffee; Unzulänglichkeit in der Regierung und Verwaltung; Rückständige Zahlungs-verpflichtungen behindern die Privatwirtschaft und EZ	Ebd.	12,3 FZ 23 TZ 16,60 sonst. Z 465,8 ges. FZ 180,9 ges. TZ 161,2 ges. sonst. Z	84 Projekte 77 Experten 240 (25) Stipen-diaten 334,6 für Export 215,6 für Import
1985	In Abstimmung mit dem IWF wurde Ende 1983 Wirtschaftsreform-programm eingeleitet, um das Land aus der Krise hinauszuführen. Hoffnung auf Wirtschaftserholung.	Ebd. + Förderung der Landwirtschaft	35 FZ 23,3 TZ 17,7 sonst. Z 537,8 ges. FZ 247,7 ges. TZ 210,9 ges. sonst. Z	85 Projekte 69 Experten 379 (71) Stipen-diaten 616,6 für Export 258,2 für Import

1987	Beistandskredit und Ziehungen auf die kompensatorische Finanzierungs- und Strukturabpassungs fazilität und Umschuldungs-vereinbarung mit dem Pariser Club (900 US$)	Ebd. + Wasserversorgung, Hilfe für die Entwicklungsbank SOFIDE	10 Strukturhilfe 55 FZ 29 TZ 24,4 sonst. Z 627,8 gez. FZ 301,9 ges. TZ 251 ges. sonst. Z	139 Projekte 79 Experten 630 (91) Stipen-diaten 349,8 für Export 245,1 für Import
1988	Schwierige WirtschaftssituationNeues Anpassungs-programm des IWF & der WB, möglich ,Schuldenerlass der Bundesregierung in der FZ und künftige FZ-Mittel zu sog. IDA-Konditionen	Ebd + /Naturschutz	58 FZ 28,3 TZ 21,5 sonst. Z 685,8 ges. FZ 330,2 ges. TZ 210 für Import 272,7 ges. sonst. Z	148 Projekte 87 Experten 676 (58) Stipen-diaten 399 für Export
1989	Ebd.	Ebd.	61,3 FZ 28,1 TZ 22,8 sonst. Z 747,1 ges. FZ 358,3 ges. TZ 295,7 ges. sonst. Z	161 Projekte 71 Experten 708 (34) Stipen-diaten 411,2 für Export 206,4 für Import
1990	Weitere Verschlechterung der Wirtschafts- lage; Unterbrechung der Vereinbarungen mit IWF & WB, Unsicherheit & Veränderung der innenpolitische Szene; Schuldenerlass über ca. 630 Mio. DM	Ebd. + Gesundheitswesen	114 FZ 30,6 TZ 24,9 sonst. Z 861,1 ges. TZ 388,9 ges. FZ 320,6 ges. sonst. Z	172 Projekte 64 Experten 786 (53) Stipendiaten 347,5 für Export 227,4 Import
1991	IWF entzog mittlerweile die Quotenzugangs-berechtigung; Plünderung durch unterbezahlte Soldaten und unzufriedene Bevölkerung; Evakuierung der deutschen Experten.	Finanzielle Unterstützung der lokalen NGOs	114 FZ (1990) 0,1 TZ 13,8 sonst. Z 861,1 ges. FZ 389 ges. TZ 334,5 ges. sonst Z	178 Projekte 63 Experten 728 (42) Stipendiaten 241,84 für Export 176,1 für Import

6. Literaturverzeichnis

Actualité: La RFA accorde 60 millions d'Euros d'aide financière à la RD Congo www.digital-congo.net 2.11.2004.

Addendum au Document de Stratégie de Coopération et Programme Indicatif National Communauté Européenne et la RD Congo du 21.06.2005.

Alemann, Ulrich (Hg.): Partizipation, Demokratisierung, Mitbestimmung, Opladen 1975.

Alvater, Elm, Brunnengräber, Achim: NGOs im Spannungsfeld von Lobbyarbeit und öffentlichem Protest, in: Das Parlament/APUZ, Nr. 06-07. 2002, 14.02.2002, S. 9. (S. 6-14).

Allgemeiner Rahmen: Entwicklungspolitik mit AKP. http://europa.eu/scadplus /leg/de-/lvb/r121-02.htm. Mitteilung der Kommission an den Rat, das europäische Parlament und den Wirtschafts- und Sozialausschuss. Brüssel, den 07.11.2002 KOM (2002) 598 endgültig.

Amitai Etzioni: Die Verantwortungsgesellschaft. Individualismus und Moral in der heutigen Demokratie, Frankfurt/ New York 1997.

Anheier, Helmut K.: Zur Rolle von NRO in Afrika, in: Internationales Afrikaforum 2/1987, 23. Jahrgang 2. Quartal, (S. 183-190).

Annuaire de l'Institut de Droit International. Vol. XXX, 1923.

Annual Report 2007 on the European Community's Development Policy and the Implementation of External Assistance in 2006. http://ec.europa.eu/europeaid /multimedia/publications/-pu-blications/-annual-reports/2007_en.htm

Ansprenger, Franz: Eröffnungsbilanz der afrikanischen Demokratie, in: Entwicklung und Zusammenarbeit 33, 1992, 4, (S. 8-11).

Appel, Margit/ Gubitzer, Luise/ Sauer Birgit (Hrsg.): Zivilgesellschaft ein Konzept für Frauen? Frankfurt a. M. 2000

Arts, Bas: Nachhaltige Entwicklung, eine begriffliche Abgrenzung, in: Peripherie, 54, 1994, (S. 6-27).

Aufbruch im Herzen Afrikas? Probleme des Friedens. Hg. Pax Christi. Frankfurt a.M. 1998.

Bahati, Modeste: Être présent au sein des institutions qui favorisent la démocratisation. Dans: Horizon-Développement Nr. 11, Octobre 1999, (p. 15).

Bandat, Sabine, Nina Abedin-Zadeh, Brigitte Dworak: Netzwerke parastaatlicher Akteure: Transnationale Unternehmen und NGOs www.evakreisky.at/ 2003-2004/staatkrieg/referat05 Zugriff vom 11.07.2005.

Bangenda, Balagizi: Comment coopérer avec les Etats peu performants dans un partenariat ACP-UE rénové ? ECDPM Document de travail N° 65, 1998.

Bayart, Jean François,: Civil Society in Africa, in: Chabal, Patrick (Hg.): Political Domination in Africa. Reflections on the Limits of Power, Cambridge: Cambridge University Press 1986, S. 109-125.

Bayart, Jean François: L'État en Afrique. La politique du ventre. Paris, Fayard 1989.

Bericht des European Centre for Development Policy Management (Stand: January 2008) http://www.eu-platform.at/deutsch/start.asp?b=1412;

Becker, Jürgen: Die Partnerschaft von Lomé. Eine neue zwischenstaatliche Kooperationsform des Entwicklungsvölkerrechts. Baden-Baden 1979.

Berg-Schlosser, Dirk: African Political Systems, in: Comparative Political Studies 17/ 1, Beverly Hills, London, New-Delhi: 1984, S. 121 - 151.

Beyme von, Klaus: Zivilgesellschaft: Kariere eines Mode-Begriffs. Pressemitteilung zur Marsilius Vorlesung bei der Jahresfeier der Ruprecht-Karls-Universität am 17. 10. 1998.

Beyme von, Klaus: Ansätze zu einer Theorie der Transformation der ex-sozialistischen Länder Osteuropas, in: Michalski, Krzysztof (Hrsg.): Europa und die Civil Society, Stuttgart 1991. (S. 141-171).

Bidwaya, Mputu: Quelle presse pour la troisième République ? Dans le Diagnostic, Volume 1/avril-juin 1992,.

Bleckmann, Albert, Kurt Madlener, Hans-H, Münkner, Heinrich Scholler: Demokratie in Afrika, Hannover 1982.

Bliss von, Frank: Was ist Zivilgesellschaft? In: Entwicklung und Zusammenarbeit. Jg.44. 2003:5, (S.195-199).

BMZ-Länderbericht: DR Kongo, September 2004.

BMZ/Sachstände/Übersicht/ Aktivitäten der deutschen EZ in der DR Kongo, Februar 2006.

BMZ: Entwicklungszusammenarbeit mit der DR Kongo, November 2007.

BMZ: Entwicklungszusammenarbeit mit der DR Kongo, November 2007.

Boetius, Birgit: Zivilgesellschaft aus dem Baukasten? Die Rolle der mosambikanischen Bildungselite im geförderten Demokratisierungsprozess (DISS.). Hamburg 2001.

Bos, Ellen: Die Rolle von Eliten und kollektiven Akteuren in Transitionsprozessen, in: Merkel, Wolfgang: Systemwechsel 1: Theorie, Ansätze und Konzeption 1994 (S. 81-109).

Bosshard, Peter: Afrikanische NGOs in den internationalen NGO-Netzwerken. Erklärung von Bern, Zürich, in: Roger Pfister (Hrg.): Beziehungen Schweiz-Afrika. Beitrag zur Konferenz von 10/11 Sept. 1999, Nr. 34/ Dezember 2000.

Bölsche, Jochen: Politik von unten: Greenpeace, Amnesty & Co. Die Macht der Mutigen, in: Spiegel Special/ Editoriale/Nr. 11/1995 (S. 3)

Brand, Ulrich: Der Staat und die Zivilgesellschaft, in: Freitag Nr. 03 von 14. Januar 2000.

Brand, Ulrich: NGOs, Staat und ökologische Krise. Münster 2000.

Brand, Ulrich (Hrsg.): Nichtregierungsorganisationen in der Transformation des Staates. 1. Aufl., Münster 2001.

Braeckman, Collette: Le Dinosaure: Le Zaïre de Mobutu. Fayard 1992.

Brassinne, Jacques, Kestergat ; Jean: Qui a tué Lumumba ? Louvain la Neuve 1991.

Brehme, Gerhard, Kramer, Hans (Hrg.): Afrika : Kleines Nachschlagewerk, Berlin 1985.

Bratton, Michael: Civil society and political transitions, in: Harbeson, John, W./ Rothchild, D./ Chazan, Naomi (Hg.): Civil society and the state in Africa, Bulder/London 1994, S. 51-81.

Bratton, Michael; Walle, Nicholas von: Democratic experiment in Africa, Cambridge 1997.

Brochure d'information du Conseil National des Organisations Non Gouvernementales de Développement, 2001.

Brown, Mark Malloch: Les travaux du PNUD en Afrique, in: Info Rapide, septembre 2003.

Bukow, Wolfgang-Dietrich, Ottersbach, Markus: Die Zivilgesellschaft in der Zerreißprobe, Opladen 1999. (S. 323-345).

Bunia: la société civile édifiée sur la personnalité juridique des ASBL. Le Potentiel: Edition 4162 du samedi 27.10.2007.

Burkhard Haneke: Der Kommunitarismus: Eine neue Ethik der Gemeinschaft? In: Politische Studien, Heft 356, 48. Jahrgang/Dezember 1997, (21-25).

Camerini, Carmine: Bukavu: La MONUC facilite le dialogue entre la Société civile et les instances politiques/ 08 juin. 07. http://www.monuc.org/ News.aspx?newsId=14750

Chabal, Patrick: Power in Africa. An Essay in Political interpretation. New York: St. Martin's Press, 1998.

Chazan, Naomi: Africa's Democratic Challenge-Strengthening Civil Society and the State, in: World Policy Journal (1992) 1, 1992 (S. 279-309).

Chebeya, Floribert : Nous ne faisons que subir les événements, in: Horizont-Développemnet, N° 11/ 1999 (p. 19).

Chomé, Jules : L'ascension de Mobutu. Paris 1979.

Commission Européenne, DG ECHO: Stratégie Opérationnelle 2006, 6.01.06.

Coreth, Emerich/ Schöndorf, Harald: Philosophie des 17. und 18. Jahrhunderts. 2. Auf. Kohlhammer 1990.

Dadei, Didier: Referendum: dans lesoftonline.net 12/01/2006. http://www.cei-rdc.org/, www. societe-civile.cd /11.01.2006.

Dahrendorf, Ralf: Die gefährdete Civil Society, in: Michalski, Krzysztof (Hrsg.): Europa und die Civil Society. Stuttgart 1991, (S. 247-263).

Dala Dianba, Fleury: Classement Online de 100 meilleures universités africaines. Le potentiel du 11.02.06.

Dauderstädt, Michael: EU-Osterweiterung und Entwicklungspolitik: Wie Teile der ehemaligen Zweiten Welten zur Ersten Welt werden und was das für die Dritte Welt bedeutet, in: Entwicklungspolitik 14/15/2003, (S. 28-36).

Décret-loi N° 195 portant réglementation des associations sans but lucratif et des établissements d'utilité publique, Revue de Droit congolais, 1, 1999. (pp. 87-106).

DED: Leitlinie Gemeinwesenarbeit, Förderung der Zivilgesellschaft und soziale Netzwerken. Berlin 2000. www.ded.de/11.08.2005

Delmotte, Jean-Michel: Le Zaïre et la Communauté Européenne. Mars 1989.

Democratic Republic of Congo: Country Profile, in: Economist Intelligence Unit 2003.

Democratic Republic of Congo: Country Report, in: Economist Intelligence Unit. March 2004.

Der deutsche Beitrag zur Entwicklungsarbeit: BMZ-Haushalt 2008 im Aufwärtstrend. http:// www.bmz.de/de/zahlen/deutscherbeitrag/index.html/15. 2.08.

Der EWSA: Brücke zwischen Europa und der organisierten Zivilgesellschaft, Luxemburg: Amt für amtliche Veröffentlichungen der EU 2003.

Der Fischer Weltalmanach: Zahlen, Daten, Fakten: 2000 (S. 454f); 2001 (S. 461-462); 2002 (S. 501-502); 2003 (S. 473-474); 2004 (S. 501-502); 2005 (S. 258); 2006 (S. 274-275).

Der Rechnungshof der Europäischen Gemeinschaften: Jahresbericht über die Tätigkeiten im Rahmen des sechsten, siebten, achten und neunten EEF zum Haushaltsjahr 2006/Sitzung vom 27. September 2007.

Deutscher Entwicklungsdienst: Förderung entwicklungspolitisch relevanter einheimischer Organisationen und Selbsthilfe-Initiativen, u.a.: Ost-, Süd- und Westafrika, Bericht 2003, (S. 11-211).

De Witte, Ludo: Regierungsauftrag Mord. Der Tod Lumumbas und die Kongo-Krise. Leipzig 2001.

Dewey, John: Creative Democracy The task before us, in: The Philosopher of Common Man. Essays in Honor of John Dewey to celebrate his Eightieth Birthday. New York 1968. Zit. in: Wegmarshaus, Gert Rüdiger.

Dialogue Intercongolais et Classe politique, in: Alternative N° 0008-009, Fondation Konrad Adenauer (Hg.) Kinshasa 2002.

Dialogues Inter congolais : Consultation de l'Etat et de la nation, Facultés catholique, Kinshasa 2002.

Dias, Patrick: Erziehung, Identitätsbildung und Reproduktion in Zaire. Beltz 1979.

Die Konvention von Cotonou: Das neue Partnerschaftsabkommen zwischen den AKP-Staaten und der EU. Bewertung und Empfehlungen. WEED und terre des hommes, Deutschland (Hrsg.). Bonn, Juni 2000.

Die Millenniums-Entwicklungsziele: Fortschritte, Rückschritte und Herausforderungen. Herausgegeben von der deutschen Aufgabe von Deutsche Gesellschaft für die Vereinten Nationen. Berlin 2003.

Die Millenniums-Entwicklungsziele: Ein Pakt zwischen Nationen zur Beseitigung menschlicher Armut. Deutsche Gesellschaft für die Vereinten Nationen e.V. (Hrsg.), Berlin 2003.

Die Rede des ehemaligen kongolesischen Außerministers, son Excellence Léonard She Okindu bei der Eröffnung des Kolloquiums über La société civile et la coopération internationale pour la reconstruction de la RD Congo : Quelles espaces pour la participation de la population ? Kinshasa, vom 16. bis 18. Juni 2003.

Die Rolle der Nichtregierungsorganisationen, in: OECD: Partner der Entwicklung. Paris, 1989.

Diskussionspapier der Kommission. Vorgelegt von Präsident Romano Prodi und Vizepräsident Neil Kinnock, Brüssel 1999.

Document de la Communauté Européenne: Soutient accordé aux acteurs non étatiques dans le processus de développement. Programme thématique dans le cadre des perspectives financières 2007-2013.

Document officiel des Nations Unies/Cinquième année, dixième session, 7 février-6 mars 1950, Lakes Succès New York, p. 25. Egalement Doc. E/INF/23 avril 1948.

Dokumente: Agenda 21: Bundesministerium für Umwelt, Naturschutz und Reaktorsicherheit: Konferenz der UN für Umwelt und Entwicklung im Juni 1992 in Rio de Janeiro, Kapitel 27, Abs. 5; Bonn 1992.

Dokumentarfilm mit originalen Ausschnitten und Zeugen aus der kolonialen Zeit im Kongo: Mord im kolonialen Stil: Lumunba, ein Film von Thomas Giefer, 2000.

Donatella, Fabrizio: Le secteur privé dans le nouvel accord, in: Le Courrier N° 181, Juin-Juillet 2000, S. 90.

Dorier-Apprill, Elisabeth: Église et ONG caritatives à Brazzaville: activisme sociopolitique ou religieux? Dans: J-P. Deler, Y. A. Fauré, A. Piveteau, P. J. Roca: ONG et développement: société, economies, politique. Paris 1998, Pp. 559-571.

Dritter Bericht über die Armutsbekämpfung in der Dritten Welt durch Hilfe zur Selbsthilfe: Unterrichtung durch die Bundesregierung, 14. Wahlperiode, Drucksache 14/6269/06. 06. 2001.

DR Kongo vor den Wahlen, ZDF-Bericht: Aspekt vom 7.04.2006. Wolfgang Herles (Moderator)/ Jens Tilman; www.aspekt.de/ Reportage/9.04.2006.

DR Kongo: Wirtschaftsentwicklung und Wirtschaftspolitik: Bundesagentur für Außenwirtschaft (Hrsg.) 15.09.2005: www.bfai.de/31.03.2006, S. 11.

DR Kongo: www.auswaertiges-amt.de/diplo/ de/Laender. April 2008.

Economist Intelligence Unit: Country Profile: Democratic Republic of Congo, 2003.

Editorial: Welche Demokratie für Afrika? In: Entwicklung und Zusammenarbeit Jg. 37. 1996: 12, S. 323.

Ehlert, Stefan: Wangari Maathai: die erste afrikanische Mutter der Bäume, Friedensnobel-preisträgerin. Freiburg im Breisgrau 2004.

Elaigwu, J. Isawa: Nation-building and changing political structures, in: Mazrui, Ali, A./ Wondji, C. (Hg.): UNESCO General History of Africa, Vol. VIII. Africa since 1935. Oxford 1993, (S. 435-467).

Elwert, Georg: Ethnizität und Nationalismus. Über die Bildung von Wir-Gruppen. Berlin 1989.

Erdmann, Gero: NGOs: Mangelhaft, doch unverzichtbar, in: der Überblick 3/2001, (S. 32-35).

El Tahiri, Jihan: L'Afrique en morceaux. Reportage deuxième Parti. 2000.

Eoin Young : **Le PNUD lance un nouveau Projet d'Appui au Cycle Electoral en RD Congo/ www.monuc.org/5.10.07**

Etzioni, Amitai: Die Verantwortungsgesellschaft. Individualismus und Moral in der heutigen Demokratie, Frankfurt/ New York 1997.

EU partenaire au développement de la RD du Congo. Délégation de la commission européenne en RD Congo, 2005.

Europäische Union: Diskussion um Lomé-Nachfolgeabkommen, in: Internationales Afrikaforum 2/1999, 2. Quartal, (S. 106-107).

EWG-Afrika, in: Internationales Afrikaforum, Nr. 9/10. 1967 (S. 437-439).

Fachgespräch, das am 4. Februar 1998 in Bonn von SID und GTZ veranstaltet wurde. Vgl. Entwicklung und Zusammenarbeit: Jg. 39. 1998: 3/ S. 86.

Fein, Elke/ Matzke, Sven: Zivilgesellschaft: Konzept und Bedeutung für die Transformationen in Osteuropa. 2. Aufl. Heft 7/1997.

Fengler, Wolfgang: Strukturanpassung und Verschuldung, in: Informationen zur politischen Bildung Nr. 264/1999, (S. 29-33).

Fischer, H. Klemens: Der Vertrag von Nizza. 1. Auflage. Baden-Baden 2001, S. 524 (S. 513-545).

Floridi, Maurizio, Sanz Corella, Beatriz: Rapport Final sur la RD Congo, Bruxelles/ September 2003.

Frisch, Dieter: Konditionalität und Demokratie, in: Entwicklung und Zusammenarbeit 34/4, 1993, (S. 91).

Frisch, Dieter: Meinen wir Partnerschaft? In: Entwicklung und Zusammenarbeit Jg. 36. 1995:4 (S. 99).

Fuchs, Dagmar: Die Zukunft der europäischen Entwicklungspolitik, in: Epd-Entwicklungspolitk 8/2000, (S. 13-14).

Fues, Thomas: Vom Ende der Entwicklungspolitik: Ein Blick auf 12 Jahre CSU-Herrschaft im BMZ, in: Blätter des Informationszentrum dritte Welt, Nr. 200/September 19994 (S. 50-53).

Geiss, Immanuel: Gewerkschaften in Afrika, Hannover 1965.

Gerth-Wellmann, Hella: Die Lomé-Politik der EU. Entstehungsbedingungen, Ergebnisse und Perspektive. München, Köln, London 1984.

Gharbi, Samir: RD Congo : Balises, in : Jeune Afrique N° 1948/du 12-18 mai 1998 (pp. 139-144).

Glagow, Manfred: Die NGOs in der internationalen Entwicklungszusammenarbeit, in: Nohlen, Dieter/Nuscheler, Franz (hrsg.): Handbuch der Dritten Welt. Bd. 1, Bonn 1993, (S. 314-326).

Global Governance und multilaterale Friedenssicherung: Konzeptionelle Überlegungen mit Bezug auf Subsahara-Afrika. S. 56/ www.ub.uni-duisburg.de/ETD-db/theses/ 14.06.2005.

Gonçalves, António Custódio: Kongo, Le Lignage contre l'Etat: Dynamique politique Kongo du XVIème au XVIIIème siècle. Universidade de Évora 1985.

Goulongana, Jean Robert: Lomé Abkommen, in: Le Courrier N° 183 Octobre/ Novembre 2000 und Le Courrier N° 181 Juin-Juillet 2000.

Gramsci, Antonio: Gefängnishefte. Bd. 4, herausgegeben von Klaus Bochmann und Wolfgang Fritz Haug, Hamburg 1991.

Gramsci, Antonio: Gefängnis Hefte Bd. 3, herausgegeben von Klaus Bochmann; Wolfgang Fritz Haug. Turin 1991, (S. 515).

Grimm, Sven: Die Afrikapolitik der Europäischen Union. Hamburg 2003.

Grottenthaler, Margret; Sibylle Hochheim, Maren Voges, Rike Wolz, Steffi Leupold, in: DED-Bericht 2003: Sambia, (S. 70-77).

Grottenthaler, Margret, Sibylle Hochheim, Anne Schuster, Ulrike Wolz, Steffi Leupold,: Sambia, in: DED-Bericht 2004: Sambia (S. 79-84).

Gubitzer, Luise: Zur Ökonomie der Zivilgesellschaft, in: Appel, M. / Gubitzer, L. /Sauer, B.: Zivilgesellschaft ein Konzept für Frauen? Frankfurt a. M. 2003. (S. 137-177).

Habermas, Jürgen: Die nachholende Revolution., Frankfurt/M. 1990.

Habermas, Jürgen: Faktizität und Geltung, Frankfurt a. Main, 1992.

Habermas, Jürgen: Diskursive Politik und Zivilgesellschaft. Über die Rolle der Bürger-Assoziationen in der Demokratie. Zit. hier in: Entwicklung und Zusammenarbeit Jg. 42. 2001: 12 (S. 356-357).

Habermas, Jürgen: Diskursive Politik und Zivilgesellschaft, in: Entwicklung und Zusammenarbeit Nr. 12, Dezember 2001, S. 356-357. Zitiert hier nach Zusammenfassung, in: Zeitungsartikel und Materialien zur Zivilgesellschaft. www.dse.de/zeitschr/ez12015.htm/ 14.7.2004.

Hamuli Kabarhuza, Baudouin: Donner sa chance au peuple congolais. Expériences de développement participatif (1985-2001), Paris 2002.

Hamuli Kabarhuza, Baudouin, F. Mushi Mugumo, N, Yambayamba Shuku: La société civile congolaise: Etat des lieux et perspectives. Bruxelles 2003.

Hanisch, Ralf: Nichtregierungsorganisationen und Entwicklung, Hamburg 1994.

Hartmeier, Michael: Staat und Zivilgesellschaft in Frankreich und Deutschland, in: Ammon, Günther; Hartmeier, Michael (Hrsg.): Zivilgesellschaft und Staat in Europa. 1. Aufl. 2001, (S. 10-28).

Hauck, Gerhard: Staat, Markt und Zivilgesellschaft, in: Bukow, Wolf-Dietrich/ Ottersbach, Markus: Die Zivilgesellschaft in der Zerreißprobe, Opladen 1999 (S. 100-114).

Hauck, Gerhard: Gesellschaft und Staat in Afrika. 1. Aufl. Frankfurt am Main 2001.

Heinelt, Hubert: Zivilgesellschaftliche Perspektiven einer demokratischen Transformation der Europäischen Union, in: Zeitschrift für Internationale Beziehungen. 5. Jg. (1998) Heft 1 (S.79-107).

Heleen Reedijk, Tanja Funkenberg, Katharina Desch, Karoline Schmitt, Kamerun, in: DED-Bericht (2004): S. 140-147.

Hermle, Reinhard: Stellungnahme des Verbandes Entwicklungspolitik deutscher Nichtregie-rungsorganisationen e.V., in: Zivilgesellschaft und Entwicklung, Beiträge für eine Anhörung des Deutschen Bundestages über die Bedeutung der Zivilgesellschaft für nachhaltige Entwicklung in Entwicklungsländern. Herausgegeben von Friedrich-Ebert-Stiftung (FES) (Medienbroschüre), Bonn 2001, (S. 17-27).

Hillebrand, Ernst: Von Engagement und Trittbrett. An Afrikas NGOs stellen manche Partner überzogene Anforderungen, in: Der Überblick 3/2001, (S. 42-43).

Horizon-Développement: Edition spéciale : Société civile congolaise : Quelle mission ? N° 11, octobre 1999.

Horstmann, Bettina (Koordinatorin der Afrika-Abteilung der UNCCD): Die Umsetzung der Umsetzung der Un-Konvention zur Bekämpfung der Wüstenbildung in Afrika. Vortrag im Internationalen Zentrum die Brücke- Münster, am 16. Juni 2004.

Hurtienne, Thomas: Peripherer Kapitalismus und autozentrierte Entwicklung. Zur Kritik des Erklärungsansatzes von Dieter Senghaas, in: Prokla 44, 1981, (S. 105-136).

Jalée, Pierre: Die Ausbeutung der Dritten Welt. Frankfurt 1965.

Jeune Afrique du 25.8.1982.

Johnson, Dominic: Kongos Wähler billigen neue Verfassung, in: Die Tageszeitung (taz) von 22.12.2005.

Journalisthandbücher von 1976 bis 1991,1995

Kabare, Prosper: Dette extérieure publique de la RD Congo: Qui doit à qui? FODEX – RDC 1997

Kabungulu, Ngoy-Kangoy: La transition démocratique au Zaïre: Avril 1990-Juillet 1994, Kinshasa 1995.

Kalala Ilunga, Matthiesen : Die DR Kongo: Eine Analyse aus staatstheoretischer, verfassungs-rechtlicher und völkerrechtlicher Sicht. Hamburg 2005.

Kappel, Robert; Fengler, Wolfgang: Entwicklungsstrategie für Wirtschaft und Gesellschaft, in: Informationen zur politischen Bildung Nr. 264/1999 (S. 25-29).

Kamunga, Franck : RD Congo : Brève analyse par pays du processus de programmation du 10ème FED. Kinshasa ce 17 Octobre 2007, www.africandemocracyforum.org.

Kandolo, François: Il n' y a pas de véritable homme politique qui ne provienne de la Société civile, in Horizon-Développemnt, Octobre N° 11/ 1999, (p. 12).

Kashamura, Charlotte: Implication de la société civile dans la mise en oeuvre de l'accord de Cotonou: Témoignage d'autre mouvement sociaux africains (Vortrag in Kinshasa am 18.6.2003).

Kasongo, Benoit : Jef Van Bilsen avait-il raison ? In : La Référence Magazine/NRO du 29.08. 2005.

Kebir, Sabine: Gramsci`s Zivilgesellschaft; Hamburg; 1991.

Kettner, Matthias: Die Angst des Staates vorm Einspruch der Legitimität von NGOs und den Medien der öffentlichen Gesellschaft, in: Frankfurter Rundschau vom 17.10.1995. S. 12.

Kivilu, Sabakinu: Les Conséquences de la Guerre de la RD Congo en Afrique Centrale, dans: Elite et Démocratie. Kinshasa 2002.

Kivulu, Sabakinu: Le processus d'émergence d'une nouvelle conscience politique et sociale au sein du corps professoral de l'Université de Kinshasa, dans: Elite et Démocratie. Kinshasa 2002. p 111-123.

Klas, Gerhard: Ticket zum globalen Markt. EU-Entwicklungspolitik und Lomé-Verträge. In: Informationszentrum 3. Welt (Iz3w.), Nr. 236 April 1999. (S.25-26).

Klaus, Peter; Klein, Rudolf u.a.: Entwicklungsfinanzierung: Jahresbericht über die Zusammenarbeit mit Entwicklungsländern 1999, S. 6. www.kfw-entwicklungsbank.de /11.12.2004.

Klein, Ansgar: Überschätzte Akteure? NGOs als Hoffnungsträger transnationaler Demokratisierung, in: APUZ/B6-7/2002 (S. 3-5).

Klein, Ansgar, Rohde, Markus (Hrsg.): Konturen der Zivilgesellschaft: Zur Profilierung eines Begriffs. In: Forschungsjournal, Neue Soziale Bewegungen, Heft 2-Juni 2003, (S. 2-5).

Klingebiel, Stephan: Leistungsfähigkeit und Reform des UNDP, Deutsches Institut für Entwicklungspolitik. Bd. 115, Köln 1998.

Kneer, Georg (Hrsg.) : Zivilgesellschaft, in: Soziologische Gesellschaftsbegriffe: Konzepte moderner Zeitdiagnosen. München 1997, (S. 228-251).

Kocka von, Jürgen: Zivilgesellschaft in historischer Perspektive, in: Forschungsjournal, Neue Soziale Bewegungen, Heft 2-Juni 2003 (S. 29-37).

Koffi, Ehui-Bruno: Le concepte et le rôle des ONG européennes et africaines. In : La revue de l'union des associations internationales. Année 40, Nr. 5, 1988 (S.230-250).

Kohnert, Dirk und Preuss, Hans-Joachim: NRO-Arbeit und neuen Bedingungen, in: Entwicklung und Zusammenarbeit/ Jg. 44. 2003:10, (S. 380-382).

Kombo, Reorges : Amener la population à accéder au pouvoir de vie, in : Horizon Développement, N° 11/1999 (p. 15).

Kongo: Eine nicht endende Kolonialgeschichte, in: Proletarische Rundschau Nr. 12, Sept. 2003. www.geocite.com/18.01.2004.

Kongo: Die Zeit der Träume ist vorbei, in: Der Spiegel 21/1998, (S.172-173).

Konsultationsprozess zur zukünftigen Finanzierung zivilgesellschaftlicher Organisationen im Rahmen der EU-Entwicklungszusammenarbeit gestartet. www.eu-plattform.at/ 12.02.2006.

Kopfmüller, Simone: Politische Ideen der Unabhängigkeitsbewegung, in: Informationen zur politischen Bildung Nr. 264/1999, (S. 35-37).

Körner, Peter: Zaire: Verschuldungskrise und IWF-Intervention in einer afrikanischen Kleptokra-tie. Hamburg 1988.

Kößler, Reinhart, Melber Hennig: Chance internationaler Zivilgesellschaft. 1. Aufl. Frankfurt a. M. 1993.

Kößler, Reinhart: Postkoloniale Staaten. Elemente eines Bezugsrahmens. Schriften des Deutschen Übersee-Institut Hamburg, Nr. 25. Hamburg 1994.

Koudissa, Jonas: Sind zentralafrikanische Staaten zur Demokratie unfähig? Eine Fallstudie zur Republik Kongo. Diss. Münster 1998.

Kpatindé, Francis: Exite Kabila, in: Jeune Afrique/L'intelligence N° 2089- du 23 au 29.01.2001, (p. 10).

Kreissl-Dörfler, Wolfgang: EU-AKP: Entwicklung oder Freihandel, in: Entwicklungspolitik-Epd: 4/5/2000, (S. 13-14).

Krohn, Hans-Broder: Das Abkommen von Lomé zwischen der EG und den AKP-Staaten. Eine neue Phase der EG-Entwicklungspolitik, in: Europa-Archiv, Folge 6/ 1975, S.. 164-170.

Kuhn, Berthold: Mehrparteiensystem und Opposition in Zaire. Münster/Hamburg 1992.

Kuhn, Berthold: Entwicklungspolitik zwischen Markt und Staat: Möglichkeiten und Grenzen zivilgesellschaftlicher Organisationen. Frankfurt a. M. 2005.

La Coopération entre UE et la République du Zaïre: Rapport annuel 1995.

La négociation des APE: Etat des lieux. par l'ECDPM, Maastricht (Pays-Bas), 3 mars 2008. http://www.acp-eutrade.org/library/files/ECDPM_03-03-08_La-negociation-des-APE-Etat-des-lieux final.pdf.

La Société civile force vives de la RD Congo: présentation sommaire après le 1er Congrès National tenu du 27.01 au 1.02. 2003.

La société civile et la coopération internationale pour la reconstruction du Congo. Kinshasa, du 16 au 18 juin 2003.

La Société civile affaiblie par les élections. lepotentiel.com/ 7.06.07

L'Avenir de la nation congolaise dans le contexte de la mondialisation et des rapports régionaux, dans : Dialogues inter congolais : consultation de l'Etat et de la nation, Facultés catholiques, 2002.

Lauth, H-J, Merkel, W.: Zivilgesellschaft und Transformation. Ein Diskussionsbeitrag in revisionistischer Absicht, in: Neue Soziale Bewegungen (Forschungsjournal). 10.1. 1997, (S. 12-34).

Lauth, H-J und Merkel, Wolfgang: Zivilgesellschaft und Transformation, in: Bukow, Wolf-Dietrich und Ottersbach, Markus: Die Zivilgesellschaft in der Zerreißprobe. Opladen 1999, (S. 15-49).

Länderprogramm DR Kongo: http://www.kas.de/proj/home/home/7/1/ 20.07.07

Le Courrier ACP-UE, n° 110-Juillet-Août 1988 (pp. 12-31)

Le Courrier ACP-UE, Septembre 2000-Edition spéciale.

Le Courrier ACP-UE, n° 183 Octobre/ Novembre 2000.

Le Courrier ACP-UE, n° 181 Juin-Juillet 2000.

Lemarchand, René: Uncivil states and civil societies: how illusion became reality, in: Journal of Modern African Studies (30)2, 1992, p. 171-191.

L'Eglise catholiques et le processus de la démocratisation au Zaïre: essai et témoignages, Facultés catholique de Kinshasa, Kinshasa 1996.

Marcussen, Secher Henrik: Les ONG et la construction de la société civile dans les pays en développement, in: J.-P. Deler, Y.-A. Fauré, A. Piveteau, P.-J. Roca : ONG et développement, Paris 1998, (574-597).

Le Moniteur Juridique n° 002-mai 2001, p. 12-15. n° 004-Juiillet 2001.

Lenzen, Marcus: Die Rolle der NGOs in der Entwicklungszusammenarbeit Münsteraner Diskus-sionspapiere zum Nonprofit-Sektor Nr. 17.September 2001, S.9, http://www.-aktivebuer-gerschaft.de/12.11.2004.

Leopold Sedard Senghor über Eurafrika, in: Internationales Afrikaforum, 2/3 9. Jhrg., Februar/ März 1973. (S. 122-124).

Le Potentiel: La victoire du Oui, du 21.12.2005.

Les priorités du PNUD quant à l'appui à la bonne gouvernance, in : La gouvernance en faveur du développement humain durable. Document de politique générale du PNUD, New York 1997.

Le Statuts de la Société Civile de la RD Congo du 12.03.1991.

Loi N° 004/2001 du 20 Juillet 2001 portant dispositions générales applicables aux Associations sans but lucratif et aux Etablissement d'utilité publique, dans: Le Moniteur Juridique n° 002-mai 2001n° 004-Juiillet 2001, (pp. 12-19).

Lomé I,II,III, IV… et après., in : Jeune Afrique Plus. 1999.

Loth, Heinrich: Kongo heißes Herz Afrikas, Berlin 1965.

Ludermann, Bernd: Millenniumsziele: UNDP fordert größere Anstrengungen, in: Entwicklung und Zusammenarbeit, Jg. 44.2003:10, (S. 278-280)

L'UE et la RDC: Projets de coopération. http://www.delcod.cec.eu.int/ eu_and_rdc/gouv.-htm / 112.4.2007.

Luf, Gerhard: Grundfragen der Rechtsphilosophie und Rechtsethik. www.wu-wien.de/ 20.06.2005.

Lutz, Georg, Telkämper, Wilfried: Weltmarktintegration oder besondere Beziehungen. Interessengegensätze zwischen EU und AKP-Staaten, n: Entwicklung und Zusammenarbeit Jg. 40. 1999, (S. 278-280).

Luuk, Dagmar: Entwicklung und Menschenrechte, in: Entwicklung und Zusammenarbeit 1/1990, (S. 16-17).

Mair, Stefan: Ausbreitung des Kolonialismus, in: Information zur politischen Bildung Nr. 264/1999, (S.13-17).

Mair, Stefan: Schwarzafrika während des Ost-West-Konflikts, in: Information zur politischen_Bildung Nr. 264/1999, (S. 52f).

Makumbe, John Mw: Is there a civil society in Africa, in: International Affairs (74) 2, 1998; S. (305-317).

Malanda Nsumbu, Félicien: Le CNONGD en quelques points, dans Le coq N° 1 du mois de juin 2003.

Malanda, Felicien : Si l'histoire du COCSOC m'était contée. Dans le Coq N° 1 : La Société Civile de la RD Congo et l'Accord de Cotonou. N° 01-Juin 2003, (p. 4-11).

Mamdani, Mahmoud: Indirect rule, civil society and ethnicity. The African dilemma, in: From Post-Traditional to Post-Modern? Interpreting the meaning of modernity in Third World urban societies, Hg. Preben Kaarsholm, Roskilde: International Development Studie1995, S. 220-227.

Mamdani, Mahmood: Conclusion: Linking the Urban and the Rural, in: Ders.: Citizen and Subject. Contemporary Africa and the Legacy of Late Colonialism, Princeton, 1997, (p. 45-51).

Marcussen, Secher Henrik: Les ONG et la construction de la société civile dans les pays en développement, in : J.-P. Deler, Y.-A. Fauré, A. Piveteau, P.-J. Roca : ONG et développement, Paris 1998, (p. 573-606).

Martens, J. : Mehr Einfluss für unabhängige Gruppen? Die Vereinten Nationen prüfen ihr Verhältnis zu NGOs, in: Der Überblick. Bd. 30, Heft 3/1994, (S. 88-91).

Masamba, Antoine: Le Conseil National des Organisations Non-Gouvernementales de Développement /Die Nationale Ratsversammlung der kongolesischen NGOs für Entwicklung. Interview in der DR Kongo/Kinshasa am 1.7.2003.

Massou, Assou: RD Congo: La Monnaie, in : Jeune Afrique N° 1948/du 12-18 mai 1998 (pp.132-134).

Maurizio Carbone/ Dorothy Morrissey : Le développement participatif, dans: Le Courrier ACP-UE n° 199, juillet-août 2003, (S. 22-23).

Maurizio Carbone/ Dorothy Morrissey : Les acteurs non étatique et Cotonou, dans: Le Courier ACP-EU n° 199, juillet-août 2003. (pp.13-17).

Medienhandbuch: Entwicklungspolitik 2000-2006, BMZ (Hrsg.).

Melchers Konrad: Langer Weg von Mobutu bis zur Demokratie, in: Zeitschrift Entwicklungspolitik 23/24/2004, (S. 58-61).

Mémoire présenté par le Gouvernement de la RD du Congo à la troisième conférence des Nations Unies sur les Pays moins avancés. Bruxelles, du 14-20 mai 2001.

Mémorandum des Evêques catholiques zaïrois du 9 mars 1990, in : Jeune Afrique, n° 1527, du 4 avril 1990, (p. 18-25).

Menzel, Ulrich: Geschichte der Entwicklungstheorie. Einführung und systematische Bibliographie. 2. Aufl., Hamburg 1994.

Merkel, Wolfgang (Hrsg.): Struktur oder Akteur, System oder Handlung: Gibt es einen Königsweg in der sozialwissenschaftlichen Transformationsforschung? In derselbe: Systemwechsel 1, Opladen 1994, (S. 303-331).

Merkel, W., Lauth, H-J-: Zivilgesellschaft und Transformation. Ein Diskussionsbeitrag in revisionistischer Absicht, in: Neue Soziale Bewegungen (Forschungsjournal). 10.1. 1997, (S. 12-34).

Merkel, H-J und Merkel, W. (Hrsg.): Zivilgesellschaft im Transformationsprozess: Länder-studien zu Mitteost- und Südeuropa, Asien Afrika, Lateinamerika und Nahost. Band 3, Mainz 1997, (S. 21-50).

Merkel, Wolfgang, Laut, Hans-Joachim: Systemwechsel und Zivilgesellschaft: Welche Zivilgesellschaft braucht die Demokratie? In: Aus Politik und Zeitgeschichte, B 6-7/98, (S. 3-12).

Merkel, Wolfgang: Demokratie in Asien: Ein Kontinent zwischen Diktatur und Demokratie. Bonn 2003.

Messner, Dirk: Wie ist qualitatives Wachstum möglich? 7. Gespräch, S. 15. www.gcn.de 20.06.2005.

Messner, Dirk / Nuscheler, Franz: Das Konzept Global Governance. Stand und Perspektiven, INEF Report, Heft 67, 2003.

Meyns, Peter (Hrsg.): Staat und Gesellschaft in Afrika: Erosions- und Reformprozesse. Duisburg 1995.

Michalski, Krzysztof (Hrsg.): Europa und die Civil Society, Stuttgart 1991, (S. 13-51).

Millet, Damien: Aperçu général sur la dette de la RD du Kongo. http://www.-cadtm.org/ 16.09.2004.

Minani, Rigobert: Les Organisations de l'Eglise, in: Horizon-Développement, octobre N° 11/1999, p. 16.

Mitteilung der Kommission an den Rat, das europäische Parlament und den Wirtschafts- und Sozialausschuss: Mitwirkung der Regierungsabhängigen Akteure in der Entwicklungs-zusammenarbeit der EG. Brüssel, den 07.11.2002 KOM (2002) 598 endgütig.

Mobutu Roi du Zaire: Tragédie africaine: Ein Film von Thierry Michel. Edition Montparnasse, Belgique/2000.

Monga, Celestine: Elements for an anthropology of anger: civil society and democracy in Sub-Sahara, in: Betz, Joachim u.a. (Hg.): Africa and Europe: Relations of two continents in transition, Münster/Hamburg 1994, S. 205-223.

Monar, Jörg: Außenwirtschaftsbeziehungen, in: Europa von A bis Z: Taschenbuch der europäischen Integration. Weidenfeld, Werner und Wessels, Wolfgang (Hrsg.). 7. Aufl. Bonn 2000.

Mord im kolonialen Stil: Lumunba, ein Dokumentarfilm von Thomas Giefer, 2000.

Moser, Thomas: Europäische Integration, Dekolonisation, Eurafrika. 1. Aufl. Baden-Baden 2000.

Daniel Mukoko: Le Système des Nations Unies au Congo et implication de la société civile. (Vortrag), Kinshasa, 17. Juni 2003.

Mutinga, Modeste dans le journal le Potentiel du 6.10.2005.

Muyemba, Chico-Kalen: Die Entwicklung der Gewerkschaftsbewegung in Schwarzafrika. Hambourg 1991.

Mwanagombe, Willy: La constitution de la hiérarchie ecclésiastique au Congo Belge. Frankfurt a. M. 2003.

Neubert, Dieter: Entwicklungspolitische Hoffnungen und gesellschaftliche Wirklichkeit: Eine vergleichende Länderfallstudie von NGOs in Kenia und Ruanda, Berlin 1995.

Neubert, Dieter: Probleme der politischen Transition in Afrika. Zum Verhältnis von Patronage und Demokratie, in: Internationales Afrikaforum 35, Heft 1/ 1999 (S. 75-83).

Ngirira, Mathieu: Zur Problematik der Effizienz der Assoziation der 18 afrikanischen Staaten und Madagaskar (AASM) mit der EWG. Köln 1974.

NGOs: Die Beziehungen der NGOs zu den Vereinten Nationen, in: UNO-Dokument.http://v.hdm-stuttgart.de/seminare/iim/NGO/ngo.htm und http://www.un.org/esa/coordination/ngo/12.01.2005

NGOs Kofinazierung: http://www.eu-platform.at/deutsch/10.1.2008.

Nguza, Karl I Bond: Un avenir pour le Zaïre. Bruxelles 1985.

Nuschler, Franz: Entwicklungspolitik, Bd. 488, Ulm 2005.

Obotela, Rashidi : Les fraternités extrafamiliales en RD Congo. Dans :Kivilu, Sabakinu : Elites et Démocratie en RD Congo, Kinshasa 2000, (pp. 125-129).

OECD: Partner der Entwicklung. Die Rolle der Nichtregierungsorganisationen. Paris,1989.

Oestreich, Gabriel: Menschenrechte als Elemente der dritten AKP-EWG-Konvention von Lomé (Diss.), München 1989.

Ostheimer, Andrea Ellen : Der kongolesische Demokratisierungsprozess im Leerlauf. Länderberichte der Konrad Adenauer Stiftung e.V. 1. Aug. 2007.

Osuntokun, O. Akinjide: Historiker an der Universität Maiduguri und Lagos und nigerianischer Botschafter in Deutschland. Afrikanische Demokratie nicht nach westlichem Modell. In: E+Z 33, 1992. (S. 13).

Otlet, Paul: Annuaire de la vie internationale, 2ème série VI, pp. 1-10. Bruxelles 1908-1909.

Pabst, Martin: Der Kongo - Eine Konfliktanalyse, www.weltpolitik.net/ 21.8.2005.

Parsdorfer, Christine: Die neue zivilgesellschaftliche Internationale. In: Sonderheft des Informationszentrums 3. Welt (Hrsg.): Nachhaltig zukunftsfähig? Freiburg 1998, (S. 31-34).

PNUD: La bonne gouvernance et le développement humain durable, 1994.

Projet de Constitution de la RD du Congo, Kinshasa 19.05.2005.

Przeworski/Teune: TheLogicof Comparative Sozial Inquiry 1970.

Raiser, Simon und Björn Warkalla (Hrsg.): Die Globalisierungskritiker: Anatomie einer heterogenen Bewegung. Heft 44/Berlin 2002.

Ramm, Wolf-Christian: NGO kritisiert die deutsche Süd-Politik., in: Entwicklung und Zusammenarbeit 35: 5/6,1994, (S. 142-143).

Rapport annuel relatif à l'exercice 1990, in: Journal Officiel des communautés Européennes C/324/01, 34ème année, 13.12.1991.

Rapports sur les pays ACP**: Zaïre, Luxembourg 1988.**

RD Congo: Etat de lieux de la transition, Réseau Européen Congo (Hg.): Séminaire d'analyse et de réflexion, Bruxelles, 31.03.2003.

RD Congo: Information sur le pays. Dernière mise à jour par l'Union Européenne, le 30.1.2006.

RD du Congo: Rapport économique 2004. Rédigé par: Ambassade de Suisse à Kinshasa, mars 2005.

RD Congo: Actualités: Le Rapport Mondiale sur le Développement Humain 2005 ouvre les débat sur l'aide, le commerce et la sécurité. www.cd.undp.org/nouvelles.htm/16.04.2006.

RD Congo-EU: Stratégie de coopération et programme indicatif 2003-2007. 2.09.2003.

RD Congo: Communauté européenne (EU), Bruxelles 2003.

RD Congo: Plan national d'action pour le Développement (PNAD), Kinshasa 2001.

RD Congo: Corporat, in: http://www.cei-rd.cd 11.01.2006.

Der Rechnungshof der Europäischen Gemeinschaften: Jahresbericht über die Tätigkeiten im Rahmen des sechsten, siebten, achten und neunten EEF zum Haushaltsjahr 2006/Sitzung vom 27. September 2007. S. 30.

Reinfeld, Sebastian: Zivilgesellschaft und Gewalt. Vgl. www-gewi.kfunigraz.ac.at/ Jg. 11.1-99 (27.06.05).

Le Règlement n° 1659/98 (JO L 213 du 30 juillet 1998) du Conseil constitue la base juridique sur laquelle se fonde cette ligne budgétaire. Cette base juridique a été modifiée par le Règlement n° 955/2002 (JO L 148 du 6 juin 2002) du Conseil et par le Règlement n° 625/2004 (JO L 99 du 6 avril 2004) du Conseil.

Relation entre la communauté européenne et les ONG spécialisées dans la coopération au développement. COM (75) 504 fanal. Bruxelles, le 6.10.1975/europa.eu.int/comm/europeaid/ projets/ong. / 12.01.06.

Rolfes, Eugen: Aristoteles, Politik, 3. Buch, 4. Kap.; Leipzig 1944, 1277 b.

Rolle der Zivilgesellschaft in der europäischen Entwicklungspolitik: Rex/097, Brüssel, den 16.Juli 2003.

Rolle des Staates:: Ausgewählte Reden von Carl D. Spranger (1995-1998), in: Deutsche Entwicklungspolitik, BMZ-Materialien: Nr. 98, (S. 45.48).

Rosenzweig, Beate, Ulrich Eith (Hrsg.): Bürgerschaftliches Engagement und Zivilgesellschaft. Ein Gesellschaftsmodell der Zukunft? Schwalbach/Ts. 2004.

Roth, Roland: Die dunklen Seiten der Zivilgesellschaft: Grenzen einer zivilgesellschaftlichen Fundierung von Demokratie, in: Forschungsjournal, Neue Soziale Bewegungen, Heft 2-Juni 2003, (S. 59-73).

Roth, Roland: Der Beitrag von NGOs zur Demokratisierung internationaler Politik. -http:// www. hgdoe.de/pol/transnationaledemokratie.htm (Zugriff vom 20.04.2005).

Salikoko, Stéphane: Cinq pygmées ont étés victime et rescapés de l'anthropophagie et du cannibalisme, dans le journal l'Avenir du vendredi 24.01.2003.

Sauer, Birgit : Zivilgesellschaft versus Staat? In: Appel, Margit/ Luise Gubitzer, Birgit Sauer (Hg.): Zivilgesellschaft ein Konzept für Frauen? Frankfurt a. M. 2003.

Sauré, Susanne-Michel: Förderung entwicklungspolitisch relevanter Einheimischer Organisationen (EO) und Selbsthilfe-initiativen (SHI), in: Deutscher Entwicklungsdienst (DED)-Bericht 2003 (S. 130-137).

Schade, Jeanette: Zivilgesellschaft „eine vielschichtige Debatte. Heft 59/2002.

Schicho, Walter: Mythos Zivilgesellschaft: Die Dritten Kolonisierung Afrikas, in: Francois Kolland, Erich Pilz, Andres Schedler, Walter Schicho (Hg.): Staat und Zivilgesellschaft, 1996, S. 94f (93-116)

Schilling, Harmut: EWG-Schatten über Afrika. Zum kollektiven Kolonialismus der EWG. Berlin 1963.

Schmals, Klaus:, Heinelt, Hubert (Hrsg.): Zivile Gesellschaft: Entwicklung Defizite Potentiale. Opladen 1997.

Schmidt, Siegmar: Die Rolle der Zivilgesellschaft im Demokratisierungsprozess Südafrika, in: Laut, Hans-Joachim, Merkel, Wolfgang (Hg.): Zivilgesellschaft im Transformationsprozess. Mainz 1997, (S. 323-346).

Schmidt, Siegmar: Die Rolle von Zivilgesellschaft in afrikanischen Systemwechseln, in: Merkel, Wolfgang (Hrsg.): Systemwechsel 5, Zivilgesellschaft und Transformation. Opladen 2000 (S. 295-334).

Schmitter, Philippe C.: Some Propositions about Civil Society and the Consolidation of Democracy, in: Institut für Höhere Studien Wien (Hg.), Reihe Politikwissenschaft, Nr. 10, Wien 1993.

Schnabl, Christa: Gemeinschaften in der Zivilgesellschaft: Konzepte, Aufgaben und Verortung, in: Appel, Margit/ Luise Gubitzer, Birgit Sauer (Hg.): Zivilgesellschaft ein Konzept für Frauen? Frankfurt a. M. 2003. (S. 87-112).

Seke, Jean-Pierre: Les Pygmées dénoncent l'usurpation du poste d'expert congolais à l'ONU. Dans : L'Observateur du 17.05.05.

Shils, Edward: Was ist eine Civil Society? In: Michalski, Krzysztof (Hg.): Europa und die Civil Society, Stuttgart 1991. (S. 13-51).

Shungu Tundanonga: NGOs der DR Kongo /www.kongo-kinshasa.de/1.10.2004.

Smida, Hans: Kohärenz und Koordination, in: Entwicklung und Zusammenarbeit 33. 1992, 12, (S. 11-13).

Smille, Ian: Vom Protest zurück zur Hilfe? -NGOs im Wandel, in: Überblick, Heft 03/2001, (S. 22-29).

Société civile congolaise: Quelle mission ? Dans : Horizon- Développement N° 11, octobre 1999.

Société civile force vives de la RD Congo: présentation sommaire après le 1er Congrès National tenu du 27.01 au 1.02. 2003.

Speth, James Gustave: (L'administrateur du PNUD). In: La gouvernance en faveur du développement humain durable. Document de politique générale du PNUD, New York 1997, Avant-propos.

Spiegel Special : Die Macht der Mutigen. Nr. 10/1995.

Spitzer, Sébastien: RD Congo: Les transports, in : Jeune Afrique N° 1948/du 12-18 mai 1998, (pp. 148-151).

Steinemann, Peter: Der Stellenwert der Zivilgesellschaft in der DR Kongo, in: Zeit-Fragen Nr. S6 vom 1.07.1999.

Strahm, H. Rudolf: Warum sie so arm sind. 5. Auflage, Wuppertal 1988.

Stellungsnahme des europäischen Wirtschafts- und Sozialausschusses zum Thema Zivilgesellschaft und Entwicklungspolitik Rex/097. Brussel, den 16.Juli 2003, S. 2.

Stocker, Simon: Nous décidons, Vous vous l' "appropriez "! Evaluation de la programmation de l'aide de la Communauté européenne aux pays ACP dans le cadre du 10ème Fonds Européen de Développement (FED) Eurostep et tous les auteurs, Novembre 2006.

Stosic, D. Borko: Les organisations non gouvernementales et les Nations Unies, éd. Droz, Genève, 1964.

Stoecker, Felix William: NGOs und die UNO. Die Einbindung von NGOs in die Strukturen der Vereinten Nationen. Frankfurt a. M. 2000.

Stroux, Daniel: Zaire sabotierter Systemwechsel: Das Mobutu-Regime zwischen Despotie und Demokratie (1990-1995). 1. Aufl. 1996.

Système des Nations Unies au Congo et implication de la société civile. Vortrag vom Daniel Mukoko (Mitarbeiter der UNDP in der DR Kongo) am 17. Juni in Kinshasa.

Take, Ingo: NGOs im Wandel: Von der Graswurzel auf das diplomatische Parkett. 1. Aufl. Wiesbaden 2002.

Tandon, Yasch: Afrika sucht die Demokratisierung der Entwicklung, in: Entwicklungspolitik 13/14/90 (Juli), (S. 12-13).

Tetzlaff, Rainer, Jakobeit, Cord: Staat und politische Herrschaft in Afrika: Einparteien- und Mehrparteienregime, Militärjunta und Staatszerfall, in: Dies.: Das nachkoloniale Afrika. Politik – Wirtschaft – Gesellschaft, Wiesbaden 2005, S. 117-152.

Tetzlaff, Rainer: Die Förderung nach besserem Staatsverhalten, in: Entwicklung und Zusammenarbeit Jg. 36. 1995:5/6, (S. 140-142).

Thiel, E. Reinhold: Welche Demokratie für Afrika? In: Entwicklung und Zusammenarbeit Jg. 37. 1996: 12, Editorial, (S. 323.)

Tocqueville de, Alexis: Tocqueville de, Alexis: De la Démocratie en Amérique, Tom I, Gallimard 1951.

Trutz von Trotha: Vom Zerfall des Staates, von der Vorherrschaft der konzentrischen Ordnung und vom Aufstieg der Parastaatlichkeit, in: Maecenata Aktuell Nr. 29, August 2001, (S. 4-27).

Tshibuabua, Espérance: Plan d'action 2008-2012: Le PNUD compte améliorer le système de gouvernance en RD Congo 09.08.2007

Tshilombo, Munyengayi: Le référendum du 18 décembre 2005 sera le troisième du Congo indépendant, dans le Journal, le Potentiel du samedi 17 décembre 2005.

UN-Bericht: Maßnahmen, Vorschläge und Empfehlungen des Reformprogramms http://www.-un.org/Depts/german/gsrefber/a51950.pdf 10.01.2005.

UNDP: La Norvège en tête et le Niger dernier du classement de l'Indicateur du développement humain 2005 Nations Unies, 7 septembre 2005, S.1.

UNDP: Rapport mondial sur le développement humain 2005. Paris 2005, S. 18.

UN-Report: E/CN. 4/1995/67, 23.12. 1994.

UNO: Vorstellung und Wirklichkeit: Fragen und Antworten über die Vereinten Nationen. Herausgegeben vom Informationszentrum der Vereinten Nationen (Bonn) und der Deutschen Gesellschaft für die VN e.V. 1997.

Van de Boom, Dirk: Regionale Kooperation in Westafrika. Politik und Probleme der ECOWAS. Hamburg 1996.

Verordnung (EG) Nr. 1658/98 des Rates vom 17. Juli 1998 über die Kofinanzierung von Maßnahmen mit in der Entwicklungszusammenarbeit tätigen europäischen NGOs in den für die Entwicklungsländer wichtigen Bereichen, Amtsblatt Nr. L 213 vom 30.7.1998.

Wahl, Peter: Königsweg oder Sackgasse? Entwicklungspolitik als internationale Struktur- und Ordnungspolitik, in: Peripherie Nr. 72: Deutsche Entwicklungspolitik- Politik mit Zukunft? Jahrgang/ Frankfurt/M. 1998, (S. 82-93).

Wahlen in der DR Kongo: www.auswaertiges-amt.de/Aussenpolitik/ RegionaleSchwerpunkte/Afrika/ 15.11.2006

Walter, Uwe: Perspektive Zivilgesellschaft (Interview mit Andreas Schroer am 2.5.1997/ www.ev-akademie-boll.de /6.03.2003.

Walzer, Michael: Was heißt Zivilgesellschaft? In: Van den Brink und van Reijen (Hrsg.): Bürgergesellschaft, Recht und Demokratie, Frankfurt/M. 1995, (S. 44-70).

Walzer, Michael: Zivile Gesellschaft und amerikanische Demokratie. Frankfurt a. M. 1996.

Wegmarshaus, Gert Rüdiger: Komplementarität: Zivilgesellschaft und demokratischer Staat: zivilgesellschaftliche Öffentlichkeit im spätsowjetischen Kernkraftdiskurs. Berlin 2002.

Weidmann, Klaus: Die EG-Entwicklungspolitik in Afrika: Hungerhilfe oder Elitenförderung? 1. Aufl. Baden-Baden 1991.

Weltweit Afrika: Umwelt, ein Dokument von der Heinrich-Böll-Stiftung http://www.boell.de/ 14.06. 2005.

Wetschanow, Karin: Zivilgesellschaft, Talkshows und Frauenbewegung, in: Appel, Margit/ Gubitzer, Luise/ Sauer Birgit (Hrsg.): Zivilgesellschaft ein Konzept für Frauen? Frankfurt a. M. 2003. (S. 35-50).

Wilungula, Cosma: Fizi 1967-1986. Le maquis Kabila. Bruxelles 1997.

Wiese, Bernd: Zaire: Landesnatur, Bevölkerung, Wirtschaft. Darmstadt 1980.

Wirz, Albert: Kriege in Afrika. Die nachkolonialen Konflikte in Nigeria, Sudan, Tschad und Kongo. Band 23. Wiesbaden 1982.

Wolff, Jürgen: Soziologie der Entwicklungsländer/ Soziologie der Entwicklung Entwicklungs-soziologie, in: Korte, Hermann/ Schärfres, Bernd (Hrsg.): Einführungskurs Soziologie, Bd. IV. Einführung in Spezielle Soziologien. Opladen 1993, (S. 213-243).

Wolf, Klaus Dieter: Internationale Organisationen und grenzüberschreitendes Regieren, in: Münkler, Herfried (Hrsg.), Politikwissenschaft: ein Grundkurs, Reinbek bei Hamburg: Rowohlt. 2003, (S. 412-446)

Wolfrum, Rüdiger (Hrsg.) : Handbuch Vereinte Nationen, 2. Aufl., München, 1991, (S. 624-630).

Zaire: Volksaufstand oder Aggression? Herausgeber: Liga gegen den Imperialismus. 1. Aufl. Köln 1977.

Ziemer, Klaus: Die Konsolidierung der polnischen Demokratie in den neunziger Jahren, in: Aus Politik und Zeitgeschichte B6-7/98, (S. 29-38).

Zivilgesellschaft: Ein Begriff macht Karriere (Konzept und Koordination: Willi Dosek / Dr. Manfred Füllsack), in: Bericht 2000 vom Institut für Wissenschaft und Kunst, http:// www.univie.ac.at/iwk/iwk-bericht00.html/ 25.7.2003.

Zivilgesellschaft und Solidarität mit der Dritten Welt: www.oneworld.at/ngo-conference/ 09.03. 1999.

Internetseiten

http://www.adlexikon.de
http://www.aufenthaltstitel.de
http://www.auswäertiges-amt.de
http://v.hdm-stuttgart.de
http://www.cd.undp.org
http://www.bmz.de
http://www.Boell.de
http://www.bfai.de
http://www.cei-rdc.org
http://www.digitalcongo.org
http://www.delcod.cec.eu.int/eu_-and_rdc/gouv.htm
http://www.ub.uni-duisburg.de
http://www.europa.eu.int
http://www.kongo-kinshasa.de
http://www.lekasai.com/
http://www.lesoftonline.net
http://www.netzwerk-afrika-deutschland. de
http://www.oneworld.de
http://www.radiookapi.net
http://www.societe-civile.cd
http://www.rd-undp.cd
http://www.ub.uni-duisburg.de
http://www.weltpolitik.net
http://www.wu-wien.de
http://www.eu-platform.at/deutsch/
http://www.delcod.cec.eu.int/echo/echo2.htm
http://www.hss.de/1615.shtml;
http://www.unngls.org

Zur Person

Name	Médard Mpiana Kabanda
Geburtsdatum	03. August 1969
Geburtsort	Lubumbashi / Demokratische Republik Kongo
Staatsangehörigkeit	Deutsch
Konfession	Katholisch

Schulbesuch	1974-1981	Grundschule in Lubumbashi
	1981-1987	Gymnasium in Lubumbashi Abschluss: Diplome d'Etat Section Littéraire, Option Latein-Philosophie
Studiumsphase	1987-1988	Studium der Internationale Beziehung an der Universität von Lubumbashi
	1988-1990	Beschäftigt bei der Firma Gruppe-Zaal in Lubumbashi
	1990-1992	Beschäftigt bei der Firma Fleischmehlfabrik Brögbern in Lingen (D) Deutsch-Sprachkurs an der VHS-Lingen
	1992-1993	Studienkolleg an der Universität Münster: Deutschkurs + G-Kurs Abschluss: Feststellungsprüfung
	SS 1994	Politikwissenschaft, Wirtschaftspolitik und Soziologie
	WS 1994/95	Politikwissenschaft, Soziologie und Philosophie: Magister Artium
	WS 1996/97	Abschluss Grundstudium: Magister-Zwischenprüfung
	1996-1999	Kursleiter „Französische Konversation" im Weiterbildungsinstitut Forum-Frieden
	1996-1998	Vorstandsmitglied der ausländischen Studierenden,

		Vertretung im AstA der Uni-Münster
	1997-2001	Tätigkeit als studentische Hilfskraft im Institut für Politikwissenschaft
	1997-2001	Hauptstudium: Entwicklungspolitik, Umweltpolitik, Politische Theorie, Internationale Politik, Entwicklungssoziologie, theoretische und praktische Philosophie etc.
	WS 2000/01	Schriftliche MA-Arbeit
	SS 2001	MA mündliche Prüfung Abschluss: Magister Artium
	Nov. 2001-Juni 2002	Zeitbefristeter Arbeitsvertrag bei Bertelsmann Marketing Service Münster GmbH
Promotionsphase	2003-2007	Promotionsstipendiat der Hans-Böckler-Stiftung Feldforschung in der DR Kongo
	Juli 2006	Abgabe der Dissertation
	Febr. 2007	Disputatio und Rigorosum
Postdoc-Phase	seit April 2007	Lehrbeauftragter an der Universität Osnabrück, Forschung im Rahmen des Praktika-Programms der Hans-Böckler-Stiftung unter der Betreuung von Prof. Roland Czada
Sprache(n)	Deutsch / Französisch / Swahili / (Englisch)	
Zusätzliche Angaben	Vorstandsmitglied der Afrika Kooperative Münster e.V., Mitglied der Gewerkschaft für Erziehung und Wissenschaft